Kai Marchal · Im Spiegel der All-Einheit

Kai Marchal

Im Spiegel der All-Einheit

Selbst- und Weltbezug
im chinesischen Mittelalter

KlostermannRoteReihe

Für Jutta Niedersen

Bibliografische Information der Deutschen Nationalbibliothek
Die Deutsche Nationalbibliothek verzeichnet diese Publikation in der
Deutschen Nationalbibliografie; detaillierte bibliografische Daten sind
im Internet über *http://dnb.dnb.de* abrufbar.

© Vittorio Klostermann GmbH · Frankfurt am Main 2024

Alle Rechte vorbehalten, insbesondere die des Nachdrucks und der
Übersetzung. Ohne Genehmigung des Verlages ist es nicht gestattet,
dieses Werk oder Teile in einem photomechanischen oder sonstigen
Reproduktionsverfahren oder unter Verwendung elektronischer
Systeme zu verarbeiten, zu vervielfältigen und zu verbreiten.
Gedruckt auf Eos Werkdruck von Salzer,
alterungsbeständig ⊖ ISO 9706 und PEFC-zertifiziert.
Druck und Bindung: docupoint GmbH, Barleben
Printed in Germany
ISSN 1865-7095
ISBN 978-3-465-04641-7

Inhaltsverzeichnis

Vorwort... 7

Einleitung.. 15

1. Der Neukonfuzianismus: Ein Überblick..................... 23

2. Die buddhistische Herausforderung........................... 67

Zwischenspiel.. 118

3. Die Wiedergewinnung der Welt: Zhang Zai............... 130

4. Zhu Xis neukonfuzianische Synthese........................ 177

Siglenverzeichnis.. 251

Indices... 252

Danksagung.. 259

Vorwort

In Charles Dickens' 1836 erschienenem Roman *The Pickwick Papers* informiert ein Bekannter Samuel Pickwick über das Erscheinen einer Rezension zu einem Werk über „chinesische Metaphysik". Dieser reagiert ungläubig; das Thema höre sich „abstrus" an. Und tatsächlich beruht die Rezension auf einem Schwindel: Ihr Autor hat schlichtweg die Informationen, die in der *Encyclopædia Britannica* unter den Stichwörtern „Metaphysik" und „China" zu finden waren, miteinander vermischt (das rezensierte Buch gab es also gar nicht).[1] Wie exotisch Dickens' damaliger Leserschaft das kaiserzeitliche China vorgekommen sein muss, lässt sich heute nur erahnen; kaum zu leugnen ist aber, dass selbst in der Gegenwart – im Zeitalter einer sich stetig beschleunigenden, zugleich immer prekärer scheinenden Globalisierung! – ein enormer Abstand zwischen den beiden Wörtern „Metaphysik" (ein Arbeitsgebiet der Philosophie) und „China" (ein sehr großes Land im Osten des eurasischen Kontinents) besteht. Die vorliegende Studie ist der Versuch, diesen Abstand um ein kleines Stück zu verringern.

Dass es eine „chinesische" oder „ostasiatische Metaphysik" überhaupt geben könnte oder einmal gegeben hat, dürften viele akademisch ausgebildete Philosophinnen und Philosophen im nordatlantischen Westen heute zugeben. Aber nur wenige werden bereit sein, philosophischen Texten aus dieser Weltregion ihre Zeit und Energie zu widmen, geschweige denn ihnen dieselbe Wichtigkeit zuzuschreiben wie etwa der aristotelischen Metaphysik, Descartes' *Meditationen* oder dem neusten Fachaufsatz zur Tropen-Theorie. Hinter einer solchen Zurückhaltung kann sich vielerlei verbergen, etwa das immer noch weitverbreitete Vorurteil, es gebe in Ostasien überhaupt kein stringentes, begrifflich formiertes Denken, sondern nur eine vorrationale Überlieferung, die sich in Reaktion auf den Einbruch der westlichen Moderne neu formiert habe;[2] oder auch der vage Eindruck, dass die Philosophie,

---

[1] Ders., *The Pickwick Papers*, Kapitel 51.
[2] Historisch betrachtet verhält es sich wohl so, dass die europäische Philosophie seit der frühen Neuzeit einen Affekt gegen die Idee der Überlieferung ausgebildet hat. In diesem Sinne argumentiert G.W.F. Hegel in seinen *Vorlesungen über die Geschichte der Philosophie*, dass die philosophische Reflexion nicht in kulturellen Formationen wie Mythos, Religion oder Ritual verkörpert sein könne. Aus diesem Blickwinkel scheint es leicht so, als wären die philosophischen Lehren anderer Kulturkreise in partikularen Zusammenhängen verstrickt, die ihnen einen Zugang zum *Logos*, also einer Ordnung des wahren Wissens unabhängig von Kultur und Tradition, nicht erlauben würden. Für eine überzeugende Kritik dieses Gedankengangs: Justin E.H. Smith, „Tradition, Culture, and the Problem of Inclusion in Philosophy", *Comparative Philosophy*, 6:2 (2015), 1-13.

wenn sie denn weiterhin in demokratischen Gesellschaften, mit der nötigen Gründlichkeit, Umsichtigkeit und gedanklichen Schärfe betrieben werden soll, sich besser von fernöstlichen „Weisheitslehren" fernhalten möge. Womöglich beruht eine solche Haltung aber auch schlichtweg auf fehlender Vertrautheit mit dem Anderen.

Und doch: Seit einigen Jahren mehren sich die Anzeichen, dass in naher Zukunft auch Fragestellungen aus Ostasien leichter auf die philosophische Tagesordnung kommen könnten. Globale Perspektiven nehmen heute in vielen Wissensdisziplinen eine immer größere Bedeutung an; auch in der akademischen Philosophie mehren sich die Rufe nach einer „globalen Philosophie".[3] Dafür gibt es gute Gründe. Zum einen ist hier wohl einfach ein verschärftes Kontingenzbewusstsein am Werk, das auch Philosophierende im euro-amerikanischen Westen nicht mehr einfach ausblenden können; ihre Ausdrucksformen erscheinen in der Weltgesellschaft und der Heterogenität ihrer Sinnhorizonte, Diskursformationen und symbolischen Codes zunehmend kulturell partikulär. Darüber hinaus befeuert die moralische Empörung angesichts einer weiterhin nicht hinreichend aufgearbeiteten Kolonialgeschichte und gigantischer, ökonomischer Ungleichheiten (von der Klimakrise ganz zu schweigen) ein stetig wachsendes Misstrauen gegenüber der Vorstellung, es könne einfach so weiter philosophiert werden im Geiste einer westlichen Moderne, die sich seit mehr als 200 Jahren ohne viel Federlesens als universal ausgibt.[4]

Gewiss, feinziselierte Argumente über den freien Willen, die Natur des Geistes oder das Außenweltproblem lassen sich gewöhnlich nicht von dieser Art von Aufregung beeinflussen. Doch wer von der Philosophie nicht nur die Lösung von Detailproblemen erwartet, wer nicht einfach den in Bielefeld, Heidelberg, Leipzig oder Linz gerade angesagten Kanon philosophischer Texte übernehmen möchte, wer nicht nur Davidson, McDowell und Brandom liest, sondern auch Heraklit, Plotin, Kant, Nietzsche, Mach, Rosenzweig, Murdoch, Adorno, Habermas, Meillassoux oder Jaeggi, hat eigentlich keinen überzeugenden Grund mehr, nicht auch einmal Texte aus der arabischen, indischen

---

[3] „Global philosophy is an unbounded approach to how we might improve our existing traditions. It is not a claim to there being one true philosophy that best combines all others. Nor is it about bringing together as many traditions as possible for their own sake. Instead, global philosophy is about our having an openness for the need to pursue wider engagement in order to improve potential argumentative power. Global philosophy is global in light of its global pursuit for philosophical resources only." (Thomas Brooks, „Philosophy unbound: The Idea of Global Philosoph", *Metaphilosophy* 44:3 (2013), 254–266; hier: 262)

[4] Beispielhaft aus der globalen Verflechtungsgeschichte: Sebastian Conrad, „Enlightenment in Global History: A Historiographical Critique", *American Historical Review*, 117:4 (Oktober 2012), 999-1027.

oder eben *chinesischen* Philosophietradition zu studieren. Wer für das eigene Denken eine gewisse Aktualität beansprucht, dürfte gut daran tun, sich um etwas mehr intellektuelle Weite zu kümmern.[5]

Nun grassiert bis heute das Missverständnis, es habe in den vormodernen Kulturen Ostasiens überhaupt keine Vorstellung von Selbst- oder Subjekt-Sein gegeben. Vielerorts steht auch noch das Adjektiv „kollektivistisch" parat, ebenso Hegels kulturalistische Verallgemeinerungen, wenn dem „abendländischen" Streben nach Freiheit, Vernunft und Modernität ein antipodisches Element entgegengestellt werden soll;[6] und auch postmoderne Denkerinnen und Denker tun sich nicht unbedingt mit größerer Neugier auf das Andere hervor, wenn sie in China immer noch primär eine „Zivilisation von Deichen und Barrieren unter dem ewigen Gesicht des Himmels" sehen,[7] die auf wohltuende Weise von dem modernen Unbehagen an der cartesischen Subjektivität unberührt geblieben sei. Dass aber sogar Philosophiehistoriker (ob gewollt oder ungewollt, sei dahingestellt) bis heute das Vorurteil verstärken, es handle sich um ein Alleinstellungsmerkmal des abendländischen Denkens, „ein *Prozeß der Reflexion über* Innerlichkeit" zu sein, ist mehr als bedauerlich.[8]

Genau an dieser Stelle möchte die vorliegende Monographie kritisch einhaken. Am Beispiel von Zhu Xi 朱熹 (1130-1200), dem wohl einflussreichsten und wichtigsten Denker in Ostasien vor dem 20. Jahrhundert, möchte ich demonstrieren, dass auch jenseits der europäischen Philosophietraditionen Menschen in grundsätzlicher, ja systematischer Absicht – und in einer Weise, die als *philosophisch* charakterisiert werden darf – über sich selbst und die Welt nachgedacht haben. Auch im chinesischen Mittelalter wurde der Idee der Innerlichkeit große Bedeutung zugesprochen, wurde die erstpersonale Perspektive sehr gründlich problematisiert. Wenn ich im Folgenden einige zentrale Begrifflichkeiten der chinesischen Philosophie auffächere, gehe ich mithin von der These aus, dass die Idee der Subjektivität weder eine Erfindung der europäischen Moderne darstellt, noch ausschließlich in der Geschichte der europäischen Wissensordnung zurückverfolgt werden

---

[5] Die naturalistischen und physikalistischen Positionen des Buddhismus finden neuerdings in der analytischen Philosophie des Geistes einiges Gehör. Siehe etwa Jonardon Ganeri, *The Self: Naturalism, Consciousness, and the First-Person Stance*, Oxford 2015.
[6] Hegel zufolge vermag die „Substanz" in China keine echte „Subjektivität" auszubilden, siehe ders., *Vorlesungen über die Philosophie der Geschichte* (*Werke* 12), Frankfurt a.M. 1986, 147.
[7] Michel Foucault, *Die Ordnung der Dinge. Eine Archäologie der Humanwissenschaften*, übers. von Ulrich Köppen, Frankfurt a.M. 1974 [urspr. 1966], 21.
[8] Kurt Flasch, „Wert der Innerlichkeit", in: *Die kulturellen Werte Europas*, hgg. von Hans Joas und Klaus Wiegandt, Frankfurt a.M. 2005, 219-236; hier: 220.

kann.⁹ Grundsätzlich spricht viel für die Behauptung des französischen Anthropologen Philippe Descola, dass die „Unterscheidung zwischen einer Ebene der Interiorität und einer Ebene der Physikalität nicht die einfache ethnozentrische Projektion des abendländischen Gegensatzes zwischen Geist und Körper ist", sondern vielmehr in *allen* Kulturen angetroffen werden kann.¹⁰ In meiner Monographie werde ich zeigen, dass darüber hinaus in China Menschen in sehr unterschiedlichen Kontexten und Lebensformen über Formen der Selbsterkenntnis, der Selbstreflexion und des Selbstgewahrseins intensiv nachgedacht haben.

Das Historische wird im Folgenden nicht wenig Raum einnehmen, denn eins meiner Ziele ist es, Zhu Xis philosophische Lehre in ihrem ursprünglichen Kontext so präzise wie möglich zu rekonstruieren. Ich werde zu diesem Zweck die Diskussionslage im chinesischen Mittelalter darstellen und die Fragestellungen nachzeichnen, die für Zhu Xi und seine neukonfuzianischen Vorgänger im 11. und 12. Jahrhundert entscheidend gewesen sind. Die Entwicklungsgeschichte des Neukonfuzianismus zeichnet sich dadurch aus, dass die ihm zugehörigen Gelehrten und Denker nicht nur unterschiedliche Traditionslinien mittels elaborierter Kommentarwerke zu verknüpfen suchten, sondern darüber hinaus eine vielschichtige, höchst ausdifferenzierte Terminologie akkumulierten. Das neukonfuzianische Projekt war nämlich primär ein Erziehungsprogramm, das seinen Anhängern alternative Redeweisen, ja Unterscheidungsgewohnheiten jenseits der gewöhnlichen Sprache

---

⁹ „Subjectivity in the sense of self-knowledge, self-awareness, or self-presence is an important topic in modern philosophy but by no means an invention of modern thinking." (Johannes Brachtendorf, „Augustine on Self-Knowledge and Human Subjectivity", in: *Self-Knowledge. A History*, hg. von Ursula Renz, Oxford 2017, 97) – Das Ende des chinesischen Mittelalters wird mitunter auf das Jahr 1368 (dem Beginn der Ming-Dynastie) datiert. Viele Historiker vermeiden die Epochenbezeichnung „mittelalterlich" jedoch ganz und sprechen vorzugsweise von dem „spätimperialen" oder „kaiserzeitlichen China"; manche beschreiben auch bereits den Übergang von der Tang- (618-907) zur Song-Dynastie (960-1279) als ein Äquivalent zum Übergang vom Mittelalter zur frühen Neuzeit in Europa. Der Philosophiehistoriker Alfred Forke lässt das chinesische Mittelalter folglich mit der Tang-Dynastie enden (ders., *Geschichte der mittelalterlichen chinesischen Philosophie*, Hamburg 1964²). Vgl. auch Keith N. Knapp, „Did the Middle Kingdom Have a Middle Period?: The Problem of ‚Medieval' in China's History", *Education about Asia*, 12:3 (Winter 2007), 12-17; sowie Linda Walton, *Middle Imperial China, 900–1350. A New History*, Cambridge 2023. Augenfällig ist schließlich Jürgen Osterhammels Gebrauch der halben Anführungszeichen: „das ‚mittelalterliche' China des 11. Jahrhunderts" (ders., *Die Verwandlung der Welt. Eine Geschichte des 19. Jahrhunderts*, München 2009, 88). Wenn ich im Folgenden diese Epochenbezeichnung verwende, möchte ich natürlich weder Vorurteile über ein „finsteres" Mittelalter bestätigen, noch eine Abhängigkeit der chinesischen Geistesgeschichte von abendländischen Meistererzählungen insinuieren.

¹⁰ Ders., *Jenseits von Natur und Kultur*, übers. von Eva Moldenhauer, Berlin 2013, 181.

vermitteln und ihnen derart eine neue Sicht auf sich selbst, aber auch auf die Welt ermöglichen sollte; deshalb ist es für meine Untersuchung unerlässlich, das spezifische Vokabular Zhu Xis in den Blick zu bekommen, mit dessen Hilfe er zentrale Aspekte des Selbst-Seins philosophisch reflektiert hat. Dennoch möchte ich mich keineswegs auf die Begriffs- oder Terminologiegeschichte beschränken; vielmehr werde ich in meiner Rekonstruktion der Debatten jener Zeit bewusst Schwerpunkte setzen, die sich aus der Logik der Problemgeschichte ergeben. Denn die Bedeutungen neukonfuzianischer Konzepte wie *dao* 道 („Weg", „Methode", „Lehre" „Urgrund"), *li* 理 („Prinzip", „Ordnung", „höchste Wirklichkeit"), *qi* 氣 („Qi", „Fluidum", „Lebenskraft"), usw., selbst wenn sie zweifellos im Rahmen einer Neubestimmung des konfuzianischen Kanons erörtert wurden, können m.E. nur adäquat verstanden werden, wenn sie als Antworten auf sachorientierte Fragen interpretiert werden.

Wer sich nicht über einen längeren Zeitraum hinweg mit der chinesischen Kultur, der chinesischen Sprache und den komplexen Texttraditionen des chinesischen Mittelalters beschäftigt hat, wird bei der Lektüre der relevanten Texte schnell einen Eindruck großer Fremdheit gewinnen. Wir sollten uns an dieser Stelle dennoch nicht von dem romantischen Gedanken in die Irre führen lassen, dass es sich bei „dem chinesischen Denken", bevor Ostasien gegen Ende des 19. Jahrhunderts unter den Einfluss Europas und Nordamerikas geriet, um eine autarke Philosophietradition gehandelt habe, die in einem Verhältnis der *Inkommensurabilität* zu den Sprachen der gegenwärtigen, von „westlichen" Fragestellungen geprägten Philosophie stehe. Dieser Gedanke wird zudem gern mit der Behauptung verknüpft, dass die Beschäftigung mit „dem chinesischen Denken" nicht weniger erfordere als eine radikale Erneuerung der Philosophie.[11] Ich finde ihn trotzdem weder überzeugend noch hilfreich. Die folgenden drei Überlegungen sind m.E. entscheidend: Erstens führt die Inkommensurabilitätsthese notwendigerweise in einen Selbstwiderspruch, denn wer die These radikaler begrifflicher Differenzen zwischen Ost und West vertritt, kann *sensu stricto* nicht zugleich behaupten, die notwendigen, sprachlichen und begrifflichen Mittel zur Erforschung der chinesischen Philosophie zu besitzen; zweitens überbetont diese These aber auch die Besonderheit der

---

[11] Für diese Perspektive stehen in der Gegenwart vor allem die Bücher François Julliens. Ich verzichte hier auf eine detaillierte Kritik; vgl. aber meinen Essay „Vereinnahmung des Anderen. Der Sinologe und Philosoph François Jullien", *Merkur. Zeitschrift für europäisches Denken*, 68:8 (August 2014), 728-733. Zum in der Gegenwart weitverbreiteten radikalen Historismus siehe auch die kritischen Anmerkungen in Vittorio Hösle, *Kritik der verstehenden Vernunft. Eine Grundlegung der Geisteswissenschaften*, München 2018, 353 ff.

chinesischen Welt: China ist in seiner langen Geschichte nie ein kulturell homogener, von der Außenwelt abgeschlossener Raum gewesen; und drittens verbirgt sich hinter der Forderung nach radikaler Erneuerung oft genug ein mystifizierender Totalitätsanspruch, den auch Nietzsches und Heideggers Überwindungsrhetorik, mit der sie gern verbrämt wird, nur notdürftig verdecken kann.[12]

Natürlich leugne ich nicht, dass es in der vormodernen Ära enorme Unterschiede im Philosophieverständnis zwischen Europa und China gegeben hat.[13] Jedoch sollten vorhandene Unterschiede nicht ins Extreme übertrieben werden. In dem Bemühen der Einzeldisziplinen um größtmögliche, historische Differenzierung werden Ähnlichkeiten und mögliche Berührungspunkte zwischen den Traditionen heute leicht übersehen. Interessanterweise haben bereits die Jesuitenmissionare im kaiserzeitlichen China zahlreiche Überlappungen zwischen den Lehren der Neukonfuzianer und denjenigen ihrer europäischen Quasi-Zeitgenossen (Thomas von Aquin, William von Ockham, Nikolaus von Kues, usw.) ausgemacht.[14] Für die vorliegende Untersuchung ist darüber hinaus der Umstand von einiger Bedeutung, dass Zhu Xis philosophisches Programm entscheidend von seiner Auseinandersetzung mit dem aus Indien stammenden Buddhismus geprägt ist. Noch präziser: Die Neukonfuzianer knüpften zwar an den antiken Konfuzianis-

---

[12] Wer sich die Mühe macht, die Geschichte Chinas zu studieren, wird zahlreiche Berührungspunkte, ja wechselseitige Abhängigkeiten zwischen den geistigen Welten in Ost und West entdecken. So gibt es in der Alchemie, der Medizin, der Kunst und vielen anderen Wissensbereichen erstaunliche Parallelen zwischen dem hellenistischen und dem chinesischen Kulturraum. Joseph Needham spricht in diesem Sinne von einer „trans-Asian continuity", die seit den Feldzügen Alexanders des Großen bestanden habe (ders., *Science and Civilisation in China*, Bd. V:4, Cambridge 1980, 387). Für den Historiker Marshall G.S. Hodgson ist Europa „the unconscious heir of the abortive industrial revolution of Sung China" (ders., *Rethinking World History. Essays on Europe, Islam, and World History*, hg. von Edmund Burke, III, Cambridge 1993, 68).

[13] Zur Einführung: „The Concept of Philosophy in Asia and the Islamic World", in: *Concepts of Philosophy in Asia and the Islamic World*, Bd. 1 (*China und Japan*), hgg. von Elena Louisa Lange und Robert H. Gassmann, Leiden/Boston 2018, 1-49. – Erst im frühen 20. Jahrhundert setzte sich der japanische Neologismus *tetsugaku* 哲学 („Philosophie") im Chinesischen durch. Chinesische Intellektuelle übernahmen damals die Dreiteilung Metaphysik, Erkenntnistheorie und Ethik aus Friedrich Paulsens *Einleitung in die Philosophie* (vgl. Joachim Gentz, „Es bleibt alles in der Familie. Eine Geschichte von Reisen in philosophischen Kreisen", in: *Reisen im Zwischenraum. Zur Interkulturalität von Kulturwissenschaft; Festschrift für Helmolt Vittinghoff zum 65. Geburtstag. Beiträge zur kulturwissenschaftlichen Süd- und Ostasienforschung*, hgg. von Franziska Ehmcke und Martin Müller, Würzburg 2012, 55-88).

[14] Siehe Jacques Gernet, *China and the Christian Impact. A Conflict of Cultures*, übers. von Janet Lloyd, London/New York 1985, 27-29, 33-37, 141-145.

mus an, jedoch thematisierten sie Fragestellungen und entwarfen theoretische Modelle, die ohne die Rezeption buddhistischer Denkweisen und Praxisformen kaum möglich gewesen wären – wenn sich „buddhistische Selbstverflüchtigungen" (Olaf Graf) nicht sogar tief in ihre gelehrten Traktate eingeschrieben haben.[15]

Wenn ich im Folgenden von *Problemen* und einer *Problemgeschichte* spreche, ist damit auch nicht gemeint, dass es überzeitliche philosophische Probleme geben würde; was ein philosophisches Problem ist, muss immer konkret am Primärtext ausgewiesen werden, wie ja philosophische Probleme ohnehin nicht einfach „in der Welt" angetroffen werden, sondern mithilfe vorhandener Terminologien und Methoden artikuliert werden müssen. Eine überstürzte Aneignung unter Bezugnahme auf moderne Theorien europäischen oder nordamerikanischen Ursprungs würde zu einem falschen Bild des Neukonfuzianismus führen, deshalb ist die präzise, historische Situierung von Ideen und Argumenten im Deutungshorizont des chinesischen Mittelalters mindestens genauso wichtig wie ihre philosophische Prüfung. Der Teufel steckt wie üblich im Detail…[16]

Ein letzter Gedanke: Wer sich genauer mit den Neukonfuzianern auseinandersetzt, gerät wahrscheinlich in Distanz zur eigenen philosophischen Gegenwart.[17] Dabei bin ich mir recht sicher, dass dies für Menschen in Ostasien genauso gilt wie für Menschen in Europa oder Nordamerika. Denn grundsätzlich dürften die im chinesischen Mittelalter vieldiskutierten Fragen, ob ein einziger, weiser Mensch die ganze Welt im Sinne eines überzeitlichen Ideals zu ordnen vermag oder ob der erleuchtete Geist das gesamte Universum in sich trägt (wie es das buddhistische *Śūraṅgama Sūtra* dekretiert), Menschen im heutigen Fernost nicht näher sein als „uns Westlern" die scholastischen Debatten über die exakte Bedeutung des griechischen Wortes ἐπισκιάζω („mit einer Wolke bedecken"; Lukas 9:34), das Geschlecht der Engel und die aristotelische Idee der Prima materia. Der konzentrierte, geduldige

---

[15] *Djin-si lu. Die songkonfuzianische Summa mit dem Kommentar des Yä Tsai*, übers. von Olaf Graf, Tokyo 1953, Bd. 3, 333.
[16] Interessanterweise geht die Forschung in Ostasien heute oft pragmatisch mit solchen Fragen um. Ein Beispiel für eine sehr gelungene Analyse, die explizit zwischen einer exegetischen und einer philosophischen Perspektive unterscheidet: Zheng Zemian, „Self-deception, Sincerity (*cheng*), and Zhu Xi's Last Word", *International Philosophical Quarterly*, 55:3 (September 2015), 345-362.
[17] Vgl. die methodischen Überlegungen in Dominik Perler, „The Alienation Effect in the Historiography of Philosophy", in: *Philosophy and the Historical Perspective*, hg. von M. van Ackeren, Oxford, 2018, 140-154. Perler schrieb jüngst aber auch: „Gerade die Fremdheit mittelalterlicher Texte ist systematisch relevant." (ders., „Ist eine analytische Geistesgeschichte möglich? Vier Thesen", *Deutsche Vierteljahrsschrift für Literaturwissenschaft und Geistesgeschichte*, 97 (Februar 2023), 223-235; hier: 229)

Blick auf die chinesischen Texte führt heraus aus der globalen Gegenwart des Jahres 2024; womöglich kann er uns gerade deshalb dabei helfen, bestimmte Vorurteile über die gegenwärtige Welt zu korrigieren und im eigenen Philosophieren ein Stück voranzukommen. Dies wäre doch gar nicht wenig.

Einleitung

> Die eigentliche Frage ist nicht, ob man, wenn man zu
> verstehen versucht, Sinn gewinnt oder verliert, sondern
> ob der Sinn, den man bewahrt, mehr wert ist als der,
> auf den man weise verzichtet.
>
> Claude Lévi-Strauss[1]

Die klassische chinesische Philosophie ist bekanntermaßen geprägt von einer nüchternen, weltzugewandten und auf praktische Belange ausgerichteten Haltung. Bei Konfuzius (551-479 v. u. Z.) zeigt sie sich am deutlichsten. Dieser Denker legte wenig Interesse für Geister, höhere Mächte oder eine jenseitige Welt an den Tag und forderte seine Schüler regelmäßig dazu auf, sich auf das wirkliche Leben zu konzentrieren und die ethischen Ansprüche des Menschseins, insbesondere die Herausforderungen einer Beamtenlaufbahn am Fürstenhof, ernst zu nehmen. Die „Kenntnis der überlieferten Verhaltensmuster" (*zhi li* 知禮) wurde von ihm als so unerlässlich angesehen, dass Konfuzius einmal erklärt haben soll: „Wer diese Verhaltensmuster nicht kennt, wird keinen Stand im Leben finden."[2] Mittels eines umfassenden Bildungs- und Übungsprogramms sollten die Menschen dazu befähigt werden, sich im Umgang mit anderen, in der Familie ebenso wie in der politischen Welt, entsprechend solcher oft stark typisierter „Verhaltensmuster" richtig zu verhalten. Damit kam dem Handeln aber auch ein Primat vor dem Nachdenken und Reflektieren zu. Leicht zugespitzt könnte man sagen, dass nicht *theoretisches Wissen*, sondern *praktische Virtuosität* das eigentliche Ziel der konfuzianischen Lebensform gewesen ist.[3]

Dies heißt nun aber nicht, dass es in der klassischen Philosophie Chinas nicht auch Ansätze zu stärker kontemplativ geprägten Denkstilen gab. Spätere Konfuzianer wie Menzius (ca. 370-290 v. u. Z.) und Xunzi (3. Jhdt. v. u. Z.) versuchten sich bereits in der Theoriebildung und entwickelten konfuzianische Ideen mit größerer, argumentativer Stringenz weiter (und obwohl sich die lakonischen Aussagen des Konfuzius häufig widerstreiten und er sich nie in kohärenter Form zu zent-

---

[1] Ders., *Das wilde Denken*, übers. von Hans Naumann, Frankfurt a.M. 1997 [urspr. 1973], 292.
[2] *Gespräche* 20:3, vgl. *Confucius. Analects: With Selections from Traditional Commentaries*, hg. und übers. von Edward Slingerland, Indianapolis, IN, 2003, 234 f. – Hans van Ess übersetzt das altchinesische Wort *li* 禮 in seiner jüngst erschienenen Neuübersetzung der *Gespräche* dagegen als „höfliche Regeln" (ders., *Konfuzius. Gespräche*, München 2023, 728).
[3] Vgl. Youngmin Kim, *A History of Chinese Political Thought*, Cambridge 2017, 40.

ralen Elementen seiner Lehre geäußert hat, lassen sich seine Äußerungen plausibel etwa als Ausdruck einer einheitlichen Konzeption eines idealen Selbst rekonstruieren).[4] Im philosophischen Daoismus wurde ohnehin immer mit großer spekulativer Energie über das Selbst und die Welt nachgedacht. Während der Text des *Daodejing* noch primär aphoristisch verfährt, finden sich im Buch *Zhuangzi* neben eindrucksvollen, literarischen Passagen auch subtile Reflexionen und Argumentationsgänge. Bemerkenswerterweise beschreibt der Autor dieses Textes – quasi phänomenologisch – unterschiedliche Aspekte seiner Selbsterfahrung, einschließlich Zustände einer reinen Bewusstheit und absoluten Entgrenzung, die mithilfe meditativer Übungen erreicht werden können; jedoch relativiert er die Bedeutung solcher Beschreibungen umgehend, wenn er die Möglichkeit des „Sprechens" (*yan* 言) über das Selbst und die Welt, insbesondere jeden Versuch, zwischen wahr und falsch zu unterscheiden, skeptisch hinterfragt.[5] Konsequenterweise gilt die Erscheinungswelt den Anhängern des Daoismus als so rätselhaft wie ein Traumbild; zudem nähren sie beständig den Zweifel, ob wir überhaupt ein einheitliches Selbst besitzen. Da an entscheidenden Stellen immer wieder auf ein Dao 道 (übliche Übersetzungstermini: „Weg", „Methode", „Lehre", „Urgrund") verwiesen wird, spricht aber einiges dafür, dass das skeptische Moment in der klassischen daoistischen Weltbetrachtung letztlich eingehegt ist. Angesichts der unendlichen Fülle, dynamischen Resonanz und schöpferischen Kraft des Dao verbietet es sich schlichtweg, den Zweifel auf die Spitze zu treiben.[6]

Ab dem 3. Jahrhundert u. Z. setzte in China eine verstärkte Rezeption des indischen Buddhismus ein, die zahlreiche alte Gewissheiten

---

[4] Vgl. *Mong Dsi. Die Lehrgespräche des Meisters Meng K'o*, übers. von Richard Wilhelm, Köln 1982 [urspr. 1916]. – Curie Virág zufolge enthält Konfuzius' Denken „a particular ideal vision of the self as characterized by spatial depth, temporal continuity, integrity, and unity." (dies., *The Emotions in Early Chinese Philosophy*, Oxford 2017, 31) Der Sinologe Heiner Roetz favorisiert in seiner Rekonstruktion des klassischen Konfuzianismus jenen Überlieferungsstrang, der „trotz aller Weltzugewandtheit eine distanzierte und skeptische Perspektive wahrt." (ders., *Die chinesische Ethik der Achsenzeit. Eine Rekonstruktion unter dem Aspekt des Durchbruchs zu postkonventionellem Denken*, Frankfurt a.M. 1992, 243) Vgl. auch Kuan-min Huang, *Un autre souci de soi. Le sens de la subjectivité dans la philosophie chinoise antique*, Dijon 2017, sowie jüngst Lisa Raphals, *A Tripartite Self: Mind, Body, and Spirit in Early China*, Oxford 2023.
[5] Vgl. Lisa Raphals, „Skeptical Strategies in the ‚Zhuangzi' and ‚Theaetetus'", *Philosophy East and West*, 44:3 (Juli 1994), 501-526. Zur Einführung: Hubert Schleichert, Heiner Roetz, *Klassische chinesische Philosophie. Eine Einführung*, Frankfurt a.M. 2021[4], 145-184.
[6] Das chinesische Grundwort Dao markiert ein so weites semantisches Feld, dass die Bedeutung „Weg" nur als erste Annäherung dienen kann. Vgl. Paul W. Kroll, *A Student's Dictionary of Classical and Medieval Chinese* [überarbeitete Ausgabe], Leiden 2017, 79 f.

erschüttern würde. In der abendländischen Philosophie ist die Frage, ob wir die Welt erkennen können, bekanntlich zum ersten Mal bei Parmenides von Elea (fl. erste Hälfte des 5. Jhdts. v. u. Z.) thematisiert worden; für ihn kann das Sein, jenseits der sinnlich erfahrbaren Welt, nur im reinen Denken, im *Logos*, entdeckt werden. In der Skepsis eines Sextus Empiricus (fl. spätes 2. Jhdt. u. Z.) wurde dagegen jede philosophisch gehaltvolle These bezüglich des Seins einer extramentalen Außenwelt als dogmatisch zurückgewiesen; der weise Mensch enthält sich ihm zufolge jeder Positionsnahme bezüglich dieser Frage, weil er sich nur so erhoffen kann, die Seelenruhe zu erlangen. Auf durchaus vergleichbare Weise entfaltet der indische Philosoph Nāgārjuna (trad. 150-250 u. Z.) in seinem Hauptwerk, den *Lehrstrophen über die grundlegenden (Lehren) des Mittleren Weges* (*Mūlamadhyamakakārikā*), ein zutiefst skeptisches Szenario. Dieses besagt, dass alles in dieser Welt, da nichts ein „Eigensein" (*svabhāva*) besitzt, dem steten Wandel unterworfen und somit bedingt ist; diese Bedingtheit bezeichnet der Philosoph auch als „universale Leerheit" (Sanskrit: *śūnyatā*). Der weise oder „erwachte" Mensch hat mithilfe von argumentativer Auseinandersetzung und Meditation eine tiefe Einsicht in diese *universale Leerheit* erlangt; jedoch wird er es unterlassen, diese Leerheit noch einmal in Form einer These oder theoretischen Position zu affirmieren, denn auch der Gedanke der *universalen Leerheit* selbst wird als *leer* betrachtet. Diesem Szenario zufolge gibt es eigentlich weder eine Welt, noch ein Selbst, sondern ausschließlich Erscheinungen, die mithilfe kontingenter Bezugssysteme unterschiedlich gedeutet werden. Es ist daher *sensu stricto* auch nicht möglich, eine stabile Referenzbeziehung zwischen mir und einem Einzelding in der Welt zu etablieren: Zwar kann ich Bezug nehmen auf den Stuhl, auf dem ich sitze, indem ich ihn wahrnehme oder etwa meinen Gedanken über diesen sprachlich äußere, doch werde ich auf diese Weise nie genuines Wissen gewinnen, denn weder der Stuhl, die sprachliche Äußerung noch ich selbst besitzen „Eigensein". Bei allen dreien handelt es sich tatsächlich nur um Trugbilder, und je mehr ich diese Trugbilder zu ergreifen suche, desto tiefer verstricke ich mich in karmischen Schein. Nāgārjunas Lehre zufolge sollte ich es insbesondere vermeiden, mich als einen raumzeitlichen Gegenstand wahrzunehmen oder mir bestimmte Gefühle zuzuschreiben, denn eigentlich gibt es „mich" (das „Selbst"; Sanskrit: *Ātman*) ja überhaupt nicht.[7] Je

---

[7] Bekanntlich darf die Abwesenheit von „Eigensein" im Buddhismus nicht einfach mit der Nicht-Existenz gleichgesetzt werden; es geht vielmehr „um eine vergleichende Aussage, die andeuten will, daß der Gegenstand auf einer höheren Erfahrungsebene unwirklich ist, obwohl er auf einer niedereren Stufe als wirklich gesehen wird." (Edward Conze, *Buddhistisches Denken*, Frankfurt a.M./Leipzig 1988, 320)

früher ich dies einsehe, desto eher werde ich genuines Wissen gewinnen, d.h. mich für die höchste Weisheit öffnen.

Die Forschung ist sich einig, dass Nāgārjunas „mittlere Lehre" in der ostasiatischen Geistesgeschichte dramatische Veränderungen bewirkt hat. Nicht nur wurde sein Denken der radikalen Skepsis, ja der Negativität in den unterschiedlichen, buddhistischen Schulen fortgeführt und weiter vertieft, sondern auch die Daoisten und Konfuzianer ließen sich von dieser neuen Weltsicht beeinflussen und revidierten ihre eigenen Lehren entsprechend. An der Biographie von Zhu Xi (1130-1200), dem wichtigsten neukonfuzianischen Denker des 12. Jahrhunderts, lässt sich dies besonders gut zeigen. Um das Jahr 1160 (also im Alter von etwa einunddreißig)[8] befand sich dieser Denker in einer argen Verlegenheit: In seiner Jugend hatte er – allzu schwärmerisch – buddhistischen Ideen angehangen, die ihm in der Rückschau jedoch nicht überzeugend schienen; zu diesem Zeitpunkt hatte er sich längst wieder der pragmatischen, nüchternen Weltsicht des Konfuzius zugewandt, jedoch fiel es ihm keineswegs leicht, diese in einer gegenwärtigen Sprache überzeugend zu erläutern. Insbesondere würde ihn noch jahrelang das Problem umtreiben, wie gegen den Buddhismus die Möglichkeit eines gelingenden Selbst- und Weltbezugs plausibilisiert werden kann; erst ab dem Frühjahr 1169, nach einer langen Phase des Selbstzweifels, würde Zhu Xi seine reife Lehre ausformulieren können. Wie ich in der vorliegenden Monographie zeige, nimmt diese neue Lehre sowohl inhaltlich, wie auch in der Form der Darstellung, entscheidende Impulse aus dem Buddhismus auf.

Dass die Form seines Ausdrucks dem philosophischen Denken nie äußerlich ist, stellt eine alte Einsicht dar, die Ludwig Wittgenstein in seinem bekannten Diktum nur zugespitzt hat: „Le style c'est l'homme même."[9] Gleiches gilt auch für das chinesische Mittelalter. In meinem *ersten Kapitel* wird es deshalb zunächst darum gehen, den eigentümlichen Denkstil, die Redeweisen und Praktiken der Neukonfuzianer genauer in den Blick zu nehmen. Gerade bei einem Denker wie Zhu Xi, dessen Ideen und Argumente sich im Schatten einer jahrtausendealten Textkultur entfaltet haben, ist es unabdingbar, den geistesgeschichtlichen Kontexten Rechnung zu tragen. In den Worten eines amerikanischen Historikers handelt es sich beim Neukonfuzianismus um „eine stetig anwachsende Überlieferung" (*cumulative tradition*).[10] In diesem Sinne entwickelte Zhu Xi keine selbständige philosophische Theorie oder

---

[8] In der chinesischen Kultur ist der Mensch traditionellerweise bei der Geburt bereits ein Jahr alt.
[9] Ders., *Vermischte Bemerkungen* (*Werkausgabe*, Bd. 8), hg. von Georg Henrik von Wright, Frankfurt a.M. 1984, 561.
[10] Peter Bol, *Neo-Confucianism in History*, Cambridge, MA 2008, 84.

Doktrin; sein Erfolg gründet vielmehr ganz wesentlich in seinem unübertroffenen Geschick, die Gedankengänge und Argumente seiner Vorgänger, neben Konfuzius und Menzius (4. Jhdt. v. u. Z.) insbesondere Zhou Dunyi (1017-1073), Cheng Hao (1032-1085), Cheng Yi (1033-1107) und Zhang Zai (1020-1077), miteinander verknüpft und in ein einziges, weit ausgreifendes Lehrgebäude integriert zu haben. Dem neukonfuzianischen Heilsversprechen zufolge kann jeder Mensch Weisheit, Seelenruhe und sittliche Vollkommenheit erlangen; er muss zu diesem Zweck nur seine Persönlichkeit, seinen Charakter im Sinne des neukonfuzianischen Ideals transformieren. In breiten Strichen skizziere ich das von Zhu Xi entworfene Bildungs- und Übungsprogramm, das dieses Versprechen einzulösen helfen soll (mit der Lektüre, der Meditation und dem Gespräch zwischen Lehrer und Schüler als wichtigsten Elementen). Indem die Funktion der Philosophie wesentlich therapeutisch bestimmt wird, droht sie jedoch in einen Quietismus oder gar Dogmatismus abzurutschen; ich argumentiere dagegen, dass Zhu Xis Lehre – trotz einiger zweifellos vorhandener, dogmatischer Impulse – von zahlreichen Ambiguitäten zehrt, ja erstaunlich deutungsoffen und flexibel ist. Ein wichtiger Grund dafür ist der Umstand, dass das zentrale neukonfuzianische Konzept Dao („rechter Weg", „All-Einheit") nicht im Sinne eines transzendenten Garanten fungiert, sondern auf die Verkörperung in einem sich stets im Wandel befindlichen Alltag angewiesen ist; es kann nie vollständig versprachlicht oder in einem System von Behauptungen erfasst werden, sondern muss als unmittelbare Einsicht im Leben jedes Einzelnen wirksam werden.

Im *zweiten Kapitel* nehme ich den mahāyāna-buddhistischen Phänomenalismus genauer in den Blick. Dieser Lehre zufolge gibt es überhaupt nichts positiv Seiendes, sondern nur phänomenal Gegebenes, das *als etwas* gedeutet wird, z.B. als Bäume, Häuser, Berge, Planeten, usw.; es könnte genauso gut aber auch *anders* gedeutet werden, z.B. als Materieklumpen oder Ansammlungen von Atomen. Die Rede von Erscheinungen (*Phänomenen*) darf aber nicht so verstanden werden, als gäbe es eine Welt, wie sie uns erscheint, und eine Welt, wie sie in Wirklichkeit ist; denn es gibt schlichtweg nichts, das substanziell oder wesensmäßig existieren würde, sondern nur das momentane So-Aussehen, das Geschehen der Erscheinungen (die korrekte Sprechweise wäre daher, ausschließlich über die Erscheinungen zu berichten, ohne Behauptungen bezüglich der Existenz und der Eigenschaften des Erscheinenden zu formulieren). Am Beispiel von Nāgārjunas Denken werde ich idealtypisch einige Aspekte dieser philosophisch-soteriologischen Konstellation genauer konturieren. In aller Kürze sind dies: seine Zurückweisung der in den Abhidharma-Schulen entwickelten Dharma-Lehre, die noch einen starken Wissensanspruch impliziert; sein neues

Verständnis von *svabhava* („Eigensein"); seine Fassung des „Entstehens in Abhängigkeit" (*Pratītyasamutpāda*); und nicht zuletzt seine Lehre der zweifachen Wahrheit. Durch den Vergleich mit dem antiken Pyrrhonismus werde ich die skeptische Dimension der „mittleren Lehre" deutlich machen und sodann einige neuere Deutungsmodelle (semantisch, realistisch und transzendentalphilosophisch) kritisch diskutieren. – Im Folgenden wende ich mich der Rezeption Nāgārjunas in China zu. Die erste chinesische Übersetzung seines Hauptwerks lag bemerkenswerterweise bereits im Jahr 409 u. Z. vor. Sobald sich die kulturellen Eliten des mittelalterlichen Chinas tiefere Kenntnisse über den Mahāyāna-Buddhismus, mit Nāgārjuna als wohl wichtigstem Stichwortgeber, angeeignet hatten, ergab sich eine Verschärfung der in ihrer eigenen Tradition vorhandenen skeptischen Denkmotive. Denn Nāgārjunas Neufassung des Buddhismus motiviert offenkundig eine prononcierte Außenweltskepsis, die auch den Körper miteinschließt, sowie eine grundlegende Skepsis gegenüber dem Phänomen des Selbst: „Es gibt in dieser Sicht nicht *eine* geschlossene Wirklichkeit, sondern viele Träume, in denen Ich in verschiedenen Gestalten vorkomme, die Außenstehenden wie verschiedene wirkliche Wesen erscheinen. Wer bin ich? Wer ist ich? Jedenfalls nicht das leibliche Individuum."[11] In der gebotenen Kürze vollziehe ich die Anverwandlungen der zweifachen Wahrheit in den Tiantai-, Huayan- und Chan-Schulen nach und arbeite sodann heraus, wie Nāgārjunas Lehre in der chinesischen Welt zu einem Geistmonismus weiterentwickelt worden ist, dem zufolge die in der sinnlichen Wahrnehmung gegebene Welt nicht mehr ist als die Manifestation eines verblendeten, unwissenden Geistes. Das Ziel des Übungsweges muss daher sein, sich aus dieser Verblendung zu befreien und sich für die Wirklichkeit des reinen, ungegenständlichen, ewigen Geistes zu öffnen.

Das *dritte Kapitel* handelt davon, wie Zhang Zai (1020-1077), ein wichtiger Wegbereiter Zhu Xis, den buddhistischen Phänomenalismus mithilfe einer neuartigen, naturphilosophischen Terminologie und einer systematischen Neuordnung der konfuzianischen Überlieferung zu überwinden suchte. Christentum und Buddhismus sind „Erlösungsreligionen, die die Vervollkommnung des Individuums anstreben";[12] in der chinesischen Geisteswelt gab es zwar enorme Widerstände gegen diese neue Denkrichtung, jedoch würde auch im Neukonfuzianismus

---

[11] So Walter Liebenthals Bemerkung zu einem zentralen Text des Chan-Buddhismus, siehe Wu-men Hui-k'ai, *Wu-men kuan. Zutritt nur durch die Wand*, übers. von Walter Liebenthal, Heidelberg 1977, 48.
[12] Michael Mitterauer, *Warum Europa? Mittelalterliche Grundlagen eines Sonderwegs*, München 2009⁵, 93.

die Vervollkommnung des Einzelnen ins Zentrum rücken. Ein wichtiges Anliegen Zhang Zais war es nun, in der Zurückwendung auf das innere Vorstellungsleben (z.B. durch die meditative Versenkung) „die Wesensbestimmung wieder sichtbar zu machen" (*fu xing* 復性), d.h. den jedem Menschen inhärenten Grund wiederzufinden, der ihn dazu befähigt, ein sittliches Leben zu führen. Während der Buddhismus diesen in eine Erfahrung von Leerheit und Grundlosigkeit fehlgedeutet habe, sei er in Wahrheit *wirklich* und *verlässlich* und könne daher auch die sittliche Handlungsfähigkeit des neukonfuzianischen Akteurs begründen. Ohne dass die genaue Beschaffenheit dieses Grundes damit geklärt wäre, verdient es festgehalten zu werden, dass geistige Ereignisse und Zustände für Zhang Zai in einem ganz neuen Maße relevant wurden (wobei aber natürlich kein substanzielles Selbst präsupponiert wird). Offensichtlich ging es ihm einerseits um eine Selbstgründung, bei der es mir möglich wird, mich mithilfe von Termini wie *xin* 心 („Geist", „Bewusstsein") oder *qing* 情 („Affekte") unmittelbar auf zentrale Aspekte meines Erlebens zu beziehen, und andererseits um die direkte Erfassung der diese Selbstgründung erst ermöglichenden All-Einheit. Denn Zhang Zai blieb stets seiner monistischen Grundüberzeugung treu, der zufolge das neukonfuzianische Dao nur als allumfassende Einheit gedacht werden kann: Differenz und Vielheit der sinnlich wahrnehmbaren Welt sind abgeleitete Phänomene; ihnen zugrunde liegt die Totalität des kosmischen Prozesses. Wie dieser Prozess, also das Wandelbare, Flüchtige, überhaupt zu denken sei, beschäftigte diesen Denker über viele Jahrzehnte; offenkundig genügt die diskursive Durchdringung dazu nicht, sondern es bedarf einer intuitiven Vergegenwärtigung, die allein die Wirklichkeit als undifferenzierte, dynamische Totalität aufzufassen vermag. Um diese Vision der All-Einheit von der *universalen Leerheit* abzugrenzen, suchte dieser Denker sie außerdem mit dem Konzept des Qi 氣 („Atem", „Lebenskraft", „Stofflichkeit") zu erden; der Sphäre des Geistes stellte er mithin ein Beharrendes, Undurchdringliches und Undurchsichtiges entgegen (quasi einen Begriff der Materie), ohne dass er derart jedoch trennscharf zwischen geistigen und materiellen Zuständen unterschieden hätte.[13] An dieser Stelle zeigt sich eine tiefe Ambiguität, die Zhang Zai wohl nie aufzulösen vermocht hat: Verlangt ist eine Zuwendung *zur Welt*, denn der Geist benötigt eine Selbstdistanzierung, um sich selbst erst erfassen zu können, jedoch bleibt der ontologische Status dieser Welt prekär, so

---

[13] Diese Sichtweise wird in der Forschung manchmal unter den Begriff des „Organizismus" gefasst. In den Worten eines bekannten Historikers: „The refusal to separate the spiritual from the materialistic is typical of Neo-Confucian thinkers and consistent with their organic view of the universe." (Ray Huang, *1587. A Year of No Significance: The Ming Dynasty in Decline*, New Haven/London 1981, 202)

dass Geist und Welt letztlich nicht strikt voneinander abgegrenzt werden können. Eine Pointe meiner Rekonstruktion ist, dass dieser Denker letztlich nicht dem Deutungsrahmen der reziproken Abhängigkeit von Welt und Geist entkommen ist, den ihm der Buddhismus vorgegeben hatte.

Im *vierten Kapitel* führe ich die verschiedenen Fäden der vorangegangenen Kapitel zusammen und präsentiere meine Deutung von Zhu Xis philosophischem Denken. In seiner Jugend hatte dieser Denker der buddhistischen Weltsicht angehangen; als er sich um das Jahr 1155 dem praktischen Programm des Konfuzius verschrieb, gingen Elemente der buddhistischen Weltsicht wie von selbst in seine Überzeugungsbildung ein, insbesondere ein geschärftes Problembewusstsein bezüglich der Realität der Außenwelt und der Beschaffenheit des Geistes. Selbst wenn Zhu Xi offenbar sehr schnell wieder das konfuzianische Grundvertrauen zu mobilisieren vermochte, dass den konkreten Belangen der Praxis in jedem Fall der Vorrang vor metaphysischen Spekulationen über die Welt und das Selbst zukomme, drängte sich ihm offenbar doch immer wieder der Eindruck auf, dass eine solche pragmatische Haltung zutiefst ungenügend sei. Ich rekonstruiere einige zentrale Episoden seiner Biographie und zeichne nach, wie Zhu Xi zwischen den Jahren 1143 und 1169 in Debatten mit pro-buddhistisch eingestellten Gelehrten seine neukonfuzianischen Überzeugungen stetig vertieft hat. Nicht nur konnte Zhu Xi Zhang Zais Überlegungen zur Notwendigkeit einer Zuwendung zur Welt übernehmen, er konnte darüber hinaus direkt an dessen Analyse des Terms *xin* 心 („Geist", „Bewusstsein") anknüpfen. Jedoch gab er ihr eine neue Wendung: Auch für Zhu Xi besitzt das Bewusstsein eine materielle, verkörperte Dimension, die es zugleich transzendieren kann, indem es sich in der geistigen Schau auf die All-Einheit ausrichtet; während Zhang Zai das endliche, konkrete Bewusstsein aber noch zugunsten der monistischen Einheit abwertet, spielt es Zhu Xi zufolge eine unverzichtbare Rolle für eine gelungene Bewältigung des Alltags. Der Geist muss nämlich als ein Raum der Subjektivität verstanden werden; er ist wesentlich „unterscheidendes, bewertendes Gewahrsein und praktisches, leibliches Tätigsein" (*zhijue yundong* 知覺運動). Durch die meditative Übung kann ich eine Zentralisierung und Polarisierung aller Bewusstseinszustände erreichen; indem ich die „Wachsamkeit", bzw. „Gewissenhaftigkeit" (*jing* 敬) kultiviere, kann ich außerdem im Umgang mit den Einzeldingen der Welt ein reflektiertes Sichzusichverhalten realisieren, das die menschliche Tendenz zur Egozentrizität abzuschwächen vermag. Ohne die buddhistischen Anregungen, wären solche Überlegungen nicht möglich gewesen.

Erstes Kapitel:
Der Neukonfuzianismus:
Ein Überblick

> Die Geschichte kennt keine
> Wiederholungen des Gleichen:
> ‚Renaissancen' sind ihr Widerspruch.
>
> Hans Blumenberg[1]

I. Einführung

Im Folgenden muss es erst einmal darum gehen, einen Überblick über die recht vertrackte, geistesgeschichtliche Konstellation des *Neukonfuzianismus* zu gewinnen. Ich werde die relevanten Texte und repräsentativen Denker einführen, außerdem Licht auf einige zentrale Ideen werfen. Sodann wende ich mich dem spezifischen, neukonfuzianischen Denkstil zu, den ich am Beispiel Zhu Xis etwas genauer konturieren möchte. Ganz am Ende werde ich auch noch kurz den Gedanken der All-Einheit (das Dao) einführen.

Was ist der Neukonfuzianismus? Die „neukonfuzianische Bewegung" (*Neo-Confucian movement*) trat unter den historischen Bedingungen des chinesischen Großreichs im 11. und 12. Jahrhundert u. Z. auf. Bestand sie zu Beginn nur aus einer kleinen Gruppe eigentlich marginal zu nennender Gelehrter, die einige uralte, in den Augen so mancher Zeitgenossen wohl auch einigermaßen obskure, konfuzianische Ideen mit neuem Leben zu erfüllen suchten, trat diese neue Lehre im 13. Jahrhundert ihren Siegeszug an. Ein wichtiges Datum war das Jahr 1241, als die „Lehre vom rechten Weg" (*Daoxue* 道學), wie es im Chinesischen heißt, zur Orthodoxie avancierte und in der Endphase der Südlichen Song-Dynastie (1127-1279) auch bereits zum Gegenstand der Beamtenprüfungen wurde. Alsbald würde der Neukonfuzianismus in ganz Ostasien nicht nur hochkulturelle Strahlkraft entfalten, sondern auch in zahlreichen Staatswesen zu einem zentralen Bestandteil der Herrschaftsideologie werden. – Wie kein anderer Denker hat Zhu Xi das Programm dieser Bewegung geprägt; sein neuartiger Blick auf die konfuzianische Antike, sein in eleganten, sprachlich mustergültigen Kommentaren entfaltetes Gedankengebäude, seine grandiose Syntheseleistung blieben bis zum Beginn des 20. Jahrhunderts autoritativ. Da sich Zhu Xi im Geiste des Neukonfuzianismus mit fast allen Wissensfeldern beschäftigt hat, ist es keine Übertreibung zu sagen, dass dieser

---

[1] Ders., *Die Legitimität der Neuzeit*, Frankfurt a.M. 1996 [erneuerte Ausgabe], 700.

Denker das Weltverhältnis der Menschen im vormodernen Ostasien entscheidend geprägt hat.[2]

In der modernen Forschung ist oft darauf hingewiesen worden, dass das Phänomen „Konfuzianismus" durch die Jahrtausende hinweg eine große Variabilität, zugleich aber auch eine erstaunliche Konsistenz, ja Beharrungskraft aufweist.[3] Selbst wenn die konkreten, historischen Prozesse äußerst komplex sind, steht doch eins außer Frage: Alle konfuzianischen Schulen haben die Erinnerung an ihren Gründer *Konfuzius* lebendig zu halten gesucht. Dieser hagere, wohl auch hässliche und eigentlich heimatlose Mann aus dem Kleinstaat Lu (in der heutigen Provinz Shandong) hat sich in seinem langen Leben zu einer ganzen Reihe von Themen geäußert, insbesondere aber zu Fragen von „überlieferten Verhaltensmustern (Ritualen) und Musik" (*li yue* 禮樂).[4] Die Textbestände legen nahe, dass Konfuzius einem Ziel besonders verpflichtet war: eine vorhandene und als normativ bestimmte Überlieferung zu *tradieren*, ohne dass er den Anspruch erhoben hätte, etwas *Eigenes*, geschweige denn etwas *Neues* zu sagen.[5] Die Überlieferung bestand für Konfuzius, oder so lautet zumindest eine weitgeteilte Überzeugung im traditionellen China, aus einer Gruppe kanonischer Texte: das *Buch der*

---

[2] Einschlägig: Peter Bol, *Neo-Confucianism in History*; in deutscher Sprache: Carsun Chang, *Geschichte der neukonfuzianischen Philosophie*, hgg. von Heiner Roetz und Joseph Ciaudo, Frankfurt a.M., 2016. Zu Zhu Xis Geschichtsschreibung siehe Tang Qinfu, *Zhu Xi de shixue sixiang*, Jinan 2000. – Ich spreche im Anschluss an Alfred Forke durchgängig vom „Neukonfuzianismus" und den „Neukonfuzianern" (ders., *Geschichte der neueren chinesischen Philosophie*, Hamburg 1964[2], 18). Im Deutschen ist aber auch das Wort „Neokonfuzianismus" ausgewiesen.

[3] Für eine sehr nuancierte Analyse, die sowohl die Skylla des kulturellen Essentialismus wie auch die Charybdis des detailverliebten Kontextualismus (typisch für viele Bereiche der zeitgenössischen Sinologie) geschickt umschifft, siehe Kim, *A History of Chinese Political Thought*, 11 ff. – Der Term „konfuzianisch" kann auf die Schriften der Jesuitenmissionare zurückgeführt werden; vgl. Lionel M. Jensen, *Manufacturing Confucianism: Chinese Traditions and Universal Civilization*, Durham 1997. In der chinesischen Schriftsprache gibt es aber entsprechende Äquivalenztermini, z.B. „Gelehrte" (*ru* 儒), „Gemeinschaft unseres Weges" (*wu dao* 吾道), „Lehre vom rechten Weg" (*dao xue* 道學), bzw. „Lehre von den Prinzipien" (*li xue* 理學). Für einen Überblick siehe Nicolas Zufferey, *To the Origins of Confucianism: The ru in pre-Qin times and during the early Han dynasty*, Bern 2003, 15-161.

[4] Zur Biographie des Konfuzius: Ann-ping Chin, *The Authentic Confucius. A Life of Thought and Politics*, New York 2007.

[5] Siehe insbesondere *Gespräche* 7:1. Hans van Ess schreibt hierzu: „Der Satz vom ‚Überliefern und nicht selbst schaffen' ist in Texten ab dem ersten nachchristlichen Jahrhundert eines der wichtigsten Charakteristika des Handelns von Konfuzius." (ders., *Konfuzius. Gespräche*, 298) Bei der Zählung der Textstellen folge ich dieser Edition.

Lieder, die *Urkunden,* das *Buch der Wandlungen,* die *Ritualaufzeichnungen* sowie die *Frühlings- und Herbstannalen.*[6]

In den von seinen Schülern aufgezeichneten *Gesprächen,* aus dem die meisten Leser ihr Wissen über diese historische Persönlichkeit bezogen haben, betont Konfuzius immer wieder die Wichtigkeit der „überlieferten Verhaltensmuster" (alternativ: „Regeln des sittlichen oder höflichen Anstandes").[7] Diese sollen die Lebensführung des gebildeten Menschen, des „Edlen" (*junzi* 君子), bestimmen. Es geht im Konfuzianismus also sehr viel um Bildung, um Lernen und Üben.[8] Die Betonung liegt hier auf dem Wort „Üben", denn die dahinterstehende Vorstellung ist, dass der Mensch sich nur durch die kontinuierliche Auseinandersetzung mit einer als maßgeblich begriffenen Kultur vervollkommnen kann. Anders gesagt: Der unmittelbare Bezug auf einen als kanonisch betrachteten Textkorpus ist für die richtige Lebensführung unerlässlich; das Ziel muss sein, die darin enthaltene normative Vision – so gut es eben geht – im eigenen Leben nachzuvollziehen und ihr auf diese Weise auch in Zukunft Wirkung zu verschaffen. Genau besehen variierte die Wahrnehmung des Konfuzius durch die Jahrhunderte natürlich erheblich; und da der eigentliche Inhalt des konfuzianischen Kanons, trotz aller diesbezüglichen Anstrengungen des Konfuzius und seiner Schüler, keineswegs eindeutig zu identifizieren war, kam es bereits im antiken China immer wieder zu heftigen Debatten unter den Gelehrten.[9]

Tatsächlich zeichnete sich bereits die erste Schülergeneration des Konfuzius durch einen hohen Grad an intellektueller Diversität aus. Zur Zeit des Menzius (ca. 372-289 u. Z.), der mitunter als der „erste Konfuzianer" bezeichnet wird, da er die Ideen seines Vorgängers und Vorbilds zum ersten Mal ausführlich und in argumentativ strukturierter Form dargestellt hat, hatten sich bereits mehrere, miteinander konkurrierende Traditionslinien herausgebildet. Wer sich in späteren Jahrhunderten auf die Weisheit des Konfuzius berief, stand vor der zweifachen Notwendigkeit, seine Zeitgenossen von der eigenen Zugehörigkeit zu dieser Überlieferung, d.h. zu einer als authentisch wahrgenommenen Traditionslinie, zu überzeugen, und zugleich die Bedeutung dieser

---

[6] Zu diesem Textkorpus siehe wieder van Ess, *Konfuzius. Gespräche*, 72-76.
[7] Van Ess, *Konfuzius. Gespräche*, 74.
[8] Siehe Antonio S. Cua, „Early Confucian Virtue Ethics: The Virtues of *Junzi*", in: *Dao Companion to Classical Confucian Philosophy*, hg. von Vincent Shen, New York 2014, 291-334. Vgl. auch noch Tu Weiming, *Menschsein lernen. Entwurf eines Humanismus im konfuzianischen Geist*, hg. von Kai Marchal, Berlin 2023.
[9] Siehe Thomas A. Wilson, Michael Nylan, *Lives of Confucius: Civilization's Greatest Sage Through the Ages*, New York 2010.

Überlieferung neu für die Gegenwart zu artikulieren. Trotz aller Rückwärtsgewandtheit gaben sich die Konfuzianer also nie einfach mit dem Gegebenen zufrieden; in den konfuzianischen Schulen wurden immer wieder ikonoklastische Momente wirksam, trieben innovative Setzungen und ein in der Gegenwart nie vollständig einzuholender Sinnüberschuss das Denken in neue Richtungen. Diese gelehrten Männer – denn es waren fast immer Menschen männlichen Geschlechts[10] – strebten mit großem Selbstbewusstsein danach, die moralischen, politischen und gesellschaftlichen Wirklichkeiten ihrer Zeit in Übereinstimmung mit den normativen Orientierungen einer im Wandel begriffenen Bildungskultur zu bringen.

Im 12. Jahrhundert (im chinesischen Mittelalter) konnten die Konfuzianer bereits auf eine jahrtausendealte Geschichte zurückblicken. Die Rede von einem „Staatskonfuzianismus", der sich im 2. Jahrhundert v. u. Z. herausbildete, nachdem die konfuzianische Lehre zur Orthodoxie aufgestiegen war,[11] sollte uns nicht die Vielschichtigkeit der historischen Realität übersehen lassen. Konfuzianisch bewegte Gelehrte konnten in der chinesischen Gesellschaft sehr unterschiedliche Rollen ausfüllen: Als Minister und hohe Beamte waren sie am Kaiserhof tätig, übten aber auch erheblichen Einfluss im Bildungswesen aus (als Präzeptoren des Thronfolgers oder als Prüfungsbeamte, die die Curricula für die staatlichen Beamtenprüfung entwarfen), stellten außerdem im kaiserlichen Auftrag enzyklopädische Lexika und Kommentarwerke zusammen, hielten den Verwaltungsapparat am Laufen, reformierten die Steuergesetze und die Bodenordnung, waren im Ingenieurwesen, in der Medizin und der Naturforschung tätig… Der vielmals und vielerorts gescheiterte Konfuzius hätte nicht ahnen können, auf wie vielen Feldern sich seine Nachfolger einmal tummeln würden.

Als Zhu Xi im Jahr 1130 zur Welt kam, stand die Song-Dynastie vor gigantischen Herausforderungen. Der größte Teil Nordchinas war erst vor kurzem an eine fremdstämmige Dynastie (die Jin, ein tungusisches Volk in der östlichen Mandschurei) verloren gegangen, woraufhin sich der Kaiserhof nach Hangzhou im Südosten Chinas zurückgezogen hatte. Zu der militärischen Instabilität kam die Ungewissheit, ob der verbliebene Rumpfstaat überhaupt noch die nötige Resilienz besaß:

---

[10] Es gibt Ausnahmen: In Korea sind etwa die beiden Gelehrtinnen Im Yunjidang 任允摯堂 (1721-1793) und Gang Jeongildang 姜靜一堂 (1772-1832) bekannt für ihre Überzeugung, dass auch Frauen zu weisen Menschen werden können. Siehe *Korean Women Philosophers and the Ideal of a Female Sage: Essential Writings of Im Yungjidang and Gang Jeongildang*, hgg. von Philip J. Ivanhoe und Hwa Yeong Wang, Oxford 2023.

[11] Ralf Moritz, *Das Große Lernen (Daxue)*, Stuttgart 2003, 51.

Die mächtige Literatenschicht, mit deren Hilfe der Kaiser die Geschicke des Reiches lenkte, hatte sich in der Krise als höchst unzuverlässig erwiesen. Ungeachtet solcher Sorgen war das 12. Jahrhundert aber auch eine Zeit des Aufbruchs; es gab große, ökonomisch sehr erfolgreiche Städte und ein frühkapitalistisches Wirtschaftssystem, das durch einen regen Fernhandel mit vielen Weltregionen verbunden war (der Historiker Dieter Kuhn spricht von einem „early *laissez-faire* liberalism").[12] Der Kompass mit schwimmender Nadel und das Schwarzpulver wurden damals erfunden, ebenso neue Techniken des Buchdrucks; und auch in der Mathematik, dem Ingenieurwesen und der Landwirtschaft gelangen größere Durchbrüche. Im Jahr 1076 forderte der Kaiserhof die Einrichtung einer kaiserlichen Pharmazie und eines Armenhauses mit einem Friedhof für mittellose Bürger, Maßnahmen, die aus einer globalhistorischen Perspektive als erste Schritte in Richtung auf ein öffentliches Gesundheitssystem interpretiert werden dürfen.[13] Mit einem Wort: Es war eine faszinierende Epoche, in der überkommene Autoritäten und traditionelle Gewissheiten in Frage gestellt wurden; selbst wenn religiöse Autoritäten immer noch ein großes Publikum anzogen und Geomantiker in den subtropischen Landschaften Südchinas geheime Wirklinien zu lokalisieren suchten, gab es doch zugleich starke Tendenzen, die damals bekannte Welt mit einer geradezu säkular anmutenden Neugier auszumessen.[14]

Eine letzte Anmerkung zur politischen Geschichte des Neukonfuzianismus: Man mag es tragisch nennen, dass Zhu Xis subtiles Gedankengebäude bereits kurze Zeit nach seinem Tod (im Jahr 1200) auf das Niveau einer Staatsideologie heruntergebrochen worden ist.[15] Im kaiserzeitlichen China wurden seine wohldurchdachten Debattenbeiträge und kunstvoll gewebten Kommentare zum banalen Paukstoff für jeden x-beliebigen Prüfungskandidaten degradiert, der im Staatsdienst unterzukommen hoffte. Jedes Zitat aus Zhu Xis gigantischem *œuvre* versprach einen deutlichen Distinktionsgewinn; und nur zu gern wurden

---

[12] Ders., *The Age of Confucian Rule: The Song Transformation of China*, Cambridge, MA, 2009, 251.

[13] Siehe Asaf Goldschmidt, *The Evolution of Chinese Medicine: Song Dynasty, 960-1200*, New York 2009, 60 f.

[14] Eine pointierte Überblicksdarstellung zur chinesischen Geschichte: Kai Vogelsang, *Geschichte Chinas* [7., durchgesehene Auflage], Stuttgart 2021. Aus der umfangreichen Forschungsliteratur zur Song-Dynastie: Christian Lamouroux, *La Dynastie des Song: Histoire générale de la Chine (960-1279)*, Paris 2022; sowie Kuhn, *The Age of Confucian Rule: The Song Transformation of China*.

[15] Siehe Helwig Schmidt-Glintzer, „Viele Pfade oder ein Weg? Betrachtungen zur Durchsetzung der konfuzianischen Orthopraxie", in: *Max Webers Studie über Konfuzianismus und Taoismus: Interpretation und Kritik*, hg. von Wolfgang Schluchter, Frankfurt a.M. 1983, 298-341.

patriarchale Familienstrukturen und der Brauch des Füßebindens (bei kleinen Mädchen) unter Hinweis auf seine Ideen gerechtfertigt.[16] Bis zum Jahr 1905 waren solide Kenntnisse Zhu Xis in China eine notwendige Voraussetzung für die Bekleidung eines öffentlichen Amts. Zu Beginn des 20. Jahrhunderts war der neukonfuzianische Denker aber genau aus diesem Grund nur noch ein Schatten seiner selbst, ein Pappkamerad in Gestalt eines verknöcherten, moralinsauren Dogmatikers, den junge Menschen nur verachten konnten.

Die historische Wirklichkeit war komplizierter. Der Neukonfuzianismus hatte einmal Hunderte, ja Tausende von hochgebildeten, klugen Köpfen in den Bann gezogen, darunter viele glühende Idealisten, die mit Gründlichkeit und großem Ernst über die ihnen von ihrem Übervater hinterlassenen Probleme nachdachten. Die Revolutionäre des 20. Jahrhunderts konnten nicht mehr wissen, dass Zhu Xi ein spirituelles Ideal der *Macht durch Machtlosigkeit* angestrebt hatte und zu Lebzeiten als loyaler, aber durchaus aufmüpfiger Kritiker aufgefallen war (ein amerikanischer Historiker nennt ihn „marginal in his place, and ambivalent in his attitudes").[17] Die wenige Macht, die er kurzzeitig besessen hat, dürfte er eher *malgré lui* ausgeübt haben, und das Schreiben, das Gespräch mit seinen Schülern haben ihm zweifellos am meisten bedeutet; letztlich trieb ihn wohl eine existenzielle Sorge um die Endlichkeit des eigenen Lebens um.[18] Die Vorstellung, dass seine Ideen nach seinem Tod in staatlichen Examina abgefragt werden könnten, hätte ihn nicht nur mit Genugtuung erfüllt, denn es ist in der Tat auffällig, „mit welcher Reserve, um nicht zu sagen geheimer Ablehnung" eigentlich alle Neukonfuzianer des 11. und 12. Jahrhunderts den Prüfungsverfahren ihrer Zeit begegnet sind.[19] Die lebensfremde, seelenlose Ritualistik späterer Dynastien hätte er gewiss nicht gutgeheißen,

---

[16] Zur Bedeutung Zhu Xis in der chinesischen Frauengeschichte vgl. etwa Shirley See Yan Ma, *Footbinding. A Jungian Engagement with Chinese Culture and Psychology*, Hove/New York 2010, 35 ff.

[17] Brian McKnight, „Chu Hsi and His World", in: *Chu Hsi and Neo-Confucianism*, hg. von Wing-tsit Chan, Honolulu 1986, 431.

[18] ZZQS 14:289: „Die Buddhisten reden über sehr viel, letztlich sind sie aber erfüllt von der Sorge um die eigene Existenz. Ihre Lehre ist falsch, doch befördert sie [immerhin] die Sorge um sich selbst. Deshalb trifft man bei ihnen häufig echte Menschen, die bei uns fehlen. […]" 佛家一向撤去許多事，只理會自家己；其教雖不是，其意思卻是要自理會。所以他那下常有人，自家這下自無人。 […] – Im Gespräch erinnert sich Zhu Xi außerdem einmal an den Augenblick, als er sich gewahr geworden sei, „nur *ein* Leben" zu besitzen (*wo zhi yi ge hunshen* 我只一箇渾身; ZZQS 17:3438).

[19] Olaf Graf, *Tao und Jen. Sein und Sollen im sungchinesischen Monismus*, Wiesbaden 1970, 143. Vgl. Bol, *Neo-Confucianism in History*, 90 f.

ebenso wenig die Bückelei im Angesicht despotischer Macht, wie sie im 17. oder 18. Jahrhundert in China gang und gäbe war.[20]

II. Das neukonfuzianische Bildungs- und Übungsprogramm

Die Entschiedenheit, mit der sich Zhu Xi – weitaus intensiver als Gelehrte früherer Jahrhunderte – mit dem Individuum Konfuzius identifiziert und ihn ins Zentrum seines Denkens gerückt hat, ist auffällig. Konfuzius erfreut sich in Zhu Xis Schriften nicht nur häufiger Zitierung, sein Name wird geradezu zu einem Symbol der Zivilisation, die um jeden Preis gegen die Mächte der Finsternis verteidigt werden muss.[21] Jeder Mensch wird angehalten, sich Konfuzius zum Vorbild zu nehmen, von ihm zu lernen und ihm nachzueifern. So erklärt Zhu Xi in einer Leseanweisung, die er seinem Kommentar zu den *Gesprächen* vorangestellt hat: „Der Lernende soll die Fragen, die von den Schülern in den *Gesprächen* geäußert werden, als eigene Fragen betrachten und die Antworten des heiligen Menschen [d.i. Konfuzius] so aufnehmen, als hätte er sie am heutigen Tag gehört; auf diese Weise wird er ganz von selbst zur Einsicht kommen."[22] Im Handumdrehen soll der historische Abstand zur chinesischen Antike überwunden werden, der ja auch den Leserinnen und Lesern im mittelalterlichen China nicht verborgen geblieben sein dürfte.

---

[20] Spätere Neukonfuzianer hatten weniger Skrupel als Zhu Xi und ließen zu, dass mithilfe ihrer Lehren Regizide und andere Gewalttaten nachträglich legitimiert wurden. Vgl. eindrücklich: Benjamin A. Elman, „'Where is King Ch'eng?': Civil Examinations and Confucian Ideology during the Early Ming, 1368-1415," *T'oung Pao*, Vol. 79, Fasc. 1/3 (1993), 23-68. – Zahlreiche Disfunktionalitäten der gesellschaftlichen Entwicklung sind von Historikern und Soziologen (Max Weber, S. Gordon Redding, Herman Kahn, Ezra F. Vogel, Peter Berger, Gibert Rozman, usw.) mit der Kultur des Neukonfuzianismus in Verbindung gebracht worden. Die große Bedeutung der Familie sowie weitgeknüpfter Beziehungsnetze („guanxi") im Alltag heutiger Chinesinnen und Chinesen können wenigstens partiell auf neukonfuzianisch geprägte Hintergrundorientierungen zurückgeführt werden. In der neueren Forschung ist unter Hinweis auf die Andersartigkeit der gesellschaftlichen Entwicklung in Ostasien zugleich aber das kreative, individuelle Handlungsmacht begründende Potential neukonfuzianischer Diskurse herausgearbeitet worden. Vgl. R. Bin Wong, *China Transformed: Historical Change and the Limits of European Experience*, Ithaca NY, 1999.

[21] Ein oft zitierter Ausspruch Zhu Xis lautet: „Wenn der Himmel nicht Konfuzius hervorgebracht hätte, wären Jahrtausende in tiefer Finsternis gehüllt geblieben!" 天不生仲尼，萬古長如夜！(ZZQS 17:3096 f.)

[22] Siehe „Du Lunyu Mengzi fa", ZZQS 6:61: 學者須將論語中弟子問處便作自己問，聖人答處便作今日耳聞，自然有得。

In der ersten Glosse zu den *Gesprächen* (1:1) erläutert Zhu Xi die Tätigkeit des „Lernens" konsequenterweise im Sinne eines „direkten Nachahmens" (*xiao* 效).[23] Denn die Lehre des Konfuzius ist in seiner Biographie, ja in seinem konkreten Lebensvollzug instantiiert; die Leser sollen aus seinen Aussagen nicht nur die lebensweltlichen Maßstäbe und Praktiken herausdestillieren, die sie zu einer konfuzianischen Lebensform befähigen, sondern ebenfalls auf den spezifischen Kontext achtgeben, in dem Konfuzius die Wirklichkeit des Dao erläutert hat. So hat das zehnte Kapitel der *Gespräche* in Zhu Xis Deutungsrahmen eine besondere Stellung inne, obwohl Konfuzius darin überhaupt keinen identifizierbaren Lehrsatz oder philosophischen Gedanken äußert; stattdessen werden nur in einem sachlichen, etwas pedantisch wirkenden Ton unzählige Details aus der Lebensführung des Meisters dokumentiert, die zusammen genommen so etwas wie einen modellhaften Tagesablauf ergeben.[24] Der Leser, erläutert Zhu Xi, soll dieses Kapitel so lesen, als ob sich Konfuzius' Leben „vor den eigenen Augen" (*zai mu* 在目) abspiele, denn das konfuzianische Dao sei nicht von der „gelebten Alltäglichkeit" (*ri yong zhi jian* 日用之間) dieses Menschen zu trennen; hier zeige sich die sittliche Größe des konfuzianischen Menschen.[25] Anders als bei den eremitierenden Daoisten der Antike und den buddhistischen Mönchen des chinesischen Mittelalters ist das gewöhnliche, eintönige Leben der Schauplatz, an dem sich das neukonfuzianische Bildungs- und Übungsprogramm abspielt.

Tatsächlich wird in diesem Kapitel alles so schlicht beschrieben, dass es fast schon überhistorisch wirkt: Konfuzius schläft in entspannter Haltung (10:21); legt nach dem Aufstehen in korrekter Weise – entsprechend der jeweiligen Umstände – seine Kleidung an (10:5); isst dann nur so viel, dass er satt wird (und keine Speise mit schlechter Farbe oder schlechtem Geruch) (10:6); vermeidet es, während des Essens zu sprechen oder gar seine Schüler zu belehren (10:8); setzt sich

---

[23] So Zhu Xis Glosse zu dem Verb *xue* 學 in *Gespräche* 1:1, siehe ZZQS 6:67. Vgl. Daniel Gardner, *Zhu Xi's Reading of the Analects. Canon, Commentary and the Classical Tradition*, New York 2003, 31.

[24] Hans van Ess rückt das zehnte Kapitel in die Nähe des Genres der „Regeltexte" und schreibt: „Die Fragmente regelhaften Betragens vor dem letzten Text [d.i. 10:25] sind nicht direkt mit Konfuzius verbunden. Jeder andere anständige Mensch könnte in diesen Abschnitten gemeint sein." (ders., *Konfuzius. Gespräche*, 431). Van Ess argumentiert weiter, dass die *Gespräche* „ein bis ins kleinste Detail durchkomponierter Text" seien (*ibid.*, 15), und gibt damit einer Überzeugung Ausdruck, die auch von Zhu Xi und seinen Anhängern geteilt wurde. Vgl. ebenfalls Benoît Vermander, *Comment lire les classiques chinois?*, Paris 2022, 250-256.

[25] ZZQS 6:148. Die Formulierung „gelebte Alltäglichkeit" stammt von Markus Gabriel, siehe ders., *Skeptizismus und Idealismus in der Antike*, Frankfurt a.M. 2009.

nicht, wenn die Sitzmatte nicht richtig liegt (10:10); spricht am Herrscherhof mit umsichtiger Zurückhaltung (10:1, 10:2); besucht den großen Ahnentempel und lässt sich das dortige Prozedere, obwohl er es längst kennt, bei jedem Besuch aufs Neue erklären (10:18; vgl. 3:15); änderte seine Miene jedesmal, wenn es donnert oder ein Wind aufkommt (10:23); verbeugt sich zweimal würdevoll, wenn er einen Boten in einen anderen Staat entsendet (10:12); verneigt sich, wenn ihm ein Fürst Medizin sendet (10:13)... Bei all dem soll der Meister eine besondere „Aura" (*qi xiang* 氣象) besessen haben, die der Leser jenseits der Worte, jenseits der Schrift intuitiv erfassen kann.[26] In Zhu Xis Kommentierung füllt sich die Biographie des Konfuzius nicht nur mit kultureller Dignität, sondern auch mit einer performatorischen, wenn nicht gar spirituellen Energie an. Durch ritualisierte Wiederholung lässt sich das Chaos bannen; eine zeitenthobene Ordnung kann wieder in ihr Recht gesetzt werden.

In diesem Geiste hat der chinesische Denker ein umfassendes Bildungsprogramm für Kinder, Jugendliche und junge Menschen entworfen. Kinder und junge Menschen brauchen Anleitung und Unterweisung, da ihre Urteilsfähigkeit noch nicht entwickelt ist. Die Übungen im Sprechen, Lesen, Schreiben und Memorieren gehen im Idealfall gleitend ineinander über und helfen dabei, die geistige Existenz des Konfuzius über den Abstand der Zeiten hinweg unmittelbar erfahrbar zu machen.[27] Den Beginn des neukonfuzianischen Übungsweges markieren ganz einfache Haltungskorrekturen, z.B. ein bedächtiges, aufmerksames Sprechen, eine der Situation angemessene Kleidung und der richtige Gesichtsausdruck.[28] Weiter geht es mit komplizierteren Verhaltensformen wie z.B. der richtigen Ansprache gegenüber älteren Verwandten, Lehrern und anderen Autoritäten. Abstrakte Erörterungen über das Dao und andere Großbegriffe sind zu Beginn des Übungsweges zu vermeiden, können aber zu einem späteren Zeitpunkt wichtig

---

[26] Etwa ZZQS 6:108 (*Gespräche* 5:26). Vgl. John Makeham, *Transmitters and Creators: Chinese Commentators and Commentaries on the Analects*, Cambridge, MA 2004, 186.
[27] Siehe Daniel K. Gardner, „Attentiveness and Meditative Reading in Cheng-Chu Neo-Confucianism", in: *Confucian Spirituality*, hgg. von Tu Weiming und Mary Evelyn Tucker, New York 2004, Bd. 2, 99-119. – Vgl. auch Nietzsches Überlegungen in *Zur Genealogie der Moral* zum Zusammenhang von „Mnemotechnik" und asketischen Idealen (*Kritische Studienausgabe*, hgg. von Giorgio Colli und Mazzino Montinari, München 1999, Bd. 5, 294-297).
[28] Siehe etwa *Gespräche* 1:8, 1:14, 4:24, 10:4, *passim*.

werden, wenn die jungen Menschen die dafür nötigen Lesekompetenzen und Vernünftigkeit ausgebildet haben.[29] Von zentraler Bedeutung ist die Ausbildung „kindlicher Hingabe" (*xiao* 孝), einer elementaren Haltung, die auch die Grundlage für die sittliche Praxis bilden soll. So heißt es gleich zu Beginn der *Gespräche*: „Kindliche Hingabe [gegenüber den Eltern] und Bruderliebe, sie sind doch die Wurzel einer von Menschenliebe gekennzeichneten Praxis!"[30] Wer diesen Satz gänzlich verinnerlicht hat und ihn in seinem Leben umzusetzen weiß, hat bereits einen wichtigen Schritt auf dem Übungsweg getan. Zahlreiche konfuzianische Apophthegmata zielen auf ähnliche, elementare Verhaltensänderungen, die mit bestimmten Tugenden verbunden werden, etwa: „Der Meister sprach: Wer sich dazu hinreißen lässt, für Gewinn zu handeln, zieht sich viel Groll zu." (4:12) Oder auch: „Der Meister sprach: Nur wer Menschenliebe besitzt, kann wahrlich andere lieben und hassen." (4:3) Und auch noch: „Auf Rechtschaffenheit versteht sich der edle Mensch, auf Gewinn der Niedriggesinnte." (4:16)

Den Kern dieses umfassenden Bildungs- und Übungsprogramms bildet eine Reihe von Texten, die Zhu Xi mit großer Sorgfalt kommentiert und herausgegeben hat:

(1) Da die *Gespräche* (*Lunyu* 論語) den Charakter und das Wirken des Konfuzius unmittelbar anschaulich werden lassen, sind sie zweifellos die wichtigste Primärquelle.
(2) Daneben sind zwei kurze Texte essentiell, das bereits erwähnte *Große Lernen* (*Daxue* 大學) sowie
(3) *Gleichgewicht und Gewöhnlichkeit* (*Zhongyong* 中庸).[31] Beide Texte stammen aus der Schule des Konfuzius und fungieren gewissermaßen als „methodologische Traktate", die den Lesern auf dem Übungsweg das terminologische,

---

[29] Wenn ich hier von Konzepten oder Begriffen spreche, ist natürlich nicht das platonisch-aristotelische Modell der Bildung von Allgemeinbegriffen gemeint, sondern einfach der Umstand, dass Neukonfuzianer die damalige Alltagssprache im Sinne ihrer Lehre zu normieren suchten und einzelnen Wörtern neue, allgemeine Bedeutungen verliehen haben.
[30] *Gespräche* 1:2: 孝弟也者，其為仁之本與！(ZZQS 6:68)
[31] Diese beiden Texte stammen aus dem kanonischen Text *Ritualaufzeichnungen* (*Liji* 禮記). – Zum chinesischen Titel *Zhongyong* 中庸: Das Wort *yong* bedeutet „Gewöhnlichkeit", bzw. „Beständigkeit", *zhong* dagegen „Balance" oder „Mitte". Vgl. die Diskussion in Daniel K. Gardner, *The Four Books: The Basic Teachings of the Later Confucian Tradition*, Indianapolis, IN 2007, 107 ff. Gardner übersetzt den Titel als „Maintaining Perfect Balance". In der deutschsprachigen Welt ist die Übersetzung „Maß und Mitte" geläufig; treffender als „Mitte" ist m.E. jedoch Olaf Grafs Übersetzung als „innere Gleichgewichtslage" (ders., *Djin-si lu*, Bd. 3, 331). Meine Übersetzung sucht Zhu Xis Erläuterung des Titels gerecht zu werden (ZZQS 6:32; auch schon ECJ 160). Für den Text *Daxue* vgl. Moritz, *Das Große Lernen (Daxue)*, für das

für die Erschließung der erstpersonalen Perspektive (d.h. geistiger Zustände und Prozesse) unerlässliche Rüstzeug mitgeben. Mit ihrer Hilfe soll der Übende in die Lage versetzt werden, seine im Nachdenken, Lesen und Meditieren erfahrene Innerlichkeit deuten zu können.

(4) Das Buch *Menzius* (*Mengzi* 孟子). In den Dialogen, die Menzius mit Herrschern seiner Zeit sowie den Vertretern rivalisierender Schulen, aber auch eigenen Anhängern führt, werden die Ideen des Konfuzius schärfer konturiert; außerdem verleiht Menzius ihnen eine stärker argumentativ ausgerichtete, diskursiv geordnete Darstellung.

Diese Texte betrachtete Zhu Xi als den Kern der ursprünglichen, konfuzianischen Lehre und fasste sie unter der Bezeichnung „Vier Bücher" zusammen (in der Reihenfolge *Das große Lernen*, *Gleichgewicht und Gewöhnlichkeit*, *Gespräche* und *Menzius*); im Jahr 1190 ließ er die finale Edition dieser Texte drucken, zusammen mit seinen Kommentarglossen. Indem Zhu Xi diese vier streng genommen recht disparaten Texte unter Rückgriff auf seine eigene, philosophische Terminologie miteinander verwob, entstand ein neuer Gesamttext; für die Leser ergab sich auf diese Weise der (historisch falsche) Eindruck, dass in diesen Texten eine einzige, in sich geschlossene, gedankliche Perspektive zum Ausdruck käme – wobei Zhu Xi seinen eigenen Beitrag wohl sehr bewusst vor den Augen seiner Leser verbarg.[32] In der Rückschau muss diese Herausgabe dennoch als eine der wichtigsten Innovationen der chinesischen Geistesgeschichte gelten; die überbordende kanonische Literatur antiker Konfuzianer mit ihrer übergroßen Bedeutungsfülle wurde auf ein menschliches Maß zurückgestutzt.

In seinem Synkretismus behandelte Zhu Xi zahlreiche weitere Texte und übte damit einen nachhaltigen Einfluss auf das kulturelle Gedächtnis Chinas aus.[33] Auf jeden Fall erwähnt werden müssen noch

---

Zhongyong siehe die englische Übersetzung von Andrew Plaks: *Ta Hsüeh and Chung Yong (The Highest Order of Cultivation and On the Practice of the Mean)*, London 2003. Vgl. nicht zuletzt Diana Arghiresco, *De la continuité dynamique dans l'univers confucéen. Lecture néo-confucéenne du Zhongyong. Nouvelle traduction et commentaire herméneutique*, Paris 2013.

[32] Zhu Xis brachte seine Deutung zumeist unter Rekurs auf Vorgängermeinungen vor, die diese angeblich bereits antizipiert hätten; auf diese Weise inszenierte er sich als treuer Verkünder der Doktrin des Konfuzius. Der bekannte Historiker Qian Mu (1895-1990) resümiert: „Zhu Xi versteckte sein eigenes Denken in der großen Tradition; so sehen wir die Spuren [seines Wirkens] nicht." 朱子乃渾化其一己思想於從來之大傳統中，使人不見其痕跡。(ders., *Zhuzi xin xue'an*, in: *Qian Mu xiansheng quanji. Xin jiaoben*, Beijing 2011, Bd. 1, 65) Tatsächlich erschuf Zhu Xi mitunter die Traditionslinien erst, in die er sich dann einreihte (vgl. Hoyt C. Tillman, *Confucian Discourse and Chu Hsi's Ascendancy*, Honolulu 1992, 114-119).

[33] Vgl. die detaillierte Darstellung in Peter K. Bol, „Chu Hsi's Redefinition of Literati learning", in: *Neo-Confucian Education. The Formative Stage*, hgg. von Wm. Theodore de Bary und John W. Chaffee, Berkeley 1989, 151-185.

(5) die *Aufzeichnungen des Nachdenkens über Naheliegendes* (*Jinsi lu* 近思錄, JSL), die wohl bedeutendste philosophische Textsammlung im vormodernen Ostasien. In diesem Florilegium, das er zusammen mit seinem Weggefährten Lü Zuqian 呂祖謙 (1137-1181) edierte, stellte Zhu Xi die Lehrmeinungen seiner neukonfuzianischen Vorgänger zusammen, d.i. Zhou Dunyi 周敦頤 (1017-1073), Zhang Zai 張載 (1020-1077) sowie die beiden Brüder Cheng Hao 程顥 (1032-1085) und Cheng Yi 程頤 (1033-1107).³⁴

Auch bei der Herausgabe der *Aufzeichnungen des Nachdenkens über Naheliegendes* war es ein vorrangiges Ziel Zhu Xis, die unterschiedlichen Beiträge seiner vier Vorgänger zu einer kanonischen Einheit zu amalgamieren. Dieser neue Kanon sollte darüber hinaus als ein quasi sakraler Raum verstanden werden, den der Leser betreten und in dem er die überzeitliche Präsenz des neukonfuzianischen Dao erfahren kann. Anstelle das Heilige jedoch mit dem Arkanen oder Esoterischen zu verbinden, weist Zhu Xi immer wieder darauf hin, dass die konfuzianische Lehre einfach sei, geradezu von einer banalen Schlichtheit, und daher auch jedem Menschen zugänglich.³⁵ Das Dao mag zwar einen Geheimnischarakter besitzen, der Außenstehenden verborgen bleibt, doch wird sich das Geheimnis ganz von selbst lüften, sobald der Übende genügend Anstrengung aufgebracht hat. Jede Zeile, jeder Satz aus den „vier Büchern" muss dazu mit der eigenen Lebenspraxis verwoben werden! – Offenkundig war Zhu Xi davon überzeugt, dass die kanonischen Texte nur dann adäquat verstanden werden können, wenn ihre Bedeutungen von den Lesern in unmittelbarer Berührung mit den *Phänomenen* des gelebten Alltags ausgelegt werden.³⁶ Die sittliche und die

---

³⁴ Zwei Übersetzungen ins Deutsche liegen vor: *Djin-si lu. Die songkonfuzianische Summa mit dem Kommentar des Yä Tsai*, übers. von Olaf Graf, Tokyo 1953; sowie *Jinsilu. Aufzeichnungen des Nachdenkens über Naheliegendes*, übers. von Wolfgang Ommerborn, Frankfurt a.M./Leipzig 2008.
³⁵ Die Worte des Konfuzius seien „natürlich", d.h. wohl auf Anhieb verständlich (*ziran* 自然), diejenigen des Menzius aber „real" (*shishi* 事實; „Du Lunyu Mengzi fa", ZZQS 6:61). Nicht zu leugnen ist, dass die neukonfuzianische Rhetorik einen Hang zur Biedersinnigkeit besitzt und auf überflüssiges Beiwerk nur zu gern verzichtet; ebenso wenig fürchtet sie die Redundanz: „Vielmehr, gemein-östlichen literarischen Stilgesetzen folgend muß ein und derselbe Gedanke, soll sein Gewicht, seine zentrale Bedeutung genugsam deutlich werden, sozusagen zirkular umschritten und von mehreren Seiten beleuchtet werden, sowie ein neuer Zusammenhang dazu Gelegenheit bietet." (Graf, *Tao und Jen*, 111) – Zum Vergleich: Deuteronomium 30, 11-14, sowie Römerbrief 10, 6-8.
³⁶ Dies war wohlgemerkt ein Ideal – in der Wirklichkeit war die Rückübersetzung der kanonischen Texte ins Leben stets institutionell vermittelt. So gab es immer eine Kluft zwischen Auslegungskultur und gelebtem Alltag; entsprechend der Vorstellung, dass sich der Edle nicht mit „kleinen Dingen" abgeben dürfe (*Gespräche*

hermeneutische Virtuosität des neukonfuzianischen Menschen sind letztlich zwei Seiten derselben Medaille.

Wichtig ist weiter, dem eigenen Verhalten eine größtmögliche Regelmäßigkeit zu geben, ja es so vollständig wie nur möglich zu vereindeutigen. Zhu Xi zufolge vermag aber nur „das ‚methodische Denken', das schrittweise Vorgehen" eine solche Regelmäßigkeit zu stiften.[37] Die Leitplanken für diese Vorgehensweise werden gleich zu Beginn des *Großen Lernens* gesetzt, in Form von acht Schritten auf dem Übungsweg:

(1) Den Dingen auf den Grund gehen – daraus folgt (2) Einsicht. Ist man zu Einsicht gelangt, gewinnt man (3) echte und wahrhaftige Absichten. Echte und wahrhaftige Absichten – sie führen (4) zu einer richtigen Orientierung des Geistes. Besitzt der Geist eine richtige Orientierung, dann entwickelt sich (5) die eigene moralische Qualität. Ist die eigene moralische Qualität entwickelt, dann herrscht (6) Ordnung in der Familie. Herrscht Ordnung in der Familie, kann (7) auch der Staat geordnet werden. Ist der Staat geordnet, dann kann (8) die ganze Welt Ruhe und Frieden finden.[38]

Nach neukonfuzianischer Vorstellung spiegelt sich die politische und sogar kosmische Ordnung im Leben jedes Menschen wider. Die tote Außenseite der Schrift (d.h. der kanonischen Überlieferung) wird in der Sphäre des Individuellen lebendig, indem ihre verborgene Innenseite anschaulich wird. Aus den Niederungen des Alltags, aus der Tiefenschau führt ein direkter, doch steiniger Weg in die Unendlichkeit!

III. Das Ziel des neukonfuzianischen Projekts

Das eigentliche *Heilsversprechen* der neukonfuzianischen Lehre lautet nun, dass jeder Mensch das eigene Leben, den eigenen Habitus und Charakter so verändern kann, dass er (oder auch sie) zu einem „weisen", bzw. „vollkommenen Mensch" (*sheng ren* 聖人) wird, nach dem Vorbild des Konfuzius und anderer Idealfiguren des Altertums. Anders gesagt muss das Dao, das tatsächlich von Anfang an in der wandelbaren Sinnenwelt, also auch in *meinem* Alltag vorhanden ist, umfassend realisiert werden, indem die Welt nicht überwunden wird, sondern so

---

19:4), waren z.B. Gesetze und Handbücher über ökonomische Zusammenhänge für den Bildungsprozess bedeutungslos. Vgl. Brian McKnight, „Mandarins as Legal Experts: Professional Learning in Sung China", in: *Neo-Confucian Education. The Formative Stage*, hgg. von Wm. Theodore de Bary und John W. Chaffee, Berkeley 1989, 493-516.

[37] Graf, *Tao und Jen*, 167.

[38] ZZQS 6:17: 物格而后知至，知至而后意誠，意誠而后心正，心正而后身脩，身脩而后家齊，家齊而后國治，國治而后天下平。Vgl. Moritz, *Das große Lernen (Daxue)*, 8 (Übersetzung leicht angepasst).

von innen her umgeformt wird, dass das Dao darin sichtbar wird. Dass grundsätzlich *jeder* Mensch die Fähigkeit der Sichtbarmachung des Dao besitzt, ist seit einer diesbezüglichen Äußerung Zhou Dunyis eine basale, neukonfuzianische Überzeugung (JSL 2:3).

Ist es möglich, dieses Heilsversprechen noch etwas genauer zu bestimmen? Das Ziel des neukonfuzianischen Projekts ist offenbar eine besondere Erfahrung, die nicht einfach in theoretischen Aussagen formuliert werden kann; erforderlich ist dazu vielmehr, das gewöhnliche, endliche Denken zu überschreiten und das Dao selbst zu schauen, bzw. dieses in der eigenen Praxis über einen längeren Zeitraum hinweg zu verkörpern. Was genau da geschaut wird, was der Gehalt dieser Erfahrung und wie sie überhaupt herbeizuführen ist, wird uns im Folgenden noch genauer beschäftigen. Zhu Xi macht aber wiederholt unmissverständlich klar, dass sein Projekt eine existenzielle Dimension besitzt und eine besondere Form des Verstehens verlangt, die nicht diskursiv oder propositional verfasst ist – das Ziel ist es, eine „transformative Erfahrung" zu machen, die eine grundständige Transformation des eigenen Selbstverhältnisses bewirkt.[39]

Ein zentrales Merkmal, an dem sich der Erfolg der transformativen Praxis ablesen lässt, ist die Abwesenheit oder zumindest Abschwächung egozentrischer Wünsche (insbesondere *Gespräche* 12:1; ZZQS 6:167 f.). Zhu Xi fordert in diesem Sinne, dass der Übende sich zu jedem Zeitpunkt – sogar wenn er nur Tee trinkt – gewahr sein solle, ob sein Handeln das Ergebnis egozentrischer Wünsche oder aber moralischer Überlegungen ist (ZZQS 15:1340).[40] Er scheint darüber hinaus

---

[39] Im Chinesischen wird dies mit verbalen Ausdrücken wie „eine intuitive Einsicht erlangen" (*tihui* 體會), „eine spürende Betrachtung unternehmen" (*ticha* 體察), „etwas erspüren" (*tiren* 體認), „etwas schweigend einsehen" (*moshi* 默識) oder auch „etwas im Geist erschauen" (*guan* 觀 oder *jian* 見) angezeigt (ZZQS 14:469, 15:1575, *passim*). Vgl. Rico Gutschmidt, „Skeptizismus und negative Theologie. Endlichkeit als transformative Erfahrung", *Deutsche Zeitschrift für Philosophie*, 67:1 (2019), 23-41.

[40] Die Sinnlichkeit des Menschen wird im Neukonfuzianismus deutlich negativer bewertet als im antiken Konfuzianismus. Den Cheng-Brüdern zufolge gilt, dass jeder Akt der Zuwendung zu den Einzeldingen im Menschen bereits „Begierden" (*yu* 欲) entstehen lässt (ECJ 145, 296 f.); obwzar „Begierden" einen basalen, notwendigen Bestandteil menschlichen Existenz darstellen, führen sie leicht zur Entstehung weiterer „Begierden", die ein sittlich geordnetes Leben verunmöglichen; daher ist es notwendig, ihnen nicht nur mit größter Vorsicht zu begegnen, sondern sie auch so weit wie möglich zu reduzieren (Qian, *Zhuzi xin xue'an*, Bd. 1, 447-461; vgl. Julia Ching, *The Religious Thought of Chu Hsi (1130-1200)*, Oxford 2000, 113-115). Analog ist auch der Begriff des „Nutzens" (*li* 利) extrem negativ konno-

in vielen Passagen nur eine einzige Motivation zuzulassen, die eine Handlung zu einer tugendhaften Handlung macht, nämlich ein Bewusstsein absoluter Verpflichtung gegenüber der „kosmischen Ordnung" (*tian li* 天理).[41] In der Forschung wird Zhu Xis Denken mitunter denn auch im Sinne einer deontologischen Ethik gedeutet, in Übereinstimmung mit Immanuel Kant, der bekanntlich die Tugend als „die in der festen Gesinnung gegründete Übereinstimmung des Willens mit jeder Pflicht" versteht.[42] Es ist für meine Untersuchung nicht nötig, diese Thematik weiter auszuleuchten, und Zhu Xis philosophische Sprache ist so komplex und vielschichtig, dass sich leicht Ähnlichkeiten sowohl zu tugendethischen wie auch zu deontologischen Theorieelementen finden lassen. Im vorliegenden Kontext entscheidend ist, dass die Ausschaltung egozentrischer Wünsche für Zhu Xi notwendig ist, damit die den Ritualen entsprechenden Handlungsmuster ausgebildet werden können. Ein vollkommener Mensch handelt *direkt aus den Tugenden heraus*, doch ist ihm dies nur möglich, wenn sich die Art und Weise, wie er sich auf sich selbst bezieht, nicht mehr von egozentrischen Wünschen gestört wird.[43] Tugenden sind also „psychische Entitäten" in dem Sinne, dass sie zwar nicht wie physische Vollkommenheiten angeboren, jedoch in der menschlichen Subjektivität potentiell angelegt sind;[44] sie sind aber darauf angewiesen, in einem Prozess der Einübung und Gewöhnung kultiviert zu werden – im mittelalterlichen

---

tiert (vgl. *Gespräche* 4:16, ZZQS 6:96 f.). Dagegen werden Gefühle von „Begierden" unterschieden und, sofern maßvoll, durchaus positiv bewertet (vgl. Douglas L. Berger, *Encounters of Mind. Luminosity and Personhood in Indian and Chinese Thought*, New York 2015, 154 f.)

[41] Siehe etwa ZZQS 6:16 (zu *Die große Lehre* 1), 6:33 (zu *Gleichgewicht und Gewöhnlichkeit* 1) sowie insbesondere 6:96 (zu *Gespräche* 4:16). – Stephen C. Angle übersetzt das Wort *tian* in Zhu Xis Schriften mit guten Gründen als „cosmos": Ders., „Tian as Cosmos in ZHU Xi's Neo-Confucianism", *Dao: A Journal of Comparative Philosophy*, Vol. 17 (2018), 169-185. Forke übersetzt es dagegen als „die höchste geistige Macht" (ders., *Geschichte der neueren chinesischen Philosophie*, 132).

[42] Immanuel Kant, *Metaphysik der Sitten*, in: *Gesammelte Schriften* (Akademie-Textausgabe), Bd. 6, Berlin 1968, 395. Vgl. auch Lee Ming-huei (Li Minghui), *Rujia yu Kangde*, Taipeh 1990.

[43] Siehe insbesondere das Kapitel fünf der *Aufzeichnungen des Nachdenkens über Naheliegendes*, sowie *Menzius* 2A/6 und *Gespräche* 1:2, jeweils mit Zhu Xis Glossen. Obgleich solche Anweisungen zweifellos einen asketischen Unterton haben, ist die Askese kein Selbstzweck. Gerade am Anfang des neukonfuzianischen Übungsweges ist die „eiserne Strenge" gegen sich selbst zwar unverzichtbar, beobachtet Olaf Graf, jedoch ist es geboten, im Folgenden wieder „Versöhnung und Ausgleich" mit den Kräften der eigenen Psyche zu erzielen (ders., *Tao und Jen*, 131).

[44] Vgl. Christoph Halbig, *Der Begriff der Tugend und die Grenzen der Tugendethik*, Berlin 2013, 73.

Kontext ist hier die Rede von einer Sublimierung des Qi 氣 („Lebenskraft", „Stimmung", „Temperament") und einer „Wiedergewinnung der ursprünglichen Wesensbestimmung" (*fu xing* 復性) (dazu später mehr).[45] Anders gesagt: Das Dao ist mir zu Beginn des Übungsweges aufgrund gewisser epistemischer Verdeckungen, die sich meinem Lebenswandel, meiner Herkunft oder anderen kontingenten Faktoren verdanken, nicht phänomenal gegeben; erst durch die beharrliche Arbeit an mir selbst – und an meiner Umwelt – wird es endlich in aller Klarheit hervortreten.[46] Ob tatsächlich *jeder* Mensch so weit kommt, ist natürlich eine andere Frage, und Zhu Xi wurde in diesem Punkt mit zunehmendem Alter pessimistischer; so betonte er wiederholt, dass es zahlreiche individuelle, aber auch überindividuelle Faktoren gebe, die einen Erfolg auf dem Übungsweg letztlich verhindern könnten.[47]

Eine solche kulturelle Formung und Veränderung – ausgehend vom eigenen Lebensvollzug, sodann in sich konzentrisch ausweitenden Kreisen auf die Umwelt ausgreifend – benötigt selbstredend viel Zeit.[48] Wer im kaiserzeitlichen China (und anderswo in Ostasien) die Gele-

---

[45] Vgl. Curie Virag, „Self-Cultivation as praxis in Song Neo-Confucianism", in: *Modern Chinese Religion. Song-Liao-Jin-Yuan (960-1368 AD)*, hgg. von Pierre Marsone und John Lagerwey, Bd. 1, Leiden 2015, 1187-1232. In chinesischer Sprache vgl. die umsichtige Rekonstruktion in Chen Lisheng, *Cong xiushen dao gongfu. Rujia neishengxue de kaixian yu zhuanzhe*, Taipeh 2021. – Zhu Xi hat sich intensiv mit Atemtechniken (mit dem Ziel einer Reinigung des Qi) und der daoistischen Alchemie beschäftigt. Vgl. James D. Sellmann, „Zhu Xi and Daoism: Investigation of Inner-Meditative Alchemy in Zhu Xi's Theory and Method for the Attainment of Sagehood", in: *Dao Companion to Zhu Xi's Philosophy*, hgg. von Kai-chiu Ng und Huang Yong, Dordrecht 2020, 649-680. Zur inneren Alchemie im Allgemeinen siehe Isabelle Robinet, *The World Upside Down. Essays on Taoist Internal Alchemy*, Mountain View, CA 2011.

[46] Michael Friedrich weist darauf hin, dass die unterschiedlichen Etappen des Übungsweges im Denken Zhang Zais „nicht primär als zeitlich progressive Linie" verstanden werden dürfen, sondern „eher als auszufaltende Aspekte einer bereits im Anfang gegebenen Vollkommenheit." (dies., *Rechtes Auflichten*, „Analytischer Kommentar", 284) Gleiches gilt m.E. für Zhu Xi.

[47] Siehe Qian, *Zhuzi xin xue'an*, Bd. 1, 72 ff.; Makeham, *Transmitters and Creators*, 250. Vgl. auch Thomas Fröhlichs Überlegungen zur neukonfuzianischen These einer „Perfektionierbarkeit" (*perfectibility*) des Menschen: ders., *Tang Junyi. Confucian Philosophy and the Challenge of Modernity*, Leiden/Boston 2017, 256 f., 268.

[48] Dass es um den eigenen Lebensvollzug geht, wird bereits am Titel des Florilegiums *Aufzeichnungen des Nachdenkens über Naheliegendes* deutlich: Das chinesische Wort *jin* 近 (im vorliegenden Kontext zu übersetzen als „Dinge, die [mir] nahe liegen") impliziert, dass die Aufmerksamkeit des Übenden, so wichtig auch die Überlieferung und die Bräuche der Gemeinschaft sind, zuerst der eigenen Subjektivität gelten muss. Vgl. P.J. Ivanhoe, „Reflections on the *Chin-ssu lu*", *Journal of the American Oriental Society*, 108:2 (1988), 269-275.

genheit dazu besaß, konnte sich sein Leben lang mit der neukonfuzianischen Lehre beschäftigen und auf diese Weise seine Persönlichkeit beharrlich vertiefen; manche haben noch im Alter von 30 Jahren den Text *Das kleine Lernen* studiert, der eigentlich für die Kindererziehung gedacht war.[49] Nicht zuletzt schließt die neukonfuzianische Praxis immer auch eine religiös-spirituelle Dimension ein, selbst wenn es natürlich nicht die Idee einer Angleichung an einen Schöpfergott oder das Konzept einer Seele, die zum Gegenstand der Erlösung wird, gegeben hat.[50] In der Ordnung eines konfuzianischen Lebens spiegelt sich die Vollkommenheit des Ganzen, der kosmischen Ordnung. Sehr sprechend ist etwa die Perle als Metapher für die Innerlichkeit des Menschen: Sie liegt im Schlamm versunken und muss „von mir" herausgehoben und gereinigt werden, damit ihr ursprüngliches Leuchten wieder sichtbar wird (die Ähnlichkeit zum gnostischen Denken dürfte rein zufällig sein).[51]

Eine gemeinsame Grundüberzeugung aller Neukonfuzianer ist, dass die Tugend der „Menschenliebe" (*ren* 仁) im Zentrum der sittlichen Praxis steht: eine umfassende, moralische Sensitivität, die sich in der unmittelbaren, emotionalen Reaktion auf das Leiden anderer Lebewesen manifestiert, wobei die Intensität dieser Reaktion unterschiedlich ausfällt, je nachdem ob es sich um Fremde oder Mitglieder der eigenen Familie handelt (*Gespräche* 6:30, vgl. *Menzius* 7A/45). Zusammen mit der Tugend des „Anstands", bzw. der „Angemessenheit" (*yi* 義) bildet die „Menschenliebe" ein komplementäres Tugendpaar; es drückt sich im Alltag als Strenge gegen sich selbst und emotionale Zugewandtheit

---

[49] Für ein solches Beispiel aus Korea siehe M. Theresa Kelleher, „Back to Basics: Chu Hsi's *Elementary Learning (Hsiao-hsüeh)*", in: *Neo-Confucian Education. The Formative Stage*, hg. von Wm. Theodore de Bary und John W. Chaffee, Berkeley 1989, 219-251; hier: 225.

[50] Ob der Konfuzianismus primär als Religion, bzw. staatsdienlicher Kult oder doch als Philosophie gedeutet werden sollte, wird in der Forschung seit langem kontrovers diskutiert. Vgl. bereits Hans Küng, Julia Ching, *Christentum und Chinesische Religion*, München/Zürich 1988, sowie jüngst Peter van der Veer, „Is Confucianism secular?", in: *Beyond the Secular West*, hg. von Akeel Bilgrami, New York 2017, 117-134.

[51] ZZQS 14:203, 14:367, *passim*. Vgl. Hans Jonas, *Gnosis. Die Botschaft des fremden Gottes*, übers. von Christian Wiese, Frankfurt a.M./Leipzig 1999, 158-163. Zur neukonfuzianischen Idee einer immanenten Transzendenz siehe Yü Ying-shih, „Between the Heavenly and the Human", in: *Confucian Spirituality*, hgg. von Tu Weiming und Mary Evelyn Tucker, New York 2003, 62-80.

gegenüber anderen aus.[52] Darüber hinaus gibt es zahlreiche weitere Tugenden, z.B. die Bescheidenheit, den Mut, die Beharrlichkeit und die bereits erwähnte „kindliche Hingabe" (das respektvolle Verhalten von Kindern gegenüber ihren Eltern). Während diese Tugenden in einer von Werten wie Selbstkontrolle, vornehmer Zurückhaltung und Höflichkeit geprägten Kultur es oftmals erforderlich machen, eigene Interessen zugunsten derjenigen anderer Menschen zurückstellen, impliziert ihr Besitz mitunter aber auch die Pflicht zur Revision vorhandener Bräuche und Gewohnheiten, zur offenen Kritik an vorhandenen Autoritäten, in Ausnahmefällen sogar zur Rebellion (*Gespräche* 9:3, 15:36; *Menzius* 1B/6, 1B/8, 4A/20, 4B/3, 7B/35, *passim*). Es ist hier nicht notwendig, den neukonfuzianischen Tugendkatalog im Detail zu erörtern; erwähnt werden muss auf jeden Fall aber, dass, obgleich egozentrische Wünsche eindeutig als negativ bewertet werden, auf einer höheren Ebene der Imperativ gültig ist, menschliche Fähigkeiten und Veranlagungen in einer harmonischen Einheit zu entwickeln. Es wird dabei vorausgesetzt, dass der tugendhafte, bzw. weise Mensch in der Lage ist, die Anforderungen der unterschiedlichen Tugenden miteinander zu vermitteln.

Insgesamt erinnert das neukonfuzianische Programm zweifellos an das aristotelische „Trainingsprogramm", das bekanntlich auf der Überzeugung fußt, dass man durch tugendhafte Handlungen die entsprechenden Tugenden erwerben kann. Zhu Xi zufolge fungieren Tugenden aber nicht nur in der Art von Handlungsdispositionen, die den Tugendhaften unmittelbar bestimmte Handlungen ausführen lassen, auch nicht nur als Dispositionen praktischen Denkens, die ihn oder sie einzelne Aspekte bestimmter Situationen unmittelbar als gute Gründe für

---

[52] Vgl. ausführlich Graf, *Tao und Jen*, 65-81, 81-88. – Ich übersetze das chinesische Wort ren 仁 durchgängig als „Menschenliebe" und nicht als „Menschlichkeit" (wie in der Forschung üblich). Der Grund dafür ist, dass im Unterschied zum antiken Konfuzianismus dieses Konzept im Mittelalter eine sehr stark affektiv-existenzielle Dimension angenommen hat und in mancher Hinsicht dem buddhistischen Mitleid ähnelt. Ebenso wie dieses setzt die „Menschenliebe" die Überwindung der menschlichen Egozentrizität voraus: „In Wirklichkeit habe ich kein Selbst, und die anderen haben ebenfalls keins; es gibt nichts als einen unablässigen Strom unpersönlicher *dharmas*. Wahre, geistliche und selbstlose Liebe muß daher auf der Ebene wahrer Realität wirken." (Conze, *Buddhistisches Denken*, 116) Zu beachten ist weiter, dass die gewöhnliche, liebevolle Zuneigung für Zhu Xi nur eine temporäre Erscheinungsform echter, unvoreingenommener „Menschenliebe" ist und daher nicht mit dieser verwechselt werden darf: „[ren 仁] ist das Wesensmerkmal des menschlichen Geistes und zugleich der Ursprung der Liebe; in statischer Hinsicht formt er den Kern seiner geistig-sittlichen Natur, in dynamischer Hinsicht bildet es eine große Energieform, die das All belebend durchzieht, die Liebe." (Graf, *Tao und Jen*, 75) Zum Hintergrund im *Menzius* vgl. insbesondere Kwong-loi Shun, *Mencius and Early Chinese Thought*, Stanford 1997.

eine bestimmte Handlung hervortreten lassen, sondern sie sie repräsentieren bestimmte Aspekte eines radikal erneuerten Selbstverhältnisses. Nicht allein die Meisterung der Affekte ist dazu erforderlich, sondern die Sinnlichkeit, die Wahrnehmung, ja sogar das leibliche Sein des Einzelnen müssen im Sinne des neukonfuzianischen Ideals grundständig verändert werden. Der Erwerb von propositionalem Wissen (Lebensregeln, kanonische Kenntnisse, usw.) und die Bildung neuer Begriffe und Überzeugungen ist zwar notwendig, noch wichtiger ist aber die unmittelbare Einsicht in das Dao (die All-Einheit) selbst.

IV. Neukonfuzianische Praxisformen

> Wie viel gehört doch zum Verstehn!
> Stehn, Stillstehn, Drinstehn, Drüberstehn.
>
> Heinrich von Planck[53]

Für den neukonfuzianischen Übungsweg sind drei konkrete Praxisformen essentiell: die Lektüre, die Meditation und das Gespräch zwischen Lehrer und Schüler. Grundsätzlich kann jeder menschlichen Tätigkeit eine soteriologische Funktion zukommen, selbst einer so elementaren wie dem „Putzen und Fegen", auf das Kinder viel Zeit verwenden sollen;[54] diese drei Tätigkeiten stechen aber besonders hervor, können sie doch unmittelbar die Sinnlichkeit, etwa Körperempfinden und Sinneswahrnehmung, sowie das Denken eines Menschen überprägen helfen (etwa *Gespräche* 12:1; ZZQS 6:167 f.).

Die Tätigkeit des Lesens stellt in vielen vormodernen Kulturen eine wichtige Form der Weisheitsvermittlung und des Aufmerksamkeitstrainings dar.[55] In der Lektüre kanonischer Texte kann eine Zusammenstimmung von Denken und Kosmos erzielt werden; der Einzelne setzt sich durch die Auslegung, Exegese und Kommentierung heiliger Texte mit einer ursprünglichen Wahrheit in Beziehung – dies ist auch aus jüdisch-christlichen sowie islamischen Kulturen der Gedächtnisbildung bekannt. Für Zhu Xi ist das Lesen die wichtigste Tätigkeit des gebildeten Menschen; die Lektüre habe mit „mit leerem Geist" (*xu xin* 虛心) zu erfolgen, und es wäre nicht zu viel, erklärt er einmal, einen Text

---

[53] Ders., *Kleines homiletisches Testament*, zit. in Gerhard Maier, *Biblische Hermeneutik*, Wuppertal 1990, 277.
[54] *Gespräche* 19:12; van Ess, *Konfuzius. Gespräche*, 705. Die Passage ist zentral für Zhu Xis Interpretation der „vier Bücher" (ZZQS 6:235 f.).
[55] Vgl. etwa Aleida Assmann, *Im Dickicht der Zeichen*, Berlin 2015.

dreißig- oder gar fünfzigmal zu lesen.[56] Die sorgfältige Komposition seines Kommentars zur den „vier Büchern" kündet außerdem von der Überzeugung, dass die Überlieferung in ihrer Ganzheit studiert und gewürdigt werden müsse; es ist daher nur bedingt hilfreich, einzelne Sätze oder Thesen zu extrahieren und isoliert auf ihren Wahrheitsgehalt zu prüfen.[57] Im Lesen stelle ich mich in den Horizont der konfuzianischen Schriftkultur; damit trete ich aus meinen alltäglichen Zusammenhängen heraus und übe eine neue Sprache ein, die mir nicht nur erlaubt, meine Erfahrung in Übereinstimmung mit der Überlieferung zu beschreiben, sondern zugleich ein tieferes, vielleicht sogar einfacheres Selbstverhältnis einzuüben. Wohlgemerkt: Nicht etwas genuin *Neues* gilt es zu erschließen, sondern lediglich uralte Wahrheiten im Licht der Gegenwart neu sichtbar werden zu lassen.[58]

Zu berücksichtigen ist nicht zuletzt, dass die Lektüre in der neukonfuzianischen Übungspraxis mit der Meditation zusammengeführt wird. „Einen halben Tag meditieren, einen halben Tag Bücher lesen", lautet eine oft zitierte Empfehlung Zhu Xis.[59] Offenkundig ähneln sich beide Tätigkeiten in vieler Hinsicht: In der Lektüre kanonischer Schriften wird andächtig eine durch den Text geschaffene Welt verinnerlicht, so

---

[56] Für diese Äußerung siehe ZZQS 14:322; auch ZZQS 14:332, 14:335, *passim*. Für mehr diesbezügliche Passagen siehe *Zhu Xi. Selected Writings*, hg. von Philip J. Ivanhoe, Oxford 2019, 75-82. Seine Schüler haben Zhu Xis Äußerungen zum Lesen in dem berühmten Kapitel „Methode des Lesens" („Du shu fa") zusammengestellt (ZZQS 14:313-357). Vgl. ausführlich Makeham, *Transmitters and Creators*, 196-220.

[57] Vgl. Alasdair MacIntyres Bemerkungen zum „holistic reading" bei Thomas von Aquin, ders., *Three Rival Versions of Moral Enquiry. Encyclopaedia, Genealogy, and Tradition*, Notre Dame, Indiana 1990, 135.

[58] An dieser Stelle scheint sich eine Differenz zur europäischen Hermeneutik zu eröffnen: Diese beruht bekanntlich auf der Verschmelzung der griechisch-humanistischen Lesekultur mit christlichen Vorstellungen über die Inkarnation und die Trinität, so dass das „innere Wort" stets über die bloße Wiederholung des ursprünglichen Sinns hinausstrebt und ein unendliches, zukünftiges Surplus von Sein bereithält (vgl. Hans-Georg Gadamer, *Wahrheit und Methode. Grundzüge einer philosophischen Hermeneutik*, Tübingen 1990[6] [urspr. 1960], 422-431).

[59] ZZQS 18:3674: 人若逐日無事，有見成飯喫，用半日靜坐，半日讀書，如此一二年，何患不進！Wing-tsit Chan betont, dass es sich nur um eine Anweisung für einen einzelnen Schüler handele, nicht um eine allgemeine Verhaltensregel (ders., (Chen Rongjie), *Zhuzi xin tansuo*, Taipeh 1988, 309-313). Für die damalige Lese- und Lebenspraxis scheint sie mir dennoch sehr bezeichnend (vgl. Yang Rubin, „Song ru de jingzuo shuo", in: *Rujia zhexue*, Taipeh 2004, 39-86). Zhu Xi hat sogar eine konkrete Anleitung für die Meditation geschrieben („Tiao xi zhen", ZZQS 24:3997; vgl. Yen-Zen Tsai, "Preserving the One and Residing in Harmony: Daoist Connections in Zhu Xi's Instruction for Breath Regulation", in: *Foundations of Daoist Ritual: A Berlin Symposium*, hg. von Florian C. Reiter, Wiesbaden 2009, 1-12.

dass der Leser sich aus der realen Welt zurückziehen kann; bei der Meditation übt sich der Einzelne dagegen in der gesteigerten Aufmerksamkeit für die Realität des eigenen Bewusstseins, so dass irgendwann jeglicher Bezug auf die Außenwelt aufgehoben ist. Kurz gesagt: Bei beiden handelt es sich um Formen der Entweltlichung.

Doch was genau heißt das? Schon das Lesen besitzt eine zivilisierende Funktion, indem das gewöhnliche Selbstbewusstsein des Lesenden inhibiert wird; in der Meditation tritt dieser Effekt aber noch deutlicher zu Tage: Eigentlich handelt es sich bei dieser Praxis um eine Form der *De-Identifizierung*, denn ich bestimme mich im Meditieren nicht länger als „ich" und unterscheide mich nicht mehr von den Dingen der Erfahrungswelt, identifiziere mich also auch nicht mehr mit *meinen* Gedanken, *meinen* Vorstellungen.[60] Selbstbewusstsein ist, wie Jean-Paul Sartre gezeigt hat, gleichzeitig immer wahrnehmendes Gegenstandsbewusstsein: Ich bin mir nie einfach meiner selbst bewusst, sondern habe zugleich immer ein Bewusstsein von Einzeldingen, die in einer räumlichen Relation zu mir stehen; und auf diese Weise bin ich mir auch bewusst, dass ich physisch an einem Ort in der Welt anwesend bin.[61] Indem ich aber in der meditativen Versenkung (mit geschlossenen oder halbgeschlossenen Augen) meine Aufmerksamkeit nicht mehr auf die Außenwelt und die Einzeldinge in ihr richte, schwächt sich das Selbstbewusstsein deutlich ab; ich isoliere weder ein Ding noch ein Selbst, an das sich meine Aufmerksamkeit heften oder von dem ich Kenntnis erwerben könnte. Etwas anders formuliert: Weder ist mir ein Gegenstand in einem Wahrnehmungs- oder Vorstellungsakt, noch bin ich – als denkendes Subjekt – in einem Akt als existierender Gegenstand kognitiv präsent. Bei bestimmten Meditationspraktiken wird zwar ein Gegenstand, z.B. eine Vase, betrachtet; jedoch soll ich mir in keiner Weise bewusst sein, dass es sich um einen Gegenstand handelt (ich soll also keine diesbezüglichen Gedanken oder Wünsche bilden). Letztlich soll das „schon im bloßen Wahrnehmen liegende Fassen-Wollen" unterbunden werden.[62] Der Erfolg der Übung zeigt sich da-

---

[60] In diesem Sinne Wolfgang Fasching, „Consciousness, self-consciousness, and meditation", *Phenomenology and the Cognitive Sciences*, Vol. 7 (2008), 463-483; hier: 476. Vgl. auch Katsuki Sekida, *Zen Training. Methods and Philosophy*, Tokyo 1975, sowie *The Psychology of Meditation. Research & Practice*, hg. von Michael A. West, Oxford 2016. Nicht zuletzt: der Eintrag „Meditation" im *Historischen Wörterbuch der Philosophie*, hgg. von Joachim Ritter und Karlfried Gründer, Basel/Stuttgart 1971 ff., Bd. 5, 961-968.
[61] Ders., *Das Sein und das Nichts. Versuch einer phänomenologischen Ontologie*, Reinbek bei Hamburg 1994 [urspr. 1943], 544 f.
[62] Wolfgang Fasching, *Phänomenologische Reduktion und Mushin. Edmund Husserls Bewusstseinstheorie und der Zen-Buddhismus*, Freiburg/München 2003, 196.

ran, dass ich meine Aufmerksamkeit weder nach innen noch nach außen richte, sondern eigentlich *nirgendwohin*. Insofern besteht die Meditation *sensu stricto* auch gar nicht in einer Zurückwendung „nach innen", denn wenn mir in der sinnlichen Anschauung keine isolierbaren, bestimmbaren Einzeldinge mehr gegenüberstehen, dann verliert auch die kognitive Unterscheidung von Innen- und Außenwelt ihren Sinn (wer lange meditiert, mag sogar die Frage nach der realen Existenz der Außenwelt für wenig bedeutsam halten). Im Zustand tiefer Versenkung wird das Bewusstsein als ein Strömen erlebt, als reine *Präsenz*.[63]

Dass beide Tätigkeiten, Lektüre und Meditation, in Zhu Xis Augen eng miteinander zusammenhängen, wird auch daran deutlich, dass er zur Charakterisierung beider auf das Konzept der „Wachsamkeit", bzw. „Gewissenhaftigkeit" (*jìng* 敬) rekurriert. Dieses Konzept benennt einen Bewusstseinszustand, der gekennzeichnet ist durch eine besondere Geistesklarheit und große Konzentration; oft wird es auch mit der Fokussierung auf ein Objekt in Beziehung gebracht, bei der nämlich der Geist nicht mehr durch die Mannigfaltigkeit der sinnlichen Eindrücke verwirrt wird.[64] Im Idealfall kann die „Wachsamkeit" auf den gesamten Alltag ausgedehnt werden, so dass sie in „Auftreten, Miene, Sprechen" (*Gespräche* 8:4) zum Ausdruck kommt. Auf diese Weise kann ich die Überlieferung verinnerlichen und die Praktiken einüben, ohne noch die Notwendigkeit zu verspüren, in einer reflexiven Distanz zu diesen Praktiken zu bleiben (vgl. eindrucksvoll JSL 4:20). Im Zustand der „Wachsamkeit" ist das Bewusstsein leer, d.h. ich schreibe mir keine egozentrischen Wünsche oder Absichten mehr zu (eigentlich gibt es

---

[63] Fasching, „Consciousness, self-consciousness, and meditation", 477. – In der ostasiatischen Forschung ist wiederholt die Nähe zwischen Buddhismus, bzw. Neukonfuzianismus und dem Deutschen Idealismus hervorgehoben worden. Letzterer ist bemerkenswerterweise beschrieben worden als der Versuch, „das Besondere der Bewußtseinsrelation durch eine Art Verflüssigung allgemeiner ontologischer Begriffe zu fassen." (Ernst Tugendhat, *Selbstbewusstsein und Selbstbestimmung: Sprachanalytische Interpretationen*, Frankfurt a.M. 1997 [urspr. 1979], 16)
[64] *Zhu Xi. Selected Writings*, 78, 81. Vgl. wieder Gardner, „Attentiveness and Meditative Reading in Cheng-Chu Neo-Confucianism", 110 f. – Olaf Graf übersetzt das chinesische Wort als „gewissenhafte Sorgfalt" (ders., *Tao und Jen*, 125), bzw. „innere Wachsamkeit" (*Djin-si lu*, Bd. 1, 177), Stephen C. Angle und Justin Tiwald dagegen als „reverential attention" oder auch „mental posture" (dies., *Neo-Confucianism: A Philosophical Introduction*, London 2017, 149). Zur Erreichung dieses Zustands sind ihnen zufolge drei Dinge unverzichtbar: „self-monitoring", „tranquillity" und „insight" (*ibid.*, 146). Tatsächlich wird die „Gewissenhaftigkeit" bereits von Konfuzius erläutert (*Gespräche* 1:5, 2:7, 6:22, *passim*); sie wurde also früh zu einem zentralen Bestandteil des konfuzianischen Erziehungsprogramms.

überhaupt keinen Träger des Bewusstseins mehr).[65] Und nicht zuletzt: Durch die Reduzierung von Bewusstheit eröffnet sich eine spezifische *Tiefe*, die „mir" im gewöhnlichen Alltag mit dem Andrängen der Dinge, Reize und Gedanken verwehrt bleiben muss. Insbesondere im Buch *Menzius* werden wiederholt Praxisformen beschrieben, die auf die Vertiefung des leiblichen Erfahrungsraums und eine ritualisierte Durchbildung der ganzen Existenz abzielen. Durch die Lektüre vertieft sich die Leserin nicht nur in den Text, sondern in ihren eigenen Körper; durch neue Denk- und Sprechweisen kann sie, argumentiert Menzius, eine Latenz umkreisen, die sodann in den Tugenden der „Menschenliebe" und der „Angemessenheit" manifest wird.[66] Die *vita contemplativa* bewirkt also eigentlich eine Spiritualisierung des leiblichen Daseins.[67]

Die dritte Praxisform ist das Gespräch zwischen Lehrer und Schüler. Zhu Xi war über Jahrzehnte hinweg selbst als Lehrer tätig, gründete außerdem mehrere Akademien, die unabhängig von den Bildungseinrichtungen des Hofes operierten; über viele Jahre hinweg müssen sich Dutzende, ja Hunderte von Schülern um ihn geschart haben.[68] Wie aus dem „Gesprächsbuch" hervorgeht, das seine Schüler zusammengestellt haben (die *Thematisch geordneten Aussprüche des Meisters Zhu, Zhuzi yulei* 朱子語類), erörterte er die unterschiedlichsten Fragen, nahm Anregungen

---

[65] Wichtig ist die folgende Äußerung der Cheng-Brüder: „Wenn jemand wachsam ist, gibt es kein Selbst, das noch zu unterwerfen wäre; zu Beginn ist es erforderlich, sich von vier Dingen [Absichten, fixierte Erwartungen, Härte und Ich-Bewusstsein; vgl. *Gespräche* 9:4] freizumachen." 敬則無已可克，始則須絕四。(ECJ 157)
[66] *Menzius* 6A/1-6; ZZQS 6:395-400. In diesen Dialogen kritisiert Menzius seinen Opponenten Gaozi dafür, dass er die Kardinaltugenden „Menschenliebe" und „Angemessenheit" (*ren yi* 仁義) nicht gleichermaßen in der „Wesensbestimmung" des Menschen verorte, sondern letztere als sozial erlernt und damit der Subjektivität des Übenden äußerlich verstehe. Ich schließe mich hier Wiebke Deneckes eindrucksvoller Interpretation an, siehe dies., *The Dynamics of Masters Literature: Early Chinese Thought from Confucius to Han Feizi*, Cambridge, MA 2011, 167 ff. Ganz ähnlich argumentiert James Peterman, dass Konfuzius keine *Theorie* über die menschliche Natur entwickeln, sondern eine neue *Praxis* der Innerlichkeit stiften wollte (ders., *Whose Tradition? Which Dao? Confucius and Wittgenstein on Moral Learning and Reflection*, Honolulu 2016, 233). Vgl. ebenfalls Vermander, *Common lire les classiques chinois*, 119-124.
[67] Vgl. Yang Rubin, „Reverence and Quietude in Neo-Confucianism", in: *Meditation and Culture. The Interplay of Practice and Context*, hg. von Halvor Eifring, London/New York 2015, 76-101; sowie Robert N. Bellah, *Religion in Human Evolution. From the Paleolithic to the Axial Age*, Cambridge, MA 2011, 591. – Richard Wilhelm schreibt einmal über das *Yijing*: „Hier wird gezeigt, wie dadurch, daß das Buch der Wandlungen in die unterbewußten Gebiete hinabreicht, sowohl der Raum als die Zeit ausgeschaltet werden." (*I Ging. Das Buch der Wandlungen. Erstes und Zweites Buch*, Jena 1924, 240) Wir haben es zweifellos mit einer mythischen Denkform zu tun.
[68] Vgl. Bol, *Neo-Confucianism in History*, 229-236.

und Einwände auf, evaluierte vorhandene Lehrmeinungen und formulierte neue Gedanken.[69] Darüber hinaus tauschte er sich auch regelmäßig brieflich mit Gefährten und Freunden, aber auch mit Opponenten aus, um auf diese Weise Meinungsverschiedenheiten auszuräumen; beherzt griff er in die damaligen Debatten ein und setzte sich wiederholt im persönlichen Gespräch mit anderen Gelehrten auseinander.[70] Wie wichtig ihm der kritische Dissens war, wird etwa an dem Umstand deutlich, dass er im Vorwort zu seinem Kommentar des *Taijitu* 太極圖, ein zentraler Baustein seines reifen Systems, eine Reihe alternativer Deutungen auflistet (ZZQS 13:76 f.).

Im Gespräch wurde es den Teilnehmern möglich, ein tieferes Verständnis von dem Charakter, der Lebensorientierung sowie der Handlungsmotive ihres Gegenübers zu erlangen; die Aufgabe des Lehrers war freilich nicht nur die moralische Evaluierung der Schüler, sondern ebenfalls die Hilfestellung auf dem langen Weg zur Selbstvervollkommnung.[71] Thematisch drehte sich das Gespräch zumeist um einzelne, deutungsbedürftige Stellen aus der kanonischen Überlieferung. Zhu Xi unterrichtete seine Schülern zwar in einzelnen Texten, etwa im *Buch der Wandlungen* (106 Schüler), im *Buch der Lieder* (75 Schüler) oder in den *Ritualaufzeichnungen* (61 Schüler), doch war seine mündliche Lehre recht unsystematisch; es gab auch keine eindeutigen Lehrstan-

---

[69] Das Wort *yu* 語 kann wieder sowohl „Gespräch" wie auch „Ausspruch" bedeuten. Dieser Text dokumentiert Dialoge, kurze Wortwechsel und vor allem Aussprüche Zhu Xis über etwa 30 Jahre, zwischen 1170 und 1200 (Daniel K. Gardner, *Chu Hsi and the Ta-hsueh: Neo-Confucian Reflection on the Confucian Canon*, Cambridge, MA 1986, 45). Die gegenwärtige Standardedition wurde 1270 aus fünf vorliegenden Kompilationen von Li Jingde 黎敬德 (fl. 1263) erstellt (siehe ZZQS, Bde. 14-18). Vgl. ebenfalls die alternative Edition von Huang Shiyi 黃士毅 (13. Jhdt. u. Z.): *Zhuzi yulei huijiao*, Shanghai 2014.

[70] Besonders bekannt ist die Debatte am Gänsesee-Tempel (im Jahr 1175) sowie der späterhin brieflich ausgetragene Gedankenaustausch mit Lu Jiuyuan 陸九淵 (1139-1192) um das richtige Verständnis des Absoluten (*Taiji* 太極), siehe Tillman, *Confucian Discourse and Chu Hsi's Ascendancy*, 202 f., 211-216, 216-230; sowie *Une controverse lettrée. Correspondance philosophique sur le Taiji*, hgg. und übers. von Roger Darrobers und Guillaume Dutournier, Paris 2012.

[71] Neukonfuzianer wandten sich bewusst von der geschriebenen Sprache ab und griffen stärker auf die gesprochene Sprache ihrer Gegenwart, das sogenannte *vernacular*, zurück. Siehe Daniel K. Gardner, „Modes of Thinking and Modes of Discourse in the Sung: Some Thoughts on the *Yü-lu* (,Recorded Conversations') Texts", *The Journal of Asian Studies*, 50:3 (August 1991), 574-603. Vermander spricht von einem „dialogue de vie" und betont die Ähnlichkeit zu den Dialogen im Neuen Testament (ders., *Comment lire les classiques chinois?*, 285 f.) Für einige eindrückliche Beispiele siehe Zhang Jiacai, *Quanshi yu jiangou. Chen Chun yu Zhuzixue*, Beijing 2004, 150 ff.

dards, da er Rücksicht auf die Bedürfnisse und Fähigkeiten jedes einzelnen Schülers nahm.[72] Oft gingen die jungen Menschen über viele Jahre bei ihm in die Lehre – man kann sich leicht vorstellen, wie viel Zeit und welche ungeheure Disziplin notwendig war, um solche Textmassen zu bewältigen.

Ein Beispiel für eine solchermaßen deutungsbedürftige Textstelle ist die folgende Passage aus den *Gesprächen*; Konfuzius erklärt darin recht lakonisch:

> Die Fehler der Menschen sind sehr unterschiedlich. Wer Fehler betrachtet, wird sich Kenntnisse über die Menschenliebe aneignen. (4:7)[73]

Mehrere Deutungen sind möglich. So ist z.B. unklar, ob im zweiten Satz die Rede ist von *eigenen* Fehlern oder den Fehlern *anderer* Menschen. Einer langen Kommentartradition folgend wählte Zhu Xi die zweite Lesart und verteidigte diese in einer Debatte mit den Anhängern des Hu Hong 胡宏 (1105-1161) energisch. Offenkundig erschöpfte sich das neukonfuzianische Gespräch – ähnlich wie die Bibelexegese im mittelalterlichen Europa – leicht im Dissens über winzige Details. Dessen ungeachtet hat die Lektüre, Auslegung und Hermeneutik kanonischer Schriften bis ins 20. Jahrhundert hinein die Bildungskulturen Ostasiens nachhaltig beeinflusst; die Erkenntnissuche in vielen Wissensgebieten folgte oft dem kanonischen Muster: Wenn in einer Debatte eine Frage aufgeworfen wurde, gab es einen starken Anreiz, die Antwort auf diese Frage innerhalb der neukonfuzianischen Überlieferung zu suchen. Umgekehrt musste jeder, der sich zu einem Thema kompetent äußern wollte, erst einmal sehr viele, sehr alte Bücher wälzen, bevor er (oder sie) erwarten durfte, bei den Zeitgenossen Gehör zu finden.[74]

Ein letztes Beispiel: Zhu Xi fühlte sich angesichts der Frage, ob es in der Welt Geister gebe, selbstverständlich verpflichtet, zuerst die „vier Bücher" zu konsultieren: Konfuzius' grundsätzlich eher distanzierte Haltung (*Gespräche* 3:12, 6:22, 7:21 und 11:12), die zwar Geistern

---

[72] Chen Rongjie, *Zhuzi Menren*, Taipeh 1982, 17 ff.; van Ess, *Konfuzius. Gespräche*, 72-76.
[73] 子曰：「人之過也，各於其黨。觀過，斯知仁矣。」Vgl. ZZQS 6:94, 14:947-951; sowie van Ess, *Konfuzius. Gespräche*, 188, und nicht zuletzt die Diskussion in Slingerland, *Confucius. Analects*, 31 f. (Van Ess und Slingerland wählen ebenfalls die zweite Lesart.)
[74] Der Historiker Ray Huang merkt an, Zhu Xi habe Generationen von Gelehrten dazu verdammt, ihr Leben lang Bücherwissen anzuhäufen, um auf diese Weise eine tiefere Einsicht in die „organische" Einheit der Welt zu erlangen (ders., *1587. A Year of No Significance*, New Haven/London 1981, 204).

Respekt auszudrücken bereit ist, ansonsten aber die Frage ihrer Existenz nicht allzu wichtig nimmt und der Interaktion mit den Lebenden den Vorrang gibt; aber auch die detaillierten Beschreibungen numinoser Phänomene in *Gleichgewicht und Gewöhnlichkeit* (z.B. Abschnitte 16 und 24). Darüber hinaus suchte er die diesbezüglichen Erläuterungen seiner neukonfuzianischen Vorgänger (insbesondere Zhang Zai, Cheng Hao und Cheng Yi) zu berücksichtigen, nicht zuletzt auch seine eigene Erfahrung sowie die Erfahrungsberichte von Zeitgenossen. Bemerkenswert ist nun, dass Zhu Xi die Frage nach der Existenz der Geister letztlich nie eindeutig beantwortet hat. Er erläuterte einerseits zwar, dass Geister genauso wie Naturphänomene auf bestimmte Qi-Zustände zurückzuführen seien, und suchte damit Geistererscheinungen quasi rational zu erklären; andererseits betonte er aber auch, dass es während des Ahnenopfers möglich sei, ihre numinose Wirkung zu erfahren (aber wohl nur dort) und dass die Praxis der Ahnenverehrung selbstredend für eine gelungene Transformation des menschlichen Selbstverhältnisses unerlässlich sei. Anderswo argumentierte er schlichtweg *pragmatisch*: Man solle sich nicht von dem Umstand verwirren lassen, dass es keine sicheren Beweise für oder gegen die Existenz von Geistern gebe, sondern sich „ausschließlich auf Nützlichkeitserwägungen in der menschlichen Sphäre konzentrieren."[75] Zhu Xi hat sich also nie einfach die Frage gestellt, ob es *objektiv der Fall ist*, dass es Geister gebe, vielmehr interessierte ihn, ob eine solche Annahme auf dem Übungsweg sinnvoll und hilfreich wäre; zudem war er bereit, gegebene Bräuche und Verhaltensweisen in seine Lehre zu integrieren (z.B. die Vorstellung, dass beim Ahnenopfer die Geister mithilfe von dargebrachten Speisen „genährt" werden müssen).

Diese Selbstpositionierung muss m.E. als Ausdruck einer lebenspraktischen Skepsis interpretiert werden, die die Schriften der Neukonfuzianer wie ein Basso continuo durchzieht. So hatte bereits Cheng Hao im 11. Jahrhundert erklärt, dass jeder selbst entscheiden müsse, wie er oder sie es mit den Geistern halte, und es am besten sei, sich in dieser Frage mit starken Meinungen zurückzuhalten (dies hat aber nicht

---

[75] ZZQS 6:115: 專用力於人道之所宜，而不惑於鬼神之不可知，知者之事也。 (Interlinearkommentar zu *Gespräche* 6:22) Die Frage der Haltung beim Ahnenopfer berührt aus konfuzianischer Sicht zudem unmittelbar die Frage, welche Rolle der Tugend der „Wahrhaftigkeit" (*cheng* 誠) zugeschrieben wird. Vgl. Thomas Wilson, „Spirits and the Soul in Confucian Ritual Discourse", *Journal of Chinese Religions*, 42:2 (November 2014), 185-212; im Chinesischen: Wu Zhen, *Zhuzi sixiang zaidu*, Beijing 2018, 389-439. Wie Julia Ching zu Recht hervorhebt, gibt es ein grundsätzliches Problem in Zhu Xis Verständnis der Geister: Wenn sich das Qi, aus dem ein Mensch besteht, nach seinem Tod zerstreut, ist nicht leicht zu begründen, warum es sich wieder an einem Ort sammeln sollte, wo es dann zu einem Kontakt mit Lebenden kommen kann (dies., *The Religious Thought of Chu Hsi (1130-1200)*, 67).

verhindert, dass er jene tadelte, die explizit *nicht* an sie glaubten).[76] Das Umrisshafte, Offene dieser Welthaltung zeigt sich nicht zuletzt daran, dass Zhu Xi selbst sich regelmäßig an den Geist des Konfuzius gewandt und wiederholt um Regen gebetet hat.[77]

V. Argumente und Analogien

> Wenn der mittelalterliche Philosoph in der Bibel vom „Arm Gottes" las, so sagte er: vom Arm Gottes kann hier nur in Analogie zum Arm des Menschen gesprochen werden. Der Arm Gottes ist eine bloße Metapher und der Arm des Menschen das Primäre. Für den Mystiker liegt es gerade umgekehrt.
>
> Gershom Scholem[78]

In der chinesischen Philosophie gab es schon früh einen argumentativen Diskurs mit komplexen, logischen Argumentationsformen und begründungsorientierten Überlegungen. Anders als im mittelalterlichen Europa war im mittelalterlichen China die Idee eines syllogistischen Beweises oder gar die Formalisierung von Argumenten jedoch nicht verbreitet; oft blieb die Form des Arguments selbst implizit, wofür rhetorische, aber auch ästhetische Vorlieben verantwortlich zeichnen dürften.[79] Grundlegende Argumentationszusammenhänge werden nun auch bei Zhu Xi und vielen anderen neukonfuzianischen Denkern markiert. Sehr häufig sind sogenannte Kettenargumente (Sechser- und Achter-Ketten) nach dem Muster „Wenn x erreicht ist, dann wird auch

---

[76] Vgl. Forke, *Geschichte der neueren chinesischen Philosophie*, 82 f. – Franklin Perkins hat kürzlich sehr überzeugend die skeptische Dimension in Menzius' Denken herausgearbeitet (ders., „No Need for Hemlock: Mengzi's Defense of Tradition", in: *Ethics in Early China: An Anthology*, hgg. von Chris Fraser, Dan Robins und Timothy O'Leary, Hongkong 2011, 65-82).

[77] Siehe Hoyt C. Tillman, „Zhu Xi's Prayers to the Spirit of Confucius and Claim to the Transmission of the Way", *Philosophy East and West*, 54:4 (Oktober 2004), 489-513.

[78] Ders., *Die jüdische Mystik in ihren Hauptströmungen*, Frankfurt a.M. 1967, 227.

[79] Zur Einführung: Lisa Indraccolo, „Argumentation" (*Bian* 辯)", in: *Dao Companion to Chinese Philosophy of Logic*, hg. von Yiu-ming Fung, Dordrecht 2020, 171-180. – „The closed logic of those Western syllogisms was contrary to the Confucian preference for an open logic that was based on inferences rather than deductions. Rather than moving from broad general statements to particulars the way Western logic did, Neo-Confucians preferred to infer generalizations from a number of specific and concrete particulars." (Don Baker, „Zhu Xi and Western Philosophy", in: *Dao Companion to Zhu Xi's Philosophy*, 785-806; hier: 794)

y möglich; und wenn y erreicht ist, dann wird ebenfalls z möglich..." Partikeln wie *gu* 故 oder *shiyi* 是以 dienen zur Bezeichnung einer einfachen, inferentiellen Beziehung (einer Schlussfolgerung); daneben sind etymologische Argumente häufig, die in der chinesischen Geistesgeschichte ohnehin eine sehr lange Geschichte haben. Doch selbst wenn man all dies in Rechnung stellt, ist es immer noch verblüffend, wie selten sich bei Zhu Xi tatsächlich freistehende Argumente finden. In seinen Gesprächen mit Schülern wie auch in seinen Essays und anderen Schriften rechtfertigt er seine Überlegungen gewöhnlich unter Rekurs auf den konfuzianischen Kanon.

Hier ist einmal eine längere Textpassage, in der auf jedes kanonische Zitat verzichtet wird und der Autor allein auf die Kraft des ungebundenen, traditionsfreien Arguments zu setzen scheint:

Der Mensch kann nicht einfach aus dem Himmel fallen oder aus der Erde steigen; weder Holz noch Stein können ihn gebären, sondern der Mensch hat seinen Ursprung selbstverständlich in seinen eigenen Eltern. Wo in der Welt gäbe es denn einen Menschen, der nicht aus dem Uterus der eigenen Mutter gekommen wäre?! Und wie sollte der Umstand, dass ein Mensch auf diese Weise zur Welt kommt, auf einen Entschluss des Kindes oder gar auf eine willentliche Entscheidung der Eltern zurückgeführt werden können?! Wenn es sich aber so verhält, dann müssen wir darauf vertrauen, dass die Geburt eines Kindes auf eine Verfügung des Himmels zurückgeht. Es handelt sich um die Generativität des Natürlichen selbst, ohne welche die menschliche Sphäre nicht auskommen kann.[80]

Diese Passage ist Teil eines längeren Arguments, mit dessen Hilfe die Tugend der „kindlichen Hingabe" als natürlich und damit normativ verbindlich erwiesen werden soll. Offensichtlich ist die Grundlage dieses Gedankengangs eine geteilte Erfahrung vieler Menschen; womöglich ließe er sich sogar in Form eines *Syllogismus* rekonstruieren. (Ein Versuch meinerseits: (1) Alle Menschen haben ihren Ursprung im Uterus ihrer Mütter; (2) Alle Mütter bringen ihre Kinder nicht kraft des eigenen Willens oder aufgrund einer „Entscheidung" des Fötus zur Welt, sondern dank einer „Verfügung des Himmels"; (3) Also verdanken alle Menschen ihre Existenz einer „Verfügung des Himmels".) Im ursprünglichen Kontext geht es natürlich nicht um einen logischen Beweis; der Autor setzt vielmehr auf ein nicht näher spezifiziertes „Vertrauen" (*xin* 信) seiner Leserschaft, der dieser Gedankengang auch

---

[80] 天之生人，決不能天降而地出，木孕而石產，決必由父母之胞胎而生。天下豈有不由父母胞胎而生之人乎？而其所以由胞胎而生者，亦豈子之所能必，而亦豈父母所能安排計置乎？是則子之於父母，信其為天所命，自然而然，人道之所不能無。Chen Chun, „Xiao genyuan", *Beixi daquan ji*, Ed. *Siku quanshu zhenben*, 5:5a-b. Vgl. die detaillierte Analyse in Zhang Jiacai, *Quanshi yu jiangou*, 101 ff.

längst aus dem Anfangskapitel des zweiten der „vier Bücher" (*Gleichgewicht und Gewöhnlichkeit*) bekannt war, in dem der „Verfügung des Himmels" eine entscheidende Rolle im kosmischen Wandlungsprozess zugeschrieben wird.

Die obige Passage stammt nun keineswegs von Zhu Xi, sondern von einem seiner Schüler, dem Chen Chun 陳淳 (1159-1223). Ähnliche Darlegungen finden sich natürlich auch bei Zhu Xi, nur macht dieser die kanonischen Referenzen gewöhnlich explizit (in Form eines *Argumentum ad verecundiam*). Die Lebendigkeit, Überzeugungskraft und formbildende Macht seines Stils speist sich sogar wesentlich aus seiner unübertroffenen Fähigkeit, die unterschiedlichsten kanonischen Kontexte harmonisch miteinander zu verweben und die Gedanken auf diese Weise zum Fließen zu bringen. Nur wer nicht über eine entsprechende Belesenheit verfügt, wird an den Übergängen ins Stocken geraten.

Ein Grund für diesen eigentümlichen Denk- und Schreibstil ist m.E. der Umstand, dass bei einer isolierten Behauptung oder einem freistehenden Argument die Egozentrizität des Sprechers oder Schreibenden den ursprünglichen Gehalt der Überlieferung zu verdecken droht; jede Spur von Egozentrizität gilt es aber, wie Konfuzius in einer berühmten Stelle (gemäß Zhu Xis Deutung) erklärt hat, auf jeden Fall zu vermeiden.[81] Ein weiterer Grund für das Fehlen freistehender Argumente dürfte auf einer tieferen Ebene zu suchen sein: Gemäß der inneren Logik des *Buchs der Wandlungen*, die auch Zhu Xis Weltsicht entscheidend geprägt hat, sind die „zehntausend Dinge" (d.h. *alle* Einzeldinge) Teil einer harmonischen, kosmischen Ordnung; wer sich auf den Kanon versteht – mit dem *Buch der Wandlungen* als dem wichtigsten Text –, wird deshalb auch in der Lage sein, die tiefere Bedeutung der Einzeldinge in dieser Ordnung zu erfassen und die Resonanzwirkungen nachzuvollziehen, mittels derer sie geheimnisvoll verbunden sind.[82] Da das *Buch der Wandlungen* mit seiner quasi mathematischen Struktur (64 Hexa-

---

[81] Siehe *Gespräche* 9:4, vgl. Slingerland, *Confucius. Analects*, 87. Das Wort *wo* 我 definiert Zhu Xi bezeichnenderweise als „das private, bzw. verborgene Selbst" (*si ji* 私己; ZZQS 6:140). Das Wort *wo* (Slingerland „selfishness") changiert in neukonfuzianischen Texten öfters zwischen der Bezeichnung einer menschlichen Eigenschaft („selbstlos") und einem nicht-egologischen Bewusstseinszustand; im letzteren Fall besitzt es dann durchaus ontologische Implikationen (im Sinne der Abwesenheit eines substanziellen, mit sich selbst identischen Selbst). Hans van Ess übersetzt *wu wo* 毋我 in dieser Passage als „seid nicht auf euch selbst bezogen" (ders., *Konfuzius. Gespräche*, 369). Zur Kritik an der „Selbstsucht" siehe sehr anschaulich JSL 6:12.
[82] Vgl. *The Original Meaning of the Yijing: Commentary on the Scripture of Change*, übers. von Joseph Adler, New York 2019.

gramme, d.h. Konstellationen von Yin und Yang, die durch Permutation auf insgesamt 11.520 korrespondierende Weltsituationen verweisen) ein umfassendes Klassifikationssystem darstellt, ist es möglich, einzelnen Dingen, Phänomenen und Ereignissen einen Platz in dieser Ordnung zuzuweisen. Da eine solche Klassifikation bereits vertrauenswürdig ist, braucht es keine weitergehende Formalisierung von Argumenten.[83] Alles steht in polarer Fügung.

Zhu Xi legt ein großes Interesse an sprachlicher Ausdifferenzierung an den Tag. Immer wieder finden sich in seinen Schriften einzelne Glossen, die vage an die bekannte sokratische Definition, bzw. Platons dihäretische Methode erinnern mögen, etwa die folgende:

> Eine Absicht ist etwas, das sich im Geist manifestiert.[84]

Jedoch kann eine solche Bestimmung anderswo auch wieder relativiert werden. Streng genommen geht es keineswegs um die definitorische

---

[83] Dem Sinologen Christoph Harbsmeier zufolge gilt: „The predominant intellectual mode in Ancient China was not that of argument or proof but of classification or correlation." (ders., *Logic, Grammar, and Language in Early China* (*Science and Civilisation in China*, Volume 7, Teil 1), Cambridge 1998, 262) Sowie: „In general, the early Chinese, and particularly the Confucians, were not much given to deductive reasoning." (*ibid.*, 269). Vgl. ähnlich bereits Marcel Granet, *Das chinesische Denken. Inhalt, Form, Charakter*, übers. von Manfred Porkert, Frankfurt a.M. 1985, 255 f.: „Sie [d.i. die vormodernen Chinesen] glauben, daß Schlußfolgerung und Experiment als Verfahren nicht das gleiche Vertrauen verdienen wie die Kunst, Zeichen ganz konkret aufzunehmen und ihre Resonanzen zu katalogisieren." Martin Hofmann schrieb kürzlich aber: „And yet, even in light of their formal and linguistic vagueness, one cannot deny that the Classics make arguments." (ders., „The Persuasive Power of *Tu*: A Case Study on Commentaries to the *Book of Documents*", in: *Powerful Arguments. Standards of Validity in Late Imperial China*, hgg. von Martin Hofmann, Joachim Kurtz und Ari Daniel Levine, Leiden/Boston 2020, 177-233; hier: 181)

[84] 意者，心之所發也。(ZZQS 6:17). Vgl. Joachim Gentz, „Die Architektur des Zhu Xi-Kommentars: Eine Textstudie zum ersten Teil des *Daxue*", *Oriens Extremus* (2007), 231-245; hier: 238. Wie so oft erläutert Zhu Xi seine Deutung im Gespräch mit Schülern genauer (vgl. etwa ZZQS 14:232). – An scharfe Disjunktionen, die im europäischen Mittelalter durch den Porphyrbaum veranschaulicht werden konnten, war im vormodernen China schon deshalb nicht zu denken, da das Gattung-Differentia-Modell nicht zur Verfügung stand (Schmidt, *Die Herausforderung des Fremden*, 172 ff.; vgl. auch Jean-Paul Reding, *Comparative Essays in Early Greek and Chinese Rational Thinking*, Aldershot und Burlington 2004, 85 ff.).

Klärung einzelner Begriffe, sondern um den Nachweis, dass alle Begriffe miteinander zusammenhängen und auf das Dao verweisen.[85] Außerdem können diese nur dann angemessen verstanden werden, wenn sie im Horizont aller anderer, kanonisch relevanter Begriffe gedeutet wird. Der Sinologe Michael Lackner schreibt sehr richtig: „Erst wenn alle Bestimmungen eines Begriffes gegenwärtig sind, wird seine Bedeutung klar. Da jedoch die Begriffe sämtlich relativ zueinanderstehen, kann jeder einzelne erst dann erfaßt werden, wenn die übrigen bestimmt sind."[86] Die Verbindungen zwischen einzelnen Begriffen erschließen sich aber oft erst nach langem Studium.

Mithin gilt: Diskursivität *ist* wichtig, aber noch wichtiger ist die Einsicht in die Ganzheit, die All-Einheit; erst das Ganze kann die Teile vollständig erhellen. So ist gerade die Bedeutung des Konzepts der „höchsten Wirklichkeit" (*li* 理) so subtil, dass sie „nur sehr, sehr schwer erspürt werden kann" (*ji nan ticha* 極難體察; BXZY 70); wer etwas anderes behauptet, würde sich daher sofort dem Verdacht aussetzen, etwas Grundlegendes missverstanden zu haben. In meinen Worten: Das Denken der All-Einheit vollzieht sich nicht primär in Begriffen (allgemeinen Vorstellungen), es vergleicht, reflektiert und abstrahiert nicht nur, sondern es sieht direkt, was die einzelnen Phänomene vereint – diese werden sozusagen auf ihre Verbindung hin angeschaut (genau darin ist ihre „höchste Wirklichkeit" zu finden). Ein neukonfuzianischer Gelehrter des 16. Jahrhunderts erläutert diesen Gedanken einmal wie folgt: Man könne einen Berg aus unterschiedlichen Blickrichtungen anschauen, und aus jeder zeige sich eine andere Ansicht; die „höchste Wirklichkeit" zu realisieren, hieße aber nichts anderes, als die verschiedenen Ansichten des Berges zusammenzuführen, also quasi im Sukzessiven das Simultane zu sehen.[87]

Dass diese Art des bildhaften, kontemplativen Denkens aber auch die Art und Weise bestimmt, wie Begriffe selbst verstanden wurden,

---

[85] Friedrich nennt als ein Beispiel für die Begriffsbestimmung bei Zhang Zai das terminologische Paar *ti* 體 („Wesen", „Struktur") und *yong* 用 („Gebrauch") und schreibt dazu: „Die absolute Identität begründet relationale Identität in der Differenz." (*Rechtes Auflichten*, „Analytischer Kommentar", liii)

[86] *Rechtes Auflichten*, „Einleitung", xlviii. Christoph Harbsmeier schreibt über Chen Chuns bekannte Enzyklopädie *Beixi ziyi* 北溪字義, dass in dieser zentrale neukonfuzianische Termini „are given careful contrastive and systematic conceptual attention" (ders., *Logic, Grammar, and Language in Early China* (*Science and Civilisation in China*, Bd. 7, Teil 1), Cambridge 1998, 62). Vgl. auch Lee Ming-hueis diesbezügliche Überlegungen: ders., „The Debate on Ren Between Zhu Xi and the Huxiang Scholars", in: *Interpretation and Intellectual Change. Chinese Hermeneutics in Historical Perspective*, hg. von Ching-I Tu, Milton Park 2004, 119-132, hier: 119 f.

[87] Es handelt sich um Luo Qinshun 羅欽順 (1465-1547), siehe ders., *Kunzhi ji*, Beijing 1990, 88 f.

demonstriert das folgende Schaubild.[88] Es zeigt die verschiedenen Bewusstseinszustände, Gefühle und Haltungen, die notwendig sind, um die Kardinaltugend der „Menschenliebe" zu realisieren, nämlich die „Erfaßtheit von einer bewußt verinnerlichten Haltung".[89] Die graphische Struktur dieses Schaubildes ist offenkundig so komplex, dass sie erst nach längerer Kontemplation verstanden werden kann. Die einzelnen Bestandteile sowie die von den horizontalen, vertikalen und diagonalen Linien angezeigten konzeptuellen Verknüpfungen müssen vergegenwärtigt und in einer transformativen Bewusstseinserfahrung manifest werden. Zhu Xis berühmte, doch eher lakonisch zu nennende Erläuterung der „Menschenliebe" – „Ursprungsgrund der Liebe und Wesensmerkmal des menschlichen Geistes" – lässt sich nur mit Inhalt

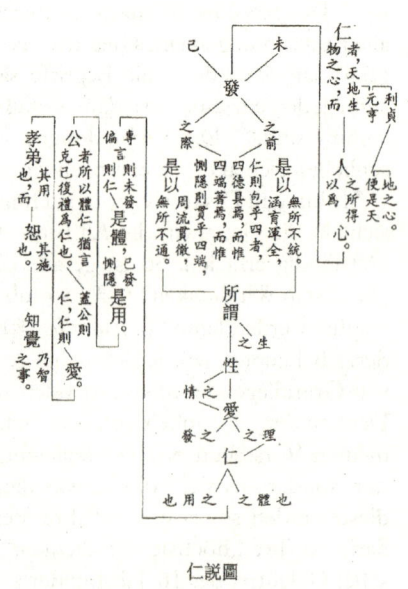

仁說圖

füllen, wenn zuvor dieses Schaubild intensiv durchgearbeitet worden ist.[90] Dabei dürfen das komplexe Ganze und seine Bestandteile nicht statisch betrachtet werden, sondern müssen dynamisch und unmittelbar in die Praxis eingebracht werden – denn nur in dieser sind semantische Unterscheidungen *real*.[91] Bei anderen Begriffen verhält es sich wohl ähnlich.

---

[88] ZZQS 17:3455; vgl. Chen Rongjie, *Zhuzi xin tansuo*, 372.
[89] Eintrag „Meditation", *Historisches Wörterbuch der Philosophie*, Bd. 5, 967 (Tilemann Grimm).
[90] ZZQS 6:68: 仁者，愛之理，心之德也。 Lee Ming-huei übersetzt das Wort *de* als „character", doch scheint mir Olaf Grafs Übersetzung als „Wesensmerkmal" präziser (Lee, „The Debate on *Ren* Between Zhu Xi and the Huxiang Scholars", 122; Graf, *Tao und Jen*, 75).
[91] Vgl. Wu Zhen, *Zhuzi sixiang zai du*, 52; Qian, *Zhuzi xin xue'an*, Bd. 3, 112. Dem Philosophen Kai-chiu Ng verdanken wir eine sehr instruktive Analyse dieser Spannung zwischen begrifflicher, urteilsförmiger Erkenntnis und geistiger Schau, siehe ders., *Zhuzi de qiongli gongfu lun*, Taipeh 2017, insbesondere Kapitel 2. – Zhu Xis

In der neueren Forschung ist ausgiebig über eine besondere Form der Schlussfolgerung (im Chinesischen: *lei tui* 類推: „Schluss basierend auf einer Ähnlichkeit der Art") geschrieben worden, die charakteristisch für Zhu Xis Denken ist. Zuerst wird eine Reihe konkreter Beobachtungen formuliert, daraufhin eine allgemeine Behauptung aufgestellt, die mit jenen im weiteren Sinne übereinstimmt oder sich gar aus jenen ergeben soll.[92] Mit dem Begriff „Art" ist dabei eine Resonanzbeziehung gemäß der korrelativen Logik des *Buchs der Wandlungen* gemeint, manchmal aber auch eine einfache Ähnlichkeitsbeziehung zwischen zwei Einzeldingen, Ereignissen oder Phänomenen. Wie *konkret* Zhu Xi dabei vorgeht, zeigt sich etwa an seinem Verständnis des Phänomens der Trägheit, bzw. des Beharrungsvermögens von Körpern; er beschrieb dieses in zahllosen Einzelbeobachtungen, versuchte aber nie, mithilfe allgemeiner Prinzipien die Gesetzlichkeit hinter diesem Phänomen zu erfassen.[93] Zudem ist es unerlässlich, dass der Übende, also

---

Verständnis des berühmten *Taiji*-Diagramms ist ebenfalls durch meditative Praxis induziert. Obzwar es offensichtlich auch als eine *Erklärung* der kosmischen Realität interpretiert werden kann, dient es darüber hinaus als eine *Anleitung* für einen alchemistisch ausgewiesenen Transformationsprozess der Subjektivität (vgl. Sellmann, „Zhu Xi and Daoism"). Sellman schreibt: „In its most complete form the Diagram of the Great Polarity was used, exoterically, as an explanation of the evolution of the cosmos, and it had an esoteric inner-meditative alchemy function for union with the Way of the Great Polarity *Taiji zhi Dao*." (*ibid.*, 668) Zhu Xi betont wiederholt, dass eine solchermaßen transformative Erfahrung nicht etwas Privates ist, sondern öffentlich und mitteilbar bleibt.

[92] Siehe einschlägig: Yung Sik Kim, „,Analogical Extension' (,leitui') in Zhu Xi's Methodology of ,Investigation of Things' (,gewu') and ,Extension of Knowledge' (,zhizhi')", *Journal of Song-Yuan Studies*, Nr. 34 (2004), 41-57. In der kanonischen Literatur vgl. insbesondere *Gespräche* 6:30 sowie die relevanten Kommentare. – Justin Tiwald unterscheidet zwischen *tui* und *leitui*: „[…] the Chinese character *tui* 推 in the sense of ,inference', he tends to use it in one of two ways. First, he thinks we infer reason A from claims B, C, and D, when we see that A best harmonizes with or coheres with B, C, and D. Zhu models this kind of inference when, for example, he shows how the work of certain virtues is analogous to the different behavior of living things in different seasons of the year, all of which works in concert to sustain and reproduce life. Second, there is a special and critical sort of inference that Zhu sometimes calls ,inference based on similarity in kind' (*leitui* 類推). Very roughly, this is the sort of inference one makes when one sees two ethical scenarios as relevantly similar to one another, so that one sees how a conclusion that applies to one should apply to the other as well." (ders., „,Getting It Oneself' (*Zide* 自得) as an Alternative to Testimonial Knowledge and Deference to Tradition", *Oxford Studies in Epistemology*, 7 (2023), 306-335; hier: 330)

[93] Yung Sik Kim, *The Natural Philosophy of Chu Hsi (1130-1200)*, Philadelphia 2000, 298. Kim schreibt weiter: „Particular empirical facts were accepted: there was no search for basic general principles embodied in the facts, which he accepted in their entirety without any detailed analysis." (*ibid.*) Vgl. auch die ausgewählten Texte in *Zhu Xi: Selected Writings*, 162-186.

derjenige, der ein besserer Mensch werden will, bei seiner Erkenntnissuche stets auf das Wohl der Anderen ausgerichtet ist; das analogische Denken vollzieht sich anders gesagt nicht im luftleeren Raum, sondern sein Inhalt wird von dem Alltag mit seinen moralischen Anforderungen bestimmt.

In einer für Zhu Xis Denken zentralen Textpassage erklärt Konfuzius einmal, dass „die Methode für [die Ausbildung von] Menschenliebe wohl darin besteht, [die anderen Menschen] analogisch zu dem zu verstehen, was [dem eigenen Selbst] nah ist." (*Gespräche* 6:30)[94] Der inferentielle Modus verlangt, dass ich stets von dem ausgehe, was mir „nah ist", was also bereits Bestandteil meiner gegenwärtigen Erfahrung ist, und dieses sodann auf meine Umwelt ausweite. Die zugrundeliegende Vorstellung dürfte sein, dass ein Mensch sich zuerst selbst fragen soll, was seine oder ihre eigenen Wünsche sind (*Gespräche* 1:1; vgl. auch 5:26), um im Lichte dieser Überlegungen auch die Motive der anderen Menschen zu verstehen. Offensichtlich ist hier eine Reflexion auf die eigenen Handlungsmotive verlangt, die sich in bestimmten Handlungen, bzw. Handlungsmustern ausdrücken; diese Reflexion soll Tugenddispositionen freilegen, die – so darf dann zu Recht vermutet werden – auch bei anderen Menschen vorliegen. Konfuzius verknüpft diesen Gedanken in der Passage 6:30 mit der formelhaften Wendung, „Menschenliebe" bestehe eben genau darin, „dass man andere dadurch aufrichtet, dass man selbst stehen möchte, und andere dadurch ans Ziel kommen lässt, dass man selbst ans Ziel kommen möchte."[95] Diese Formulierung lässt bereits an die positive Fassung der goldenen Regel denken: „Behandle andere so, wie du von ihnen behandelt werden willst." (*Gespräche* 12:2) In seinem Interlinearkommentar verknüpft Zhu Xi letztere auch explizit mit der konfuzianischen Tugend der „Gegenseitigkeit" (*shu* 恕; auch: „sympathisches Verstehen", „Mitgefühl"), eine Tugend, die von Konfuzius einmal unter Rekurs auf die negative Fassung der goldenen Regel bestimmt worden ist: „Was du nicht willst, das man dir tu, das füg auch keinem anderen zu." (*Gespräche* 15:24) Das analogische Denken knüpft also ein enges Netz zwischen den Menschen, in dem die Tugenden des einen den Bedürfnissen des anderen korrespondieren.

---

[94] 能近取譬，可謂仁之方也已。ZZQS 6:118. – Van Ess übersetzt diesen Satz wie folgt: „Wenn sie sich in ihrer Nähe an einem selbst ein Beispiel nehmen können, dann darf das schon als Methode für den guten Umgang mit Menschen bezeichnet werden." (ders., *Konfuzius. Gespräche*, 293 f.) Slingerlands Übersetzung dürfte Zhu Xis Blick auf diese Passage noch etwas näherkommen: „Being able to take what is near at hand as an analogy could perhaps be called the method of Goodness." (ders., *Confucius. Analects*, 63)

[95] ZZQS 6:118: 夫仁者，己欲立而立人，己欲達而達人。Vgl. wieder van Ess, *Konfuzius. Gespräche*, 293.

Zhu Xi verstand sich wie kaum ein anderer darauf, seine philosophischen und exegetischen Überlegungen mithilfe lebensnaher Analogien zu erläutern (bekannt sind etwa der „Fächer", das „Geld" und die „Perle im Schlamm").[96] Sie zeugen von seiner immensen Begabung, komplizierte Sachverhalte anschaulich darzustellen. Nachdem die wissenschaftliche Moderne in China Einzug gehalten hatte, wirkten Zhu Xis analogische Erklärungen auf viele Leser frappierend *modern*, scheinen sie doch auf die Annahme okkulter Kräfte zu verzichten und stattdessen ausschließlich auf menschliche Erfahrung zurückzugreifen. Ganz richtig ist dieser Eindruck aber nicht.[97] Auch führen analogische Schlüsse natürlich oft in die Irre.

Durch einen mathematischen oder logischen Beweis kann ich mein Gegenüber tatsächlich dazu „zwingen", eine Behauptung für wahr zu halten. Wenn Zhu Xi eine Idee mathematischer oder logischer Notwendigkeit besessen haben sollte, dann dürfte sie ihren Ursprung im

---

[96] Siehe Donald J. Munro, *Images of Human Nature: A Sung Portrait*, Princeton 1988. – Der Rekurs auf den Alltagsverstand ist auch für das folgende, analogische Argument der Cheng-Brüder charakteristisch: So wie ein Feuer, wenn es dem Wind ausgesetzt wird, umgehend verlöscht, wohingegen es in einem Ofen im Haus nur schwer zum Verlöschen gebracht werden kann, sei davon auszugehen, dass Berichte über Geistererscheinungen am helllichten Tag und in der Öffentlichkeit falsch, solche über Geistererscheinungen in der Abgeschiedenheit dagegen vertrauenswürdig sind (JSL 13:10). Zum „gesunden Menschenverstand" bei Konfuzius vgl. etwa *Gespräche* 13:22 (van Ess, *Konfuzius. Gespräche*, 527 ff.).
[97] Faszinierend ist Zhu Xis Erklärung für die Bildung von Schneeflocken: Der vom Himmel herabfallende Hagel werde von starkem Wind angestoßen und stürze dann herab, so dass er sich wie ein Klumpen Schlamm, den man auf den Boden wirft, in eine hexagonale Form zersplittere. Die Zahl Sechs (die hexagonale Form der Schneeflocke) wird von Zhu Xi als „natürliche Zahl von Himmel und Erde" (*tiandi ziran zhi shu* 天地自然之數) gedeutet; anstelle im Bereich der unmittelbaren Erfahrung zu bleiben, wird von ihm also ein numerologischer Zusammenhang präsupponiert (ZZQS 14:141; Kim, *The Natural Philosophy of Chu Hsi (1130-1200)*, 159). Für vergleichbare Überlegungen zur Zahl *Sieben* etwa Aulus Gellius, *The Attic Nights*, übers. von John C. Rolfe, Cambridge, MA 1927, 266-274 (III.10). Berühmt geworden ist Zhu Xis Vermutung, dass die Präsenz von Muscheln auf hohen Bergen durch einen dramatischen Abfall des Meeresspiegels erklärt werden müsse (Kim, *The Natural Philosophy of Chu Hsi (1130-1200)*, 146). Dass er eine empiristische, proto-wissenschaftliche Position eingenommen habe, war Joseph Needhams Überzeugung; die Tatsachen seien für Zhu Xi etwas, über das man lange sinnieren müsse, denn „these facts can be verified" (ders., *Science and Civilization in China*, Bd. 3 („Mathematics and the Sciences of the Heavens and the Earth"), Cambridge 1959, 598).

Buch der Wandlungen haben, auf das er sich immer wieder gern bezog.[98] Doch nimmt sie im Argumentationsgang kaum einmal Relevanz an. Anstelle formaler Muster sind symbolische oder analogische Elemente für sein Denken entscheidend; es wird eine lockere Verknüpfung zwischen x und y nahegelegt, nicht aber eine strikte Identität zwischen x und y, bzw. einzelner Eigenschaften von x und y behauptet. Dahinter stehen wohl wieder bestimmte rhetorisch-literarische Vorlieben: Im Vollzug des Denkens ist es geboten, das Gegenüber emotional ansprechen und ihn oder sie dazu zu bringen, aus freien Stücken den eigenen Standpunkt ernst zu nehmen. In Unterhaltungen zeigte Zhu Xi gern auch auf einen Gegenstand, etwa einen Bambusstuhl oder einen Ofen, um abstrakte Gedankengänge zu veranschaulichen (beispielhaft: ZZQS 14:308; 14:846). Auf diese Weise werden die Zuhörer an die dynamische Präsenz der Welt, quasi die lebendig strömende Gegenwart verwiesen. Hier macht sich das neukonfuzianische Motiv des „eigenständigen Aneignens" (*zi de* 自得) geltend: Jeder Schritt muss vom Übenden selbst vollzogen werden; er (oder, viel seltener: *sie*) muss *selbstständig* vorhandene Zweifel auflösen und Ungewissheiten überwinden.[99] Die Autorität des Lehrers ist zwar unerlässlich für das neukonfuzianische Bildungsprojekt, doch wird ihr zugleich eine Grenze gezogen; würde der Übende nur unter dem Einfluss einer externen Autorität handeln, wäre die Normierung bedeutungslos, denn die neukonfuzianische Norm darf nie vollständig von der Subjektivität des Menschen losgelöst werden.

VI. Zhu Xi: ein dogmatischer Denker?

Leicht entsteht der Eindruck, dass dieser hingebungsvolle, detailversessene Perfektionismus etwas Dogmatisches an sich hat. In der Tat dürfte kein Konfuzianer ganz von dem Impuls frei gewesen sein, das eigene Leben – und dasjenige seiner Mitmenschen – dermaßen in einen finalen Zustand der Ordnung zu überführen, dass keine einzige Hand-

---

[98] Für eine scharfsinnige Analyse solcher oft implizit bleibender Argumentationsformen zwischen Mathematik und Divination siehe Andrea Bréard, „Inductive Arguments in the Midst of Smoke: ‚Proving' Rhetorically and Visually that Algorithms Work", in: *Powerful Arguments. Standards of Validity in Late Imperial China*, 234-276. – Ich danke Danielle Macbeth für einen sehr erhellenden Gedankenaustausch zu diesem Thema (20. September 2023).
[99] Siehe etwa JSL 2:41. Graf übersetzt *zi de* als „inneres Verstehen" (ders., *Djin-si lu*, Bd. 2, 159). In anderen Kontexten muss der Ausdruck aber als „selbstdiszipliniert" übersetzt werden (Gardner, *Ta Hsüeh and Chung Yung*, 32).

lung mehr den „überlieferten Verhaltensmustern" widerspricht (Konfuzius bestand sogar darauf, für seinen Hund eine ritenkonforme Bestattung zu organisieren).[100] Die geradezu obsessive Auseinandersetzung mit eigenen Schwächen und Mängeln scheint für das neukonfuzianische Bildungsprojekt unverzichtbar; insofern dürfte es nicht einfach gewesen sein, jenes Selbstvertrauen auszubilden, das notwendig ist, um vorgegebene Lehrmeinungen, von deren Richtigkeit man noch nicht überzeugt ist, in Frage zu stellen. Das übende Subjekt scheint anders gesagt dazu verdammt, die auf dem Übungsweg weiter Fortgeschrittenen (d.h. Lehrer und andere moralische Autoritäten) unkritisch nachzuahmen. Im günstigsten Fall würde dies auf einen Quietismus hinauslaufen, der nicht mehr in der Lage ist, eine einmal als normativ bestimmte Lebensform in Reaktion auf neue Herausforderungen zu revidieren; im schlechtesten Falle hätten wir es mit einem positiven Dogmatismus zu tun, der sich selbst gar nicht mehr als solcher erkennen kann, da er unfähig ist, andere Lebensformen als sinnhafte Alternativen anzuerkennen. Tatsächlich finden sich im neukonfuzianischen Kanon zahlreiche Äußerungen, die Zhu Xi zufolge als absolute, situationsübergreifende Verpflichtungen etwa gegenüber den eigenen Eltern interpretiert werden müssen (z.B. die Pflicht, die Braut den Vorfahren des Ehemanns vorzustellen, oder die Bestimmung, dass ein Sohn gegen seinen Wunsch eine Konkubine akzeptieren muss, wenn sein Vater dies verlangt).[101] Zwar dürfte das neukonfuzianische Übungs- und Erziehungsprojekt mithilfe des Ideals sittlicher Vollkommenheit für das einzelne Individuum zu motivieren sein, jedoch ist nicht klar, ob das neukonfuzianische Bemühen um Weisheit tatsächlich auch ein Projekt der Erkenntnissuche motivieren kann, schließlich fungiert eine als irrtumsimmun angesehene Überlieferung als die einzige Erkenntnisquelle (und in ihr sind bereits alle Belange der menschlichen Existenz hinreichend adressiert worden). Nicht wenige von Zhu Xis Nachfolgern vertraten in der Tat eine dogmatische Version seiner

---

[100] Siehe Chin, *The Authentic Confucius*, 183 f.
[101] Kelleher, „Back to Basics: Chu Hsi's *Elementary Learning (Hsiao-hsüeh)*", 229 f. – Berüchtigt ist Zhu Xis Glosse zu *Gespräche* 4:18 (ZZQS 6:97), in der er schreibt, dass ein Kind, selbst wenn es bis aufs Blut geschlagen worden sei, keinen Groll gegen den Vater hegen dürfe. Zhu Xi ist auch oft, und gewiss nicht zu Unrecht, für seine patriarchalische Haltung gegenüber Frauen kritisiert worden; bezeichnenderweise ist nur ein einziger Brief von ihm an eine Frau überliefert (an Qing Guozhuo furen 慶國卓夫人 (?-?), ZZQS 21:1609 f.). Offenkundig war er nicht davon überzeugt, dass Frauen seine Lehre adäquat verstehen könnten. Er rechtfertigte zahlreiche Geschlechterunterschiede (Frauen sollen nur im Haushalt tätig sein), forderte zugleich aber auch, dass Mädchen grundsätzlich Zugang zu Bildung erhalten müssten. Vgl. Bettine Birge, „Chu Hsi and Women's Education", in: *Neo-Confucian Education. The Formative Stage*, 325-367.

Lehre, und die weitere Rezeptionsgeschichte des Neukonfuzianismus demonstriert, wie schwierig es vielen Gelehrten im frühneuzeitlichen und modernen China gefallen ist, direkte Kritik an der Lehre dieses Denkers zu üben.[102]

Es spricht m.E. nach dennoch viel dafür, dass dieser neukonfuzianische Dogmatismus zu einem großen Teil späteren Entwicklungen geschuldet ist und dass Zhu Xi eine dogmatische Interpretation seiner Lehre keineswegs gutgeheißen hätte. Tatsächlich gibt es bereits bei Konfuzius deutlich anti-dogmatische Elemente; so ermutigte er mehrfach einen flexiblen Umgang mit den „überlieferten Verhaltensmustern" (Ritualen) und kritisierte den beflissenen Perfektionismus einzelner Schüler, der nur zu leicht in eine obsessive Detailkrämerei ausarte (vgl. seine Kritik an Zigong, *Gespräche* 2:13, 5:4 sowie 14:29). Zwar strebte Menzius eine umfassende Ausgestaltung der konfuzianischen Lehre an, doch spielt diesem Denker zufolge die Unabhängigkeit, ja Autonomie des Übenden im Prozess der Überzeugungsbildung eine unverzichtbare Rolle. Während Konfuzius Redegewandtheit nicht als Zeichen dafür betrachtete, dass jemand die Tugend der „Menschenliebe" besaß (*Gespräche* 1:3),[103] wertschätzte Menzius nämlich das Sprechen und Debattieren und sah diese Tätigkeiten auch als Ausdruck eines tugendhaften Charakters an (insbesondere *Menzius* 2A/2; vgl. ZZQS 6:279-286). Zhu Xi folgte ihm darin; nicht nur suchte er regelmäßig die Auseinandersetzung mit anderen Lehrmeinungen und Opponenten, sondern betont darüber hinaus die Bedeutung des „sprachlich vermittelten Lernens" (*jiang xue* 講學). Auf diese Weise grenzte er sich sowohl von der wortlosen Übungspraxis der Chan-Buddhisten, wie auch von jenen neukonfuzianischen Zeitgenossen ab, deren Unterweisung primär das intuitive Erfassen des Dao zum Ziel hatte.[104]

Zwar ist in der konfuzianischen Kultur grundsätzlich ein großes Vertrauen in den Lehrer und in die Richtigkeit der Überlieferung verlangt (Zizhang, ein Schüler des Konfuzius, ging so weit, sich dessen Maximen auf seine Schärpe zu schreiben: *Gespräche* 15:6); aber wir sollten auch nicht übersehen, dass von den Übenden zugleich immer wieder die Bereitschaft eingefordert wird, vorgegebene Meinungen zu *bezweifeln*.[105] Zhu Xi ermunterte seine Schüler regelmäßig, ihm Fragen zu

---

[102] Vgl. Tillman, *Confucian Discourse and Chu Hsi's Ascendancy*, 260 f.
[103] Konfuzius betrachtete das Sprechen offenbar noch als „necessary evil" (Slingerland, *Confucius. Analects*, xxi; vgl. auch van Ess, *Konfuzius. Gespräche*, 46, 275).
[104] Siehe Chen Lai, *Zhuzi zhexue yanjiu*, Shanghai 2000, 233.
[105] Besonders eindrücklich ist JSL 3:15: „Die Lernenden müssen zuerst wissen, wie sie etwas in Zweifel zu ziehen haben." 學者先要會疑。(*Jinsilu: Aufzeichnungen des Nachdenkens über Naheliegendes*, 69; vgl. auch JSL 2:102)

stellen und offen zu sprechen.[106] Noch in seinem letzten Lebensjahr, als er bereits schwerkrank und gebrechlich war, revidierte er unter dem Eindruck von Gesprächen mit Schülern seinen Kommentar zur *Großen Lehre*.[107]

So gern moderne Menschen über dieses Erziehungsprogramm die Nase rümpfen und es als zutiefst repressiv begreifen möchten, so wichtig ist es, neukonfuzianische Maximen nicht auf *Regeln* zu reduzieren, *die blind befolgt werden müssen*. Obgleich die Kinder, die solche Sätze auswendig gelernt haben, kaum in der Lage gewesen sein dürften, sie kritisch zu hinterfragen, können sie diese im Erwachsenenalter nachträglich reflektieren. Zhu Xi zufolge ist es geradezu das Kennzeichen einer moralischen Persönlichkeit, dass sie beständig der normativen Dimension hinter diesen Texten nachforscht, also nach „Gründen" (*suoyi ran* 所以然) fragt, warum diese und andere Handlungsvorschriften in den Kanon aufgenommen worden sind (Kommentar zu *Menzius* 7A/5, ZZQS 6:427).[108]

Ich denke auch, dass sich sein anti-dogmatisches Temperament daran zeigt, dass er die Wichtigkeit der kritischen Reflexion, der genauen terminologischen Analyse sowie überhaupt der diskursiven Vernunft auf dem Übungsweg besonders hervorhebt. Obwohl sein Bildungsprojekt letztlich auf den Lebensvollzug abzielt, spricht einiges für die Annahme, dass in den Dialogen zwischen Zhu Xi und seinen Opponenten und Schülern auch jenes „Geben von Gründen" (λόγον διδόναι) stattgefunden hat, wie es bekanntermaßen die platonischen Dialoge auszeichnet. Selbst in einer stark ritualisierten Lehrer-Schüler-Beziehung können ja Gründe erfragt und Einwände erhoben werden. Auch wenn das Gespräch primär auf die exegetische Erschließung kanonischer Textpassagen ausgerichtet blieb, war Diskursivität verlangt, d.h. die sukzessive Aneinanderreihung von Sätzen, die Entwicklung von Argumenten, die reflexive Überprüfung vorhandener Überzeugungen und Hintergrundüberzeugungen.[109] Kurzum: Zhu Xi strebte ein Gleichgewicht zwischen theoretischer, reflexiver Distanz und gelebtem Alltag an.

In einer längeren Passage über die Notwendigkeit, im Alltag richtige von falschen Lehren zu unterscheiden, hat bereits Menzius eine Anzahl von Kriterien aufgelistet, mit deren Hilfe es möglich sein soll, Diskussionsbeiträge Dritter auf ihre Richtigkeit hin zu bewerten: „Wenn die

---

[106] Chen Rongjie, *Zhuzi xin tansuo*, 411.
[107] Siehe Qian, *Zhuzi xin xue'an*, Bd. 2, 532 f.
[108] Vgl. Jiang Qiuliu, *Zhuzi zhexue de jiegou yu yili*, Beijing 2020, 53 f.
[109] Der taiwanische Philosoph Lin Wei-chieh rückt Zhu Xis Denken daher in die Nähe der Gadamerschen Hermeneutik, siehe ders., *Zhu Xi yu jingdian quanshi*, Taipeh 2008.

Formulierungen [eines Menschen] einseitig sind, weiß [ich], worüber er im Dunkeln ist; wenn sie übermäßig sind, weiß [ich], wie tief er gesunken ist; wenn sie häretisch sind, weiß [ich], dass er [den rechten Weg] verlassen hat; und wenn sie ausweichend sind, weiß [ich], wovon er sich überwältigen lässt."[110] Wer das Wahre zu erkunden trachtet, darf sich nicht mit der Oberfläche zufriedengeben, sondern muss genauer nachforschen, warum bestimmte Aussagen formuliert werden. Denn „Worte" (*yan* 言) verweisen zwar auf Gegenstände in der Welt, sie lassen aber auch den Geist des Sprechers sichtbar werden, sozusagen seine verborgene Innenseite (Gedanken, Absichten, Wünsche, usw.). Die Bewertung einer Aussage muss daher immer Hand in Hand mit der Charakterevaluierung ihres Sprechers gehen. Zhu Xi übernimmt von Menzius diese Perspektive, d.h. auch bei ihm sind moralische Kriterien immer mindestens ebenso wichtig wie rein sachorientierte; jedoch eröffnet sich bei ihm jenseits der unmittelbaren Praxis ein noch weiterer Raum: Diskursives, d.h. begrifflich strukturiertes Denken (Griechisch: *diánoia* διάνοια), also keineswegs nur das intuitive Erfassen (*noūs* νοῦς) oder der praktische Vollzug. Die konfuzianische Konzeption der diskursiven Vernunft wird von ihm unter Bezug auf die bereits erwähnten „Gründe" (*suoyi ran*) weiter angereichert. In seinen Kommentarwerken und anderen Schriften sucht er daher den kanonischen Sinn so weit wie möglich rational zu durchdringen.[111] Ich schreibe „so weit wie möglich", denn der kritischen Reflexion sind zweifellos Grenzen gezogen durch die Bräuche und Gepflogenheiten der neukonfuzianischen Gemeinschaft, bzw. der kanonischen Überlieferung selbst. Wichtig ist aber, dass solche Grenzen nie einen Selbstzweck darstellten, sondern stets mit moralischen Imperativen verflochten waren.[112]

Dass Zhu Xi seinen dogmatischen Impulsen, die er offenkundig besaß, nie ganz nachgegeben hat, verdankt sich m.E. nicht zuletzt auch

---

[110] *Menzius* 2A/2; vgl. ZZQS 6:283: 詖辭知其所蔽，淫辭知其所陷，邪辭知其所離，遁辭知其所窮。

[111] Werten wie Klarheit, Freimütigkeit und der vorurteilslosen Bereitschaft, im Gespräch einen Konsens zu erzielen, kommt dabei eine besondere Rolle zu. Vgl. Zhu Yenan, *Zhuzi de xueshu jiaoliu fangfalun zijue. Ji yu Zhu Xi shuxin de kaocha*, Shanghai 2022, 30-33.

[112] Monika Übelhör schreibt sehr richtig: „Here one must take into account that, in the Confucian understanding, clarifying hierarchical distinctions was not an end in itself. Rather it was the means of impressing on those in hierarchically higher positions their duty to lead exemplary lives and to shoulder the responsibilities of moral leadership at all levels of society." (dies., „The Community Compact (*Hsiang-yüeh*) of the Sung and its Educational Significance", in: *Neo-Confucian Education. The Formative Stage*, hgg. von Wm. Theodore de Bary und John W. Chaffee, Berkeley 1989, 371-388; hier: 387) Zhu Xi spricht sich bemerkenswerterweise explizit gegen ein Redeverbot für Untergebene aus, siehe ZZQS 6:213 (Kommentarglosse zu *Gespräche* 16:2).

seiner Überzeugung, dass der Horizont der Totalität nie endgültig diskursiv bestimmt werden kann (etwa in Form einer Einzeldingontologie). Obgleich alle Schulen der klassischen chinesischen Philosophie das Dao als das letzte Ziel allen Lernens und Forschens ansahen, gab es früh ein prononciertes Bewusstsein für die Schwierigkeit, das Dao überhaupt sprachlich zu erfassen.[113] In der weiteren Geschichte der chinesischen Philosophie hat sich dieser Begriff mit immer neuen, durchaus disparaten Bedeutungen angereichert: „Weg", „Urgrund", „Methode", „Prinzip", „Wahrheit", „Ordnung", usw. Im 12. Jahrhundert setzte Zhu Xi alles daran, diese Vieldeutigkeit aufzulösen und das Dao diskursiv, aber immer in Übereinstimmung mit Kanon zu bestimmen. Für ihn bezeichnet das Dao nicht weniger als die *vernünftige, vollkommene, reale Ordnung* des Kosmos; dieser Term verweist außerdem auf die Totalität der Welt, die zugleich die Bedingung dafür ist, dass wir überhaupt einzelne Dinge in der Wahrnehmungswelt identifizieren und sprachlich, bzw. begrifflich bestimmen können.[114] Zudem ist es notwendig, die dynamische Totalität des Dao im eigenen Leben anzuschauen und durch die richtige Lebensführung auch zu verkörpern.[115] Es bleibt also stets ein nicht bestimmbarer Rest, eine Tiefe, die erst im Lebensvollzug selbst ausgelotet werden kann.[116]

---

[113] Siehe insbesondere A.C. Graham, *Disputers of the Tao. Philosophical Argument in Ancient China*, LaSalle, Ill. 1989.

[114] Die Idee des Dao impliziert also auch die Erkennbarkeit der Welt; jedoch darf Erkenntnis über die Welt nicht vorschnell im Sinne eines *wahren Wissens* über zukünftige Weltzustände missverstanden werden; sie ist stattdessen pragmatisch und situativ verfasst, außerdem stets auf das Ziel der spirituellen Vervollkommnung ausgerichtet. Hans van Ess schreibt in diesem Sinne über Zhu Xi: „[...], he clearly denied that the sages would have only sat in meditation, just in order to be able to say which event would happen on which given day of which month of a given year: ‚The sages certainly did not think about this!' [...])." (ders., „Zhu Xi's Interpretation of the Five Canonical Scripture", in: *Dao Companion to Zhu Xi's Philosophy*, 89-106; hier: 92; vgl. ZZQS 16:2215)

[115] Sehr aufschlussreich ist in diesem Kontext die berühmte Debatte zwischen Zhu Xi und Lu Jiuyuan über das *Taiji*. Hoyt C. Tillman resümiert sie wie folgt: „Overall, [Z]hu demonstrated his more analytical and scholarly reading of the classics. Lu's reading was more literal, straightforward, and holistic." (ders., *Confucian Discourse and Chu Hsi's Ascendancy*, 229) Lu Jiuyuan, sein wichtigster neukonfuzianischer Gegenspieler, der oft als Ikonoklast gepriesen wird, attackiert Zhu Xis Konzeption des *Taiji* mit dem simplen und kaum widerlegbaren Hinweis, dieser habe die All-Einheit „nicht wirklich geschaut" (*wei ceng shi jian* 未曾實見); Zhu Xi kontert umgehend mit dem gleichen Vorwurf (LJYJ 27, ZZQS 21:1571; vgl. *Une controverse lettrée. Correspondance philosophique sur le Taiji*, 82 f.).

[116] Ein weiteres Beispiel ist die bekannte Passage *Gespräche* 4:15. Zhu Xis subtile Deutungskunst sucht hier, indem auch das Nichtgesagte mit Bedeutung aufgeladen

Wie alle Neukonfuzianer steht auch Zhu Xi im Bann des monistischen Grundgedankens, dass *alles eins sei*. Die Dinge, die wir in der Wahrnehmungswelt identifizieren können, die Unterscheidungen (Eigenschaften, Bestimmungen), durch die sich ein Ding von einem anderen abgrenzt, ja selbst die Differenz von Innen- und Außenwelt sind ontologisch gesprochen nicht fundamental, da sie sich in dem Maße, wie sich unsere Erkenntnis über das Dao vertieft, als unterschiedliche Aspekte der All-Einheit herausstellen.[117] Die All-Einheit wird im Neukonfuzianismus nicht statisch verstanden im Sinne eines Monismus der Substanz, sondern flussontologisch als dynamische Totalität des Wandlungsgeschehens. Das Dao umfasst also gleichermaßen Aspekte des Endlichen und des Unendlichen, der Identität wie auch der Differenz, des Wandels wie auch der Kontinuität, und der Naturprozess (d.h. Himmel und Erde) ist eine Manifestation dieser Totalitätsstruktur, die sich zwar auch in den Einzeldingen manifestiert, aber keine Grenzen in Raum oder Zeit kennt.[118]

Mittels einzelner Begriffe können nun unterschiedliche Aspekte des Dao hervorgehoben werden: Das Wort *tianli* 天理 (etwa: „kosmische Ordnung") betont etwa die harmonisch gefügte Beschaffenheit der Realität, das Wort *Taiji* 太極 („Das absolut Höchste", „Allgrund") dagegen die übergreifende Einheit, von der alle Einzeldinge elastisch umfasst werden.[119] Jedoch entzieht sich die All-Einheit dem endlichen Denken, ja muss dessen Kriterien notwendigerweise transzendieren;

---

wird, eine angeblich dem Text vorausgelagerte Tiefe zu thematisieren (ZZQS 6:95 f.; vgl. van Ess, *Konfuzius. Gespräche*, 194 f.). Konfuzius' Schüler stehen vor einem ähnlichen Problem wie die Jünger Jesu, wenn dieser von dem „Sauerteig" spricht (Markus 8:15-16 und Matthäus 16:11-12; vgl. Frank Kermode, *The Genesis of Secrecy. On the Interpretation of Narrative*, Cambridge, MA/London 1979, 46 f.).

[117] Graf betrachtet „den Standpunkt des konsequenten Monismus" als das Zentrum sowohl der *Aufzeichnungen des Nachdenkens über Naheliegendes* wie auch der „vier Bücher" (ders., *Tao und Jen*, 195). Vgl. auch Liu Shuxian, *Zhuzi zhexue sixiang de fazhan yu wancheng*, Taipeh 1995³, 647 f.

[118] Wieder ist die Nähe zum Buddhismus verblüffend, dessen fundamentale Intuition bekanntlich lautet: *„everything is process"* (Richard Gombrich, *What the Buddha Thought*, Sheffield 2009, 10).

[119] Weiterhin bezeichnet Graf das Konzept *li* 理 einmal als „die mikrokosmische Erscheinungsform jenes TAO", was mir eine sehr einsichtsvolle Beschreibung zu sein scheint (ders., *Tao und Jen*, 13). Zhu Xi thematisiert regelmäßig explizit die Idee der „Totalität" (*quanti* 全體), siehe etwa ZZQS 6:20, 6:52, 6:100, *passim*. Bemerkenswerterweise glossiert der Philosoph Lao Sze-kwang den Term *Taiji* mit den Wörtern *zonghe* 總和 („Summe", „Totalität") und *zongshe* 總攝 („Gesamtheit"), siehe Lao Sze-kwang, *Xinbian Zhongguo zhexueshi*, Taipeh 2010⁴, Bd. 3a, 268 f. Vgl. nicht zuletzt Julia Chings Überlegungen zum Begriff des *Taiji* in *The Religious Thought of Chu Hsi (1130-1200)*, 32-53. Auch für Ching ist *Taiji* eine Bezeichnung für die „totality of reality" (*ibid.*, 31).

daher ist *sensu stricto* die einzige, angemessen Erkenntnisform ein *spekulatives*, bzw. *bildhaftes* Denken, das den Gegensatz von Form und Gehalt, Begriff und Anschauung überwunden hat.[120]

Die kommentierte Ausgabe der „vier Bücher" (die Grundlage von Zhu Xis Lehre) muss daher als ein *protreptischer Text* betrachtet werden: Die Leserin und der Leser werden angehalten, eine neue Perspektive einzunehmen und alternative Erfahrungen zu machen, so dass ihr oder ihm die Welt in einem neuen Licht erscheint; dafür werden auch gute Gründe angeboten, doch sind diese eben keine zwingenden, theoretischen Gründe. Es geht schlicht nicht darum, Wissen über die objektive Beschaffenheit der Einzeldinge zu erlangen, sondern vielmehr über die Art und Weise, wie die *Erscheinungen* der Welt in der menschlichen Praxis zugänglich werden.[121]

Die neukonfuzianische Lehre stellt deshalb keine Theorie im starken Sinne dar, d.h. eine systematisch geordnete Sammlung von deduktiv zusammenhängenden Aussagen. Sie mag in der sozialen und politischen Realität aber mitunter als Theorie in einem *schwachen* Sinn gedeutet worden sein, nämlich als ein Behauptungszusammenhang, „von dem in Anspruch genommen wird, daß er aus wahren Sätzen besteht,

---

[120] In seinem instruktiven Vergleich von Zhu Xi und Spinoza resümiert Hae-Suk Choi: „Alles, was ist, ist in der absoluten Natur, und existiert nach dem Gesetz der Natur. Es gibt nichts Zufälliges, sondern alles ist und folgt aus der Macht der Natur so und nicht anders. Also ist die Natur oder das Wesen der Natur die Ursache der Dinge und nicht der Verstand Gottes oder die Seele des Himmels." (ders., *Spinoza und Chu Hsi*, Frankfurt a.M. 1999, 123) Choi paraphrasiert das *Taiji* konsequenterweise als „das absolut Höchste, das alles in sich einschließt"; es sei nur spekulativ zu erkennen: „Es drückt einmal die einheitliche Existenz des Ganzen und daneben die eine immanente Ursache der Natur als das Gesetz aus" (*ibid.*, 100; vgl. auch Graf, *Tao und Jen*, 350-352).

[121] Im Chinesischen ist die Rede von einem *jingjielun* 境界論 (etwa: „Lehre von den Bewusstseinsgestalten"): Wie ein Mensch mit seinem Handeln auf die Erscheinungen reagiert, spiegele unmittelbar wieder, wie er sie wahrgenommen habe. So schreibt der Philosophiehistoriker Peng Guoxiang: „Ebenso wie der Übungsdiskurs ist auch der Diskurs der Bewusstseinsgestalten ein Alleinstellungsmerkmal der chinesischen Philosophie. Als existenzieller, leiblich affektiver Zustand und geistige Verfassung, die sich in Dynamik und Stille, Sprechen und Schweigen, in der Körperhaltung und im Verhalten ausdrücken, sind solche Bewusstseinsgestalten mit der Übungspraxis unauflösbar verflochten." (ders., *Liangzhixue de zhankai: Wang Longxi yu zhong wan ming de Yangming xue*, Beijing 2015 [erneuerte Ausgabe], 158; meine Übersetzung, d.V.)

[...] unabhängig davon, welche Struktur dieser Behauptungszusammenhang hat und mit welcher Absicht er produziert worden ist."[122] Ob eine solche Deutung tatsächlich der Intention Zhu Xis oder anderer Neukonfuzianer gerecht wird, bleibt dahingestellt. Wenn es sich um Behauptungszusammenhänge handeln sollte, dann sind sie auf jeden Fall – diese Ergänzung ist wichtig – nie endgültig und geschlossen gewesen, sondern stets vorläufig und offen. Zwar gab es im Neukonfuzianismus eine Direktive, die Alltagssprache immer aufs Neue unter Rekurs auf die normierten Redeweisen gebildeter Menschen zu prüfen und sie letztlich auch in Übereinstimmung mit diesen zu bringen (vgl. *Gespräche* 13:3); jedoch war diese Idealsprache nie einfach gegeben, sondern musste unter den Mitgliedern der neukonfuzianischen Gemeinschaft in der Beschäftigung mit dem Kanon stets neu ausgehandelt werden. Denn nur insofern die neukonfuzianische Theorie nicht in ein doxastisches System von nicht revidierbaren Propositionen überführt wird, bleibt sie der dynamischen Wirklichkeit ebenbürtig.[123]

Folgerichtig hat Zhu Xi sein Leben lang in Gesprächen mit Schülern, in Briefen und kurzen Traktaten in immer neuen Anläufen nach der richtigen Formulierung, dem *mot juste* gesucht, welches die All-Einheit veranschaulichen könnte. Geringfügigen Bedeutungsnuancen brachte er dabei eine so große Aufmerksamkeit entgegen, dass man sich unwillkürlich an Ludwig Wittgensteins berühmte Bemerkung erinnert fühlt: „Es ist uns, als sollten wir ein zerstörtes Spinnennetz mit unseren Fingern in Ordnung bringen."[124] Das wiederhergestellte Spinnennetz wäre der ursprüngliche Gesamtsinn der Welt.

---

[122] Michael Hampe, *Die Lehren der Philosophie. Eine Kritik*, Berlin 2014, 193. Hampe sieht den schwachen Theoriebegriff bei der Bestimmung der philosophischen Tätigkeit letztlich aber nicht als hilfreich an, denn Philosophen wie Platon, Hegel oder Nietzsche hätten etwas anderes gemacht: „Denkvorgänge *gezeigt*, Begriffsentwicklungen *vorangetrieben* und Vorurteile *entlarvt*." (*ibid.*, 194)
[123] Vgl. Stephan Schmidt, *Die Herausforderung des Fremden. Interkulturelle Hermeneutik und konfuzianisches Denken*, Darmstadt 2005, 152; Graf, *Tao und Jen*, 76.
[124] Ders., *Philosophische Untersuchungen*, §106, in: *Werkausgabe*, Bd. 1, Frankfurt a.M. 1989[5], 297. – Ob Zhu Xis Unternehmen schlussendlich erfolgreich war, ist nicht leicht zu sagen. Der bereits erwähnte Neukonfuzianer Luo Qinshun monierte einmal, dass Zhu Xi an einer Stelle dies sage und an einer anderen Stelle jenes, so dass der Leser oft nicht wisse, woran er sich zu halten habe. Siehe ders., *Knowledge Painfully Acquired*, übers. von Irene Bloom, New York 1987, 103 (Teil 1, Abschnitt 67).

Zweites Kapitel:
Die buddhistische Herausforderung

> Ironischerweise wird also unsere Leidenschaft für *eine* Welt
> zu verschiedenen Zeiten und für verschiedene Zwecke auf
> *viele* verschiedene Weisen befriedigt. Nicht nur Bewegung,
> Ableitung, Gewichtung und Ordnung sind relativ,
> sondern auch Realität.
>
> Nelson Goodman[1]

I. Einführung

Wie sah nun aber die buddhistische Herausforderung aus, auf die Neukonfuzianer wie Zhu Xi reagierten? Im Folgenden möchte ich eine Antwort skizzieren. Diese beruht zweifellos auf einigen Verkürzungen und Zuspitzungen, denn das Phänomen „Buddhismus" ist in höchstem Maße vielschichtig und schillernd vieldeutig.[2] Mein Blick ist *philosophisch* ausgerichtet, womit ich erst einmal nur meine, dass ich mich vorrangig für bestimmte Konzepte, Gedankengänge und Argumente interessiere. Philosophische Ideen werden natürlich nie im leeren Raum entwickelt, sondern innerhalb bestimmter Lebensformen, kultureller Praktiken und gesellschaftlicher Funktionszusammenhänge, die ihrer eigenen Entwicklungslogik folgen; dennoch möchte ich meinen Blick auf die Ideen selbst richten, nicht auf das Drumherum. Unter dem Einfluss von Diskursanalyse, Sozialgeschichte und allerlei kulturwissenschaftlichen Moden wird heute gern übersehen, was für eine große Veränderungsdynamik Ideen und ihre Rezeptionsprozesse auslösen können. Geistesgeschichtliche Verschiebungen sind nie nur „Oberflächenerscheinungen".[3]

---

[1] Ders., *Weisen der Welterzeugung*, übers. von Max Looser, Frankfurt a.M. 1990, 35.

[2] Durch die Jahrtausende gab es in Indien, Thailand, Burma, China, Japan, Korea und anderswo unzählige buddhistische Schulen mit unterschiedlichen Lehrmeinungen, Textkulturen, Übungsformen und Lebensweisen. Vgl. allgemein Michael von Brück, *Einführung in den Buddhismus*, Frankfurt/a.M. 2007; sowie Jens Schlieter, *Buddhismus zur Einführung*, Hamburg 2001. Für die wichtigsten Texte, insbesondere die dritte der fünf Sammlungen, die den Pali-Kanon ergeben, siehe *The Connected Discourses of the Buddha. A New Translation of the Saṃyutta Nikāya*, übers. von Bhikkhu Bodhi, Somerville, MA, 2000; sowie: *Samyutta-Nikāya – Die gruppierte Sammlung der Lehrreden des Buddha*, hg. von Konrad Meisig, Berlin 2013.

[3] Buddhistische Ideen sind seit langem in der euro-amerikanischen Avantgarde- und Popkultur präsent. So schreibt Douglas R. Hofstadter, dass unsere „Ich-heit

Der wichtigste buddhistische Denker ist in diesem Kapitel Nāgārjuna. Den möglichen Einwand, meine Fokussierung auf ein historisches Individuum (und nicht auf einen anonym überlieferten Kanon bestimmter Texte) impliziere bereits eine normative Vorentscheidung, halte ich im vorliegenden Kontext für irrelevant. Obgleich Zhu Xi und andere Neukonfuzianer möglicherweise Nāgārjunas Schriften nie direkt gelesen haben, war er mit dessen Ideen sehr wohl vertraut; darüber hinaus lassen sich anhand von Nāgārjuna idealtypisch zentrale Ideen des Mahāyāna-Buddhismus nachzeichnen.[4] Nach einer kurzen Einführung in den indischen Buddhismus werde ich mich der Rezeption buddhistischer Ideen in China widmen; dabei werde ich nicht versuchen, so etwas wie einen *Überblick* zu geben – dafür ist die historische Realität schlicht zu komplex und die Sekundärliteratur längst zu umfangreich.[5] Stattdessen werde ich bewusst einige Akzente setzen.

Zur Frühgeschichte des Buddhismus in Indien sei hier nur das Wichtigste erwähnt. Die traditionelle Vorstellung, Buddha wäre der Sohn eines Königs gewesen, der nach einer behüteten Kindheit mit Leid und Tod in Berührung gekommen sei, der sich deshalb zu einem Wanderleben als Asket entschlossen habe und dem im Alter von 35 Jahren schließlich in der Meditation unter einem Bodhibaum die Erleuchtung zuteilgeworden sei, ist aus einer wissenschaftlich-kritischen Perspektive nicht haltbar. Die Lebensdaten von Siddhattha Gotama sind ungewiss. Der Titel „der Erleuchtete" (auf Sanskrit: *Buddha*) wurde ihm erst lange

---

mehr einem schimmernden, flüchtigen Regenbogen gleicht als einem soliden Felsen aus massivem Granit." (ders., *Ich bin eine seltsame Schleife*, Stuttgart 2008, 457) Vgl. auch etwa Kay Larson, *Where the Heart Beats: John Cage, Zen Buddhism, and the Inner Life of Artists*, New York 2013. Buddhistische Gemeinschaften, Anhänger der *Mindfulness*-Bewegung, aber auch Neurowissenschaftler und Startup-Gründer verbreiten heute buddhistisches Gedankengut rund um den Globus; mit der Lebenswirklichkeit des ostasiatischen Buddhismus hat dies oft wenig zu tun. Zur kritischen Einordnung der neusten Entwicklungen siehe Evan Thompson, *Why I Am Not a Buddhist*, New Haven/London 2020.

[4] In einer bekannten Episode seiner Biographie hatte Zhu Xi bei den staatlichen Prüfungen im Jahr 1148 nur ein Exemplar der *Gespräche* (*Dahui Yulu* 大慧語錄) des Chan-Meisters Dahui Zonggao zur Vorbereitung dabei; dank seiner buddhistischen Kenntnisse bestand er die Prüfungen (Shu Jingnan, *Zhuzi da zhuan*, Beijing 2003, 83 ff.). Bei diesem Meister wird Nāgārjunas Idee der *universalen Leerheit* wiederholt erwähnt (T47, Nr. 1998A, 856c15-16, 859a3, 933b3, *passim*), ebenfalls der „mittlere Weg" (*zhongdao* 中道) (*ibid.*, 843b16, 863c9, 883c4, *passim*). Darüber hinaus war Zhu Xi mit den „Abhandlungen des Zhao" (*Zhao lun* 肇論), einer detaillierten Darstellung von Nāgārjunas Lehre, sowie vielen anderen Texten des Mahāyāna-Buddhismus bestens vertraut (vgl. Qiu Weihua, *Zhu Xi wenxue yu fochan guanxi yanjiu*, Beijing 2019, 111).

[5] Für einen solchen Versuch jüngst: Hans-Günter Wagner, *Buddhismus in China. Von den Anfängen bis in die Gegenwart*, Berlin 2020.

nach seinem Tod um das Jahr 405 v. u. Z. verliehen.[6] Neigten viele spätere Beschreibungen seines Lebens zu narrativen und hagiographischen Ausschmückungen, müssen wir uns heute mit einem wesentlich bescheideneren Erkenntnisstand zufriedengeben: Wahrscheinlich stammte Siddhartha Gautama aus einer niedrigen sozialen Schicht. Außer Frage steht dagegen, dass er sich um eine Überwindung des menschlichen Leidens bemühte. Doch zu abstrakten Fragen bezüglich des Ursprungs des Leidens, bzw. der Realität der Welt hat er wohl geschwiegen, da sie ihm für ein Vorankommen auf dem Übungsweg nicht hilfreich schienen.[7]

Unabhängig von der komplexen, historischen Realität lässt sich das zentrale buddhistische *Heilsversprechen*, so wie es in späteren Jahrhunderten wirkmächtig geworden ist, wie folgt zusammenfassen: Alles in dieser Welt unterliegt der Veränderung und ist daher vergänglich; dass wir dies nicht einsehen wollen, erzeugt Leid. Insbesondere besitzen Menschen eine starke Tendenz, sich ein einheitliches, unveränderliches Selbst zuzuschreiben; ein solches gibt es in Wirklichkeit aber gar nicht. Der Umstand, dass alles *„voller Leiden"* ist,[8] lässt sich nun keineswegs einfach einsehen, sondern dies gilt als besonders schwierig. Wer es vermag, hat schon einen wichtigen Fortschritt auf dem Übungsweg gemacht; von dem Leid befreien kann ihn oder sie aber nur eine tiefere Einsicht in die Beschaffenheit der Vergänglichkeit.

Derartige Überlegungen werden zusammengefasst zu den „vier heiligen Wahrheiten", die schon in frühen Lehrreden (Sutren) das eigentliche Programm des Buddhas benennen: (1) die Wahrheit über das Leiden (*duḥkha*), (2) die Wahrheit über die Ursache des Leidens, (3) die Wahrheit über die Beendigung des Leidens sowie (4) die Wahrheit über den Pfad der richtigen Übung, die eine Beendigung des Leidens ermöglichen soll. Darüber hinaus drückt sich die Vorstellung, dass alles dem Wandel unterliege, auch in der Idee der Wiedergeburt aus: Alle Menschen sind dem Kreislauf von Geburt, Leben, Tod, der Geburt in eine weitere Existenz, dem abermaligen Leben und abermaligen Tod, der abermaligen Geburt in eine weitere Existenz, dem abermaligen Leben und abermaligen Tod, usw. (*saṃsāra*) unterworfen. Dies heißt weiter:

---

[6] Richard Gombrich, *What the Buddha Thought*, London/Oakville 2009, xiii.
[7] Vgl. Alexander Wynne, *Buddhism: An Introduction*, London/New York 2015. Zur Datierungsfrage siehe insbesondere *The Dating of the Historical Buddha. Die Datierung des Historischen Buddha*, hg. von Heinz Bechert, Göttingen 1991. Vgl. aber auch: https://aeon.co/essays/was-the-buddha-an-awakened-prince-or-a-humble-itinerant (letzter Zugriff: 15.1.2024). Zu Buddhas vierstündigem Erleuchtungserlebnis siehe jüngst Gananath Obeyesekere, *The Awakened Ones. Phenomenology of Visionary Experience*, New York 2023, 19-29.
[8] Conze, *Buddhistisches Denken*, 44.

Alles ist im Wandel untrennbar miteinander verwoben; jedes Lebewesen kann in Form von jedem anderen Lebewesen wiedergeboren werden (Menschen nicht unbedingt in menschlicher Form, sondern vielleicht auch als Hund, Schwein oder Ameise). – Solange die Menschen sich die „vier Edlen Wahrheiten" noch nicht zu Herzen genommen haben, werden sie sich nicht von ihrer Verblendung befreien und diesen Kreislauf verlassen können. Erst wenn sie sich mittels einer asketischen Lebensführung (mit Tugenden wie der Ausdauer und der Wachsamkeit, der Freundlichkeit und dem Mitleid) und der meditativen Versenkung von ihren Leidenschaften befreit haben, kommen sie der Befreiung näher. Das Ziel des Übungsweges ist es endlich, den Zustand des Nirvana (Sanskrit: *nirvāṇa*; eine mögliche Deutung: „Ausblasen", auch „Erlöschen") zu erreichen und auf diese Weise dem Kreislauf der Wiedergeburten zu entkommen.

Eine oft zitierte Parabel wirft Licht auf die Dringlichkeit einer konsequenten Durchführung des buddhistischen Programmes: Wenn ein Mann von einem Giftpfeil verletzt worden ist, kann es nicht darum gehen, erst einmal die Identität dieses Mannes festzustellen oder mithilfe einer langwierigen Untersuchung die Beschaffenheit des Pfeiles oder die Natur des Giftes zu bestimmen; ein guter Arzt wird vielmehr so schnell wie möglich den Pfeil entfernen und die Wunde reinigen wollen.[9] Der Buddhismus steht seit jeher unter einem großen, vom Faktum der menschlichen Sterblichkeit induzierten *Zeitdruck* und ist zudem primär *therapeutisch* motiviert. Es gilt, „das muschelblanke Reinheitsleben" zu führen.[10]

Aus heutiger Sicht ist es ein Problem, dass die Lehrreden des Buddhas ursprünglich nur mündlich weitergegeben und erst etwa 200 Jahre nach seinem Tod *peu à peu* verschriftlicht wurden; abgeschlossen wurde die Erstellung des Kanons erst im 4., bzw. 5. Jahrhundert u. Z. Die Textlage im Buddhismus ist auch deshalb so kompliziert, weil in den verschiedenen Schulen unterschiedliche Texte und Textsammlungen als kanonisch betrachtet wurden. Die vier großen, vielgelesenen „Nikāya" (Sammlungen von Lehrreden) dokumentieren höchstwahrscheinlich die maßgeblichen Erinnerungen an das Wirken des historischen Buddhas. Sie bilden einen der sogenannten „drei Körbe" (*tripiṭaka*); die anderen beiden sind die Regeln für das mönchische Leben

---

[9] Aus dem *Cūḷamālunkya Sutta* (Sutta 63), siehe *The Middle Length Discourses of the Buddha: A Translation of the Majjhima Nikāya*, übers. von Bhikkhu Ñāṇamoli und Bhikkhu Bodhi, Somerville MA 1995, 534 f.
[10] *Die Lehre des Erhabenen*, übers. von Paul Dahlke, Berlin 1920, 50.

sowie die scholastischen Schriften, d.h. Kommentare und systematische Erläuterungen zu den Lehren des Buddhas.[11] Dass manche Texte in Pāli und Sanskrit, andere später auf Tibetisch oder auch Chinesisch überliefert worden sind, verkomplizierte die Situation weiter. Tatsächlich wird die Lehre des Nicht-Selbst (*anātman*) (niemand besitzt ein einheitliches, unveränderliches Selbst) bereits in den frühesten Texten ausführlich behandelt, ebenso die Lehre des „Entstehens in Abhängigkeit" mit ihren zwölf Gliedern: (1) Unwissenheit, (2) Tatabsichten, (3) Bewusstsein, (4) Name und physische Form, (5) die sechs Sinnesfelder, (6) Kontakt, (7) Empfindung, (8) Verlangen, (9) Ergreifen, (10) Werden, (11) Geburt sowie (12) Verfall und Tod.[12] Und auch schon im antiken Indien haben die Ideen des Buddhas terminologische Ausdifferenzierungsversuche und systematisierende Weiterentwicklungen provoziert, die in der Tradition gewöhnlich unter der Bezeichnung „Abhidharma" zusammengefasst werden.[13] Streng genommen kann es im buddhistischen Diskursuniversum wohlgemerkt keinen doktrinären Fortschritt geben, da sich auch rezentere Positionen stets als die ursprüngliche Lehre des Buddhas ausgeben.

II. Nāgārjunas Denken der Negativität

Damit machen wir einen Sprung und kommen zum eigentlichen Thema dieses Kapitels, zur Lehre des Nāgārjuna (ca. 150-ca. 250 u. Z.). Geboren wurde Nāgārjuna in einer Brahmanenfamilie in Südindien;

---

[11] Siehe Eviatar Shulman, *Rethinking the Buddha. Early Buddhist Philosophy as Meditative Perception*, Cambridge 2017, 51 f.
[12] Schlieter, *Buddhismus zur Einführung*, 49-63. Vgl. auch Lambert Schmithausen, „Zur zwölfgliedrigen Formel des Entstehens in Abhängigkeit", *Hōrin* 7 (2000), 41-76.
[13] Siehe den einschlägigen Artikel von Collett Cox in *Encyclopedia of Buddhism*, hg. von Robert E. Buswell, New York 2004, 1-7. – Soteriologische, psychologische und im weiteren Sinne philosophische Motive sind im Buddhismus aufs Engste miteinander verflochten. Zu der alten Frage, ob der Buddhismus primär als eine Religion oder als eine philosophische Lehre, bzw. Weltanschauung zu interpretieren sei, siehe die Diskussion in Jay Garfield, *Engaging Buddhism. Why It Matters to Philosophy*, Oxford 2015, 318-335. Vgl. auch Rolf Elberfelds Überlegungen zur buddhistischen Textpragmatik in ders., *Phänomenologie der Zeit im Buddhismus: Methoden interkulturellen Philosophierens*, Stuttgart-Bad Cannstatt 2010, 145-157. Ernst Cassirer erkennt im Buddhismus eine religiöse Lehre, weil das Element der „Sinngebung" hier besonders deutlich wird: „Nicht die Behauptung irgendeines *Seins*, sondern einer spezifischen ‚Ordnung', eines spezifischen *Sinnes* ist es, was einer Lehre den Stempel des Religiösen aufdrückt." (ders., *Philosophie der symbolischen Formen*, Hamburg 2010, Bd. 2, 289)

mehr ist historisch nicht verbürgt. Ähnlich wie im Falle des historischen Buddhas ranken sich zahlreiche Mythen um sein Leben. So soll er im Besitz magischer Kräfte gewesen sein, ein Alter von mehr als sechshundert Jahren erreicht und wichtige Mahāyāna-Schriften bei einem Besuch im unterseeischen Palast der Nāgas (Gottheiten in schlangenhafter Gestalt) erhalten haben.[14] Mit seinem Hauptwerk, den berühmten „Lehrstrophen (*kārikā*) über die grundlegenden (*mūla*) (Lehren) des Mittleren (*madhyamaka*) Weges" (*Mūlamadhyamakakārikās*, gewöhnlich abgekürzt als MMK), hat er die Mādhyamaka-Schule (Chinesisch: *Zhongguan* 中觀) begründet, eine der wichtigsten im Mahāyāna-Buddhismus. Und während sein Einfluss in Indien überschaubar geblieben ist, würde er in der ostasiatischen Welt geradezu eine „Revolution der Denkart" auslösen.[15] Die große Schwierigkeit und spekulative Dichte seiner Schriften hat nicht verhindert, dass seine zentralen Ideen die Hintergrundüberzeugungen vieler Schulrichtungen des ostasiatischen Buddhismus bilden. Bis heute wird Nāgārjuna nicht nur in ganz Ostasien als Bodhisattva („erleuchtetes Wesen") verehrt, sondern auch oft als „zweiter Buddha" gepriesen. Interessanterweise gibt es aus philosophischer Sicht gute Gründe für ein solches Epitheton; zu Alfred N. Whiteheads bekanntem Bonmot, die gesamte abendländische Philosophie bestehe aus einer Reihe von Fußnoten zu Platon, ließe sich wohl die ähnlich überspitzte Bemerkung hinzufügen, der ostasiatische Buddhismus stelle eigentlich nur eine Reihe von Fußnoten zu Nāgārjuna dar.[16]

---

[14] Siehe die von Kumārajīva verfasste Biographie (T50, Nr. 2047, 184a-186c); sowie: Max Walleser, „The Life of Nāgārjuna from Tibetan and Chinese Sources", *Asia Major, Hirth Anniversary Volume* (London 1923), 421-455. Jan Westerhoff resümiert eine sehr komplizierte Geschichte, in deren Verlauf wohl mehrere „Nāgārjunas" zu einer einzigen Person verschmolzen worden sind, siehe ders., *The Golden Age of Indian Buddhist Philosophy*, Oxford 2018, 89 ff.

[15] Nagarjuna selbst verstand sich als Fortsetzer der ursprünglichen, buddhistischen Lehre, die er nur systematisieren und argumentativ absichern wollte. Ironischerweise war ihm in Indien jedoch nur wenig Wirkung beschieden. Richard P. Hayes schreibt dazu: „Aside from a few commentators on Nagarjuna who identified themselves as Madhyamikas, Indian Buddhist intellectual life continued almost as if Nagarjuna had never existed." (ders., „Nagarjuna's Appeal", *Journal of Indian Philosophy*, 22:4 (Dezember 1994), 299-378; hier: 299)

[16] Ähnliche Ideen finden sich auch in vielen anderen Sutren, die zum Textkorpus der sogenannten „Weisheitssutren" gehören, etwa im bekannten *Herz-Sutra*, aber auch in dem *Sutra der Weisheit in 8000 Versen*. Nāgārjuna hat also eigentlich nur eine neue Perspektive philosophisch nachvollzogen, die sich in weiten Teilen des damaligen Buddhismus ohnehin herausgebildet hatte. Der Textkorpus der sogenann-

Bevor es genauer um seine Ideen und die dazugehörigen Argumente gehen soll, müssen wir einen kurzen Blick auf die Struktur und Beschaffenheit seines Hauptwerkes werfen. Es ist wohl kein Zufall, dass uns gleich zu Beginn, in den Widmungsversen der *Lehrstrophen*, acht Negationen ins Auge springen: „Nichtvergehen, Nichtentstehen, Nichtabbrechen, Nichtandauern, Nichteinheit, Nichtvielheit, Nicht-zur-Erscheinung-kommen, Nicht-aus-ihr-Verschwinden".[17] Hier zielt jemand, indem er alles Bestimmte verneint, auf die weite Zone des Unbestimmten, auf Auflösung und Entdifferenzierung. Im weiteren Textfluss stoßen wir auf eine überraschend große Zahl von Negationssätzen, von negative Antworten erheischenden Fragesätzen, hypothetischen Syllogismen und paradox anmutenden Formulierungen; nicht zuletzt sind viele Sätze im Irrealis formuliert, nach dem Muster: „Falls A der Fall wäre, so wäre auch B der Fall" oder „Falls es A nicht gäbe, wie könnte es dann B geben?". Nāgārjunas Philosophie ist mithin oft als ein Denken der Negativität beschrieben worden.[18]

---

ten „Weisheitssutren" (*Prajñāpāramitā Sūtras*) ist über einen längeren Zeitraum hinweg, wohl zwischen 100 v. u. Z. und 1200 u. Z., vorrangig auf dem indischen Subkontinent entstanden (vgl. Westerhoff, *The Golden Age of Indian Buddhist Philosophy*, 92-95). Für diese Texte sind drei Ideen charakteristisch: (1) „der Erleuchtete" ist nicht einfach ins Nirvana eingegangen, sondern aus Mitleid mit den anderen Lebewesen, die noch im Kreislauf der Wiedergeburten gefangen waren, in der Welt verblieben, um ihnen ebenfalls zur Erleuchtung zu verhelfen (damit verbunden ist die Vorstellung der Boddhisattvas, d.h. jener Wesen, die ein Gelöbnis abgelegt haben, so lange im Kreislauf der Wiedergeburten zu verbleiben, bis alle Lebewesen die Vollkommenheit der Buddhaheit erlangt haben); (2) während im frühen Buddhismus die Realität des Selbst geleugnet wird, liegt dem Mahāyāna die Vorstellung zugrunde, dass alles, das Selbst, die Welt und sogar das Nirvana und der Buddha selbst, bloßer Schein sind und nicht wirklich existieren (im Englischen oft zusammengefasst unter dem Term „illusionism"); und (3) schließlich wird das grenzenlose Mitgefühl (*karuṇā*) für alle Lebewesen zu einer zentralen Tugend. Vgl. Paul Williams, *Mahāyāna Buddhism. The Doctrinal Foundations*, Abingdon 2009², 45-62.
[17] Siehe Bernhard Weber-Brosamer und Dieter M. Back, *Die Philosophie der Leere. Nāgārjunas Mūlamadhyamaka-kārikās. Übersetzung des buddhistischen Basistextes mit kommentierenden Einführungen*, Wiesbaden 2005 [zweite, durchgesehene Auflage, urspr. 1997], 1. So weit nicht anders angegeben, stammen alle deutschen Zitate aus dieser Ausgabe. Es werden Nāgārjuna zahlreiche weitere Texte zugeschrieben, die ich hier aber nicht berücksichtigen kann. Vgl. etwa *Nagarjuna's Precious Garland. Buddhist Advice for Living and Liberation*, übers. von Jeffrey Hopkins, Boulder, CO 2007.
[18] Ein Religionswissenschaftler sprach jüngst gar von einem „Negationsexzess", siehe Fabian Völker, „Der präreflexive Grund des Bewusstseins: Eine transzendentalphilosophische Interpretation Nāgārjunas", *Fichte-Studien. Buddhistische Wissenstheorie und Transzendentalphilosophie*, hg. von Helmut Girndt (2018), 73-114; hier: 96.

Parmenides zufolge kann das Falsche, Scheinhafte nicht ausgesagt werden; Nāgārjuna unternimmt eben dies – über das Falsche, Scheinhafte zu sprechen – und erscheint daher aus der Perspektive der europäischen Philosophiegeschichte nur zu leicht als ein „Parmenides in a looking glass".[19] Sehr sonderbar erscheint etwa die Erklärung am Ende des 25. Kapitels, dass der Buddha gar nichts gelehrt habe, sowie die verblüffenden Feststellung in demselben Kapitel, dass es zwischen Saṃsāra und Nirvana überhaupt keinen Unterschied gebe.[20] Mit ihrem Verneinungsgeist haben die *Lehrstrophen* bereits im Deutungshorizont des traditionellen Buddhismus erhebliche Verunsicherungen ausgelöst. Denn selbstverständlich stellt sich die Frage, woran ich mich überhaupt halten soll, wenn der Buddha gar nichts gelehrt hat? Und wie kann die Vorstellung eines Übungs- oder Befreiungsweges (*mārga*) noch sinnvoll sein, wenn es gar nicht möglich ist, zwischen Saṃsāra und Nirvana zu unterscheiden?!

Es ist zudem eigentümlich für Nāgārjunas Denken, dass er in den *Lehrstrophen* eigentlich nie einfach buddhistische Überzeugungen in behauptender Form vorträgt, also in Form von Aussagesätzen, die eine Überzeugung über die Wirklichkeit der Welt *an sich* zum Ausdruck bringen. Stattdessen geht er seine berühmte *via negativa* und destruiert in den insgesamt 27 Kapiteln seines Hauptwerkes die unterschiedlichen metaphysischen Lehren seiner Opponenten und die ihnen eigenen Wissensansprüche. Seine basale Strategie ist es dabei, die Lehren seiner Gegner durch den Aufweis interner Widersprüche zurückzuweisen; dabei greift er auf unterschiedliche Argumentationsmuster zurück, insbesondere die *reductio ad absurdum*, den infiniten Regress und das Prinzip der Irreflexivität.[21] Wenn aber alle vorhandenen Theorieoptionen, die etwas über die Welt *an sich* auszusagen suchen, sich notwendigerweise in Widersprüche verstricken, dann bleibt am Ende nur der Schluss, dass wir gar nichts über die Welt, wie sie wirklich beschaffen ist, behaupten können. Und sobald die Leserinnen und Leser an diesem

---

[19] Barry Allen, *Vanishing into Things*, Cambridge, MA 2015, 147.
[20] Siehe MMK 25:24 (*Die Philosophie der Leere*, 100) sowie MMK 25:19 (*ibid.*).
[21] Dazu überblicksartig: *Nāgārjuna's Middle Way: Mūlamadhyamakakārikā*, übers. und hg. von Mark Siderits und Shōryū Katsura, Somerville 2013, 7-9. – Streng genommen ist ein buddhistisches *prasaṅga*-Argumente keine *reductio*, da durch den Nachweis, dass eine These zu einem logischen Widerspruch führt, nicht die Richtigkeit der Anti-These bewiesen werden soll, sondern vielmehr beide verworfen werden (Westerhoff, *The Golden Age of Indian Buddhist Philosophy*, 123 f.). Das Prinzip der Irreflexivität (eine Entität kann nicht auf sich selbst wirken) wird in den Abschnitten 34-39 von Nāgārjunas Schrift *Vigrahavyāvartanī* dargestellt, siehe *The Dispeller of Disputes: Nāgārjuna's Vigrahavyāvartanī*, hg. und übers. von Jan Westerhoff, Oxford 2010, 74-80.

Punkt angelangt sind, öffnen sie sich möglicherweise auch für die buddhistische Weisheit, die Einsicht in die *universale Leerheit*. Tatsächlich sind die *Lehrstrophen*, die wie viele andere philosophische Texte Indiens in Versen verfasst sind, ein höchst sorgfältig komponiertes Werk, das auf sehr hohem, intellektuellem Niveau und in einer Abfolge von winzigen, logisch aufs Engste miteinander verschränkten Gedankenschritten dem ursprünglichen Heilsversprechen des Buddhas eine philosophische Begründung zu geben sucht. Es ist wohl auch keine Übertreibung zu sagen, dass es sich bei den *Lehrstrophen* um einen der subtilsten, deutungsoffensten, zugleich aber auch deutungsresistentesten Texte der globalen Geistesgeschichte handelt. An nicht wenigen Punkten scheint Nāgārjunas Projekt in die Sphäre des religiösen Glaubens oder gar der Mystik hinüberzuspielen; jedoch ist das Projekt zumindest nicht *religiös* in dem Sinne, dass die Leser vorbehaltlos eine gegebene Doktrin übernehmen sollen. Vielmehr erklärt Nāgārjuna in einer berühmten Passage des 13. Kapitels, dass es ein Fehler wäre, die Lehre des Buddhas als metaphysische Sichtweise (*dṛṣṭi*, wörtlich „Ansicht"; Chinesisch: *jian* 見) zu verstehen; im Gegenteil handele es sich bei der zentralen Idee der „Leerheit" (*śūnyatā*; *kong* 空) um eine „Zurückweisung jeglicher Ansicht".[22] In diesem Punkt sieht er sich in vollständiger Übereinstimmung mit dem Buddha, der „aus Mitleid den wahren Dharma [d.i. die wahre Lehre, d.V.] verkündet hat, damit alle Ansichten aufgegeben werden [...]."[23] Auf diese Weise vollzieht Nāgārjuna eine *skeptische Radikalisierung* der ursprünglichen buddhistischen Lehre. Ihm zufolge vertreten alle älteren buddhistischen Schulen dogmatische Positionen, die sich genau deshalb in nicht auflösbare Meinungskonflikte verstricken; daher rät er uns, überhaupt keine Meinungen mehr zu vertreten und einfach die Erscheinungen (*Phänomene*) zu beschreiben. Nichts existiert substanziell oder wesensmäßig, alles ist bedingt und ursächlich hervorgebracht von anderem, und in der Lebenspraxis sollen wir nur auf diese Erscheinungen Bezug nehmen, ohne dass wir in Urteilen etwas über diese behaupten dürfen (denn dies würde uns nur wieder in den dogmatischen Meinungsstreit zurückwerfen). Ich spreche im Folgenden daher auch von einer *phänomenalistischen Wirklichkeitsauffassung*.

Bevor ich dies ausführlicher erläutere, ist es notwendig, die Position von Nāgārjunas Opponenten etwas genauer darzustellen, nämlich die sogenannten Abhidharma-Schulen, die im 1. und 2. Jahrhundert u. Z. die Hauptströmung des Buddhismus darstellten. Es handelt sich um insgesamt achtzehn Schulen mit oft sehr elaborierten Lehrmeinungen,

---

[22] MMK 13:8 (*Die Philosophie der Leere*, 48).
[23] Siehe MMK 27:30 (*Die Philosophie der Leere*, 109).

die in den frühen Sutren enthaltene Ideen und Argumente zu systematisieren suchten.[24] Ein für alle Schulen zentraler Begriff ist der *terminus technicus* des Dharmas; dieses Wort (im Chinesischen: *fa* 法) bedeutet wörtlich „Gesetz" oder „Gesetzmäßigkeit", aber auch „Lehre" (d.h. die buddhistische Lehre). In philosophischen Kontexten bezeichnet das Wort jene grundlegenden, nicht weiter teilbaren Entitäten, die unsere Wirklichkeit konstituieren. In diesem Sinn wird *dharma* gängigerweise als „Daseinsfaktor" oder auch „Gegebenheit" übersetzt.[25] Darüber, wie die Dharmas beschaffen sind, auf welche Weise sie miteinander interagieren und wie groß ihre Zahl ist, gibt es höchst unterschiedliche Lehrmeinungen in den verschiedenen Abhidharma-Texten. In langen Listen wurden mitunter mehr 75 und mehr unterschiedliche Dharmas aufgeführt; dabei gelten bis auf das Nirvana und *śūnyatā* (die Leerheit) sämtliche Dharmas als bedingt, d.h. abhängig, und dem Prozess von Entstehen und Vergehen unterworfen. Einer (in der Sarvāstivāda-Schule einflussreichen) Lehrmeinung zufolge entstehen diese „Daseinsfaktoren", existieren einen Augenblick lang und erlöschen dann wieder. Dies ist zweifellos eine Extremposition; doch waren auch die Anhänger anderer Schulen davon überzeugt, dass die Gegenstände unserer Erfahrung nur scheinbar eine relative Dauer und Einheit besitzen; genau besehen sind sowohl Dauer wie auch Einheit der Einzeldinge nichts als Oberflächenphänomene im Erlebnisstrom, denn die Erscheinungswelt ist in Wahrheit nur ein dynamisches Netzwerk aus kurzzeitig existierenden Dharmas.

Mittels solcher Überlegungen wird der Übende dazu angehalten, durch eine Daseinsanalyse, d.h. eine diskursive Untersuchung in Verbindung mit der Meditation, die in der Erfahrungswelt scheinbar allerorten anzutreffenden Ganzheiten (Menschen, Gegenstände) in ihre Bestandteile, d.h. „Daseinsfaktoren", zu zerlegen und ihre ephemere Existenz einer genaueren Betrachtung zu unterziehen. Insbesondere unser im Alltag scheinbar einheitliches, durch die Zeit persistierendes Selbst kann zurückgeführt werden auf fünf basale Bestandteile, d.h. „Aggregatzustände" (Sanskrit: *skandhas*; Chinesisch: *yun* 蘊): (1) die physische Form, (2) die Gefühle, (3) die Wahrnehmung, (4) Willensregungen und Tatabsichten sowie (5) das Bewusstsein. Indem alltägliche Zustandsbeschreibungen wie „Ich bin wütend" übersetzt werden in den Satz „Es gibt ein ‚Wut' genanntes Phänomen, das in Geist und

---

[24] Für einen Überblick über die wichtigsten Positionen und Argumente siehe wiederum Westerhoff, *The Golden Age of Indian Buddhist Philosophy*, 35-83. Aus der neueren Forschung etwa: *Text, History, and Philosophy: Abhidharma Across Buddhist Scholastic Traditions*, hgg. von Bart Dessein und Weijen Teng, Leiden 2016.
[25] Siehe insbesondere Lambert Schmithausen, Artikel „Dharma", in: *Historisches Wörterbuch der Philosophie*, hg. von Joachim Ritter, Basel 1972, Bd. 2, 161 f.

Körper Veränderungen bewirkt", soll der Übende innere Ruhe, Klarheit und Weisheit, ja endlich sogar die Befreiung aus dem Daseinskreislauf erlangen können.[26]

Der Schlüssel zum Verständnis von Nāgārjunas Denken liegt nun darin, dass er die Dharma-Lehre der Abhidharma-Schulen als einseitig, ja dogmatisch zurückweist. Sie ist wohlgemerkt nicht rundweg falsch und kann auch durchaus eine heilende Wirkung entfalten, jedoch darf sie nur mit Vorsicht praktiziert werden, da sie andernfalls nur zu leicht Schaden bewirkt. In seiner Sicht genügt es nämlich nicht, das Selbst auf die zugrundeliegenden „Aggregatzustände" zurückzuführen; um das Ziel der Befreiung zu erreichen, ist wesentlich mehr verlangt: die Einsicht in die Leerheit *aller* Daseinsfaktoren.[27] Das Abhidharma-Projekt ist mitunter im Sinne einer *realistischen Ontologie*, bzw. eines *metaphysischen Realismus* gedeutet worden: Es gibt eine Wirklichkeit, die unabhängig ist von dem, was wir im Alltag wahrnehmen und für wahr halten, jedoch kann diese Wirklichkeit nicht durch die Sinne wahrgenommen, sondern nur durch die Daseinsanalyse und die meditative Übung indirekt erschlossen werden. Dessen ungeachtet können wir absolut sichere Erkenntnis erwerben und zwar in Form wahrer Aussagen über die tatsächliche Beschaffenheit der Welt (folglich würde das Abhidharma-Projekt einen starken Wissensanspruch implizieren).[28] Nāgārjuna hat dagegen offenbar stark *anti-realistische* Intuitionen in dem Sinne, dass er – ontologisch gesprochen – die denkunabhängige Existenz der Wirklichkeit bezweifelt und darüber hinaus wohl sogar daran zweifelt, dass – epistemologisch gesprochen – unsere Meinungen nur dann wahr sind, wenn sie einer äußeren Realität entsprechen. Jeder Versuch, die Erscheinungen auf den Begriff zu bringen, d.h. sie *als bestimmte* zu ergreifen, führt ihm zufolge nur zu neuerlichem Anhaften und daher zu weiterer Verblendung. Etwas anders formuliert: Die Überzeugung, dass ich die Verblendung durchschaut habe und sicheres Wissen über das Universum besitze (*qua* Wissen über die fünf „Aggregatzustände"),

---

[26] Vgl. Conze, *Buddhistisches Denken*, 133-146. Conze unterscheidet gut nachvollziehbar drei Schritte bei dieser Analyse, nämlich (1) *Differenzierung* (die scheinbare Einheit von Personen und Dingen wird als Zusammensetzung von einzelnen Bestandteilen enthüllt), (2) *Entpersönlichung* (jeder Ich-Bezug wird aufgelöst) sowie (3) *Wertung* (Einsicht in die Überlegenheit der dharmischen Erläuterung).
[27] Siehe insbesondere den Vers MMK 13:2 (*Die Philosophie der Leere*, 47); vgl. Siderits und Katsura, *Nāgārjuna's Middle Way*, 198, 235 f.
[28] Siehe etwa Mark Siderits, *Personal Identity and Buddhist Philosophy. Empty Persons*, Abingdon 2015², 143-147. Vgl. aber auch die ähnlich gelagerten Überlegungen in T.R.V. Murti, *The Central Philosophy of Buddhism*, London 1955, 66-77; sowie in Gadjin M. Nagao, *Mādhyamika and Yogācāra: A Study of Mahāyāna Philosophies*, übers. von Leslie S. Kawamura, Albany 1991, 165, 167.

verstärkt nur wieder mein Selbstbewusstsein und lässt mich daher auf dem Übungsweg zurückfallen.

Aus diesem Grund strebt Nāgārjuna die skeptische Infragestellung jedes sicheren Wissens über Selbst und Welt an. Die Einsicht in die wahre Wirklichkeit (die *universale Leerheit*) wird deshalb nicht in Form einer positiven Bestimmung artikuliert, als etwas Gewisses jenseits des vernünftigen Zweifels, sondern als eine Erfahrung der Ungewissheit und Grundlosigkeit. Eine solche Einsicht darf nur nicht wieder theoretisch behauptet, also in Form einer „metaphysischen Sichtweise" formuliert werden, denn derart würde ihr eigentlicher Gehalt verfehlt.[29] Mit Wittgenstein gesprochen verträgt der Satz „Ich weiß, dass alles leer ist" gewissermaßen „keine metaphysische Betonung"; stattdessen zeigt sich seine Wahrheit einfach, *drängt sich* mir *auf*, sobald sich auf dem Übungs- und Befreiungsweg eine fundamentale Veränderung meiner kognitiven Fähigkeiten ergeben hat.[30] Das Ziel muss es sein, eine Art Katharsis herbeizuführen, aus der ein neuer Blick auf die Vergänglichkeit aller Lebewesen, und zugleich ein tiefes Mitleid mit ihnen, entstehen kann.[31]

Nāgārjunas zentraler Gedanke wird oft in der Formel „Entstehen in Abhängigkeit" (*pratītyasamutpāda*; Chinesisch: *yuanqi* 緣起; *yinyuan* 因緣) zusammengefasst. Diese bedeutet im Kern nichts anderes, als dass alles bedingt und damit zugleich leer ist. Nämlich: Insofern etwas in einem Bedingungsverhältnis steht, kann ihm bereits keine echte Wirklichkeit zukommen. Die Leerheit ist universal, d.h. sie kommt nicht nur auf der Ebene der Alltagserfahrung, sondern ebenso auf der dharmischen Ebene zum Tragen; auch die fünf „Aggregatzustände", ja sogar die Dharmas selbst sind leer. Und doch, obgleich Nāgārjuna diese Einsicht nie in Form einer positiven Doktrin behauptet, wird sie auch nicht einfach nur dem Leser anempfohlen, sondern vielmehr mit großer Energie argumentativ untermauert. Nur, wie kann im Kontext der buddhistischen Heilslehre überhaupt sinnvoll von einem philosophischen Argument die Rede sein? Und muss Nāgārjuna trotz seiner destruktiven

---

[29] Nāgārjuna erklärt im berühmten 29. Vers seiner Abhandlung *Vigrahavyavartani*, dass er überhaupt keine These vertrete. Siehe *The Dispeller of Disputes*, 29 f.; vgl. auch den Deutungsversuch in Westerhoff, *Nāgārjuna's Madhyamaka*, 183-198. In eine ähnliche Richtung scheint auch MMK 25:24 zu weisen (*Die Philosophie der Leere*, 100).
[30] Ders., *Über Gewißheit*, (*Werkausgabe*, Bd. 8), hgg. von G.E.M. Anscombe und Georg Henrik von Wright, Frankfurt a.M. 1984, 216 (§482).
[31] Vgl. Lambert Schmithausen, „Mitleid und Leerheit. Zu Spiritualität und Heilsziel des Mahāyāna", in: *Der Buddhismus als Anfrage an christliche Theologie und Philosophie*, hg. von Andreas Bsteh (Studien zur Religionstheologie, Vol. 5), Mödling 2000, 437-455.

Methode nicht letztlich doch wieder auf eine dogmatische Position (in diesem Falle: einen *negativen* Dogmatismus) zurückfallen?[32]

Für eine Beantwortung dieser Art von Fragen ist es unerlässlich, sich genauer mit der Argumentationsstruktur der *Lehrstrophen* zu beschäftigen. Wie bereits gesagt analysiert der indische Philosoph in einer oft recht verschachtelten Argumentation vorhandene Lehrmeinungen über unterschiedliche Phänomene und Klassen von Objekten: die Bewegung, Ursache-Wirkung-Beziehungen, das Selbst, die sinnliche Wahrnehmung, die Außenwelt (in der Menschen handeln, in der sie aber auch wiedergeboren werden, solange sie noch nicht das Nirvana erreicht haben), logische Beziehungen wie Identität und Verschiedenheit, den Raum, die Zeit, usw.[33] Das Argumentationsziel besteht jeweils in dem Nachweis, dass keins dieser Phänomene oder Objekte im strengen Sinne als wirklich, bzw. substanziell gelten kann. Vordergründig betrachtet handelt es sich tatsächlich um einen rein negativ verfahrenden Diskurs.

An dieser Stelle wird ein weiterer Fachterm wichtig, mit dem die Wissensansprüche der Abhidharma-Schulen untrennbar verknüpft sind: *svabhava*, ein Sanskrit-Wort, das gewöhnlich als „Eigensein", „Wesen" oder auch „Eigennatur" übersetzt wird (im Englischen auch oft als *intrinsic nature* oder *own-being;* Chinesisch: *zixing* 自性). In vielen Texten des klassischen Indiens bezeichnet *svabhava* jenen eigentümlichen Aspekt eines Gegenstandes, der ihn als das auszeichnet, was er ist. Noch präziser wurde dieser Aspekt manchmal als die *essentielle Eigenschaft* eines Gegenstandes bestimmt: Hitze ist in diesem Sinne das „Eigensein" von Feuer, denn es gibt Feuer nicht ohne die Eigenschaft des Heißseins (dagegen ist Hitze nicht das „Eigensein" von Wasser, da es zwar die Eigenschaft des Heißseins besitzen, diese aber auch wieder verlieren kann). Mit diesem Aspekt ist nicht notwendigerweise eine einzige Eigenschaft gemeint; es kann sich auch um ein Bündel von Eigenschaften handeln, ohne die der Gegenstand nicht mehr als solcher zu identifizieren wäre. Diese Bedeutung von *svabhava* wird primär in epistemologischen Kontexten wichtig, wenn es darum geht, einen Gegenstand von einem anderen Gegenstand zu unterscheiden. Einem anderen Deutungsvorschlag zufolge steht *svabhava* für die Fähigkeit eines Gegenstandes, wesensmäßig (d.h. unveränderlich) zu existieren, nicht von anderen Gegenständen bedingt zu sein sowie nicht zuletzt auch

---

[32] So glaubt David F. Burton in den *Lehrstrophen* „negative dogmatic knowledge-claim[s]" ausmachen zu können und verweist insbesondere auf den berühmten Beginn MMK 1:1; siehe ders., *Emptiness Appraised: A Critical Study of Nagarjuna's Philosophy*, London und New York 1999, 40 f.
[33] Westerhoff zufolge ist die Schule der Sarvāstivādins der eigentliche Gegner in den *Lehrstrophen* (ders., *Nagarjuna's Madhyamaka*, 115).

nicht das Ergebnis begrifflicher Konstruktion zu sein.[34] Diese Bedeutung wird in der Fachforschung gewöhnlich als *ontologisch* charakterisiert; sie ist für die Abhidharma-Schulen entscheidend, von denen sich Nāgārjuna wie gesagt kritisch abzusetzen sucht. Die entscheidende Dimension dieser Art von Substanzialität ist die Unbedingtheit, und sie ist zweifellos deutlich anspruchsvoller als diejenige der essentiellen Eigenschaft, denn wir können uns leicht ein Objekt vorstellen, das zwar *svabhava* in der ersten Bedeutung besitzt (ein Bündel essentieller Eigenschaften), jedoch nicht in der zweiten Bedeutung, da es von anderen Objekten bedingt ist. Wichtig ist nicht zuletzt der Hinweis, dass dieses zweite Verständnis von Substanzialität immer auch kognitive Implikationen besitzt; der dahinterstehende Gedanke ist, dass die Einsicht in die Unmöglichkeit des Vorhandenseins von *svabhava* in irgendeinem Einzelding oder Phänomen unmittelbar zu einer tieferen Transformation des Menschen führt und auf diese Weise das Leid beendet werden kann (vgl. MMK 26:11-12). Der menschliche Geist hat Nāgārjuna zufolge nicht nur eine inhärente Tendenz, Begriffe zu erzeugen und sprachliche Differenzen zu markieren (d.i. die „begriffliche Entfaltung", *prapañca*; Chinesisch: *xilun* 戲論), sondern ebenso die Tendenz, Phänomene als dem Subjekt äußerlich und einheitlich, bzw. beständig wahrzunehmen.[35] Das Ziel muss sein, beide Tendenzen zu überwinden.

In den ersten 23 Kapiteln der *Lehrstrophen* argumentiert Nāgārjuna nun jeweils gegen einen Opponenten, der einem Phänomen ein solches *svabhava* zuschreibt (im 24. Kapitel kommt auch ein Gegner zu Wort, doch geht es dort um die weiteren Implikationen der Lehre der *universalen Leerheit*). Schauen wir uns einmal drei Beispiele etwas genauer an:

---

[34] Westerhoff resümiert: „To have *svabhava* means to exist in a primary manner, unconstructed and independent of anything else." (*ibid.*, 24) Weber-Brosamer und Back schreiben ganz ähnlich: „Wenn nun ein Ding aufgrund seines *svabhava* tatsächlich existiert, ist es nicht geworden, und es ist nicht aus Ursachen und Bedingungen hervorgegangen, denn *svabhava* ist definiert als unveränderlich […]." (*Die Philosophie der Leere*, 50) – In vielen Abhidharma-Schulen spielen mereologische Überlegungen eine zentrale Rolle; vorausgesetzt wird dabei, dass zusammengesetzte Entitäten nicht wirklich sind, sondern nur scheinbar existieren und damit eigentlich *leer* sind (vgl. die Erläuterungen in Mark Siderits, *Buddhism as Philosophy. An Introduction*, Farnham/Indianapolis 2007, 105-137). Einige Buddhisten argumentieren daher, dass Einzeldinge im Besitz von *svabhava*, einfach (also nicht teilbar) und unveränderlich sein müssen, sowie außerdem nur punktuell in der Zeit existieren können, da sie andernfalls bereits eine Ganzheit konstituieren würden, der wir keine Substanzialität zuschreiben können.

[35] Vgl. Siderits, *Personal Identity and Buddhist Philosophy*, 208 f.

(1) In Kapitel 19 über die Zeit destruiert der indische Philosoph die zwei möglichen Thesen, dass (a) die Zeit im strikten Sinne wirklich ist und *svabhava* besitzt, und dass (b) die Zeit nicht in diesem Sinne wirklich ist, sondern in Abhängigkeit von einer anderen Entität existiert, die allein substanziell existiert. In einem ersten Schritt argumentiert er, dass, wenn die Zeit, wie These (a) behauptet, tatsächlich substanziell existierte, auch die Zukunft, Vergangenheit und Gegenwart substanziell existieren müssten. Dies würde Nāgārjunas Verständnis von „Eigensein" gemäß jedoch implizieren, dass die drei Zeiten (Zeitmodi) Vergangenheit, Gegenwart und Zukunft unbedingt und damit auch unveränderlich existieren könnten. Auf diese Weise könnte sich die Zukunft jedoch nie in die Gegenwart verwandeln, was offenkundig unsinnig wäre. Damit ist die These (a) widerlegt. Die These (b) destruiert Nāgārjuna, indem er seine Leser daran erinnert, dass er bereits in anderen Kapiteln Versuche, eine solche Entität zu identifizieren, erfolgreich zurückgewiesen hat. Wenn es eine solche Entität aber nicht gibt, dann ist auch die Vorstellung, die Zeit könnte in Abhängigkeit von einer solchen Entität existieren, sinnlos. Auf diese Weise hat er am Ende seiner Analyse (MMK 19:6) beide Thesen (a) und (b), also These und Anti-These, verworfen, ohne dass er eine eigene Alternativthese formuliert hätte. Das Kapitel endet etwas überraschend mit einer rhetorischen Frage: „Irgendein Seiendes existiert aber nicht, woher also sollte Zeit kommen?" Durch den Verzicht auf eine Konklusion möchte Nāgārjuna seine Leserschaft wohl dazu bringen, sich bezüglich der Zeit überhaupt keine gehaltvolle oder metaphysische Überzeugung zuzulegen. Sobald ich mich aber in einem Zustand befinde, in dem ich bezüglich ihrer Wirklichkeit *an sich* weder etwas setze noch etwas aufhebe, kann ich Raum schaffen für die *universale Leerheit*. Je stärker ich mich nämlich für das *phänomenale Erleben* der Vergänglichkeit öffne, desto eher erlange ich auch eine neue, umfassende Einsicht in die „Weisheit" (*prajña*; *zhi* 智). Dies heißt wohlgemerkt nicht, dass ich auf der Ebene der Erscheinungen nicht weiter von phänomenalen Erlebnissen in zeitlicher Sequenz sprechen darf; ich sollte aber vermeiden, positiven Ansichten Ausdruck zu verleihen, die mir als dogmatisch ausgelegt werden könnten.[36]

---

[36] Dieses Kapitel hat zahlreiche, höchst unterschiedliche Deutungen provoziert; ich arbeite hier nur einen zentralen Gedanken heraus, wobei ich an die Interpretation von Siderits und Katsura anknüpfe (siehe dies., *Nāgārjuna's Middle Way*, 207-211). Für alternative Deutungsvorschläge siehe Westerhoff, *Nāgārjuna's Madhyamaka*, 124-127, Elberfeld, *Phänomenologie der Zeit im Buddhismus*, 169-182, sowie Weber-Brosamer, Back, *Die Philosophie der Leere*, 70 f. – Einer einflussreichen Forschungsmeinung zufolge hängt der indische Philosoph sowohl der Lehre des *Präsentismus*

(2) Von allen Elementen der buddhistischen Lehre ist die Idee des „Nicht-Selbst" (Pali *anattā*; Sanskrit *anātman*) die bekannteste. Eine gängige Deutung dieser Grundidee besagt, dass das Selbst nicht wirklich ist, da es auf elementarere Bestandteile zurückgeführt werden kann (dem amerikanischen Buddhologen Mark Siderits verdanken wir die sprechende Formulierung „Buddhist reductionism").[37] Auch bei Nāgārjuna wird die Vorstellung eines substanziellen oder wesensmäßig existierenden Selbst, das unsere mannigfaltigen Erfahrungen vereinen könnte, zurückgewiesen – oft mit sehr komplexen Argumenten, etwa demjenigen im neunten Kapitel, dass die These des Opponenten (wir müssen einen Träger von Fähigkeiten und Zuständen annehmen, bevor es diese gibt) nicht überzeugen könne, da wechselseitige Abhängigkeit immer auch Gleichzeitigkeit impliziere (MMK 9:3-5). Für Nāgārjuna gibt es keinen Ich-Kern, der im Strom der Sinneseindrücke und Gedanken mit sich selbst identisch bliebe, sondern nur eine „*Abfolge von Ereignissen*" (*sequence of events*), d.h. ein Ensemble beständig fluktuierender, physikalischer und mentaler Faktoren, die kausal miteinander verbunden sind, vergleichbar einer Lampe, die nur deshalb brennt, weil es Hitze, einen Docht und den Luftsauerstoff gibt.[38] Es ist mir im Alltag jedoch nicht möglich, mich auf diese Weise zu verstehen, sondern ich kann hier gar nicht anders, als mir ein mit sich selbst identisches Selbst zuzuschreiben: Alles was ich in der Vergangenheit gedacht habe, jetzt denke oder in Zukunft einmal denken werde, sind Gedanken desselben Subjekts; dieses Subjekt muss also auch von fluktuierenden, physikalischen oder mentalen Faktoren unterschieden sein. Eben diese Annahme einer fundamentalen Einheit des Selbstbewusstseins ist aus Sicht des Mahāyāna-Buddhismus (und Nāgārjunas) aber die Grundlage meiner *Verblendung*. Bereits indem ich mich als „ich" identifiziere, schreibe ich mir ein „Eigensein" zu und werde zum Opfer einer Selbsttäuschung.[39] Diese Einsicht allein garantiert aber noch keineswegs,

---

(nur die Gegenwart ist wirklich) als auch derjenigen des *Momentarismus* an (es gibt nichts, das länger als einen Augenblick existiert); daher sei es ihm zufolge nicht möglich, dass Ursache und Wirkung in demselben Zeitpunkt koexistieren, vielmehr müssten sie unterschiedlichen Zeitpunkten zugeordnet werden. In diesem Fall wäre also unklar, warum es überhaupt eine Verbindung zwischen beiden geben sollte; eine mögliche Erklärung wäre, dass die kausale Relation per se nichts anderes darstellte als ein mentales Konstrukt (Westerhoff, *The Golden Age of Indian Buddhist Philosophy*, 110 f.). Diese Forschungsmeinung ist jedoch umstritten.

[37] Siehe ders., *Personal Identity and Buddhist Philosophy*, 25.
[38] Westerhoff, *Nāgārjuna's Madhyamaka*, 162; sowie auch Williams, *Mahāyāna Buddhism*, 51-55. Für den Lampenvergleich siehe MMK 27:22.
[39] Bedenkenswert ist auch der Deutungsvorschlag, dem zufolge das Mahāyāna-buddhistische Selbst nichts anderes darstelle als ein emergentes Phänomen, das

dass ich mich bereits aus dieser Verblendung befreit hätte, denn im Alltag werde ich weiter den Gesetzen meiner irrigen Lebensform folgen, so wie ein träumender Mensch sich nicht leicht *im Traum* von der scheinhaften Natur des Traumzustandes überzeugen kann.

(3) Im dritten Kapitel der *Lehrstrophen* destruiert Nāgārjuna schließlich die These, dass die sechs Sinnesfähigkeiten (Sehen, Hören, Riechen, Schmecken, Tasten sowie das Denken) und ihre jeweiligen Objekte substanziell existieren. Mithilfe des argumentativen Prinzips der Irreflexivität (dass nämlich eine Entität sich nicht selbst bewirken, bzw. sich auf sich selbst beziehen kann) formuliert er den Gedanken, dass das Sehvermögen sich nicht selbst sehen kann; und aus diesem Gedanken leitet er ab, dass es auch nicht etwas anderes sehen kann. Dahinter steht offenkundig die Überlegung, dass die Eigenschaft eines Gegenstands x erst dann einen anderen Gegenstand y durchdringen kann, wenn es zuerst den Gegenstand x selbst durchdrungen hat.[40] Eine weitere Überlegung (in MMK 3:4) ist, dass ein Sehvermögen, wenn es tatsächlich „Eigensein" besäße, auch dann funktionieren müsste, wenn es kein Objekt sieht – was offensichtlich nicht der Fall ist (tatsächlich hängt es von der Präsenz eines Objekts ab, ob etwas gesehen wird). Auf analoge Weise demonstriert Nāgārjuna weiter, dass die Seh*objekte* ebenfalls nicht substanziell existieren. – Für die fünf anderen Sinne soll dies mit den gleichen Argumenten auch gezeigt werden können. Wenn die Argumentation des dritten Kapitels plausibel ist, gilt mithin, dass die sinnliche Wahrnehmung trügerisch ist. *Sensu stricto* gibt es gar nichts als einen Gesamtzusammenhang von Erscheinungen, die voneinander abhängen und daher nicht als einzelne identifizierbar sind.[41]

---

zwar wirklich ist, aber eben nicht in Form eines substanziellen, selbständig existierenden *Einzeldings* vorliegt: „[…] showing that the self emerges from, and depends on, lower-level processes, that it is not an independent substance, that in trying to specify its identity-conditions we make reference to our interests and practices, or that it has no absolute ontological primacy, does not cast doubt on its existence. Rather, it shows that the self is empty, *just like everything else.*" (Matthew MacKenzie, „Enacting the Self: Buddhist and Enactivist Approaches to the Emergence of the Self", in: *Self, No Self? Perspectives from Analytical, Phenomenological, and Indian Traditions*, hgg. von Mark Siderits, Evan Thompson und Dan Zahavi, Oxford 2010, 239-273; hier: 259)

[40] Vgl. wieder Siderits und Katsura, *Nāgārjuna's Middle Way*, 45.
[41] Siehe *The Fundamental Wisdom of the Middle Way: Nāgārjuna's Mūlamadhyamakakārikā*, übers. von Jay L. Garfield, Oxford 1995, 140 f. Vgl. auch MMK 18:7. Garfield sieht in MMK 3:2 einen pyrrhonischen „vicious regress" am Werk (*ibid.*, 137 f.).

Soweit die Analyse der drei Beispiele. Bemerkenswert ist, dass Nāgārjuna gewöhnlich nur auf den jeweiligen Kontext *reagiert*, den der Opponent (stellvertretend für die Abhidharma-Schulen) vorgibt, die Diskussion aber nur selten selbst mit eigenen Thesen in eine Richtung zu lenken versucht. Die Notwendigkeit zur Argumentation ist also situativ begründet. Die beiden Buddhismusforscher Mark Siderits und Shoryu Katsura weisen folgerichtig daraufhin, dass es für die Idee der *universalen Leerheit* kein „master argument" geben kann.[42] Zwar finden sich in Nāgārjunas Text einzelne Formulierungen, die einen direkten Nexus zwischen der Abwesenheit von „Eigensein" und der *universalen Leerheit* herzustellen scheinen, etwa die folgende (MMK 13:3):

[Alle] Dinge sind ohne Eigensein, weil man an ihnen Wesensveränderung sieht. Aufgrund der Leerheit [aller] Dinge gibt es [allerdings] kein Ding ohne Eigensein.[43]

Oder noch direkter, in einem anderen Text Nāgārjunas: „Das abhängige Entstehen der Dinge wird aber Leerheit genannt, denn ein Ding, das abhängig entsteht, besitzt kein Eigensein."[44] Doch sind solche Formulierungen offenbar nicht zu verstehen im Sinne einer universale Gültigkeit beanspruchenden Behauptung, denn eine solche würde schon wieder eine theoretische, d.h. objektivierende Einstellung implizieren, die es gemäß Nāgārjunas Lehre zu vermeiden gilt. Anders gesagt: Wir verfehlen die *universale Leerheit* bereits in dem Augenblick, wenn wir sie als eine These mit universalem Geltungsbereich formulieren. Nāgārjuna spricht sogar eine unmissverständliche Warnung in Form des berühmten Tetralemmas aus:

Man soll weder sagen ‚leer' noch ‚nicht-leer', auch nicht ‚beides zugleich' und auch nicht ‚keines von beidem'. Zum Zwecke der Verständigung aber mag man so sprechen.[45]

Wenn das Wort „leer" (bzw. seine Negation und die anderen beiden möglichen Möglichkeiten im Tetralemma) „zum Zweck der Verständi-

---

[42] Siderits und Katsura, *Nagarjuna's Middle Way*, 7; vgl. Siderits, *Personal Identity and Buddhist Philosophy*, 176. – Erich Frauwallner behauptet dagegen, dass wir aus den *Lehrstrophen* das folgende universale Argument extrapolieren können: Wenn in der Erscheinungswelt das Gesetz des abhängigen Entstehens gilt, dann ergibt sich notwendig der Schluss, dass ein Gegenstand mit „Eigensein" unmöglich existieren kann (ders., *Die Philosophie des Buddhismus*, Berlin 1956, 181).

[43] *Die Philosophie der Leere*, 47.

[44] Siehe den 22. Vers des *Vigrahavyavartani*, vgl. *The Dispeller of Disputes*, 27 (meine Übersetzung aus dem Englischen, KM).

[45] MMK 22:11 (*Die Philosophie der Leere*, 83); vgl. Siderits und Katsura, *Nagarjuna's Middle Way*, 247 f.

gung", d.i. vor allem in der Kommunikation mit Nicht-Buddhisten, gebraucht wird, dann nur mit größter Vorsicht, quasi mit einer *reservatio mentalis*. Denn andernfalls würde beim Zuhörer nur wieder der Eindruck entstehen, dass er oder sie es hier mit einer dogmatischen Bestimmung über die wahre Wirklichkeit zu tun hätte. Auf diese Weise würde das buddhistische Heilsversprechen notwendigerweise verfehlt.

Der indische Philosoph präsentiert in seinen *Lehrstrophen* also keine Theorie, vielleicht nicht einmal eine konsistente Argumentation. Denn die Leerheit stellt keine weitere „Ansicht" dar, sondern fungiert als ein *upāya* (*expedient means*, d.h. „heilbringendes Mittel"; Chinesisch: *fangbian* 方便), das ausschließlich dem Zweck dient, im jeweiligen Lebensvollzug alle metaphysischen Ansichten zurückzuweisen. Konsequenterweise wird sie einmal mit einem Abführmittel verglichen, das, einmal eingenommen, einen Menschen von seiner Erkrankung zu heilen vermag.[46] Sprachliche Akte, die auf die Erfassung einer wahren Wirklichkeit abzielen, insbesondere wenn sie auf Subjekt-Prädikat-Aussageformen zurückgreifen, verführen die Sprecher leicht wieder zu einer reifizierenden Erkenntnishaltung, die einzelnen Erscheinungen ein *svabhava* („Eigensein") zuschreibt; eine solche Haltung kann nur weitere Verblendung erzeugen. Streng genommen wäre letztlich also nur das Schweigen der höchsten Wahrheit angemessen.[47] Doch genau damit droht das buddhistische Projekt, so könnte zumindest ein skeptischer Beobachter einwenden, in einen Dogmatismus zu verfallen – denn wenn ein Mensch nicht mehr nur *beschreibt*, welche Erscheinungen er beobachtet, sondern alle Meinungen überwindet, indem er sich *ins Schweigen* zurückzieht, scheint er zugleich wieder einen dogmatischen Wahrheitsanspruch zu erheben. Zumindest könnte ihm dieses Schweigen von Außenstehenden leicht so ausgelegt werden.

---

[46] Siehe MMK 13:8 (*Die Philosophie der Leere*, 48); vgl. auch Siderits und Katsura, *Nagarjuna's Middle Way*, 145 f. – Giuseppe Ferraro schreibt: „*Śūnyatā* is only a conceptual tool ‚to empty 'metaphysical approaches, i.e. attempts to describe supreme truth; but it is not itself a *dṛṣṭi*: ‚empty', ‚non-empty, ‚both or neither' are not categories applied to the *atattva*." (ders., „Grasping Snakes and Touching Elephants: A Rejoinder to Garfield and Siderits", *Journal of Indian Philosophy* 42:4 (2014), 451-462; hier: 454 f.)

[47] In diesem Sinne schreibt der Buddhologe D.S. Ruegg: „[…] only silence – a philosophically motivated refraining from the conceptualization and verbalization that belong to the discursive level of relativity and transactional usage – is considered to correspond in the last analysis to *paramartha*, which is as such inconceivable and inexpressible in terms of discursivity." (ders., *The literature of the Madhyamaka school of philosophy in India*, Wiesbaden 1981, 34)

III. Interpretative Erschwernisse

> Die unersättliche Neugier jener gelehrten Ameisen, die über das verlassene Heiligtum hergefallen sind, kann doch nicht mehr bewirken, als daß sie am Ende ein paar Brocken mit sich forttragen. „Das Kind ist in die Milch gefallen!"
>
> Edward Conze[48]

Wie man sich leicht vorstellen kann, haben die *Lehrstrophen* endlose, oft staunenerregende Schleifen der Interpretation ausgelöst. Wurde Nāgārjuna im 19. und frühen 20. Jahrhundert von westlichen Beobachtern gern im Sinne der kantischen Transzendentalphilosophie oder eines Schopenhauerischen Idealismus, bzw. Nihilismus gedeutet, beherrschten nach 1945 analytisch, dekonstruktivistisch, pragmatisch und konstruktivistisch inspirierte Deutungen die Diskussion.[49]

Ich denke, dass diese komparativen Deutungsversuche, in unterschiedlichen akademischen und kulturellen Kontexten, einiges Licht auf das Projekt des indischen Denkers geworfen haben. Es ist lässt sich zugleich kaum leugnen, dass wir heute ganz andere Mittel der historischen Kontextualisierung und philologischen Analyse besitzen als frühere Generationen, daher Nāgārjuna aber auch viel trennschärfer in seinem ursprünglichen Kontext verstehen können. Wenn wir sein Denken gänzlich in dem ihm eigenen Kontext betrachten, drohen wir ihn aber in einen Solitär zu verwandeln, ja sogar in Form eines *ursprünglichen, buddhistischen* Denkens zu essentialisieren. Dies wäre m.E. nicht erstrebenswert.

Genau besehen ist Nāgārjuna uns auch keineswegs so fremd, wie es auf den ersten Anschein wirken mag, schließlich gab es bereits in der Antike direkte Berührungspunkte zwischen griechischer und indischer Philosophie; möglicherweise hat sich die pyrrhonische Skepsis, die bekanntlich in der europäischen Geschichte der theoretischen Neugier eine sehr eigenwillige Rolle gespielt hat, gar in direkter Kenntnis buddhistischer Denkmotive entwickelt.[50] Aber auch unabhängig von der

---

[48] Ders., *Buddhistisches Denken*, 393.
[49] Den besten Überblick über die moderne Rezeptionsgeschichte gibt Andrew P. Tuck, *Comparative Philosophy and the Philosophy of Scholarship. On the Western Interpretation of Nagarjuna*, New York und Oxford 1990.
[50] Die ideengeschichtlichen Parallelen sind in der Tat erstaunlich, und nicht wenige Forscher gehen von direkten Wechselwirkungen zwischen den beiden Denkschulen aus. Vgl. insbesondere Thomas McEvilley, „Pyrrhonism and Madhyamika", *Philosophy East and West* 32:1 (1982), 3-35. Während McEvilley es bei einem Ver-

Frage, ob es tatsächlich einen Austausch zwischen der griechischen und der indischen Welt gegeben hat, scheinen Nāgārjuna und die pyrrhonische Skepsis in vieler Hinsicht ähnliche Probleme umzutreiben. Im Folgenden möchte ich einige von Nāgārjunas zentralen Ideen noch einmal etwas nachschärfen, indem ich ihn direkter als bislang auf Fragestellungen hin interpretiere, die uns aus der europäischen Philosophiegeschichte bekannt sind. Meinem Unternehmen liegt die Hypothese zugrunde, dass das Denken des „mittleren Weges" eine Form der radikalisierten Skepsis darstellt; zugleich suche ich die Gründe dafür herauszuarbeiten, warum sich diese Form des buddhistischen Denkens in der ostasiatischen Rezeption immer wieder mit anti-skeptischen Strategien verbunden hat, die darauf abzielen, die *negative Erfahrung der Grundlosigkeit* auf eine Weise therapeutisch wirksam werden zu lassen, dass positive *Einsicht*, ja sogar *Gewissheit* möglich werden.

Für die Pyrrhonische Skepsis sind bekanntlich drei Elemente unverzichtbar: (1) ein Glücks- oder Heilsversprechen in Form der Ataraxie (d.h. der Seelenruhe, ἀταραξία), deren Erreichung jedoch nur möglich ist, wenn wir darauf verzichten, dogmatische Positionen zu beziehen; der Skeptiker erzeugt deshalb gezielt (2) Isosthenie-Situationen, d.h. er setzt von anderen erhobenen Wissensansprüchen gleichwertige Wissensansprüche entgegen, so dass sich eine „Gleichheit in Glaubwürdigkeit und Unglaubwürdigkeit" ergibt (Sextus Empiricus, *Grundriss der pyrrhonischen Skepsis* I.12); auf diese Weise soll (3) die berühmte *epoché* ἐποχή (Urteilsenthaltung) motiviert werden, die sodann zur Grundlage

gleich belässt und einen direkten Einfluss indischer Quellen auf Pyrrho, der bekanntlich im Gefolge Alexanders des Großen Indien bereiste, oder den Pyrrhonismus ausschließt, hat Christopher I. Beckwith kürzlich noch einmal zahlreiche Indizien zusammengetragen, um die These einer direkten Beeinflussung des griechischen Denkers durch die indische Gedankenwelt zu erhärten; ihm zufolge beruht Pyrrhos Lehre, aber auch der spätere Pyrrhonismus wesentlich auf dem frühen Buddhismus (ders., *Greek Buddha: Pyrrho's Encounter with Early Buddhism in Central Asia*, Princeton 2015, 21). Beckwiths Narrativ gipfelt in der These, die Philosophie sei von „Barbaren" (Diogenes Laertius) erfunden worden (*ibid.*, 225). In einer Rezension zu diesem Buch argumentiert Bart Dessein dagegen, dass Pyrrho in Indien wohl kaum etwas Neues gelernt haben, sondern nur an Argumentationsformen erinnert worden sein dürfte, die seit langem in Griechenland bekannt waren. Wenn dies zutrifft, würden wir es also weniger mit einem Fall interkultureller Vermittlung fremder Ideen zu tun haben, als mit einer „Neuerfindung" (*reinvention*) bereits bekannter Ideen; interne und externe Faktoren hätten die griechische Philosophie gleichermaßen befruchtet (ders., „Buddhists, Hellenists, Muslims, and the Origin of Science", in: *Encountering Buddhism and Islam in Premodern Central and South Asia*, hgg. von Blain Auer und Ingo Strauch, Berlin 2019, 177-201; hier: 189).

eines glücklichen Lebens werden kann.[51] Ganz ähnlich scheint auch Nāgārjuna dogmatische Wissensansprüche gezielt zu destruieren, um auf diese Weise eine Erfahrung der Grundlosigkeit und damit eine konkrete Einsicht in die Leerheit zu ermöglichen. Gemäß Jay Garfields Analyse erfüllen skeptische Argumente in Ost und West eine „konstruktive" Funktion: Indem sich der Skeptiker eines Urteils bezüglich wichtiger Fragen enthält, weigert er sich auch, in einem von der Suche nach metaphysischer Gewissheit fehlgeleiteten Diskurs einzutreten; und deshalb ist er in der Lage, den Alltag mit seinen Praktiken und Konventionen zu bejahen.[52] Genau diese Haltung ist ja bereits in unserer Analyse des 19. Kapitels der *Lehrstrophen* (über die Zeit) aufgeschienen: So wie Buridans Esel, der keinen Grund findet, sich für die eine oder andere These zu entscheiden, werden den Leserinnen und Lesern am Schluss des Kapitels nicht die Mittel bereitgestellt, eine begründete Entscheidung über die Beschaffenheit der Zeit zu treffen. Die Pyrrhoniker würden hier wohl von einer „vollkommenen Balance" sprechen (*arrepsía* ἀρρεψία; siehe *Grundriss der pyrrhonischen Skepsis*, I.190). Anders gesagt: Durch den Vollzug der skeptischen *epoché* kann ich mich von dogmatischen Überzeugungen befreien und eine nicht-reifizierende Erkenntnishaltung ausbilden; diese führt idealerweise dazu, dass ich den Zustand der Seelenruhe erlange.[53] Ganz ähnlich soll die Destruktion dogmatischer Positionen bei den Buddhisten offenbar eine unmittelbare Anschauung der Leerheit ermöglichen.

Zugleich gibt es einen entscheidenden Unterschied, der in der Forschung m.E. jedoch nicht genügend berücksichtigt wird. Aus historischer Perspektive gehören Nāgārjuna und die Pyrrhoniker zwei höchst unterschiedlichen Kontexten an. Während Skeptiker wie Sextus Empiricus oft empirisch arbeitende Ärzte waren und die Sitten und Gebräuche des römischen Weltreichs guthießen, gehörte Nāgārjuna der neuen mahāyānistischen Kultur an, für die das Heilsversprechen Buddhas, aber auch Überzeugungen bezüglich der Wiedergeburt und des Karmas absolute Gültigkeit besaßen. Während Nāgārjuna die „Ordensgemeinschaft" (die Sangha) und ihre Regeln als bindend ansah und selbst in den Mönchstand getreten ist, argumentierte Sextus Empiricus, dass viele unserer vernünftigen Erwartungen über die Erscheinungen (z.B.

---

[51] *Grundriss der pyrrhonischen Skepsis*, hg. und übers. von Malte Hossenfelder, Frankfurt a.M. 1999³, 95 f.; vgl. ebenfalls Dietmar H. Heidemann, *Der Begriff des Skeptizismus. Seine systematischen Formen, die pyrrhonische Skepsis und Hegels Herausforderung*, Berlin/New York 2007, 17-33.

[52] Siehe Jay L. Garfield, „Epoche and Śunyata: Skepticism East and West", *Philosophy East and West*, 40:3 (Juli 1990), 285-307; hier: 290 f.

[53] Streng genommen ist die Seelenruhe „lediglich ein mit der *epoché* zufällig eintretendes phänomenales Erlebnis", kann also auch nicht willentlich herbeigeführt werden (Heidemann, *Der Begriff des Skeptizismus*, 32).

die Überzeugung, dass die Sonne auch morgen aufgehen wird) nicht von der Skepsis tangiert werden.[54] Der Skeptiker wird von ihm vielmehr dazu ermutigt, das Kriterium des „Lebensdienlichen" (biōphelés βιωφελής) wertzuschätzen und „eine viable Lebensform zu entwerfen, in der alles bleibt, wie es ist."[55] Etwas pointierter ausgedrückt bleibt für den Skeptiker trotz der Grundlosigkeit seines Zweifels doch etwas Gegebenes, das er nicht zu hinterfragen braucht, es sei denn er wolle sich zur Handlungsunfähigkeit verurteilen. In punkto Lebensführung ist die „mittlere Lehre" also deutlich fordernder als die Skepsis eines Sextus Empiricus; die Buddhistin besitzt eine starke Motivation, sich von ihrem Alltag und damit von den Einzeldingen, die sie als Ausdruck ihrer Verblendung durchschaut hat, radikal abzusetzen, wenn nicht gar (in Nachfolge des Buddhas) ein asketisches Leben in der Einsamkeit zu führen.[56] Nāgārjuna wendet sich nicht zuletzt primär an Menschen, die sich bereits für die buddhistische Lebensform mit ihren heilskräftigen Praktiken entschieden haben.

Die Radikalität Nāgārjunas erzeugt genau besehen weitere Wirbel der Instabilität, die sein Denken letztlich weit über den Horizont der pyrrhonischen Skepsis hinaustreiben und wohl auch dafür sorgen, dass es nicht leicht im Medium der modernen, akademischen Philosophie eingeholt werden kann. Dies lässt sich in einer Analyse des 24. Kapitels zeigen, in dem die Lehre der zweifachen Wahrheit entfaltet wird. Nāgārjuna unterscheidet hier zwischen einer relativen und einer absoluten Wahrheit, nämlich einer „weltlichen, verhüllten" (saṁvṛti-satya) und einer „höchsten Wahrheit" (paramartha-satya). Vereinfacht gesagt steht erstere für die Perspektive der Alltagswahrnehmung, d.h. den Zustand der Verblendung, letztere für die Perspektive der Befreiung am Ende des buddhistischen Übungsweges. In den frühen buddhistischen Schulen wurden die beiden Wahrheiten häufig als zwei Perspektiven

---

[54] Siehe Heidemann, *Der Begriff des Skeptizismus*, 67. – Dem pyrrhonischen Skeptiker, der Sätze wie „Alles ist unbestimmt" oder „Alles ist unerkennbar" aussprechen möchte, gelingt es, den Selbstwiderspruch zu vermeiden, indem er beide Sätze leicht umformuliert: „es erscheint mir so" (für „ist") und „die von den Dogmatikern erforschten Gegenstände" (für „alles"). Vgl. *Grundriss der pyrrhonischen Skepsis*, 139 f. (I.24, I.25).

[55] Gabriel, *Skeptizismus und Idealismus in der Antike*, 17 f.

[56] In letzter Konsequenz erfordert Nāgārjunas Denken die radikale Revision der vorhandenen Lebensform. Michel Bitbol schreibt in diesem Sinne über notwendige Veränderungen *westlicher* Lebensformen: „This can occur only through their integration within a higher-order axiological and existential operator (not to say within an alternative form of life) of which the Madhyamaka dialectic and soteriology is likely to be the central element." (ders., „A Cure For Metaphysical Illusions: Kant, Quantum Mechanics, and Madhyamaka", in: *Buddhism and Science. Breaking New Ground*, hg. von B. Alan Wallace, New York 2003, 325-361; hier: 354)

verstanden, aus denen unterschiedliche Aspekte desselben Gegenstandes betrachtet werden können.[57] Bei Nāgārjuna verhält es sich komplizierter. In MMK 24:8-10 entwickelt er ausgehend von der Idee der *universalen Leerheit*, die sein Opponent im Sinne des Nihilismus (es gibt überhaupt nichts) missversteht, seine Sicht auf die zweifache Wahrheit. Die relative und die absolute Wahrheit markieren ihm zufolge unterschiedliche Etappen auf dem Übungsweg (vgl. den Term *anuśāsana*, „graded teaching", MMK 18:8); für die finale Befreiung ist die Erlangung der „höchsten Wahrheit" unerlässlich (MMK 24:10), jedoch lässt sich diese nur in konventioneller Sprache ausdrücken, also in Form von Sichtweisen, Thesen und Begriffen, die relativ zum jeweiligen Kontext sinnvoll sind, aber keine absolute Gültigkeit beanspruchen können.[58] *Sensu stricto* gilt, dass alle Aussagen über die *universale Leerheit* der „verhüllten Wahrheit" zuzurechnen sind; ja, die Unterscheidung zwischen zwei Wahrheiten selbst ist konventionell, d.h. nur von relativer Gültigkeit. Umgekehrt kann die Rede von einem Ich, bzw. einer Person auf der Ebene der „verhüllten Wahrheit" durchaus bedeutungsvoll sein, während sie auf der Ebene der „höchsten Wahrheit" selbstverständlich sinnlos ist.

Genauso ist aber auch die bereits mehrfach erwähnte Lehre vom „Entstehen in Abhängigkeit" zu verstehen. Der Umstand, dass etwas in der Erfahrungswelt entsteht, sich verändert und dann vergeht, gehört zu den tiefsten Erfahrungen, welche die Lehrreden des Buddha thematisieren. Menschen haben seit jeher versucht, solche Veränderungen sprachlich zu beschreiben, insbesondere unter Rekurs auf kausale Relationen nach dem Muster „Weil es A gibt, deshalb gibt es B"; offenkundig versprechen sie sich auf diese Weise die Wirklichkeit nicht nur besser zu verstehen, sondern auch besser zu beherrschen. Im ersten Kapitel der *Lehrstrophen* widmet sich der indische Philosoph dieser

---

[57] Einiges spricht dafür, dass der historische Buddha diesen Gedanken noch nicht explizit thematisiert hat; offenkundig unterschied er aber bereits zwischen Stufen der Einsicht (Gombrich, *What the Buddha Thought*, 166 ff.).
[58] Interessanterweise sucht Nāgārjuna den spezifischen Anforderungen des Übungsweges offenbar mit der didaktischen Struktur seines Textes Rechnung zu tragen: In den *Lehrstrophen* soll zuerst demonstriert werden, dass das logische Prinzip der Bivalenz (jedem Satz kann genau einer von zwei Wahrheitswerten zugewiesen werden) global ungültig ist, so dass eine „nihilistische Reaktion" auf Seiten des Lesers, bzw. Zuhörers ausgelöst wird, um ihn oder sie für den weiteren Bildungsgang zu motivieren. In Siderits' Worten: „Nagarjuna's aim in this work is purely negative: he seeks to demonstrate global bivalence failure at the level of ultimate truth, so as to induce first a nihilist response, then global antirealism, and finally semantic nondualism." (ders., *Personal Identity and Buddhist Philosophy*, 165) Mit dem Term „semantischer Nondualismus" fasst Siderits die Idee zusammen, dass Sätze, die weder im relativen Sinne falsch, noch im absoluten Sinne wahr sind, in einem nondualistischen Sinne wahr sein können (*ibid.*, 161).

Thematik; mittels einer höchst ausgefeilten Argumentation sucht er gegen einen Opponenten, der vier Formen kausaler Bedingtheit verteidigt, den Beweis zu führen, dass sich jede einzelne notwendigerweise in Widersprüche verstrickt; und da es Nāgārjuna zufolge keine andere Form kausaler Bedingtheit geben kann, scheidet Kausalität per se als Deutungsrahmen der Erfahrungswelt aus.[59] Die Lehre vom „Entstehen in Abhängigkeit" muss deshalb letztlich wohl wie folgt verstanden werden: (1) auf der Ebene der relativen Wahrheit trifft es in der Tat zu, dass Gegenstände oder genauer: *Phänomene* durch „Bedingungen" hervorgebracht werden; (2) auf der Ebene der absoluten Wahrheit entsteht und vergeht aber überhaupt nichts, weil es dort keine Einzeldinge oder Individuen mit „Eigensein" gibt.[60] Anders gesagt: Der Umstand, dass wir im Alltag eine nach kausalen Gesetzmäßigkeiten geordnete Welt wahrnehmen, ist für den Buddhisten Ausdruck des saṃsārischen Scheins.

Vor dem Hintergrund solcher Überlegungen liegt die Annahme nahe, dass die „höchste Wahrheit" für den Menschen per se *unerfassbar* ist. Sollte Nāgārjunas Lehre dies implizieren, würde sie sich aus Sicht der pyrrhonischen Skepsis bereits als ein negativer Dogmatismus enthüllen, denn sobald wir begriffen haben, dass die höchste Wahrheit unerfassbar ist, könnten wir die Tätigkeit des Suchens einstellen (*Grundriss der pyrrhonischen Skepsis*, I.1).[61] Doch wird eine solche Deutung Nāgārjuna gerecht?!

An dieser Stelle empfiehlt sich ein Blick auf eine Debatte in der anglo-amerikanischen Buddhismusforschung, die sich Vertreter einer sogenannten *semantischen* und einer *realistischen* Interpretation Nāgārjunas unlängst geliefert haben. Der *semantischen Interpretation* zufolge teilt

---

[59] Für eine detaillierte Rekonstruktion der Argumentation siehe Westerhoff, *Nagarjuna's Madhyamaka*, 99-112; vgl. auch die z.T. abweichenden Deutungsvorschläge in Siderits und Katsura, *Nāgārjuna's Middle Way*, 17-29, sowie Garfield, *The Fundamental Wisdom of the Middle Way*, 103-123. Die vier „Bedingungen" sind (1) *hetu*, Grund, Ursache, (2) *ārambaṇa*, Stütze, Grundlage; (3) *anantara*, die unmittelbar vorhergehende Grundlage, sowie (4) *ādhipateya*, der umfassende Grund (siehe *Die Philosophie der Leere*, 118). – Lutz Geldsetzers These, Nāgārjuna unternehme in diesem Kapitel eine Kritik der aristotelischen Lehre der vier Ursachen, ist zwar von einer gewissen Originalität, nüchtern betrachtet jedoch nicht haltbar (ders., *Nagarjuna. Die Lehre von der Mitte. Zweisprachige Ausgabe*, Hamburg 2010, 111). Tatsächlich muss Nāgārjunas Text als Beitrag zu einer komplexen, *inner*indischen Debattenlandschaft zum Thema Kausalität verstanden werden (Siderits und Katsura, *Nāgārjuna's Middle Way*, 18 ff.).

[60] Siehe Siderits und Katsura, *Nāgārjuna's Middle Way*, 81 f. (zu MMK 7:16).

[61] Die Pyrrhoniker vermieden es in den Worten Malte Hossenfelders „die *prinzipielle* Unerkennbarkeit der Wahrheit zu erweisen", sondern gaben sich vielmehr damit zufrieden, „die *durchgängige* antinomische Struktur des Denkens aufzuzeigen." (Sextus Empiricus, *Grundriss der pyrrhonischen Skepsis*, „Einleitung", 34)

uns der Ausdruck „Leerheit" überhaupt nichts über die wahre Beschaffenheit der Wirklichkeit mit, sondern bezieht sich ausschließlich auf sprachliche Ausdrücke; anders gesagt: Nāgārjuna zufolge sind *alle* Aussagen über das Selbst und die Welt leer, und wir sollten es daher unterlassen, weiterhin positiven Meinungen darüber anzuhängen, wie die Welt in Wirklichkeit beschaffen ist.[62]

Ohne dass ich hier sämtliche Implikationen dieser Interpretation entwirren könnte, drängt sich der Eindruck auf, dass sie die buddhistische Lehre zu banalisieren droht. Denn wenn diese Lehre überhaupt nichts jenseits der Erscheinungen zu bestimmen suchen sollte, ist kaum noch zu verstehen, warum sie dann eine so radikale Negativität entfaltet und vorhandene Alltagsmeinungen (Sitten und Gebräuche) angreift. Wie bereits gezeigt ist Nāgārjunas Lehre in punkto Lebensführung deutlich fordernder als etwa die Skepsis eines Sextus Empiricus. Zudem bringt diese Interpretation die „mittlere Lehre" in große Nähe zu einer nihilistischen Position, der zufolge es letztlich überhaupt nichts gibt. Denn wenn jeder Versuch, etwas über die Welt auszusagen, die Illusion nur vertieft, wenn es uns nicht erlaubt ist, das Wort „Realität" mit einem Minimum an ontologischem Gewicht zu verwenden, dann gibt es vielleicht schlichtweg überhaupt *nichts*?! – Unter dem Eindruck solcher Überlegungen ist eine *realistische* Interpretation vorgeschlagen worden; ihr zufolge sei Nāgārjuna von der Existenz einer vom (gewöhnlich funktionierenden) Bewusstsein unabhängigen Realität überzeugt gewesen, seine Position sei jedoch zugleich als *anti-metaphysisch* zu charakterisieren, da diese Realität nur angenommen, bzw. „gesetzt", jedoch nicht sprachlich artikuliert werden könne; sie transzendiere schlichtweg unser endliches, begrifflich strukturiertes Denken.[63]

---

[62] Diese Interpretation wird gern in dem paradox anmutenden Diktum „the ultimate truth is that there is no ultimate truth" zusammengefasst. Siehe zuerst Mark Siderits, „Thinking on Empty: Madhyamika Anti-Realism and Canons of Rationality", in: Shlomo Biderman und Ben-Ami Scharfstein, Hgg., *Rationality in Question: On Eastern and Western Views of Rationality*, Leiden 1989, 231-250. Die Paradoxalität dieses Diktums lässt sich vermeiden, wenn es wie folgt umformuliert wird: „What one needs to know in order to attain liberation is that the very idea of how things ultimately are is incoherent." (Siderits, Garfield, „Defending the Semantic Interpretation: A Reply to Ferraro", *Journal of Indian Philosophy*, 41:6 (Dezember 2013), 655-664; hier: 658 f.)

[63] Siehe Giuseppe Ferraro, „A Criticism of M. Siderits and J. L. Garfield's ,Semantic Interpretation' of Nagarjuna's Theory of Two Truths", *Journal of Indian Philosophy*, 41:2 (April 2013) 41, 195-219. Vgl. auch Mark Siderits and Jay L. Garfield, „Defending the Semantic Interpretation: A Reply to Ferraro", *Journal of Indian Philosophy*, 41:6 (Dezember 2013), 655-664; sowie Giuseppe Ferraro, „Grasping Snakes and

Ein zentrales Argument gegen die semantische Interpretation lautet, dass sie all jene Textpassagen ignorieren muss, in denen Nāgārjuna – implizit oder explizit – eine absolute Wirklichkeit zu beschreiben scheint (insbesondere MMK 5:8, 18:12, das ganze Kapitel 25, sowie 15:6, 18:7, 18:9). So heißt es etwa in MMK 18:9:

Nicht von anderem abhängig, [in sich] ruhig, nicht durch Entfaltungen entfaltet, ohne unterscheidende Vorstellung, ohne Vielheit: Dies ist das Kennzeichen der Wirklichkeit.[64]

Auch Nāgārjunas Erläuterung, dass der Eintritt ins Nirvana nicht weniger erfordere als „zur Wahrheit im höchsten Sinne vorgestoßen zu sein", stellt für die semantische Interpretation eine Schwierigkeit dar.[65] Denn was sollte das noch für eine Wahrheit sein?! Ist die unmittelbare (religiöse, mystische) Anschauung der „Leerheit" in der Meditation nicht doch durch einen Grad von Gewissheit charakterisiert, den ein bloß phänomenaler Bericht über das, was dem Meditierenden erschienen ist, verfehlen würde?! Nicht zuletzt wäre der semantischen Interpretation zufolge zu erwarten, dass die Anhänger der „mittleren Lehre" sich jeglicher Aussage über die „höchste Wahrheit" enthielten, da diese ja ohnehin sinnlos sind; tatsächlich haben sie aber mit großer Begeisterung eben solche Aussagen formuliert.

Viel Tinte ist bereits über diese Art von Fragen geflossen; mehr wird in Zukunft darüber fließen (wenigstens solange es noch Tinte gibt). Ich besitze nicht die nötige indologische Kompetenz, um in dieser Debatte Stellung zu beziehen; ich habe nur den Verdacht, dass *beide* Interpretationen mit guten Argumenten plausibilisiert werden können und genau deshalb im Medium der analytisch geprägten, akademischen Philosophie den heiklen Balanceakt reproduzieren, zu dem uns der „mittlere Weg" auffordert.[66] Wenn wir von der Möglichkeit des interkulturellen

---

Touching Elephants: A Rejoinder to Garfield and Siderits", *Journal of Indian Philosophy*, 42:4 (September 2014), 451-462. Auch Dan Arnold stimmt der „semantischen" Interpretation zu, siehe ders., *Brains, Buddhas, and Believing. The Problem of Intentionality in Classical Buddhist and Cognitivie-Scientific Philosophy of Mind*, New York 2012, 231.

[64] *Die Philosophie der Leere*, 69. Vgl. Ferraro, „A Criticism of M. Siderits and J. L. Garfield's ‚Semantic Interpretation' of Nagarjuna's Theory of Two Truths", 215 f.

[65] MMK 24:10 (*Die Philosophie der Leere*, 91).

[66] Diese Gratwanderung zwischen destruktiver Praxis und erhofftem, positivem Erkenntnisgewinn ist nicht leicht zu verstehen. Siehe MMK 24:18 (*Die Philosophie der Leere*, 92); vgl. Siderits und Katsura, *Nagarjuna's Middle Way*, 227. Offenkundig handelt es sich um eine Vorgehensweise, die beharrlich nach einem „irgendwo zwischen ‚es ist' und ‚es ist nicht' angesiedelten Standort" sucht (Conze, *Buddhistisches Denken*, 315).

Dialogs überzeugt sind, sollten wir diesen klassischen Text des indischen Buddhismus allerdings in den „Raum der Gründe" einbringen und auf die Vorgaben einer „trans-historical and trans-cultural rationality" vertrauen.[67] Für ein solches Unternehmen spricht die Tatsache, dass sich bei Nāgārjuna äußerst voraussetzungsreiche Argumente finden, die nur aus einer philosophischen Perspektive adäquat interpretiert werden können (die historisch-philologische Perspektive stößt hier notgedrungen an ihre Grenzen). Wenn wir nicht den Standpunkt einer Buddhistin oder eines Buddhisten einnehmen möchten, können wir auch gar nicht anders, als das buddhistische Denken „von außen" zu betrachten. Und es ist gerade der Vorzug einer philosophischen Rekonstruktion, denke ich, dass sie einen solchermaßen distanzierten, doch zugleich empathischen Blick erlaubt. Jedoch drohen wir Nāgārjunas Denken rationalistisch zu verkürzen, wenn wir uns dabei nicht der hermeneutischen Ambiguität *jeder* modernen Rekonstruktion bewusst bleiben und den genuin praktisch-transformativen Charakter seiner Lehre aus dem Blick verlieren.

Ganz gleich, welche der beiden Interpretationen wir wählen, es wird unserem Denken und Sprechen eine *Grenze* gezogen; – und dahinter öffnet sich das weite Feld der Übung zum Zwecke der Selbsttransformation. Es ist daher sicher kein Zufall, dass der indische Philosoph im 20. Jahrhundert, in Ost und West, wiederholt mit Kants Transzendentalphilosophie in Verbindung gebracht worden ist.[68] Siderits und Katsura zufolge wird die Einsicht in die *universale Leerheit* durch „eine

---

[67] Burton, *Emptiness Appraised*, 11.
[68] Bereits der russische Indologe Fjodor I. Schtscherbatskoi (1866-1942, bekannt als Theodore Stcherbatsky), hat einen derartigen Deutungsvorschlag gemacht, siehe Theodore Stcherbatsky, *The Conception of Buddhist Nirvāṇa. With Sanskrit Text of Madhyamaka-Kārikā*, Leningrad 1927; sowie ders., *Buddhist Logic*, Delhi 1994. Der indische Forscher T.R.V. Murti hat die kantische Deutung sehr systematisch entfaltet, siehe ders., *The Central Philosophy of Buddhism. A Study of the Mādhyamika System*, London 1968. Vgl. ebenso Michel Bitbol, „A Cure For Metaphysical Illusions. Kant, Quantum Mechanics, and the Madhyamaka", sowie nicht zuletzt Dan Arnold, *Brains, Buddhas, and Believing*. – Jüngst hat der Philosoph Helmut Girndt unter Bezug auf Nāgārjuna einen „revolutionäre[n] gedankliche[n] Schritt im Sinne transzendentalphilosophischen Denkens" konstatiert; weiter heißt es bei ihm: „Denn mit dieser Unterscheidung zweier Formen der Wahrheitserkenntnis und einer Reflexion auf die Bedingungen ihres Nebeneinanderbestehens (MMK 24,8f) vollzieht Nāgārjuna, wenn auch ohne volles Bewusstsein der methodischen Bedeutung seines Verfahrens, eine *transzendentalphilosophische Reflexion*." (ders., „Fichtes Philosophie des Seins und Nāgārjunas Philosophie der Leere", in: *Fichte-Studien. Buddhistische Wissenstheorie und Transzendentalphilosophie*, hg. von Helmut Girndt (2018), 55-72; hier: 69) Ich diskutiere die Plausibilität dieses Deutungsrahmens nicht weiter, da er schlichtweg zu voraussetzungsreich ist, als dass ich ihn hier überzeugend thematisieren könnte.

Art nichtbegrifflicher Erkenntnis" (*a kind of non-conceptual cognition*) möglich;[69] und genau hier liegt der springende Punkt: Es ist Nāgārjuna zufolge tatsächlich möglich, eine Erkenntnis des Absoluten zu erlangen, nur dass diese Erkenntnis nicht mehr in Form eines sprachlich oder begrifflich strukturierten Wissens vorliegen kann, sondern ausschließlich als unmittelbare, nicht-sinnliche Anschauung. Irgendwann wird es tatsächlich Gewissheit geben. Doch darf diese nicht wieder in Form einer Überzeugung oder gar einer Behauptung zum Ausdruck gebracht werden. Nur auf diese Weise kann das Unbedingte tatsächlich im Bedingten sichtbar werden.[70]

---

[69] Dies., *Nagarjuna's Middle Way*, 194.

[70] Die tiefe Ambiguität seiner Lehre zeigt sich auch daran, dass jede realistische Interpretation Nāgārjunas umgehend mithilfe skeptischer Argumente unterminiert werden kann. So argumentiert Westerhoff gegen eine „realistische" Interpretation der *Lehrstrophen*, wie sie in der Yogācāra-Schule wirkmächtig wurde: „The difficulty with this interpretation is that if we regard the true nature of things as ineffable, we still assume that there are objects with a mind-independent intrinsic nature, namely that of ineffability. This position assumes that there is a way things are from their own side, by svabhava, which is not in any way affected by us." (ders., *Nagārjuna's Madhyamaka*, 206) Die Leerheit darf selbstredend auch nicht als ein Gegenstand *in der Welt* angesehen werden (vgl. MMK 24:11; Siderits und Katsura, *Nāgārjuna's Middle Way*, 274 f.). – Idealerweise laufen in der konkreten Übungspraxis diskursive Analyse, die Beschäftigung mit dem buddhistischen Kanon und die Meditation Hand in Hand. Derart wird der Gehalt zentraler Begrifflichkeiten zuerst im Gespräch geklärt, um sodann in einem Zustand der Zurückgezogenheit vertieft zu werden (Williams, *Mahāyāna Buddhism*, 79-81). Es sind aber keine Meditationsanweisungen von Nāgārjuna überliefert. Westerhoff erklärt dies mit dessen grundsätzlicher Zustimmung zu den Übungspraktiken der Abhidharma- und Yogācāra-Anhänger; es ging ihm offensichtlich primär um die Bereitstellung argumentativer *tools*, die in sehr unterschiedlichen Kontexten eine heilsame Wirkung entfalten könnten (ders., „Nāgārjuna's Yogācāra", in: *Madhyamaka and Yogācāra: Allies or Rivals?*, hgg. von Jay Garfield und Jan Westerhoff, Oxford 2015, 165-183).

IV. Fließende Übergänge

> Der Unterschied zwischen den Alten und uns besteht darin, dass wir, abgesehen von denen, die sich zum Zen-Buddhismus hingezogen fühlen, nicht auf Ruhe und Ataraxie aus sind. Uns geht es um Selbsterschaffung.
>
> Richard Rorty[71]

Nāgārjunas in den *Lehrstrophen* enthaltene Version des Mahāyāna-Buddhismus, die mit einer so kühnen, dialektisch geschärften Wucht ins Negative drängt, wurde in Indien und Tibet zum Gegenstand zahlreicher Kommentare.[72] Es überrascht deshalb auch nicht weiter, dass dieser Text früh in die klassische chinesische Schriftsprache übersetzt worden ist und alsbald in ganz Ostasien Epoche gemacht hat. Im Folgenden wird es darum gehen, die chinesische Rezeption von Nāgārjunas „mittlerer Lehre" mit breiten Strichen nachzuzeichnen. Wie bereits erklärt geht es mir nicht darum, einen Überblick über die höchst komplizierten, geistesgeschichtlichen Zusammenhänge zu geben, sondern ich möchte ausschließlich einige *philosophisch relevante Entwicklungsschritte* nachvollziehen; diese Vorarbeiten werden sodann die Kontrastfolie für meine Rekonstruktion des Neukonfuzianismus bilden. Ich werde mich auch nur selektiv auf die vorhandene Forschungsliteratur beziehen; die im weiteren Sinne kulturhistorische Dimension der Begegnung zwischen indischer und chinesischer Welt, ein komplizierter Prozess der Verflechtung und Interaktion (primär zwischen dem ersten und siebten Jahrhundert u. Z.), kann hier nicht berücksichtigt werden.[73]

Es sollte aber schon an dieser Stelle hervorgehoben werden, dass jenes alte Vorurteil, dem zufolge es sich beim chinesischen Buddhismus um eine weniger authentische oder gar korrupte Fassung eines ursprünglichen Buddhismus handele, mit der historischen Realität nichts zu tun hat. Bereits in Indien kam es zu zahllosen Fortentwicklungen

---

[71] Ders., *Philosophie und die Zukunft. Essays*, übers. von Matthias Grässlin, Reinhard Kaiser, Christian Mayer und Joachim Schulte, Frankfurt a.M. 2000, 180.

[72] Für mehr Details zur Rezeptionsgeschichte siehe Westerhoff, *The Golden Age of Indian Buddhist Philosophy*, 120-146.

[73] Aus der umfangreichen Literatur in westlichen Sprachen seien beispielhaft erwähnt: Erik Zürcher, *The Buddhist Conquest of China. The Spread and Adaptation of Buddhism in Early Medieval China*, Leiden 1959; ders., *Buddhism in China. Collected Papers of Erik Zürcher*, hg. von Jonathan A. Silk, Leiden 2013; Paul Demiéville, „La Penetration du Bouddhisme dans la Tradition Philosophique Chinoise", *Cahiers d'Histoire Mondiale*, 3:1 (1956), 19-38; Kenneth Ch'en, *Buddhism in China: A Historical Survey*, Princeton 1972; John Kieschnick, *The Impact of Buddhism on Chinese Material Culture*, Princeton 2003; Victor H. Mair, „Buddhism and the Rise of Written Vernacular in East Asia: The Making of National Languages", *The Journal of Asian Studies*, 53:3 (1994), 707-751. In chinesischer Sprache: Ge Zhaoguang, *Zhongguo sixiangshi*, Bd. 1, Shanghai 2001, Kap. 4-6.

Die buddhistische Herausforderung 97

der Lehre des historischen Buddhas; keine dieser sehr unterschiedlichen Konstellationen kann einfach als *unauthentisch* oder *fehlgeleitet* abgewertet werden; und der chinesische Kontext stellte gewissermaßen nur ein weiteres Medium bereit, durch das die buddhistischen Ideen neu betrachtet werden und gedeutet werden konnten. Es ist grundsätzlich nicht ausgeschlossen, dass sie derart nicht vielleicht sogar adäquater als zuvor verstanden worden sind.[74]

Außer Frage steht nun, dass die Auseinandersetzung mit indischen Denkwegen zahlreiche Überzeugungen der chinesischen Literaten- und Gelehrtenschicht ins Schwanken gebracht, ja eigentlich zu einer tiefen Erschütterung des mittelalterlichen Weltbildes geführt haben, die selbst heute, im Zeichen eines aggressiv auftretenden Kulturnationalismus, von chinesischen Intellektuellen nicht gern eingestanden wird.[75] Buddhistische Ideen über die Wiedergeburt und das Karma, buddhistische Vorstellungen über eine Hölle und furchterregende Dämonen verbreiteten sich trotz ihrer exotischen Fremdheit in China rasch, stießen aber zugleich früh auf Widerstand in der konfuzianischen und daoistischen Vorstellungswelt. In Gelehrtenkreisen sollte Nāgārjunas dialektisches Denken über die Jahrhunderte hinweg vielen Debatten die nötige Schubkraft liefern; seine Lehre wirkte geradezu wie eine „ätzende Säure", die die normative Kraft aller anderen Konzepte (einschließlich autochthoner chinesischer Ideen wie der Himmel, die fünf Wandelzustände, Yin und Yang, usw.) zu zersetzen drohte.[76] Insbesondere bewirkte die Rezeption des Buddhismus eine ungeheure Erweiterung des Möglichkeits- und Vorstellungsraums; waren die Gelehrten bis dato von einer recht kleinräumigen, wohlgeordneten Welt ausgegangen, mit der Hauptstadt und dem Kaiserhof als Zentrum, beschrieben buddhistische Texte detailverliebt und in ausufernd langen Passagen einen unendlich großen Kosmos mit dem Berg Sumeru als *axis mundi*, der bis in alle Ewigkeit fortdauern würde – und doch keine

---

[74] In diesem Sinne Chen-kuo Lin und Michael Radich, „Introduction", in: *The Distant Mirror. Articulating Indic Ideas in Sixth and Seventh Century Chinese Buddhism*, Hamburg 2014, 16. Vgl. auch die Beiträge im *Dao Companion to Chinese Buddhist Philosophy*, hgg. von Youru Wang und Sandra A. Wawrytko, Dordrecht 2018.
[75] Vgl. John Makeham, „Chinese philosophy's hybrid identity", in: *Why Traditional Chinese Philosophy Still Matters. The Relevance of Ancient Wisdom for the Global Age*, hg. von Ming Dong Gu, London/New York 2018, 147-166.
[76] Für diese Metapher siehe Ge, *Zhongguo sixiangshi*, Bd. 1, 419 (Chinesisch: *fushiji* 腐蝕劑).

objektive Realität besaß, sondern nur ein Trugbild war.[77] Im neunten Jahrhundert u. Z. würde ein chinesischer Buddhist mit einem Unterton von Ironie einmal anmerken, die von der Existenz ihres Dao überzeugten Daoisten könnten eben nicht ahnen, dass vor dem gegenwärtigen Weltalter bereits „Abermillionen" (*qianqian wanwan* 千千萬萬) von Weltaltern verstrichen seien.[78]

Nachdem erste Kenntnisse über den Buddhismus wohl bereits im 1. Jahrhundert u. Z. in die chinesische Welt gelangt waren, wurde es bald zu einer dringlichen Aufgabe, die buddhistischen Texte, also Sutren, Śāstras (Abhandlungen), Parabelsammlungen, Meditationshandbücher usw., ins Chinesische zu übersetzen. Oft waren es ausländische Mönche, die sich der mühseligen Sache verschrieben, in der chinesischen Schriftsprache adäquate Formulierungen für die buddhistischen Ausdrücke zu finden, die nicht nur die fremden Bedeutungen sachgerecht transponieren, sondern auch eine größere Leserschaft erreichen konnten. Während das Rad der buddhistischen Exegese auf chinesischem Boden weitergedreht wurde und sich immer neue Ideen und Vorstellungen um den historischen Kern des Buddhismus anlagerten, ging es zugleich immer darum, die eigene Position gegen konfuzianische und daoistische Rivalen abzusichern und gesellschaftlichen Einfluss zu gewinnen. Ebenfalls konnten autochthone Ideen im Zeichen der *universalen Leerheit* neue, hybride Bedeutungen annehmen. So zeigt sich etwa bei dem neo-daoistischen Denker Wang Bi 王弼 (226-249) die unübersehbare Tendenz, das Dao nicht mehr primär als Ursprung der Welt zu verstehen, sondern als eine dynamische Totalität der Erscheinungen, welche die beiden Aspekte „Sein/Positivität" (*you* 有) und „Nichts/Negativität" *wu* 無) dialektisch in sich einschließt.[79]

Zu Beginn des 5. Jahrhunderts u. Z. machte sich dann der Mönch Kumārajīva (chinesischer Name: *Jiumoluoshi* 鳩摩羅什, 343/44 bis 413),

---

[77] Joseph Needham betont den Kontrast zur christlichen Zivilisation, in der man auch noch im 19. Jahrhundert vielerorts davon ausging, der Zeitpunkt der Schöpfung ließe sich auf den 22. Oktober des Jahres 4004 v. u. Z. um 18 Uhr ansetzen (ders., *Wissenschaftlicher Universalismus. Über Bedeutung und Besonderheit der chinesischen Wissenschaft,* hg. und übers. von Tilman Spengler, Frankfurt a.M. 1979, 211).

[78] Guifeng Zongmi, *Yuanrenlun* 原人論, T45, Nr. 1886, 709b4; vgl. Peter N. Gregory, *Inquiry into the Origin of Humanity. An Annotated Translation of Tsung-mi's Yüan jen lun with a Modern Commentary,* Honolulu 1995, 52, bzw. 142.

[79] Ob dies auf buddhistischen Einfluss zurückgeht, wird bis heute in der Forschung kontrovers diskutiert. In dem ebenfalls neo-daoistisch inspirierten Kommentar Guo Xiangs 郭象 (?-312 u. Z.) zum Buch *Zhuangzi* ist der buddhistische Einfluss dagegen bereits unübersehbar, siehe *Zhuangzi. A New Translation of the Sayings of Master Zhuang as Interpreted by Guo Xiang,* übers. von Richard John Lynn, New York 2022.

der zu Recht als einer der bedeutendsten Übersetzer und Kulturvermittler Ostasiens gilt, an die Übersetzung von Nāgārjunas *Lehrstrophen*.[80] Wahrscheinlich wurde diese im Jahr 409 abgeschlossen und alsbald zusammen mit einem ausführlichen Interlinearkommentar von einem gewissen Piṅgala (im Chinesischen bekannt als Qingmu 青目, d.h. „der Blauäugige") verbreitet.[81] Dass diese Übersetzung für den chinesischen Buddhismus prägend wurde, ist zu einem großen Teil sicher ihrer großen Präzision sowie Kumārajīvas enormer Sprachgewalt zu verdanken; im Gegensatz zu früheren Übersetzern, die gezwungenermaßen noch Anleihen bei daoistischer oder konfuzianischer Terminologie gemacht hatten, stand zu diesem Zeitpunkt bereits ein hochgradig ausdifferenziertes, eigenständiges Idiom bereit.[82] In den folgenden Jahrhunderten würde die neue Gedankenwelt des „mittleren Weges der

---

[80] Aus dem Königreich Kucha stammend (heutiges Xinjiang) siedelte Kumārajīva um das Jahr 401 u. Z. in die Großstadt Chang'an (damals die Hauptstadt des Reiches Jin) über und richtete zusammen mit zahllosen Schülern und Zuarbeitern eine Art „Übersetzungsfabrik" ein. Über viele Jahre hinweg übertrug er Texte aus dem Sanskrit in mittelalterliches Schriftchinesisch. Von dem chinesischen Text (Longshu 龍樹, *Zhonglun* 中論) gibt es eine vollständige Übersetzung ins Englische: Brian Bocking, *Nāgārjuna in China: A Translation of the Middle Treatise*, Lewiston 1995; vgl. auch die bedauerlicherweise nicht sehr zuverlässige Übersetzung ins Deutsche von Lutz Geldsetzer: *Nagarjuna. Die Lehre von der Mitte. Zweisprachige Ausgabe.* – Aus der umfangreichen Sekundärliteratur sticht besonders hervor: Richard H. Robinson, *Early Mādhyamika in India and China*, Madison (Milwaukee)/London 1976, 157); in chinesischer Sprache etwa Fang Dongmei, *Zhongguo dasheng foxue*, 2 Bde., Taipeh 2005.
[81] Unter dem chinesischen Titel *Zhong lun* 中論 (T30, Nr. 1564). Vgl. Robinson, *Early Mādhyamika in India and China*, 29 f., 77. Zu Kumārajīvas Übersetzungsstil *ibid.*, 77-88. Zur Person Piṅgalas (d.i. wohl Vimalākṣa) siehe Bocking, *Nāgārjuna in China*, 395-405. – Die bereits erwähnten „Weisheitssutren", die zentrale Ideen des Mahāyāna-Buddhismus enthalten, wurden bereits ab dem zweiten Jahrhundert ins Chinesische übersetzt, von Übersetzern wie Lokakṣema 支婁迦讖 (2. Jahrhundert u.Z.), Zhi Qian 支謙 (fl. 222-252), Dharmarakṣa 竺法護 (ca. 229-306) und Mokṣala 無叉羅 (spätes 3. Jahrhundert). Da der *textus receptus* der *Lehrstrophen* auf die Sanskrit-Fassung von Candrakīrti (ca. 600-650 u. Z.) zurückgeht, ist die chinesische Fassung von Kumārajīva deutlich älter.
[82] Gewiss kam es in Kumārajīvas „Übersetzungsfabrik" auch zu Fehlern und Missverständnissen, dennoch sehe ich keinen Grund, Robinsons Urteil in Zweifel zu ziehen: „Chinese is capable of conveying all the significant lexical and structural meanings of a Sanskrit original." (*ibid.*, 157) Zu den grundsätzlichen Schwierigkeiten der Übersetzung zwischen Indien und China vgl. Victor H. Mair, „What is *Geyi*, After All?", *China Report*, 48:1/2 (2012), 29-59.

achtfachen Negation" (*ba bu zhong dao* 八不中道) in China, aber auch in ganz Ostasien eine nachhaltige Wirkung entfalten.[83]

Im Folgenden möchte ich mich auf zwei Themen konzentrieren, an denen sich einerseits der Einfluss Nāgārjunas, andererseits die Eigenständigkeit des chinesischen Buddhismus exemplarisch aufzeigen lässt: (1) Die Lehre der zweifachen Wahrheit sowie (2) der Monismus des einen Geistes.

(1) Die zweifache Wahrheit

> Die als Motiv aller Skepsis vermeinte Urfrage, ob etwas
> wirklich so sei, wie es uns erscheint, ist selbst die theoretische
> „Ursünde", von der die Skepsis Erlösung verspricht.
>
> Hans Blumenberg[84]

Die Geschichte des chinesischen Buddhismus demonstriert, dass es höchst unterschiedliche Weisen geben kann, sich mit dem Vexierspiel der *universalen Leerheit* zu beschäftigen; wer auch immer sich einmal auf dieses Spiel eingelassen hatte, konnte nicht mehr leicht mit ihm aufhören. Wie schwierig es den ersten chinesischen Lesern von Nāgārjuna gefallen sein muss, den präzisen Sinn von dessen Aussagen zu erfassen, zeigt sich am Beispiel des wohl wichtigsten Schülers Kumārajīvas, Seng Zhao 僧肇 (ca. 374-414 u. Z.). Dieser ist heute vor allem bekannt als der Verfasser von vier kurzen Texten, den „Abhandlungen des Zhao" (*Zhao lun* 肇論), in denen wohl zum ersten Mal die „mittlere Lehre" in chinesischer Sprache detailliert erläutert worden ist.[85] Es han-

---

[83] Siehe die berühmten Widmungsverse: *Die Philosophie der Leere*, 1. – Einige anschauliche Beispiele für die Hybridisierung der chinesischen Terminologie liefert ein bekannter Aufsatz von Erik Zürcher: „Buddhist Influence on Early Taoism: A Survey of Scriptural Evidence", *T'oung Pao*, 66:1/3 (1980), 84-147.
[84] Ders., *Die Legitimität der Neuzeit*, 316.
[85] T45, Nr. 1858. Vgl. Robinson, *Early Mādhyamika in India and China*, Kapitel 6, sowie Ming-Wood Liu, *Madhyamaka Thought in China*, Leiden/New York/Köln 1994, Kapitel 2. Für Gesamtübersetzungen von Seng Zhaos Abhandlungen ins Englische siehe *Chao Lun: The Treatises of Seng-chao. A translation with introduction, notes, and appendices*, hg. und übers. von Walter Liebenthal, Hong Kong 1968 (urspr. 1948); sowie jüngst: „Essays of Seng Zhao", übers. von Rafal Felbur, in: *Three Short Treatises by Vasubandhu, Sengzhao, and Zongmi*, Moraga CA 2017, 47-135. Im Deutschen vgl. insbesondere Rolf Elberfeld, Michael Leibold, Mathias Obert, *Denkansätze zur buddhistischen Philosophie in China. Seng Zhao - Jizang - Fazang zwischen Übersetzung und Interpretation*, Köln 2000. – Dem gegenwärtigen Forschungsstand zufolge

delt sich um metaphernreiche, literarisch kunstvolle Essays; offenkundig ist ihr Verfasser weniger daran interessiert, auf Augenhöhe mit den strikten Syllogismen des Inders zu bleiben, als in einer eleganten Sprache seinen Lesern einen Vorstellungsraum zu eröffnen, in dem eine konkrete, lebendige Erfahrung des Erwachens möglich wird.[86]

In der ersten Abhandlung mit dem Titel „Die Dinge bewegen sich [in Wirklichkeit] nicht" („Wu bu qian lun" 物不遷論) widerspricht Seng Zhao gleich zu Beginn der Alltagswahrnehmung, dass „Einzeldinge werden und vergehen" (*you wu liudong* 有物流動).[87] Nicht nur ist diese Behauptung offensichtlich kontraintuitiv, sondern sie scheint auch der buddhistischen Doktrin der Unbeständigkeit zu widersprechen, denn wenn gar nichts der Veränderung unterworfen ist, wenn es in der Erscheinungswelt überhaupt keinen Flux gibt, kann es ja auch nicht zur Erfahrung von Vergänglichkeit und Leid kommen. Im Folgenden erläutert Seng Zhao seine Sichtweise unter Bezug auf die Lehre der zweifachen Wahrheit: „Wenn [der Buddha] deshalb die höchste Wahrheit im Sinn hat, erklärt er, dass [die Einzeldinge] sich nicht bewegen; und wenn er die konventionelle Wahrheit entfaltet, sagt er, dass sich alles im Fluss befindet."[88] Anders gesagt: Die Nicht-Bewegung, d.h. die Nicht-Veränderung, wird als „wirklich" bezeichnet, während die Bewegung, d.h. die Vergänglichkeit, nur als „konventionell" gilt. – Im nächsten Schritt schiebt Seng Zhao die beiden Wahrheitsebenen jedoch ineinander. Ich verstehe seine Argumentation wie folgt: Genau besehen kann es Bewegung (Veränderung) nur deshalb geben, weil gegenwärtige Einzeldinge in die Vergangenheit versinken und auch *vergangen* bleiben, d.h. nicht wieder in die Gegenwart kommen. Anders

---

können nur drei Abhandlungen einwandfrei der Autorschaft Seng Zhaos zugerechnet werden. Zuerst (um das Jahr 405) dürfte er die „Abhandlung über Prajñā im Nichtwissen" („Bore wu zhi lun" 般若無知論) geschrieben haben, sodann (wohl zwischen 408 und 411) die „Abhandlung über die nicht wirkliche Leerheit" („Bu zhen kong lun" 不真空論) und schließlich, nach der Fertigstellung der chinesischen Übersetzung von MMK durch seinen Lehrer (im Jahr 408/409), die Abhandlung „Die Dinge bewegen sich [in Wirklichkeit] nicht". Wenn er tatsächlich auch die vierte Abhandlung, „Das Nirvana hat keinen Namen" („Niepan wu minglun" 涅槃無名論) geschrieben hat, was viele Forscher in Frage stellen, dürfte dies auf die Zeit kurz vor seinem Tod (und nach dem Tod Kumārajīvas im Jahr 413) zu datieren sein.

[86] Interessanterweise wird das Tetralemma im ganzen Text des *Zhao lun* kein einziges Mal erwähnt. Der Gedanke, dass es Seng Zhao nicht um die Analyse von *Argumenten*, sondern die Beschreibung von *Erfahrungen* geht, steht im Zentrum von Rolf Elberfelds kongenialer Interpretation, der ich mich hier weitgehend anschließe. Vgl. ders., *Phänomenologie der Zeit im Buddhismus*, 185.

[87] T45, Nr. 1858, 151a9.

[88] T45, Nr. 1858, 151c2-3: 故談真有不遷之稱，導俗有流動之說。Vgl. Liebenthal, *Chao Lun: The Treatises of Seng-chao*, 50.

gesagt: *Ruhe* (*jing* 靜: Einzeldinge harren bewegungslos in der Vergangenheit) ist die notwendige Voraussetzung für *Bewegung* (*dong* 動): Einzeldinge verlassen die Gegenwart und versinken in der Vergangenheit). Diese Überlegung spitzt Seng Zhao sodann derart zu, dass er Bewegung und Ruhe gar nicht mehr als zwei unterscheidbare Zustände verstanden wissen möchte.[89] Rolf Elberfeld spricht treffend von einem „innere[n] Umschlagsgeschehen":[90] In der gewöhnlichen Wahrnehmung sind die Dinge entweder in Bewegung oder in Ruhe; wenn wir jedoch in der Lage sind, den von Seng Zhao beschriebenen „Aspektwechsel" zu vollziehen (vgl. die bekannte Hase-Ente-Figur), kann es uns idealerweise gelingen, die Relativität dieser Unterscheidung einzusehen und sie auf diese Weise zu transzendieren.

In der Forschung wird diese Abhandlung bis heute kontrovers diskutiert (ich habe hier auch nur einen Gedankenfaden aufgedröselt; es gibt viele weitere). So möchte der taiwanische Forscher Chien-hsing Ho ihren zentralen Gedanken in dem Sinne verstehen, dass die Einzeldinge zwar durchaus *real* sind, aber nur in Form von in der Wahrnehmung gegebenen Momentanobjekten, d.h. sie entstehen, existieren augenblickshaft und vergehen sogleich wieder (die drei Zeitmodi Vergangenheit, Gegenwart und Zukunft gäbe es also gar nicht).[91] Dieser Deutungsvorschlag wird jedoch von anderen Forschern zurückgewiesen; eine alternative Deutung besagt etwa, dass in dieser Abhandlung die Abwesenheit einer Differenz von Bewegung und Ruhe im „non-dual Absolute Mind" thematisiert werde.[92] Ich kann diesen Dissens hier nicht auflösen. Es verdient aber festgehalten zu werden, dass Seng Zhao auch anderswo, insbesondere in der „Abhandlung über Prajñā im Nichtwissen", offensichtlich die These vertritt, die höchste Wahrheit könne nur im Geist eines weisen Menschen (*sheng xin* 聖心) manifest werden.[93] Dieser besondere Geisteszustand geht zudem einher mit einem neuen, transformativen Sprechen: Keine Aussage eines solchen

---

[89] T45, Nr. 1858, 151c10-12; Liebenthal, *ibid.*, 51.
[90] Ders., *Phänomenologie der Zeit im Buddhismus*, 195.
[91] Siehe Chien-hsing Ho, „,The Nonduality of Motion and Rest: Sengzhao on the Change of Things", in: *Dao Companion to Chinese Buddhist Philosophy*, 175-188; hier: 178 f. – Es wäre diesem Modell zufolge also offenkundig sinnlos, in der Seele nach jenem „objektiven Gehalt" der drei Zeitmodi zu suchen, den ihnen der Philosoph Augustin zuschreibt (siehe Kurt Flasch, *Was ist Zeit? Augustinus von Hippo. Das XI. Buch der Confessiones. Text - Übersetzung - Kommentar*, Frankfurt a.M. 2004², 363).
[92] Siehe Robinson, *Early Mādhyamika in India and China*, 231. Vgl. auch Hans-Rudolf Kantor, „,Right Words are Like the Reverse' – The Daoist Rhetoric and the Linguistic Strategy in Early Chinese Buddhism", *Asian Philosophy*, 20:3 (2010), 283-307.
[93] Siehe etwa T45, Nr. 1858, 153a27-b2. Für die Rekonstruktion des Arguments siehe Liebenthal, *Chao Lun: The Treatises of Seng-chao*, 66 f.

Menschen kann noch als in einem absoluten Sinne gültig gefasst werden, jede Aussage ist nur relativ gültig, und *eben diese Einsicht* soll dem Leser den Zugang zum Absoluten eröffnen.[94] So ist es wohl auch kein Zufall, dass der Titel der zweiten Abhandlung („Bu zhen kong lun" 不真空論) sowohl als „Abhandlung über die nicht wirkliche Leerheit" wie auch als „Abhandlung über die Leerheit des Unwirklichen" verstanden werden kann.[95] Die sprachlich nicht auflösbare Ambiguität Seng Zhaos will auch uns (die Leserinnen und Leser) in einen Strudel unaufhörlich ineinander fließender Wahrheiten reißen, so dass unsere punktuelle Individualposition („ich" als statisches Einzelding) nicht länger haltbar ist und sich aus der Mehrdeutigkeit einer ekstatisch erweiterten Sprache eine therapeutische Wirkung ergibt. Es darf nicht zuletzt vermutet werden, dass diese neue Korrelierung, ja Engführung der beiden Wahrheitsebenen, die dem indischen Kontext fremd ist, auch der Übersetzungsarbeit seines Lehrers Kumārajīva geschuldet ist.[96]

Diese neue Fassung der zweifachen Wahrheit wirft mehr Fragen auf, als ich hier beantworten kann. Im chinesischen Mittelalter würde sie in den folgenden Jahrhunderten immer tiefere Ambiguitäten erzeugen. Auch in der sogenannten Sanlun-Schule, die im 5. und 6. Jahrhundert in China sehr einflussreich gewesen ist, spielt Kumārajīvas Anverwandlung von Nāgārjunas Denken eine zentrale Rolle.[97] Ein Auslöser für die doktrinären Fortentwicklungen ist das bereits erwähnte Tetralemma (*catuṣkoṭi*, wörtlich: „vier Ecken"; Chinesisch: *si ju* 四句), eine Argumentationsfigur, welche die Paradoxalität der „mittleren Lehre" auf die Spitze treibt. Sehen wir uns die einmal bereits kurz erwähnte Textpassage MMK 1:1 etwas genauer an:

---

[94] Vgl. Elberfeld, *Phänomenologie der Zeit im Buddhismus*, 196. Seng Zhao antizipiert damit eine zentrale Einsicht, die in China sehr wichtig werden würde: „Truth and falsehood as correlative opposites are mutually constitutive and interreferential." (Hans-Rudolf Kantor, „Concepts of reality in Chinese Mahāyāna Buddhism", in: *Chinese Metaphysics and Its Problems*, hgg. von Chenyang Li und Franklin Perkins, Cambridge 2015, 130-151; hier: 151)
[95] Ich danke Shad Gilbert (10.5.2023) und Hans-Rudolf Kantor (4.1.2024) für hilfreiche Gespräche zu dieser Thematik.
[96] Yasuo Deguchi spricht von einem neuartigen Verhältnis der „Ko-Referentialität" (*co-referentiality*) der Ausdrücke „Leerheit" (d.i. die absolute Wahrheit), „provisorische Bezeichnungen" (d.i. die relative Wahrheit) sowie „mittlerer Weg" in der chinesischen Übersetzung von MMK 24:18. Siehe ders., Jay L. Garfield, Graham Priest und Robert H. Sharf, *What can't be Said*, Oxford 2021, 61 ff. Vgl. jüngst auch Eric Nelson, „Emptiness, negation, and skepticism in Nāgārjuna and Sengzhao", *Asian Philosophy*, 33:2 (2023), 125-144.
[97] *Sanlun* 三論 heißt wörtlich „drei Abhandlungen"; damit sind gemeint: die *Lehrstrophen*, das *Śataśāstra* („Traktat der hundert Verse") sowie das *Dvādaśanikāya Śāstra* („Traktat der zwölf Themen"). Vgl. Robinson, *Early Mādhyamika in India and China*, 28 ff.

> Nirgend und niemals findet man Dinge, entstanden
> (i) aus sich, (ii) aus anderem,
> (iii) aus sich und anderem zusammen,
> (iv) ohne Grund (d.i. weder aus sich noch aus anderem).[98]

Hier werden vier logische Möglichkeiten thematisiert: eine These (i), eine Anti-These (ii), die Konjunktion beider (iii) sowie ihre Disjunktion (iv). Oft wird diese Konstellation so verstanden, dass es keine weiteren Möglichkeiten gibt.[99] Das Tetralemma erfüllt nun in den verschiedenen Kapiteln der *Lehrstrophen* unterschiedliche Zwecke. So kann ein apophatischer und ein kataphatischer Gebrauch unterschieden werden, d.h. entweder werden alle vier Möglichkeiten (Sätze) verneint oder aber alle vier Möglichkeiten werden bejaht (im zwölften Kapitel wird z.B. mithilfe eines apophatischen Tetralemmas eindrücklich demonstriert, dass es sogar das Leid in Wirklichkeit nicht gibt). Das apophatische Tetralemma tritt aber bei weitaus häufiger auf als das kataphatische.

Ohne dass ich mich an dieser Stelle in die extensive Forschungsliteratur vertiefen möchte,[100] verdienen zwei Punkte festgehalten zu werden: (1) Das Tetralemma fungiert *therapeutisch*, d.h. als orientierender Wegweiser, und die Herausforderung für den Leser besteht darin, sich die vier Möglichkeiten nacheinander zu vergegenwärtigen, um sie schließlich allesamt zu verwerfen. Zum Vergleich können an dieser Stelle die sogenannten „*Leitertheorien*" herangezogen werden, die im Horizont der abendländischen Philosophie ja keineswegs unbekannt

---

[98] T30, Nr. 1564, 2b6-7: 諸法不自生，亦不從他生，不共不無因，是故知無生。
Vgl. *Die Philosophie der Leere*, 2, sowie Bocking, *Nāgārjuna in China*, 109 f.

[99] Vgl. David S. Ruegg, „The Use of the Four Positions of the *Catuṣkoṭi* and the Problem of the Description of Reality in Mahāyāna Buddhism", *Journal of Indian Philosophy*, Vol. 5 (1977), 1-71. Westerhoff argumentiert, dass die vier Thesen logisch voneinander unabhängig seien, und arbeitet sehr akribisch die Unterschiede in den Negationsformen heraus (ders., *Nāgārjuna's Madhyamaka*, Kapitel 4). In der chinesischen Welt setzte sich diese Deutung aber nicht durch (für diesen Hinweis danke ich Hans-Rudolf Kantor; siehe auch ders., „Doxographical Appropriation of Nāgārjuna's *Catuṣkoṭi* in Chinese Sanlun and Tiantai Thought", *Religions* 12:912 (2021), 1-21).

[100] In der Forschung gibt es eine rege Diskussion darüber, ob der Verfasser der *Lehrstrophen* eine nicht-klassische Logik vertreten habe, der zufolge Widersprüche wahr sein, d.h. uns etwas über die wahre Beschaffenheit der Wirklichkeit mitteilen können. Siehe insbesondere Graham Priest, Jay Garfield und Yasuo Deguchi, „The Way of the Dialetheist. Contradictions in Buddhism", *Philosophy East and West*, 58:3 (2008), 395-402; sowie kürzlich: Priest, Garfield, Deguchi und Robert H. Sharf, *What Can't be Said. Paradox and Contradiction in East Asian Thought*, Oxford 2021. – Dagegen argumentiert Siderits, dass Nāgārjuna logische Gesetze sehr wohl respektiere, ja „logically conservative" sei; zu beachten sei insbesondere, dass er immer wieder immanente Widersprüche in den Lehren seiner Opponenten nachweise und diese deshalb verwerfe (ders., *Personal Identity and Buddhist Philosophy*, 165).

sind:[101] Ziel dieser Theorien ist es, eine Transformation der Philosophierenden zu bewirken, so dass sie am Ende des Prozesses bedeutungslos geworden sind und wie Leitern, die ihren Zweck erfüllt haben, weggeworfen werden können. Mithilfe des Tetralemmas kann die Wirklichkeit, auf die unsere konventionelle Sprache ja gewöhnlich verweist, als Trugbild entzaubert werden. (2) Einiges spricht dafür, dass die vier Möglichkeiten des Tetralemmas hierarchisch angeordnet sind: Die These (ii) ist der höchsten Wahrheit näher als (i), die These (iii) der höchsten Wahrheit näher als (ii), und die These (iv) der höchsten Wirklichkeit näher als (iii). Jedoch darf diese Hierarchie auch wieder nur relativ verstanden werden, denn streng genommen kann ja selbst eine solche Hierarchie nicht *real* sein; und genau dieser Gedanke scheint in der chinesischen Rezeption prominent geworden zu sein. Zu berücksichtigen ist in diesem Zusammenhang der Umstand, dass ein wichtiges Kriterium für die Richtigkeit einer Aussage ihre *Nützlichkeit* für das Vorankommen auf dem Übungsweg ist.[102] Schließlich gilt auch: Die gewöhnliche, reifizierende Sprache, die den Dingen „Eigensein" zuschreibt, wird im Lichte der höchsten Wahrheit negiert; erst aus dem Blickwinkel des Mitleids, d.h. aus der Perspektive eines Bodhisattvas, wird sie wieder bejaht.[103]

Jizang 吉藏 (549-623 u. Z.), der wohl wichtigste Vertreter der Sanlun-Schule, übernahm Nāgārjunas Argumentationsweise des Negierens (im Chinesischen wörtlich: „Zerstören": *po* 破), entwickelte zugleich aber das Tetralemma weiter. Jeder der vier Sätze im Tetralemma ist ihm zufolge gleichermaßen gültig, jede Perspektive hat ihre Berechtigung, und es gibt keine Perspektive, von der aus alle anderen Perspektiven überblickt werden können; der Übende kann immer nur von der Perspektive, die er oder sie gerade einnimmt, wie aus einem traumhaften Zwang heraus zur nächsten Perspektive gelangen. Das Tetralemma, von dem positive und negative Fassungen auf schier unbegrenzte Weise neu erzeugt und miteinander kombiniert werden, kann sowohl den erleuchteten wie auch den verblendeten Geist symbolisieren, zugleich mittels der unterschiedlichen Sprachebenen mit verschiedenen

---

[101] Siehe Gabriel, *Skeptizismus und Idealismus in der Antike*, 166. – Die Vorstellung der Jakobsleiter spielt bekanntlich auch in der jüdisch-christlichen Mystik eine wichtige Rolle (Genesis 28:12-17).
[102] Vgl. Siderits und Katsura, *Nāgārjuna's Middle Way*, 201 f.
[103] Für diesen Gedanken: Ho Chien-hsing, „The Finger Pointing toward the Moon: A Philosophical Analysis of the Chinese Buddhist Thought of Reference", *Journal of Chinese Philosophy* 35:1 (Februar 2008), 159-177; hier: 174.

Stufen des Erwachens korrespondieren.[104] In diesem neuartigen Multiperspektivismus drückt sich offenkundig eine dynamische Vorstellung von Transzendenz aus, die nie vollständig im Feld der Immanenz eingelöst werden kann. Nicht zuletzt macht Jizang auch deutlich, dass für ihn die Lehre der zweifachen Wahrheit als ganze *konventioneller* Natur ist; sie teilt uns nichts darüber mit, wie die Wirklichkeit tatsächlich beschaffen ist, sondern stellt nur ein Hilfsmittel der buddhistischen Unterweisung dar.[105]

Der Jizang eigene Überbietungsgestus gegenüber dem indischen Vorläufer zeigt sich ähnlich auch bei dem Mönch Zhiyi 智顗 (538-597), dem Gründer der Tiantai-Schule. Entscheidend ist für diesen die Textpassage MMK 24:18 über den „mittleren Weg":

> Dharmas entstanden in Abhängigkeit:
> Genau diese [Dharmas], erkläre ich [d.i. Buddha], sind die Leerheit;
> diese [Dharmas] sind auch provisorische Bezeichnungen; und
> diese [Dharmas] sind auch die Bedeutung des mittleren Weges.[106]

Diese Passage wird zur Grundlage von Zhiyis Lehre der *drei* Wahrheiten: Wenn es zwei Wahrheiten gibt, die „provisorische" Wahrheit (*jia* 假) und die „leere" Wahrheit (*kong* 空), dann stellt sich die Frage, ob diese Lehre selbst nicht wiederum zugunsten einer weiteren, höheren Lehre aufgehoben werden muss, nämlich einer „mittleren" Wahrheit (*zhong* 中). Die dahinterstehende Überlegung ist, dass der Einzelne sich andernfalls leicht in einem dogmatischen Verhältnis zur zweifachen Wahrheit wiederfinden könnte, d.h. er würde entweder (i) die konventionelle Welt für wahr halten, (ii) die höhere Wahrheit für absolut halten oder aber (iii) die zweifache Wahrheit selbst als nicht hinterfragbar

---

[104] Hans-Rudolf Kantor spricht von diesem als „a symbol for both the awakened understanding of the textual transmission of Buddhist doctrine and its exact opposite – the non-awakened mind inconsonant with, or unaware of the Buddhadharma." (ders., „Doxographical Appropriation of Nāgārjuna's *Catuṣkoṭi*", 4)

[105] Zhang, „*Po*: Jizang's Negations", 191 f.; vgl. Paul L. Swanson, *Foundations of T'ien-T'ai Philosophy: The Flowering of the Two Truths Theory in Chinese Buddhism*, Nagoya 1995, 112 ff.

[106] 眾因緣生法，我說即是無，亦為是假名，亦是中道義。T30, Nr. 1564, 33b11-12. Das Schriftzeichen *wu* 無 steht hier wohl für *kong* 空, siehe Bocking, *Nagarjuna in China*, 346, bzw. 461. Die Sanskrit-Fassung muss dagegen wohl wie folgt übersetzt werden: „Das Entstehen in gegenseitiger Abhängigkeit nennen wir Leerheit. Diese ist aber nur ein abhängiger Begriff, ebenso wie der mittlere Weg." (vgl. Siderits und Katsura, *Nāgārjuna's Middle Way*, 277) In der chinesischen Fassung sind die „Dharmas entstanden in Abhängigkeit" (*zhong yinyuan sheng fa*) das Satzthema, auf das die anderen Konzepte verweisen; derart werden die beiden Wahrheitsebenen enger miteinander korreliert als dies für die meisten Leser in Indien der Fall gewesen sein dürfte.

betrachten.¹⁰⁷ Mithilfe einer Methode der dreifachen Kontemplation dieser Wahrheiten soll der Geist des Übenden schrittweise von falschen Überzeugungen befreit werden, bevor dann endlich die Leerheit selbst angeschaut werden kann. Der Hiatus zwischen den beiden Wahrheiten, der in der indischen Philosophie wohl manchmal etwas überschärft worden ist, wird hier aufgehoben. Obzwar der Übungsweg (mit seinen Praktiken und Ritualen) notwendigerweise hierarchisch strukturiert ist, gibt es zwischen den drei Wahrheiten letztlich keine definitive Abstufung mehr; jede Wahrheit entspricht jeder anderen Wahrheit, ja enthält sogar jede andere Wahrheit in sich.¹⁰⁸

In der Huayan-Schule, die viel mit der Tiantai-Schule gemeinsam hat, tritt die Leerheit schließlich „als Mittler und tragender Zusammenhalt einer hermeneutisch verfaßten ‚bezugshaften Vermittlung' in Erscheinung, ohne als eine Art ‚Grund des Gegebenen' hypostasiert zu werden."¹⁰⁹ Nicht nur werden Saṃsāra und Nirvana vollständig ineinandergeschoben, sondern Sein und Schein, das Trugbild und die wahre Beschaffenheit der Welt können überhaupt nicht mehr sinnvoll dissoziiert werden. Die Übung ist deshalb auch nicht mehr auf ein finales Ziel ausgerichtet (etwa eine Erkenntnis der Leerheit), sondern es geht nur noch darum, in einer Spiralbewegung eine Form der Kontemplation zu realisieren, die nie zu einem Abschluss gelangen kann.

Obgleich die Huayan-Schule keine metaphysische Behauptung mehr über die wahre Beschaffenheit der Welt formuliert, entwirft sie doch so etwas wie eine Weltsicht, eine Vorstellungswelt, die sich dem Ein-

---

¹⁰⁷ Vgl. Paul L. Swanson, *Foundations of T'ien-T'ai Philosophy*, 115-156.
¹⁰⁸ Swanson, *Foundations of T'ien-T'ai Philosophy*, 152.
¹⁰⁹ Mathias Obert, *Sinndeutung und Zeitlichkeit. Zur Hermeneutik des Huayan-Buddhismus*, Hamburg 2000, 89. – Der wichtigste Text dieser Schule ist das sogenannte *Girlanden-Sutra* (*Avataṃsaka-Sutra*; Chinesisch: *Huayanjing* 華嚴經), in dem die Erfahrung des erleuchteten Buddhas ausführlich beschrieben wird. Es verdient jedoch festgehalten zu werden, dass viele Ideen von Zhiyan 智儼 (602-668), Fazang 法藏 (643-712), Chengguan 澄觀 (738-839), Guifeng Zongmi 圭峰宗密 (780–841) oder Li Tongxuan 李通玄 (635-730) nur lose mit diesem Sutra verbunden sind. Kompliziert ist auch die Textlage selbst: Das *Girlanden-Sutra* wurde zusammengestellt aus unterschiedlichen Texten, die zum großen Teil nicht auf Sanskrit erhalten sind; außerdem gibt es zwei chinesische Übersetzungen, die sich jedoch erheblich unterscheiden: (1) eine Übersetzung von dem Mönch Buddhabhadra (359–429) in 60 Büchern (T9, Nr. 278); und (2) eine Übersetzung von Śikṣānanda 實叉難陀 (652–710) in 80 Büchern (T10, Nr. 279). Beispielhaft aus der umfangreichen Forschungsliteratur: Francis H. Cook, *Hua-yen Buddhism: The Jewel Net of Indra*, University Park, PA 1977; Thomas Cleary, *Entry into the Inconceivable: An Introduction to Huayen Buddhism*, Honolulu 1993; *Avataṃsaka Buddhism in East Asia. Origins and Adaptation of a Visual Culture*, hgg. von Robert Gimello, Frédéric Girard und Imre Hamar, Wiesbaden 2012.

zelnen auf dem Übungsweg sukzessive erschließt; ihr gemäß „durchdringt" (*xiang ji* 相即) jedes Einzelding nicht nur alle anderen Einzeldinge, sondern auch die Gesamtheit aller Einzeldinge. Anders gesagt: Die zweifache Wahrheit wird transformiert in die Lehre einer universalen „Durchlässigkeit" (*wu ai* 無礙). Ein Schaubild kann diesen Gedanken klären helfen:[110]

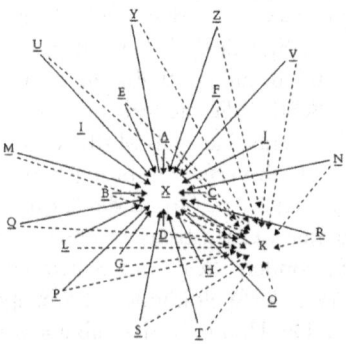

Gemäß der Huayan-Lehre existieren in der saṃsārisch scheinhaften Welt die Einzeldinge isoliert voneinander: Sie sind solide, opak und widerständig gegen andere Dinge; zudem können sie im Raum und in der Zeit eindeutig lokalisiert werden. Im Chinesischen wird die besondere Erscheinungsform der Einzeldinge als ihre „Phänomenalität" (*shi* 事) bezeichnet. Auf dem Schaubild können die Einzeldinge (A-Z) als einzelne identifiziert werden. Im Alltagsdenken richten wir nun gewöhnlich unsere Aufmerksamkeit auf ein einzelnes Ding (X) und fragen nach seinen Ursachen; für die Anhänger der Huayan-Lehre ist eine solche kausale Untersuchung nach dem Muster „Weil es A gibt, deshalb gibt es B" jedoch sinnlos (wie ja bereits Nāgārjuna im ersten Kapitel seiner *Lehrstrophen* erläutert hat); stattdessen sollen wir aus der Perspektive des „Entstehens in Abhängigkeit" X nicht als *Ding*, sondern als *Prozess* begreifen lernen, welcher von einer Vielzahl von anderen Einzeldingen bedingt ist: A-D (unmittelbare Bedingungen), E-L (mittelbare Bedingungen) und schließlich M-V, Y und Z (entfernte Bedingungen). Die Zahl der X bedingenden Einzeldinge mag „wenn nicht gerade unendlich, so doch von unbestimmter Größe" sein.[111] Diese Einzeldinge *qua* Bedingungen führen zum Entstehen von X und erhalten es auch in

---

[110] Aus: Toshihiko Izutsu, „The Nexus of Ontological Events: A Buddhist View of Reality", in: *The Structure of Oriental Philosophy: Collected Papers of the Eranos Conference*, Tokyo 2008, 151-186; hier: 180.

[111] Conze, *Buddhistisches Denken*, 206.

seinem Dasein. Natürlich kann aber auch jedes andere Einzelding aus der Perspektive des „Entstehens in Abhängigkeit" in den Blick genommen werden (zum Beispiel K). Durch diese Art der Betrachtung wird das weitgespannte Netz der Bedingungen zwischen den Einzeldingen deutlich; dass wir auf dem Schaubild die Einzeldinge als einzelne identifizieren können, belegt zudem, dass wir uns noch nicht aus den Fesseln der Verblendung gelöst haben (wir stehen unter dem Bann der saṃsārisch scheinhaften Welt). Denn genau besehen sind die Einzeldinge natürlich „leer" und vollkommen „durchlässig".[112]

Diese „Leerheit" ist die „höchste Wirklichkeit" der Einzeldinge, womit wir bei dem Term *li* 理 angelangt wären, dem zweiten zentralen Konzept der Huayan-Schule. Wiederum darf die Rede von einer solchen Wirklichkeit nicht *metaphysisch* verstanden werden, obwohl sie zweifelsohne eine Bezugnahme auf etwas Tieferes, Umfassenderes und Ordnungshaftes mit sich bringt.[113] Phänomenologisch gesprochen dürfte die hochgradige Transparenz ein entscheidender Aspekt dieser Einheitserfahrung darstellen, ebenso der Eindruck unendlicher Erweiterung. Der japanische Religionswissenschaftler Toshihiko Izutsu (1914-1993) vergleicht sie interessanterweise mit der Beschreibung eines mystischen Bewusstseinszustandes in Plotins *Enneaden*, in der die Aspekte der Transparenz, Helligkeit und absoluten Durchlässigkeit hervorgehoben werden („Alles ist durchsichtig": διαφανῆ γὰρ πάντα).[114] Die Einzeldinge, die im Alltagsbewusstsein opak sind, werden auf der Stufe des Erwachens durchsichtig und lösen sich dergestalt in eine einzige, umfassende Helligkeit auf. Die Erfahrung ist offenbar von einer solchen Prägnanz, dass die Leerheit tatsächlich eine phänomenale Wirklichkeit erlangt.[115]

---

[112] Ich paraphrasiere hier Du Shuns 杜順 (557-640) Erläuterungen, siehe seinen Essay „Kontemplation der Dharmadhātu im *Girlanden-Sutra*" („Huayan fajie guan men" 華嚴法界觀門. Dieser Text ist überliefert in den beiden Kommentaren von Chengguan (*Huayan fajie xuanjing* 華嚴法界玄鏡; T45, Nr. 1883) und Zongmi (*Zhu Huayan fajie guanmen* 註華嚴法界觀門; T45, Nr. 1884). Für eine englische Übersetzung: Robert M. Gimello, „Chih-yen and the Foundations of Hua-yen Buddhism", Ph.D. Dissertation (Columbia University), 457-510.
[113] Obert versteht dieses Konzept heideggerianisch „im Sinne einer bedeutungshaften Ordnung, die gültig ist, indem sie ‚am Werk ist'", und prägt den Übersetzungsterm „Wirk-lichkeit" (ders., *Sinndeutung und Zeitlichkeit*, 102 f.). Zum geistesgeschichtlichen Hintergrund: Brook Ziporyn, *Beyond Oneness and Difference. Li* 理 *and Coherence in Chinese Buddhist Thought and Its Antecedents*, Albany 2013.
[114] Izutsu, „The Nexus of Ontological Events: A Buddhist View of Reality", 153 f. Vgl. *Plotins Schriften*, übers. von Richard Harder, neu bearbeitet von Rudolf Beutler und Willy Theiler, Hamburg 1964, Bd. IIIa, 43 f. (V, 8).
[115] Man beachte auch, dass mittels der berühmten Parabeln des Goldlöwen und des Indra-Netzes eine unmittelbare Anschauung der Identität von Ganzheit und Teilen möglich sein soll (vgl. Obert, *Sinndeutung und Zeitlichkeit*, 63-106, 107-112).

Der Multiperspektivismus der Huayan-Lehre erlaubt es, die Welt quasi wie durch ein Kaleidoskop zu betrachten: Ein jedes zu einem bestimmten Zeitpunkt gegebenes Einzelding kann in seiner Verflechtung mit unendlich (bzw. unbestimmt) vielen, anderen Einzeldingen betrachtet werden. Obwohl sie längst die Grenzen des Aussagbaren überschritten haben dürften, suchten die Denker der Huayan-Schule die Beziehung zwischen „Phänomenalität" und „höchster Wirklichkeit" noch weiter zu spezifizieren: Beide sollen sich wechselseitig manifest werden lassen und sich wechselseitig verbergen. Die Doktrin der „wechselseitigen Durchdringung" (*xiang ji* 相即) besagt *in nuce* nämlich, dass die Teile einer Ganzheit nicht nur in einem Verhältnis der Identität *zueinander* stehen, sondern darüberhinaus *mit der Ganzheit selbst*.[116] Während die „Phänomene" begrenzt und vergänglich sind, sollen sie auf der Stufe des Erwachens mit der „höchsten Wirklichkeit" verschmolzen sein, dergestalt, dass das Endliche das Unendliche in sich fasst.[117] Identität und Differenz werden in einer offenen Einheit gedacht, und die All-Einheit ist somit perspektivisch und prozesshaft gegeben.[118]

---

[116] Kantor weist darauf hin, dass bereits im Tiantai-Buddhismus die Totalität sämtliche Dharmas umfasst; siehe ders., *Die Heilslehre im Tiantai-Denken des Zhiyi (538-597) und der philosophische Begriff des ‚Unendlichen' bei Mou Zongsan (1909-1995)*, Wiesbaden 1999, 343. Obert argumentiert, dass die „bezugshafte Vermittlung" in der Huayan-Schule „offen" sei und es daher auch keine „gattungsmäßige, totalisierende Einheit der Bezugsglieder" geben könne (ders., *Sinndeutung und Zeitlichkeit*, 154). Ich spreche im Folgenden von der All-Einheit als einer Form der *dynamischen Totalität*, die etwa mit der chinesischen Formulierung *quanti* 全體 thematisch wird (etwa in Du Shuns *Huayan wujiao zhiguan* 華嚴五教止觀 (T1867, Nr. 45, 512a11, 513a10 und 513c6; vgl. auch Garma C.C. Chang, *The Buddhist Teaching of Totality*, New York und London 1986, 183). Die All-Einheit impliziert sowohl die Vorstellung des All-Umfassens wie auch die eines unendlichen Heilspotentials.

[117] Der japanische Philosoph Koichi Tsujimura grenzt Fazangs Denken wie folgt von dem Einheitsverständnis bei Nicolaus Cusanus (1401-1464) ab: „Das Geschehen der wirklichen Welt wird von Cusanus als die *Zusammenziehung*, ja überhaupt also die *creatio Gottes* verstanden. Dagegen wird das Geschehen der wirklichen Welt von Hōzo [d.i. Fazang] und dem ostasiatischen Buddhismus verstanden als die *Zusammenfügung und Zusammenschmelzung der aufeinander bezogenen, unterschiedlichen Einzelnen*, die aber kein Eigenwesen haben." (ders., „Zur Differenz der All-Einheit im Westen und Osten", in: *All-Einheit. Wege eines Gedankens in Ost und West*, hg. von Dieter Henrich, Stuttgart 1985, 13-22; hier: 30) Obert führt die zentrale Metapher fort, wenn er eindrücklich von einer „durchgängig verschmelzenden Bezüglichkeit" spricht (ders., *Sinndeutung und Zeitlichkeit*, 260, Fn.).

[118] Nicholaos Jones schreibt prägnant: „Just as a boat that moves relative to one reference frame can be at rest relative to another, entities are ultimately real relative to one coordination can lack such reality relative to another." (ders., „Buddhist Reductionism and Emptiness in Huayan Perspective", in: *The Moon Points Back*, hgg. von Koji Tanaka, Yasuo Deguchi, Jay Garfield und Graham Priest, Oxford 2015, 128-149; hier: 146)

Die Oberfläche jedes Einzeldings erlaubt eine Einsicht in die Möglichkeit und Gewähr der vereinheitlichenden Tiefe.

Wie im vierten Kapitel zu zeigen sein wird, spielten derartige Überlegungen der Huayan-Schule in der Entwicklungsgeschichte des Neukonfuzianismus keine geringe Rolle. Eine beträchtliche Schwierigkeit für das Projekt einer philosophischen Rekonstruktion liegt jedoch darin, dass der Betrachter sich einem *embarras de richesses* von Beschreibungsversuchen gegenübersieht, welche allesamt die ekstatische Erfahrung einzufangen suchen, die der Buddha bei seinem Eintritt ins Nirvana gemacht haben soll. Wenngleich die doktrinäre Entwicklung der Huayan-Schule sich keineswegs direkt aus dem Inhalt des *Girlanden Sutras* ableiten lässt, mag die eigentümliche, narrative Struktur dieses Textes doch einen nicht unerheblichen Einfluss auf diese ausgeübt haben.[119] Vor diesem Hintergrund verwundert es nicht, dass Huayan-Debatten sich oft in reizvoller, spekulativer Selbstaufhebung verlieren. Wir können vorläufig nur konstatieren, dass die Frage, ob es sich *wirklich* so verhält, wie diese Texte beschreiben, an einem bestimmten Punkt des Übungswegs sinnlos wird.

All dies kann zweifellos alltagsentrückt wirken. Es mutet daher nicht abwegig an, dass sich im chinesischen Mittelalter früh Widerstand gegen die Vervielfachung der Wahrheitsebenen regte. Insbesondere in den zahlreichen chan-buddhistischen Schulen (im Westen bekannt als „Zen-Buddhismus") wurden diese doktrinären Fortentwicklungen höchst kritisch beäugt.[120] Zu den Eigenheiten des Chan-Buddhismus gehört es bekanntlich, dass seine Anhänger auf die begriffliche Ausdifferenzierung oder schriftliche Überlieferung weitgehend verzichten, um die transformative Praxis *unmittelbar* in den Lebensvollzug einzuspeisen. Die Grundlage dafür ist eine Neubestimmung des Übungsziels: Anstelle jenes „unmittelbare, nicht-unterscheidende Gewahrsein" der Leerheit (*nirvikalpajñana*; Chinesisch: *wu fenbie zhi* 無分別智) ausschließlich Buddhas und Yogins zuzuschreiben, wird dieses von nun an als auch gewöhnlichen Menschen zugänglich betrachtet.[121]

---

[119] Siehe Guo Chaoshun, *Huayan jingying zhexue. Huayanjing juewu jingyan de quanshi yu zhankai*, Taipeh 2023, 119.

[120] Zur Einführung: Heinrich Dumoulin, *Zen-Buddhism. A History*, Bd. 1 („India and China"), übers. von James W. Heisig und Paul Knitter; urspr. in deutscher Sprache: ders., *Geschichte des Zen-Buddhismus*, 2 Bände, Bern 1985. Für den neueren Forschungsstand: *The Zen Canon. Understanding the Classic Texts*, hgg. von Steven Heine und Dale S. Wright, Oxford 2004.

[121] Vgl. Robert H. Sharf, „Is Yogacara Phenomenology? Some Evidence from the *Cheng weishi lun*", *Journal of Indian Philosophy*, Vol. 44 (2016), 777-807; hier: 803. Die Vorstellung, dass *alle* Lebewesen zur Erlösung befähigt sind, tritt mit dem Text *Dasheng qixin lun* 大乘起信論 in den damaligen *mainstream* (siehe dazu den nächsten Abschnitt).

Um ihren Schülern zu einem solchen „Gewahrsein" zu verhelfen; griffen die Chan-Meister auf verschiedene Mittel zurück: direkte Hinweise und Orientierungshilfen (Gestik, dramatisches Schweigen, Schläge, usw.), aber auch hochgradig ritualisierte Gespräche, die ihren Ausgang oft in einer Denkaufgabe, einem sogenannten Kōan, nahmen. Mit diesem japanischen Wort (in chinesischer Aussprache *Gong'an* 公案; wörtlich: „öffentliche Bekanntmachung") wird eine besondere Gattung von Texten bezeichnet, die gewöhnlich aus Anekdoten, kurzen Geschichten oder Berichten über berühmte Chan-Meister der Vergangenheit bestehen. Durch die intensive Beschäftigung mit einem Kōan soll der Schüler einer spezifischen Erfahrung der *universalen Leerheit* näherkommen. Oft wird er aber auch durch den Meister bewusst vor den Kopf gestoßen, so dass sich ein Gefühl tiefer Verunsicherung, ja des existenziellen Zweifels einstellt – zur Vorbereitung der absoluten Einsicht. Auffällig ist darüber hinaus, dass Meister *und* Schüler in einem solchen Gespräch vor demselben Hindernis stehen: Da die „höchste Wahrheit", sobald sie versprachlicht wird, bereits in die „konventionelle Wahrheit" umschlägt, kommt es darauf an, den Kommunikationsakt so zu gestalten, dass das Unbedingte, d.h. das „nicht-unterscheidende Gewahrsein", zwar vom Meister an den Schüler weitergegeben werden kann, doch ohne dass dabei „a medial or transcendent position" (Robert Sharf) zwischen Saṃsāra und Nirvana gesetzt würde.[122] Für so manchen Chan-Buddhisten dürfte der Austritt aus dem Saṃsāra sogar weder möglich noch erstrebenswert gewesen sein.

Schlussendlich: In den Chan-Schulen gilt es das Nachdenken über die Leerheit selbst zu überwinden, da jede begriffs- oder bedeutungsvermittelte Bezugnahme auf das eigene Erleben eine egozentrische Reifizierung des Bewusstseinsstroms mit sich bringt und daher dem Ziel des „Nicht-Anhaftens" (*wu zhu* 無住) als Ausdruck höchster Weisheit

---

[122] Ders., „Chan Cases", in: ders., Yasuo Deguchi, Jay Garfield und Graham Priest, *What Can't be Said: Contradiction and Paradox in East Asian Thought*, Oxford 2021, 101; vgl. auch Sekida, *Zen Training. Methods and Philosophy*, 98-107, sowie Bernard Faure, *Double Exposure. Cutting across Buddhist and Western Discourses*, Stanford 2004, 125-141. Sehr anschaulich wird der letzte Gedanke in dem berühmten Kōan über den alten Mann, der den Chan-Meister Baizhang um Rat bittet (siehe T48, Nr. 2005, 293a15-b3; vgl. Wu-men Hui-k'ai, *Zutritt nur durch die Wand*, 45-46 [2. Kōan]). Die Crux ist hier, wie die „höchste Wahrheit" überhaupt versprachlicht werden kann, ohne sie sofort zu verraten. Am Ende legt der Kōan nahe, dass die ideale Lösung darin bestehen könnte, dem Meister den Mund zuzuhalten, damit dieser nicht in die Verlegenheit gerät, die „höchste Wahrheit" aussprechen zu müssen.

widerspricht. Das Ziel ist es, quasi „aus dem Stegreif" zu handeln und zu sprechen, um so ganz im Fluss der Alltäglichkeit aufzugehen.[123]

(2) Der Monismus des „einen Geistes"

Zu den nicht leicht verständlichen Subtilitäten von Nāgārjunas Denken gehört die Misslichkeit, dass nicht wirklich ausbuchstabiert wird, wie genau der Zustand der Verblendung in den Zustand der Befreiung übergeht. Wie kann in der Verblendung überhaupt die Befreiung möglich werden? Selbst nach gründlicher Lektüre der *Lehrstrophen* kann hier immer noch ein Fragezeichen gesetzt werden.[124] Aus dieser Überlegung heraus entwickelte die Yogācāra-Schule, die sich ab dem 6. Jahrhundert von Indien aus nach China ausbreitete, die Vorstellung, dass die Kontinuität zwischen relativer und absoluter Wahrheit im Bewusstsein selbst gründen müsse; daher wurde dem Bewusstsein, das Nāgārjuna und seine Anhänger selbstverständlich als „leer" (d.h. bedingt und ohne „Eigensein") ansahen, wieder ein höherer Wirklichkeitsgrad zugeschrieben.[125] Überhaupt scheint es zwischen Indien und China zu einer deutlichen Akzentverschiebung im Mahāyāna-Buddhismus gekommen zu sein. Während Nāgārjuna sich noch primär an der Struktur der Sprache orientiert hatte, als dem Medium, in dem wir über uns selbst und die Welt Erkenntnis zu erlangen suchen, erforschten viele Buddhisten in China unter dem Einfluss der Yogācāra-Schule das Bewusstsein, bzw. den Geist. So kann dann die Rede von einer nicht hintergehbaren Wirklichkeit des Geistes, einer präreflexiven, „transzendentalen", nicht objektivierbaren Geisthaftigkeit als eigentlicher Realität, bedeutungsvoll werden.[126]

Ein weiterer, für den ostasiatischen Buddhismus maßgeblicher Text, die Abhandlung *Über das Erwachen des Mahāyāna-Glaubens* (*Dasheng qixin*

---

[123] Vgl. John C.H. Wu, *The Golden Age of Zen: Zen Masters of the T'ang Dynasty*, übers. von Thomas Merton, 1967, 80. Wieder in den Worten Cassirers: „[Dem Buddhismus, d.V.] wird die Form des ‚Ich' genauso zufällig und äußerlich wie irgendeine bloß dingliche Form." (ders., *Die Philosophie der symbolischen Formen*, Bd. 2, 287)

[124] Wie es etwa Peter Gregory tut, siehe *Inquiry into the Origin of Humanity*, 149.

[125] Für einen historischen und doktrinären Überblick siehe Westerhoff, *The Golden Age of Indian Buddhist Philosophy*, 147-216. Gemäß der Yogācāra-Schule existiert die Welt einschließlich aller Einzeldinge nur geistig, und sie entsteht und vergeht nur im Geist. Tatsächlich gibt es bereits in Nāgārjunas *Lehrstrophen* einzelne Passagen, die im Sinne dieser neuen Lehre gedeutet werden können (vgl. Gadjin M. Nagao, *Mādhyamika and Yogācāra*, 189-199; Westerhoff, „Nāgārjuna's Yogācāra").

[126] Völker, „Der präreflexive Grund des Bewusstseins", 101. – Einen Überblick über die doktrinären Entwicklungen jener Zeit bietet der Sammelband *A Distant Mirror. Articulating Indic Ideas in Sixth and Seventh Century Chinese Buddhism*.

lun 大乘起信論), sucht den Übergang aus dem Zustand der Verblendung in denjenigen der Befreiung noch genauer zu konturieren. Die chinesische Fassung dieser Abhandlung galt traditionell als Übersetzung eines Textes, den der indische Mönch Aśvaghoṣha (ca. 80-150 u. Z.) verfasst haben soll; tatsächlich spricht viel dafür, dass es nie einen indischen Urtext für diese Abhandlung gegeben hat, sondern sie direkt in chinesischer Sprache geschrieben worden ist (höchstwahrscheinlich um die Mitte des 6. Jahrhunderts u. Z.).[127] *Über das Erwachen des Mahāyāna-Glaubens* beschreibt sehr präzise und in einer systematisch angelegten Terminologie, wie es für den Übenden möglich ist, aus der Sphäre des Endlichen (der relativen Wahrheit) in die Sphäre des Unendlichen (der absoluten Wahrheit) zu gelangen.

Der Grundgedanke dieses Textes besagt, dass ein einziger, absoluter Geist (*yi xin* 一心) sich auf zweifache Weise manifestiere: (i) als ein reiner, von allen Anhaftungen befreiter, unbedingter Geist, der weder Entstehen noch Vergehen kennt (Chinesisch: der „Aspekt der Soheit"; *xin zhenru men* 真如門); und (ii) als ein wandelbarer, der zyklischen Existenz unterworfener Geist, der dem bedingten Entstehen ausgesetzt und daher auch befleckt ist von Unwissenheit und Verblendung (der „Aspekt von Entstehen und Vergehen"; *shengmie men* 生滅門). Der „eine Geist" ist der formale Grund für die beiden „Aspekte" und zugleich das Absolute, der Grund von Allem.[128] Alle Wesen besitzen zwar den „Aspekt der Soheit", jedoch ist ihr Bewusstsein noch nicht erwacht (d.h. erleuchtet); sie meinen sich daher in ihren alltäglichen Zusammenhänge auf in der sinnlichen Wahrnehmung gegebene Einzeldinge zu beziehen, tatsächlich handelt es sich bei diesen nur um Verunreinigungen des reinen, unbedingten Geistes. Ebenso kann die Vielheit, also jegliche Unterscheidung in der Erscheinungswelt, auf „karmisches Bewusstsein" (*ye shi* 業識; vgl. auch *ye xiang* 業相) zurückgeführt werden. In der Abhandlung heißt es:

Weil es den verblendeten Geist gibt, der, da noch nicht erwacht, die Tätigkeiten des Gedankenbildens und Wahrnehmens in den unterschiedlichen Wahrnehmungsfeldern aufkommen lässt, und das, obwohl doch alle Dharmas nichts sind

---

[127] Eine neue Übersetzung ins Englische: *Treatise on Awakening Mahāyāna Faith*, übers. und hgg. von John Jorgensen, Dan Lusthaus, John Makeham und Mark Strange, Oxford 2019. Vgl. die ausführliche Diskussion der Textgeschichte dort (*ibid.*, 2-18). Eine ältere, immer noch hilfreiche Übersetzung: Yoshito S. Hakeda: *The Awakening of Faith*, New York/London 1967.

[128] Vgl. Mou Zongsan, *Zhongguo zhexue shijiu jiang*, Taipeh 1983, 291.

als Geist, der ja in Wirklichkeit frei ist von jeglicher Gedankenbildung, genau deshalb spricht man hier von Nichtwissen [d.i. Verblendung].[129]

Mithin gilt: Die Sinneseindrücke, d.h. die Wahrnehmung der Außenwelt, aber auch die Gedanken selbst sind nur ein Trugbild, das ich aufgrund meiner Verstrickung im Karma als wirklich wahrnehme. Idealerweise unterbreche ich daher die Wahrnehmungstätigkeit der unterschiedlichen Sinne („Wahrnehmungsfelder"), um mich aus dem allumfassenden Schein zu befreien. Und sobald der endliche Geist sich auch noch von der ihm inhärenten Tendenz zur „Gedankenbildung" befreit hat, vermag er alles zu durchdringen und wird eins mit dem unendlichen Geist, der weder gestalthaft, noch räumlich oder zeitlich strukturiert ist.

Weiterhin zeichnet sich die Abhandlung *Über das Erwachen des Mahāyāna-Glaubens* dadurch aus, dass ihr Autor äußerst detailliert die zehn Stufen des Übungsweges, von der Existenzweise des gewöhnlichen Menschen bis zu derjenigen als Bodhisattva (erleuchtetes Wesen), darlegt. Dabei zielt die Übungspraxis wesentlich darauf ab, von jedem Gedanken frei zu sein, also wortwörtlich *nichts* zu denken, in einer im Alltag praktizierten, meditativen Versenkung.

Die in dieser Abhandlung skizzierte Sichtweise ist in der modernen Forschung häufig als *Monismus*, bzw. *Geistmonismus* oder auch *Idealismus* charakterisiert worden.[130] Sie bringt einen schier unbegrenzten Optimismus mit sich, der die sinnliche Welt radikal überschreitet, wenn nicht sogar vergleichgültigt und in Klammern setzt; seine Grundlage ist die Überzeugung, dass der „wahre, ewige Geist" (*zhen chang xin* 真常心), d.h. das „Potential des intrinsischen Erwachens" (*ben jue* 本覺), bereits *in mir* vorliege und nur noch freigelegt werden müsse. In Ostasien sollte

---

[129] T32, Nr. 1666, 579a26-28: 以一切法本來唯心，實無於念。而有妄心，不覺起心，見諸境界，故說無明。Vgl. *Treatise on Awakening Mahāyāna Faith*, 103; sowie auch *Traité sur l'acte de foi dans le Grand Véhicule*, übers. von Frédéric Girard, Tokyo 2004, 83. Makeham et al. übersetzen das Wort *nian* 念 als „thought-moment".

[130] Vgl. etwa Hakeda, *The Awakening of Faith*, 9; und Makeham, „Monism and the Problem of the Ignorance and Badness in Chinese Buddhism and Zhu Xi's Neo-Confucianism", in: *The Buddhist Roots of Zhu Xi's Philosophical Thought*, hg. von John Makeham, Oxford 2018, 277-344. Lin Chen-kuo charakterisiert die Anhänger dieser Abhandlung als „East Asian idealists" (ders., „The Treatise on Awakening Mahāyāna Faith", in: *The Awakening of Faith and New Confucian Philosophy*, hg. von John Makeham, Leiden/Boston 2021, 455-496; hier: 466). Wiederum gibt es auch eine transzendentalphilosophische Deutung, die vor allem mit dem Namen Mou Zongsans verbunden ist. Siehe Jason T. Clower, „The Supreme Penultimate: The Treatise on Awakening Mahāyāna Faith According to Mou Zongsan", in: *The Awakening of Faith and New Confucian Philosophy*, 404-454.

diese Vorstellung, die oft auch unter die Bezeichnung *Tathāgatagarbha* gefasst wird, eine fulminante Karriere hinlegen.[131]

Es ist keineswegs leicht, diese neue Konstellation mit Nāgārjunas ursprünglicher Idee der Leerheit, bzw. seiner Unterscheidung der zweifachen Wahrheit in Verbindung zu setzen. Der für den mittelalterlichen Chan-Buddhismus entscheidende Denker Guifeng Zongmi 圭峰宗密 (780-841 u. Z.) bringt sie denn auch direkt gegen die „mittlere Lehre" in Stellung; diese sei zu radikal, zu negativistisch, und könne daher nur als eine Vorstufe auf dem Wege zur Befreiung angesehen werden.[132] Gegen Nāgārjunas Idee, dass es nichts Substanzielles gebe und die Leerheit daher universal sei, argumentiert er: „Wenn der Geist und seine Gegenstände beide nicht real sind, wer ist es dann, der weiß, dass sie nicht existieren? Und wenn es überhaupt keine realen Dharmas gibt, auf welcher Grundlage sollen dann die Erscheinungen manifest werden? Auch gab es noch nie einen Fall, bei dem illusorische Einzeldinge in der Welt erschienen sind, ohne dass sie auf der Grundlage eines realen Dharmas entstanden wären."[133] Zongmi zufolge ist dieser letzte

---

[131] Westerhoff, *The Golden Age of Indian Buddhist Philosophy*, 81. Vgl. auch Michael Zimmermann, „The Process of Awakening in Early Texts on Buddha-Nature in India", in: *A Distant Mirror. Articulating Indic Ideas in Sixth and Seventh Century Chinese Buddhism*, hgg. von Chen-kuo Lin und Michael Radich, Hamburg 2014, 513-528. – Die *Tathāgatagarbha Sūtren*, ein in Ostasien sehr einflussreicher Textkorpus, kreisen um die Vorstellung, dass jedes lebendige Wesen ein Potential besitze, das Erwachen zu realisieren. Das Wort *tathāgatagarbha* bedeutet ursprünglich „einen Tathāgata [einen So Gegangenen, d.i. den Buddha] besitzen", wobei *garbha* neben „Gebärmutter" auch als „das Innerste eines Wesens" übersetzt werden kann (vgl. wieder Westerhoff, *The Golden Age of Indian Buddhist Philosophy*, 186-193). Im *Nirvana Sutra*, das übrigens wiederholt aus den *Lehrstrophen* zitiert, wird die Idee der Buddha-Natur zum ersten Mal mit dem Tathāgatagarbha verknüpft (vgl. Mark L. Blum, *The Nirvana Sutra*, Berkeley 2013, xvi-xvii). Die Diskussion um diese Texte wird kontrovers geführt, seitdem Verfechter eines „kritischen Buddhismus" diese Überlieferungslinie für zahlreiche Pathologien in der weiteren Entwicklung des ostasiatischen Buddhismus verantwortlich gemacht haben. Vgl. Robert H. Sharf, „Buddha-nature, Critical Buddhism, and Early Chan", *Critical Review for Buddhist Studies*, 22 (2017), 105-50. Doch gab es wohl bereits im frühen Buddhismus die Idee „eines von Natur aus hellen Denkens, nichts als Leuchten und Spontaneität" (Conze, *Buddhistisches Denken*, 186; vgl. Westerhoff, *The Golden Age of Indian Buddhist Philosophy*, 187).

[132] Für eine einführende Darstellung mitsamt Biographie siehe *The Zen Canon. Understanding the Classic Texts*, hgg. von Steven Heine und Dale S. Wright, Oxford 2004, 11-51.

[133] T45, Nr. 1886, 709c26-29; vgl. *Inquiry into the Origin of Humanity*, 173 f.: 若心境皆無，知無者誰？又若都無實法，依何現諸虛妄？且現見世間虛妄之物，未有不依實法而能起者。In der Forschung findet sich die These, dass Zongmis neue,

Grund nichts anderes als das *Tathāgatagarbha*, das allein eine stabile, sittliche Praxis begründen könne; der „echte Geist des intrinsischen Erwachens" (*ben jue zhen xin* 本覺真心) sei weder leer noch dem Wandel unterworfen.

Und noch ein Nachklapp: Die in der Abhandlung *Über das Erwachen des Mahāyāna-Glaubens* entfaltete Sichtweise wird mit wunderbarer Präzision weiter ausbuchstabiert im sogenannten *Heldenleib-Sutra* (*Śūraṅgama Sūtra*, auf Chinesisch *Shoulengyanjing* 首楞嚴經), das im 11. Jahrhundert, also in der Entstehungszeit des Neukonfuzianismus, in China sehr populär war.[134] Auch hier wird eine Doppelstruktur von endlichem und unendlichem Geist präsupponiert; es spricht zudem einiges dafür, dass der Hiatus zwischen reiner, absoluter Geisthaftigkeit und der materiellen Außenwelt, die geradezu als deren Emanation begriffen wird, wieder stärker zugespitzt worden ist: Ein japanischer Forscher spricht von einem „gnostischen Monismus, der ironischerweise in einen Dualismus zwischen absolutem Geist und der Welt der Historizität verfällt".[135] Die Sphäre des Sichtbaren, die Materie, also auch die Leiblichkeit des Menschen, wird dabei eindeutig zugunsten des Unsichtbaren, des Absoluten abgewertet. Umgekehrt heißt dies, dass der absolute Geist in seiner Reinheit der Welt zutiefst entfremdet ist und zugleich doch den letzten Grund der Wirklichkeit darstellt, während die Körper der Menschen nicht mehr sind als „in der unendlichen Leere des Weltalls umherwirbelnder Staub".[136] Folgerichtig ist die Abkehr von den Sinnen durch einen Prozess der Verinnerlichung und Vergeistigung der einzige Weg zur Befreiung; in der Rückwendung auf den reinen Geist lässt sich der Ursprung der Welt unmittelbar erkennen (das kosmogonische Narrativ dieses Sutras greift interessanterweise auf das Konzept des Qi zurück, das schon bald zu einem Zentralbegriff des Neukonfuzianismus werden sollte). Das Böse, die Illusion, entsteht aber aus dem einzigen Grund, dass der reine Geist in die Irre geht.[137]

„idealistische" Sicht des „wahren, ewigen Geists" auf Fazangs im *Huayan yicheng jiaoyi fenqi zhang* 華嚴一乘教義分齊章 dargestellte Position zurückgehe, die dieser später jedoch überwunden habe (siehe Kimura Kiyotaka, *Chūgoku kegon shisoshi*, Kyoto 1992, 150 f.).
[134] T19, Nr. 945. Vgl. Tomoaki Tsuchida, „Mind and Reality: A Study of the ,Shoulengyanjing'", Ph.D. Dissertation (Harvard University), 1986.
[135] Tsuchida, „Mind and Reality: A Study of the ,Shoulengyanjing'", 79 (meine Übersetzung, d.V.).
[136] T19, Nr. 945, 119b7-8: 十方虛空之中吹一微塵.
[137] Tsuchida, „Mind and Reality: A Study of the ,Shoulengyanjing'", 154 f.

Zwischenspiel

> Humans are seated, not before God, but
> before the histories the future will write.
>
> Masayuki Sato[1]

Die konfuzianische Lehre lässt *sensu stricto* nur wenig Platz für echte Innovation. Konfuzius beschrieb sich als jemand, der im restauratorischen Geschäft unterwegs war, denn er wolle eben schlicht demjenigen vertrauen, das als Überlieferung auf ihn gekommen sei (*Gespräche* 7:1). Jeder Erinnerung an Konfuzius ist seither ein elegisches Element beigemischt. Alles, was überhaupt gesagt zu werden verdient, findet sich bereits in den kanonischen Schriften; und wenn Menschen in der jeweiligen Gegenwart gedankliche Schludrigkeiten an den Tag legen oder sich gar in Streitigkeiten aufreiben, dann liegt dies nur an ihrem fehlenden Interesse für die Alten.

Es versteht sich von selbst, dass eine solche Haltung durch die Jahrhunderte nicht leicht durchzuhalten war. Auch konfuzianische Gelehrte mussten täglich enorme Anpassungsleistungen an die Gegenwart erbringen. Nicht nur war die chinesische Sprache einer kontinuierlichen Drift unterworfen, sondern auch in der Lebenswelt konfrontierte die verstreichende Zeit klassisch gebildete Menschen mit einer Fülle von Neuigkeiten, von denen die Alten (Konfuzius eingeschlossen) keine Ahnung gehabt haben konnten, die aber *nolens volens* angenommen werden mussten. Die kanonischen Texte waren immer wieder neu zu kommentieren, damit sie überhaupt von einer größeren Leserschaft verstanden wurden; und dann musste eine begründete Entscheidung gefällt werden, welcher Kommentar zu der gerade erörterten Textstelle am besten passte, mussten im Alltag konkrete Probleme angegangen, Konfliktsituationen entschärft und Ressourcen verteilt werden. Humanistische Rhetorik half da nur partiell. Wer sich ausschließlich auf ein goldenes Zeitalter beruft, wird sich *in the long run* Probleme einhandeln.[2]

---

[1] Ders., „The Archetype of History in the Confucian Ecumene", *History and Theory*, 46/2 (Mai 2007), 218-232; hier: 229.

[2] Seit dem ersten Jahrhundert u. Z. war nicht nur die chinesische Geisteswelt dem Einfluss indischer Ideen ausgesetzt, sondern elementare Alltagsrealitäten (Tee, Brücken, Stühle, Goldstatuen) nahmen im Windschatten des Buddhismus ganz neue Bedeutungen an (vgl. Kieschnick, *The Impact of Buddhism on Chinese Material Culture*). So veränderte sich etwa die Stellung der Frauen dramatisch, da diese im Buddhismus zum ersten Mal ein Leben im Dienst einer religiösen Gemeinschaft führen konnten; dies war im konfuzianisch geprägten China bis dato unvorstellbar

Der Neukonfuzianismus ist im 20. Jahrhundert oft – und nach dem Vorbild der europäischen Renaissance – als das Wiedererblühen einer antik-chinesischen Kultur gedeutet worden.[3] Tatsächlich haben die Neukonfuzianer die Rhetorik der Ursprünglichkeit so beherrscht wie kaum jemand vor ihnen: Nur wer den „rechten Weg" (das Dao) studiere, sei ein echter Konfuzianer, lautete eine zentrale Überzeugung der Cheng-Brüder (Cheng Hao und Cheng Yi).[4] Überliefern bedeutet aber „Wieder-holen", womit bereits ein „alexandrinisches" Verhältnis zur Tradition begründet ist.[5] Angesichts der gesellschaftlichen, ökonomischen und kulturellen Veränderungen des 11. Jahrhunderts war aber in besonderem Maße eine strikte Rückbesinnung auf das Alte angesagt; der Ruf „Ad Fontes!" erscholl immer häufiger, steinerne Stelen und uralte Schriftproben wurden zu begehrtem Sammlergut, und man begann in heller Begeisterung antike Kaiser zu Heroen zu stilisieren, von denen sich die Gegenwart in punkto sittlicher Integrität etwas abschauen sollte. Anders als im mittelalterlichen Europa – komparatistische Zwischenbemerkung! – war auf dieser Seite der eurasischen Landmasse aber nicht die demütige Unterwerfung unter einen göttlichen Willen verlangt;[6] und so konnten dem Individuum über der Entzifferung heiliger Schriften aus der Antike tatsächlich erhebliche Ermächtigungspotentiale zufließen. Befeuert wurde diese neue Mode auch von der politischen Geschichte des 11. Jahrhunderts, als die Einrichtung einer Idealordnung plötzlich in greifbarer Nähe schien; radikale Reformpläne erzeugten Sehnsüchte und überschießende Erwartungen, so dass auch konfuzianische Ideen, die lange Zeit den Kürzeren gegen daoistische und buddhistische Vorstellungen gezogen hatten, am Kaiserhof plötzlich wieder Gehör fanden.[7]

---

gewesen (vgl. wieder Lagerwey, „Chinese Dualism Revisited", 189). – Zur sprachlichen Drift siehe etwa Erik Zürcher, „Late Han Vernacular Elements in the Earliest Buddhist Translations", in: *Buddhism in China. Collected Papers of Erik Zürcher*, hg. von Jonathan A. Silk, Leiden 2014, 27-61.

[3] Z.B.: Wolfgang Bauer, *Geschichte der chinesischen Philosophie*, hg. von Hans van Ess, München 2001, 241.

[4] Vgl. Tillman, *Confucian Discourse and Chu Hsi's Ascendancy*, 115.

[5] Im Sprachgebrauch Theodor W. Adornos ist ein Alexandrinismus „die auslegende Versenkung in überlieferte Schriften", siehe ders., „Noten zur Literatur", in: *Gesammelte Schriften in 20 Bänden*, Frankfurt a.M. 1997, Bd. 11, 129.

[6] Der Globalhistoriker Michael Mitterauer schreibt treffend: „Wo heilige Schriften nicht als Wort Gottes angesehen werden, ist tendenziell ein freierer Umgang mit ihnen möglich." (ders., *Warum Europa? Mittelalterliche Grundlagen eines Sonderwegs*, 238)

[7] Vgl. Bol, *Neo-Confucianism in History*, 57, 61 ff., und Yu Yingshi, *Zhu Xi de lishi shijie*, Taipeh 2003.

Wir müssen die Neukonfuzianer wohl als Partisanen, wenn nicht gar Sektierer im Kampf für ein ganzes neues Konfuzianismusbild betrachten. Mit hehren Idealen und einem fast priesterlich anmutenden Willen zum Bescheidwissen zogen sie in einen Kampf um die Deutungshoheit, einen „evolutionary struggle toward orthodoxy" (Hoyt C. Tillman), der Konfuzius als unhinterfragbare Leitgestalt in sein Recht setzen sollte.[8] Zhu Xi hat sich so stark mit der Vergangenheit identifiziert, dass er sich geradezu als Wiedergänger des Menzius, der dessen Kämpfe gegen die „Barbaren" noch einmal führen musste, verstanden zu haben scheint.[9] Die Neukonfuzianer deuteten die alten Schriften in der Sprache ihrer eigenen Zeit; dabei mussten sie gewissermaßen vor sich selbst verbergen, dass sie das Neue, das sie beharrlich im Namen des Alten abwerteten, längst in sich aufgesogen hatten. Daher rührt eine gewisse Zwiespältigkeit.

Dieser kurze Streifzug durch die historische Wirklichkeit muss hier genügen. Von größerer Relevanz für meine Studie ist die Frage, wie die Neukonfuzianer sich selbst verstanden und in welcher Beziehung zur Überlieferung sie sich gesehen haben. Wie lässt sich überhaupt eine Überlieferung neu entwerfen, wenn diese Überlieferung es verlangt, überlieferungstreu wiederholt zu werden? Konfuzius wirkte als Lehrer; wer auch immer zum Konfuzianer werden wollte, benötigte also einen Lehrer. Die Autorität eines Lehrers verdankte sich aber wesentlich seiner Stellung im Überlieferungszusammenhang. Nur, woher sollten die Lehrer, mit denen man das Dao studieren würde, ihre Autorität beziehen, wenn *die richtige Überlieferung* seit vielen Jahrhunderten nicht mehr gelehrt worden war?! Wie kann eine neukonfuzianische Gemeinschaft gegründet werden, wenn es noch gar nicht die Lehrer gibt, die die dafür nötigen Anhänger ausbilden könnten?

In seinem Nachruf auf den Bruder erklärt Cheng Yi, dass dieser, der 1400 Jahre nach Menzius zur Welt gekommen war, den „rechten Weg" allein gefunden habe, ganz auf sich selbst gestellt.[10] Der Unmittelbarkeitsgestus, das große Pathos sind ernst zu nehmen; und doch wird hier etwas fingiert, denn Cheng Hao verdankte seine Kenntnisse über die antiken Texte natürlich Lehrautoritäten, höchstwahrscheinlich sogar buddhistisch bewegten Lehrern (so wie es später auch bei Zhu Xi der Fall sein würde). Der Vorteil eines solchen Narrativs war aber, dass auf diese Weise eigenständige, alternative Kontexte jenseits der

---

[8] Ders., *Confucian Discourse and Chu Hsi's Ascendancy*, 8. Zum Phänomen der Orthodoxie im kaiserlichen China vgl. die Beiträge in *Orthodoxy in Late Imperial China*, hg. von Kwang-Ching Liu, Berkeley 1990.
[9] Für diese Beobachtung siehe Philip J. Ivanhoe, *Confucian Moral Self Cultivation*, Indianapolis, Cambridge 2000, 43.
[10] „Mingdao xiansheng xingzhuang", ECJ 638.

damals maßgeblichen Gelehrtenkultur geschaffen werden konnten. Folgerichtig würde Zhu Xi in der Rückschau die Geschichte des Neukonfuzianismus mit dem in seiner eigenen Zeit randständigen Gelehrten Zhou Dunyi beginnen lassen; je weniger über diesen bekannt war, desto mehr konnte auf ihn projiziert werden.[11]

Die Frage der Autorität ist genau besehen noch komplexer. Der Lehrer Konfuzius brauchte sich nicht mit Opponenten herumzuschlagen; die Autorität, die er im Kreise seiner Schüler genoss, war unantastbar (mitunter berief er sich auf den „Himmel" als die eigentliche Quelle seiner Autorität, siehe *Gespräche* 2:4, 3:13 und 14:35). Erst Menzius sah sich vor die Herausforderung gestellt, die konfuzianische Überlieferung explizit gegen Kritiker verteidigen zu müssen. Wiederholt kam er etwa auf die Herausforderung durch die Mohisten zu sprechen (insbesondere 3B/9 und 7A/26). In der mohistischen Schule wurde die Überlieferung als Norm für die Entscheidungsfindung zwar nicht vollständig verworfen, ihre Reichweite jedoch mittels skeptischer Argumente deutlich eingeschränkt; außerdem wurde der Versuch unternommen, objektive, traditionsunabhängige Kriterien zu formulieren, insbesondere das Konzept des „Nutzens" *li* 利 (quasi ein „Prinzip der Nützlichkeit").[12] In Reaktion darauf findet sich bei Menzius der Versuch, die Autorität der überlieferten, konfuzianischen Lehre kontextübergreifend zu begründen; im Kern handelt es sich dabei um das folgende Argument: Die mohistische Skepsis gehe fehl und die konfuzianische Lehre sei allen anderen Lehren überlegen, da ihre Kardinaltugenden „Menschenliebe" (Menschlichkeit) und „Angemessenheit" (*ren yi* 仁義) unmittelbar aus der Beschaffenheit der „Wesensbestimmung" (*xing* 性; auch: „menschliche Natur") hergeleitet werden könnten.[13]

Anders als die Mohisten isolierte Menzius aber nie ein einzelnes Kriterium, das als Grundlage der Beurteilung von Handlungen oder Wissensansprüchen dienen könnte. Er nahm offenbar an, dass es kein solches Kriterium zur Bestimmung guten Handelns geben könne. Wie der amerikanische Philosoph und Sinologe Franklin Perkins überzeugend

---

[11] Peter Bol betont, dass Neukonfuzianer zum ersten Mal in der Geschichte des Konfuzianismus *ihre eigene* Geschichte schreiben konnten (ders., *Neo-Confucianism in History*, 83). Zu Zhou Dunyi vgl. Tsuchida Kenjirō, *Dōgaku no keisei*, Tokyo 2002; vgl. die chinesische Fassung: *Daoxue zhi xingcheng*, übers. von Zhu Gang, Shanghai 2010, Kapitel 2.
[12] Schleichert und Roetz, *Klassische chinesische Philosophie. Eine Einführung*, 85-104. Vgl. auch Chris Fraser, *The Philosophy of the Mòzǐ: The First Consequentialists*, New York 2016.
[13] Siehe *Menzius* 6A/1-6; vgl. Shun, *Mencius and Early Chinese Thought*, insbesondere Kapitel 4. Zur Funktion des Konzepts *xing* in der antiken chinesischen Philosophie siehe die immer noch hilfreiche Klärung in Granet, *Das chinesische Denken*, 301 ff.

demonstriert hat, stand er der optimistischen Überzeugung der Mohisten, dass Menschen die rationale Fähigkeit zur selbständigen Bewertung von Handlungen oder Institutionen besitzen, skeptisch gegenüber; stattdessen nahm er an, dass Menschen der Anleitung durch eine Überlieferung (in Form von Ritualen, Praktiken und kanonischen Texten) bedürften.[14] Denn Menschen besitzen zwar die Dispositionen für die Entwicklung konfuzianischer Tugenden, doch müssen diese kultiviert und in einer Gemeinschaft ähnlich gesinnter Menschen realisiert werden. Jeder Mensch kann gut werden (*Menzius* 3A/1, 1A/7), indem er oder sie die Aufmerksamkeit auf bestimmte unwillkürliche eintretende, emotionale Reaktionen lenkt und diese kultiviert (2A/6, 7B/31). Nur braucht es viel, sehr viel Zeit, bevor sich die richtigen emotionalen Reaktionen ausbilden und auf ihrer Grundlage Rituale und Institutionen entwickelt werden können (2B/7).

Der Text des *Menzius* fand über die Jahrhunderte wenig Beachtung und erlangte erst im 11. Jahrhundert im Zuge der Reformen durch den Politiker und Gelehrten Wang Anshi 王安石 (1021-1086 u. Z.) eine größere Strahlkraft.[15] Prinzipiell kann mithilfe dieses Textes sowohl eine Position des „Innatismus" (jeder Mensch trägt das Potential zur sittlichen Vervollkommnung in sich) wie auch eine des „Konventionalismus" (jeder Mensch wird erst durch die Gemeinschaft mit ihren gegebenen Bräuchen befähigt, sein sittliches Potential vollständig zu verwirklichen) gerechtfertigt werden. Vor diesem Hintergrund kann auch eine typische, neukonfuzianische Ambiguität besser eingeordnet werden: Der Einzelne darf sich zwar einerseits in bestimmten Situationen die Autorität zuschreiben, unabhängig von der Tradition moralische Urteile zu fällen; andererseits ist er aber auf die Gemeinschaft, ihre Urteile und ihren Zeithorizont angewiesen, da nur in ihrem Rahmen das neukonfuzianische Projekt zu rechtfertigen und schließlich auch zu realisieren ist. In der Figur des einsamen Konfuzianers, der sich als lebendigen Zeugen der Überlieferung beschreibt und durch die Radikalkritik an einer vorgeblich korrupten Mitwelt eine neue, *zukünftige* Gemeinschaft zu stiften sucht, mögen beide Aspekte zusammenfallen.

Damit ist auch klar, warum ein Argument im Neukonfuzianismus nie einfach nur ein Argument ist, sondern stets in den Horizont der Überlieferung eingeschrieben wird. Streng genommen kann einem Argument auch nur deshalb Geltung zukommen, weil es als Bestandteil

---

[14] Vgl. ders., „No Need for Hemlock: Mengzi's Defense of Tradition".
[15] Siehe Bol, *Neo-Confucianism in History*, 72-77.

der Überlieferung erkennbar ist.[16] Ebenso ist oft von größter Bedeutung, *wer* etwas sagt, in *welchem* Geisteszustand und mit *welchem* Charakter; und an *welchen* seiner Schüler er einmal das Dao (und damit auch die eigene Lehrautorität) weitergeben würde, war eine elementare Frage, mit der sich jeder Lehrer auseinandersetzen musste.[17] Es frappiert nicht zuletzt, wie wichtig die Rekonstruktion der Überlieferungslinien für die Neukonfuzianer gewesen ist. Mit dem bereits mehrfach erwähnten Florilegium *Aufzeichnungen des Nachdenkens über Naheliegendes*, auf dessen Zusammenstellung Zhu Xi und sein Mitstreiter Lü Zuqian viel Zeit und Energie verwandt haben, kam der Prozess der neukonfuzianischen Kanonbildung zu einem vorläufigen Abschluss. In diesem Text werden nicht nur zentrale Konzepte, Bedeutungen und Begründungen des Neukonfuzianismus zusammengestellt, sondern auch einzelne Überlieferungslinien, d.h. Lehrer, die im späten 11. und frühen 12. Jahrhundert zwar unter dem Einfluss der Cheng-Brüder gestanden hatten, deren Sichtweisen aber nicht mehr dem neuen Konsens entsprachen, aus der neukonfuzianischen Gemeinschaft hinausgedrängt. Natürlich gibt es bei jeder Kanonbildung sowohl Momente der Inklusion wie auch der Exklusion; der Prozess der Aushandlung zwischen Lehrer und Schülerschaft kann nur an ein Ende kommen, wenn die tradierten Bedeutungen auch durch das Versprechen einer gemeinsamen Zukunft autorisiert werden (die dabei entwickelten Rationalitäts- und Wahrheitsmaßstäbe sind wohlgemerkt traditions*immanent*). Bemerkenswerterweise wurde dieses Einrücken in den Horizont eines Überlieferungszusammenhanges von vielen Gelehrten, selbst wenn sie noch im fortgeschrittenen Alter auf die Unterweisung und Anleitung eines Lehrers angewiesen blieben, nicht als Erfahrung einer dogmatischen Setzung erlebt, sondern als die Wiederherstellung einer einfachen Selbstbeziehung.[18]

---

[16] Zu berücksichtigen wären hier Alasdair MacIntyres Überlegungen zum Begriff der Tradition. Der schottisch-amerikanische Philosoph argumentiert, dass „jede Theorie oder jeder Bestand an moralischen oder wissenschaftlichen Überzeugungen nur als Glied einer historischen Reihe verstandesmäßig fassbar und zu rechtfertigen ist – sofern sie überhaupt zu rechtfertigen ist." (ders., *Der Verlust der Tugend. Zur moralischen Krise der Gegenwart*, übers. von Wolfgang Rhiel, Frankfurt/New York 2006 [erweiterte Neuausgabe], 198)

[17] Zhu Xi schätzte Cao Jian 曹建 (1147-1183), einen ehemaligen Schüler seines Opponenten Lu Jiuyuan, so sehr, dass er ihn für die Weitergabe des Dao vorbereitete; dessen vorzeitiger Tod verhinderte dies jedoch (Tillman, *Confucian Discourse and Chu Hsi's Ascendancy*, 206 f., 236).

[18] Vgl. Zhu Yenan, *Zhuzi de xueshu jiaoliu fangfalun zijue*, 20-33; sowie James Petermans Überlegungen zur inneren Entwicklungslogik des Konfuzianismus: ders., *Whose Tradition? Which Dao? Confucius and Wittgenstein on Moral Learning and Reflection*, 191-198.

Im dritten Kapitel werde ich die Aktualisierung des neukonfuzianischen „Theoriestandes" am Beispiel von Zhang Zai 張載 (1020-1077) konkret erläutern. Wie kaum ein anderer Gelehrter und Denker des 11. Jahrhunderts steht sein Werk für echte Innovation; er präsentierte nicht nur Früchte der Belesenheit, sondern entwarf ein ganz neues, philosophisches Modell.[19] Ohne Zhang Zais Vorarbeiten wäre Zhu Xis Synthese im 12. Jahrhundert nicht möglich gewesen – obgleich er sich durchaus einige Mühe gegeben hat, das Neue in dessen Denken als uralt auszugeben oder unter gediegenen Formeln zu verdecken.

Aus der Perspektive des Neukonfuzianismus war es unerlässlich, gegen die buddhistische Skepsis (bezüglich der Welt und dem Selbst) den gelebten Alltag wieder in sein Recht zu setzen und ein neues Vertrauen in die Möglichkeit eines gelingenden Selbst- und Weltbezugs zu stiften. Denn eine ganze Reihe höchst beunruhigender Zweifel stellen sich bei jedem Leser und jeder Leserin buddhistischer Texte ein: Wenn entsprechend der Vorstellung des Samsara-Kreislaufes „handelnde Person und Welt ineinander verwoben" sind,[20] dann scheint es aussichtslos, die Welt (d.h. die Totalität der Einzeldinge) noch von dem Selbst abgrenzen zu wollen. Wie kann ich überhaupt in ein bedeutsames Verhältnis zu mir selbst, zu meinem Inneren, treten, wenn von mir erwartet wird, mich an „hunderttausende frühere Leben" zu erinnern, die alle *dieser* Existenz vorausgegangen sein sollen?[21] Und darf ich im Alltag tatsächlich von der Wirklichkeit numerisch distinkter Gegenstände ausgehen, wenn diese streng genommen doch gar kein „Eigensein" besitzen und ich in der Meditation gelernt habe, nur auf ihre Vollzugsidentität, d.h. das Erscheinen des Erscheinenden, Acht zu geben? Und wie kann die sich aus buddhistischen Überzeugungen ergebende Ambiguität aufgelöst werden, dass einerseits das Bewusstsein und der Körper verschieden sein müssen, denn nur unter dieser Voraussetzung lässt sich der Gedanke der Wiedergeburt plausibilisieren (das Bewusstsein tritt in einem anderen Körper auf), andererseits aber Bewusstsein und Körper auch nicht allzu verschieden sein können, da sich sonst nicht

---

[19] Carsun Chang: „Sein Mut, mit dem Dschang Dsai etwas zu sagen wagte, was nicht in den konfuzianischen Büchern stand, macht ihn zu einem unserer originellsten Denker." (ders. *Geschichte der neukonfuzianischen Philosophie*, 82)
[20] Weber-Brosamer und Back, *Die Philosophie der Leere*, 42.
[21] Im Kapitel „Die zehn Stufen" („Shi di pin" 十地品) des *Girlanden-Sutras*; Chinesisch: *wu liang bai qian sheng* 無量百千生, T10, Nr. 279, 188b16-17. Vgl. auch *The Flower Ornament Scripture. A Translation of the Avatamsaka Sutra*, übers. von Thomas Cleary, Boulder 1993, 724.

erklären ließe, warum beide in der Gegenwart dieselbe Person konstituieren?[22] Schließlich: Wenn alles – sogar meine eigene Geburt – nur ein Trugbild ist, wie lässt sich dann noch begründen, dass ich moralische Pflichten gegenüber meinen Eltern habe?

Kurzum: Ohne das Vertrauen in die Möglichkeit eines gelingenden Selbst- und Weltbezugs wäre das neukonfuzianische Bildungs- und Übungsprogramm schlicht nicht zu motivieren („ohne diesen Glaubenssatz, bzw. diese Annahme würde das [von ihnen konstruierte] Bedeutungssystem einer menschlichen Welt in sich zusammenstürzen", schreibt ein bekannter Historiker).[23] Gewiss, die Rede von einem „Glauben" ist misslich, da sie uns nur zu leicht an die paulinische Entgegensetzung von Glauben und Wissen, Liebe zur Weisheit und Wissenschaft erinnert, die sich bekanntlich auch noch in Kants kritischer Philosophie austrägt.[24] Ein solcher Dualismus war dem chinesischen Mittelalter fremd. Im Neukonfuzianismus wird vielmehr eine Intensitätsskala des Vertrauens beschrieben, die vom puren „Selbstvertrauen" (*zixin* 自信)[25] graduell in ein grundsätzliches Gewiss-Sein bezüglich der Realität der Welt übergeht, und dabei sind Fragen über geis-

---

[22] Oft werden in buddhistischen Texten des chinesischen Mittelalters die „Form" (*se* 色), also die materielle Dimension der Existenz, und das „Bewusstsein" (*xin* 心) direkt gegenübergestellt. Die Abhandlung *Über das Erwachen des Mahāyāna-Glaubens* gibt an entscheidender Stelle einem nichtdualistischen Verständnis von Geist und Materie Ausdruck: 所謂從本已來，色心不二。(T32, Nr. 1666, 579c13-14; vgl. die Erläuterung in Hakeda, *The Awakening of Faith*, 72) Zu Beginn des *Śūraṅgama Sūtras* diskutiert Buddha mit seinem Schüler Ananda umgekehrt die Frage, ob sich der Geist im Körper oder in der Außenwelt befinde (vgl. George Teschner, „The Relation between Mind and Body in the ‚Surangama Sutra'", *Journal of Indian Philosophy*, 9:1 (März 1981), 77-83). Faktisch führte die Suche nach dem Absoluten oft genug zu einer asketischen, ja leibfeindlichen Haltung (vgl. John Lagerwey, „Chinese Dualism Revisited", in: *At the Shores of the Sky. Asian Studies for Albert Hoffstädt*, hgg. von Paul W. Kroll und Jonathan A. Silk, Leiden 2020, 185-198). Lagerwey zieht das folgende Resümee: „In the Song, Buddhist dualism continues to worm its way ever deeper into elite Chinese thought and practice." (*ibid.*, 193) Zum geistesgeschichtlichen Hintergrund siehe auch Rafael Suter, „Vorstellungen von Geist und Seele im vorbuddhistischen China und ihr Verhältnis zur frühmittelalterlichen Debatte über die ‚Unvergänglichkeit des Geistes' (*shén bù miè lùn* 神不滅論)", *Hōrin. Vergleichende Studien zur japanischen Kultur*, Bd. 21 (2020), hgg. von Hisao Matsumaru und Hermann-Josef Röllicke, o.S.

[23] Yu Yingshi, *Zhu Xi de lishi shijie*, 58 (meine Übersetzung, d.V.).

[24] Vgl. Alfredo Ferrarin, *The Powers of Pure Reason. Kant and the Idea of Cosmic Philosophy*, Chicago 2015, 102 f.

[25] Siehe etwa ECJ 26: 到自家自信後，便不能亂得。

tige Zustände und solche über Weltzustände oft genug nicht klar voneinander abzugrenzen.[26] Wie Stephen C. Angle und Justin Tiwald treffend erläutern, soll im Neukonfuzianismus jedem Menschen die Möglichkeit eröffnet werden, „to intuit or infer the existence of some kind of deep, unchanging reality."[27] Doch wie genau ist dies zu bewerkstelligen?

Exkurs: Zum Verhältnis von Buddhismus und Neukonfuzianismus

Im 11. Jahrhundert florierten die drei Hauptströmungen des chinesischen Buddhismus, Tiantai-, Huayan- und Chan-Schulen, in der chinesischen Gesellschaft.[28] Im Laufe einer langen, oft auch blutigen Geschichte hatte der Buddhismus im damaligen Alltag ein großes Maß an Selbstverständlichkeit erlangt. Wie verhält sich nun aber der Neukonfuzianismus zum Buddhismus? In der modernen Forschung lassen sich im Wesentlichen die folgenden vier Positionen antreffen:

(1) Neukonfuzianische Ideen verdanken zwar einiges der Anregung durch den Buddhismus, haben sich ansonsten aber eigenständig entwickelt und müssen auch eigenständig interpretiert werden. Wenn es Anleihen gab, dann geschahen diese in den Worten des amerikanischen Historikers Peter Bol „mehr zufällig als absichtlich" (*more accidental than purposeful*).[29]

(2) Der Neukonfuzianismus muss als eine direkte Reaktion auf den Buddhismus verstanden werden. Anders gesagt: Neukonfuzianische Ideen sind strukturell Umformungen buddhistischer Gedanken; sie haben diese in sich aufgenommen und weitgehend assimiliert. Eventuelle Unterschiede zwischen beiden Denk- und Praxissystemen sind nur Epiphänomene, denn in Wirklichkeit lebt

---

[26] Der japanische Philosoph Yuasa Yasuo merkt einmal an, dass Metaphysik und Psychologie in Ostasien vor dem 20. Jahrhundert nicht als zwei unabhängige Disziplinen etabliert waren (ders., *The Body. Toward an Eastern Mind-Body Theory*, übers. von Nagatomo Shigenoru und T.P. Kasulis, Albany 1978, 78).
[27] Angle und Tiwald, *Neo-Confucianism: A Philosophical Introduction*, 25. – Wie groß die Herausforderung war, zeigt sich daran, dass die Gelehrten im 11. und 12. Jahrhundert nicht einfach die antike Weltsicht fortführen konnten, die heute oft unter dem Stichwort „korrelative Kosmologie", bzw. „korrelatives Weltbild" zusammengefasst wird (vgl. John B. Henderson, *The Development and Decline of Chinese Cosmology*, New York 1984; sowie Michael Loewe, „The Cosmology of Early China", in: *Ancient Cosmologies*, hgg. von Carmen Blacker, Michael Loewe und J. Martin Plumley, London 1975, 87-109).
[28] Siehe Peter N. Gregory, „The Vitality of Buddhism in the Sung", in: *Buddhism in the Sung*, hgg. von Peter N. Gregory und Daniel A. Getz, Jr., Honolulu 1999, 1-20.
[29] Ders., *Neo-Confucianism in History*, 104. Ähnlich auch Stephen C. Angle und Justin Tiwald, *Neo-Confucianism. A Philosophical Introduction*, 14 f., 25-27.

der buddhistische Gehalt in der neukonfuzianischen Welt fort. In diesem Sinne schreibt Peter N. Gregory: „Thus, one of the ways in which Buddhism was able to survive in Chinese thought was by becoming invisible."[30] Ein Beispiel: John Makeham argumentierte jüngst, dass zwischen der Abhandlung *Über das Erwachen des Mahāyāna-Glaubens* und Zhu Xis Denken eine „isomorphe" (*isomorphic*) Beziehung bestehe.[31] Auch wird mitunter die Säkularisierungsthese aus der europäischen Geistesgeschichte herangezogen. Ein chinesischer Forscher argumentiert etwa, dass zentrale Denkmotive des Buddhismus (z.B. Karma und Wiedergeburt) im Neukonfuzianismus in säkularisierter Form in der Lehre der „Resonanz" (*ganying* 感應) wiederkehren.[32]

(3) Die neukonfuzianische Lehre ist der Versuch, den Buddhismus (insbesondere die Huayan-Lehre) philosophisch zu überbieten. Der Wunsch nach Überbietung drückt sich etwa darin aus, dass konfuzianische Lehrmeinungen über die Überwindung der Egozentrizität und des „Anhaftens" an den Phänomenen oftmals noch radikaler formuliert sind als in den buddhistischen Schulen.[33] Ganz ähnlich wird der Neukonfuzianismus in Mou Zongsans bekannter Deutung interpretiert: als der erfolgreiche Versuch, den Buddhismus mit seinen eigenen Waffen zu schlagen.[34]

(4) Der Neukonfuzianismus (gemäß Zhu Xi) stellt nicht weniger dar als den bewussten Versuch, buddhistische Lehren, Ideen und Übungsformen im *mainstream* der konfuzianischen Kultur zu verankern, um so eine uralte Tradition mit neuer Dynamik zu versehen. Dergestalt wurden neue Praktiken der Macht, aber auch Selbsttechniken und Formen der Disziplinierung, ja Zurichtung des Körpers für Konfuzianer möglich. In den Worten eines japanischen Forschers: „Zhu Xi erhoffte sich eine Literaten-Ideologie zu entwickeln, die den Buddhismus in sich aufnehmen und dabei unmittelbar auf die historischen Bedingungen einer neuen Epoche reagieren könnte."[35]

Ich denke, alle vier Positionen sind bedenkenswert. Meine Sympathien gelten jedoch der letzten Position, und ich werde im vierten Kapitel Evidenz zusammentragen, um meine Sichtweise zu plausibilisieren. Ein zentrales Argument wird dabei sein, dass Zhu Xis Fokussierung

---

[30] Ders., *Tsung-mi and the Signification of Buddhism,* 311.
[31] Ders., „Monism and the Problem of Ignorance and Badness", in: *The Buddhist Roots of Zhu Xi's Philosophical Thought,* 278.
[32] Chen Lisheng, *Cong xiushen dao gongfu,* 254 f., 256 f. Ebenso ist auf die Verwandtschaft des Karma-Begriffs (*yeli* 業力) und der neukonfuzianischen Vorstellung eines „gewohnheitsmäßigen Qi" (*xiqi* 習氣) hingewiesen worden (Chen Zhiqiang, „'Xin wo ze meng, tou ze zi xing': Zhuzi lun ,e' de daode xinlixue", *Zhongguo wenzhe yanjiu jikan,* Nr. 60 (März 2022), 87-135; hier: 108).
[33] In diesem Sinne kürzlich Chen Lisheng, *Ru sheng zhi ji: Wang Yangming zhi liangzhi gongfulun yanjiu,* Beijing 2019, 249.
[34] Siehe etwa Jason Clower, *The Unlikely Buddhologist: Tiantai Buddhism in Mou Zongsan's New Confucianism,* Leiden 2010.
[35] Araki Kengo (Huangmu Jianwu), *Fojiao yu rujiao,* übers. von Liao Zhaoheng, Taipeh 2008 [urspr. 1963], 242 (meine Übersetzung, d.V.).

auf die Innerlichkeit des Menschen, die geistigen Ereignisse und Zustände, überhaupt nicht verständlich wird, wenn sie nicht als Ausdruck einer tiefen, vielleicht auch idiosynkratischen Verstrickung mit buddhistischen Motiven, Vokabularien und Praktiken interpretiert wird.[36]

Nüchtern betrachtet hatten die buddhistischen Schulen tatsächlich einiges zu bieten. Gegen die aus Indien importierten spekulativ-imaginativen Schriften wirkte der konfuzianische Kanon bescheiden: ein dröges Sammelsurium aus Verhaltens- und Ritualvorschriften, geschrieben in einem Duktus der erbaulichen Geregeltheit, der nur wenige Leser mit Leidenschaft erfüllt haben dürfte. Für die ungeheure terminologische Ausdifferenzierung buddhistischer Texte, für ihre tiefschürfende Gedankenarbeit, ihre hyperbolischen Beschreibungen und die Ekstasen einer „tropisch wuchernden Erlösungsscholastik" (Erich Frauwallner)[37] gab es in der Textkultur des antiken Konfuzianismus schlichtweg kein Pendant. Selbst wer wie Zhu Xi schon als Kind die „vier Bücher" memoriert hatte,[38] konnte sich offenbar nur schwerlich gegen die Faszination des Buddhismus zur Wehr setzen. Und natürlich hatten die Buddhisten auch längst von den Konfuzianern gelernt, hatten ihre eigenen Waffen in der Auseinandersetzung mit diesen geschärft, so dass die Gelehrten des 11. und 12. Jahrhunderts es eigentlich mit einem synkretistischen, vielschichtigen und höchst schillernden Diskurs zu tun hatten.[39] Wer als Konfuzianer Gehör finden wollte, musste die buddhistischen Neigungen der eigenen Zeitgenossen berücksichtigen.[40]

Tatsächlich scheint es fast so, als hätte eine geteilte *anxiety of influence* Buddhisten und Konfuzianer aneinandergekettet. Letztlich dürfte sowohl die buddhistische Lehre als auch die Praxis für viele neukonfuzianische Gelehrte eine Quelle beständiger Verunsicherung gewesen sein; kein Zufall war, dass es seit Han Yu 韓愈 (768-824) und Ouyang Xiu 歐陽修 (1007-1072) die Wahrnehmung des Buddhismus als einer existenziellen Bedrohung der „chinesischen Zivilisation" gab.[41] Das tiefe Unbehagen drückt sich etwa darin aus, dass einer der beiden

---

[36] Am pointiertesten hat diesen Gedanken der Philosoph Carsun Chang zum Ausdruck gebracht: „Durch die Betonung des Herzens, die Meditation, die feine und logische Analyse des Buddhismus wurde der chinesische Geist lebendiger und plastischer. Die Neukonfuzianische Bewegung verdanken wir ganz und gar dem Buddhismus." (ders., „Die Hauptfragen in der konfuzianischen Philosophie", *Sinica*, 5:5 (1930), 213-226; hier: 214)
[37] Zit. in Conze, *Buddhistisches Denken*, 420.
[38] Qian, *Zhuzi xin xue'an*, Bd. 3, 51.
[39] Vgl. Stephen C. Angle, „Buddhism and Zhu Xi's Epistemology of Discernment", in: *The Buddhist Roots of Zhu Xi's Philosophical Thought*, 159 f.
[40] Vgl. Bol, *Neo-Confucianism in History*, 105.
[41] Vgl. Chang, *Geschichte der neukonfuzianischen Philosophie*, 40 ff.

Cheng-Brüder einmal seine Schüler vor der Beschäftigung mit buddhistischen Lehren warnte, da das Risiko zu groß sei, dass man, bevor man sie wirklich durchdrungen hätte, bereits zum Buddhisten geworden sei (JSL 13:9). Und Cheng Hao erklärte einmal, es komme nur darauf an, die „eigenen Prinzipien" (*wu li* 吾理) zu klären, so dass eine Auseinandersetzung mit den Buddhisten nicht mehr nötig sei (ECJ 38). So manche Debatte fand auf Nebenschauplätzen statt, da die direkte Auseinandersetzung über die „metaphysischen" Prämissen der buddhistischen Weltsicht schlichtweg zu fordernd, zu schwierig war.[42] Vielleicht waren die Differenzen zwischen indischen und chinesischen Weltbildern auch einfach zu groß für einen konstruktiven Dialog. Wenn so unterschiedliche Welten aufeinanderprallen, verstärkt sich das Kontingenzbewusstsein enorm; wenn es dann nicht gelingt, dieses Bewusstsein zu verdrängen, versinkt man nur zu leicht in Sprachlosigkeit. In seiner erstaunlichen Redlichkeit kaum Zhu Xi mitunter dem Eingeständnis nahe, dass sich mit dem Eindringen des Buddhismus in China dramatische, semantische und konzeptuelle Verschiebungen ergeben hatten, die die ursprünglichen Bedeutungen der antiken Texte vielleicht längst verdeckten.[43] Doch allzu oft durfte er so etwas nicht sagen, denn das hätte ja nur die eigenen Schüler verunsichert. Man stand auch im chinesischen Mittelalter auf ungesichertem Boden.

---

[42] In diesem Sinne Olaf Graf: „Aber nirgendwo wird auch in eine sachliche Diskussion eingetreten, etwa daß man einen Schatten von Beweis für die Seelenwanderung verlangt hätte oder gefordert hätte zu erklären, wie das Samsara-Gesetz überhaupt denkmöglich sei, wenn dem Ich jede Spur von Realität fehle." (ders., *Tao und Jen*, 227) Genau besehen lassen sich aber durchaus Ansätze zu einer systematischen Kritik in den Werken der Cheng-Brüder finden; siehe Zhang Yongjun, *Er Cheng xue guanjian*, Taipeh 1988, 37-115.

[43] Siehe etwa seine eindrückliche Reflexion über den Umstand, dass der zentrale, neukonfuzianische Term *xin* 心 (Geist, Bewusstsein) in einem so wichtigen Text wie Konfuzius' *Gesprächen* kaum einmal auftaucht (ZZQS 17:3338 f.). In einer Diskussion von *Gespräche* 4:15 räumt er sogar ein, dass Konfuzius nie explizit von der All-Einheit gesprochen hat (ZZQS 15:975; vgl. Qian, *Zhuzi xin xue'an*, Bd. 3, 584, 588). Nicht zuletzt weiß er, dass Konfuzius und Menzius nie über die Meditation gesprochen haben (Brief an Pan Bing 潘柄 (?-?) aus dem Jahr 1184, ZZQS 23:2591). Erst mit der Abhandlung *Über das Erwachen des Mahāyāna-Glaubens* wird das Konzept *xin* zum zentralen Term des chinesischen Buddhismus; fortan würde es den „pragmatischen Angelpunkt des heilsgeschichtlichen Übens" darstellen, wie ein deutscher Philosoph formuliert (Obert, *Sinndeutung und Zeitlichkeit*, 54; vgl. Berger, *Encounters of Mind*, 116 f.).

Drittes Kapitel:
Die Wiedergewinnung der Welt

> Man wird sagen: Doch die Tiefen unseres Geistes sind
> sehr viel weiter erforscht als zur Zeit des Novalis, weshalb
> dessen Idee von Geist uns nicht mehr betrifft. Dieser Einwand
> gilt nur in sehr positivistischem Sinne eines aktualisierten
> Spezialwissens, nicht in dem Sinne, wie Novalis ihn verstand.
>
> Karl Heinz Bohrer[1]

I. Einführung

Zhang Zai ist ein eminenter, ein höchst origineller Denker. Seine Schriften werden in Ostasien bis heute gelesen; sein Einfluss auf die vormoderne Geistesgeschichte ist beträchtlich. Mit einer immensen Tüftelei hat er im 11. Jahrhundert eine neue Gesamtschau der konfuzianischen Überlieferung entwickelt, die es bis dato so noch nicht gegeben hatte, einen spekulativen Weltenplan, der genügend begriffliche Komplexität besitzt, um gegen die Herausforderung der Buddhisten bestehen zu können. Zugleich ist nicht zu übersehen, dass sein Philosophieren nachhaltig von buddhistischen Sichtweisen geprägt worden ist; auch noch in der Abkehr von diesen setzt er ihre Impulse fort. Insbesondere zeigt sich dies am Grundproblem der All-Einheit. Kurz gesagt identifiziert er die Einheit mit dem einen, kosmischen Prozess, wobei das Eine als All-Einheit auftritt, indem es der Grund von allem ist; der Einheitsbezug fungiert sozusagen als Grundverhältnis, an dem sich das bewusste Leben orientieren muss und zwar mittels der Entfaltung einer negativen Dialektik, die das Denken der *universalen Leerheit* zu verdrängen sucht und nolens volens zugleich fortführt. So sehr Zhang Zai sich um eine rationale, kohärenzstiftende Durchdringung dieses Gedankens bemüht hat, sein Denken bleibt letztlich religiös gefärbt, wenigstens wenn wir das Wort „religiös" in dem Sinne des Versuchs verstehen, sich im Denken einem Nichtdenkbaren, Nichtsagbaren zu öffnen.[2] Nur wer das endliche, diskursive Denken zu übersteigen vermag, kann Zhang Zai zufolge Konfuzius auf seinem steinigen Weg zum Absoluten folgen.

---

[1] Ders., *Ekstasen der Zeit. Augenblick, Gegenwart, Erinnerung*, München/Wien 2003, 62.
[2] In diesem Sinn etwa Werner Beierwaltes, *Das wahre Selbst. Studien zu Plotins Begriff des Geistes und des Einen*, Frankfurt a.M. 2001, 9 f. Olaf Graf spricht von einer „fast religiösen Ergriffenheit", die in Zhang Zais „Westinschrift" zu spüren sei (ders., *Tao und Jen*, 112).

Viele Ideen, die für Zhu Xis große Synthese des Neukonfuzianismus unverzichtbar sein würden, finden sich bereits bei Zhang Zai vorgeprägt; neukonfuzianische Grundbegriffe wie *qi* 氣 (Qi), *li* 理 („höchste Wirklichkeit"), *xin* 心 („Geist"), *xing* 性 („Wesensbestimmung") und *qing* 情 („Affekte") werden von ihm zum ersten Mal konsequent miteinander in Beziehung gesetzt und jenseits der exegetischen Zusammenhänge mit philosophischen Bedeutungen aufgeladen. Und obzwar sich die Cheng-Brüder in Zhu Xis Schriften häufigerer Zitierung erfreuen, nehmen Zhang Zais Erläuterungsversuche mit ihrer großen Trennschärfe in seinem Denken einen besonderen Platz ein. Wie ich im vierten Kapitel zeigen werde, konnte Zhu Xi direkt an dessen Vorarbeiten zum Verhältnis von geistiger und materieller Wirklichkeit anknüpfen. Darüber hinaus hat Zhang Zai auch die Vorstellung prominent gemacht, dass der Mensch einen ihm inhärenten Grund wiederfinden müsse, die sogenannte „Wesensbestimmung" (*xing* 性), die von den Buddhisten fälschlicherweise in eine Erfahrung von Leerheit und Grundlosigkeit umgedeutet worden sei, tatsächlich aber real und außerdem stabil genug sei, um als Zentrum einer sittlich verfassten Subjektivität fungieren zu können.[3] Damit vollzog er eine entscheidende Weichenstellung in der Geschichte der neukonfuzianischen Bewegung; nicht nur dynamisierte Zhang Zai auf diese Weise die sittliche Praxis, sondern er stellte auch ein sehr wirkungsvolles, gedankliches Konstrukt bereit, mit dessen Hilfe faktisch gegebene Unterschiede zwischen den Individuen mit unterschiedlichen Etappen des Übungsweges, also auch unterschiedlichen Positionen in der gesellschaftlich-politischen Hierarchie korreliert werden können.[4]

Zhu Xi zitiert im Gespräch einmal einen seiner Lehrer, der freimütig eingestanden habe, wie schwer ihm die Lektüre von Zhang Zais Schriften gefallen sei; erst als er „sich mit dem Körper in sie hineinge-

---

[3] Die „ursprüngliche Wesensbestimmung wieder sichtbar zu machen" (*fu xing* 復性), siehe etwa *Zhengmeng* 1:4, 6:8-9, 6:12, *passim*. Im Hintergrund steht natürlich *Menzius* 7A/1. Der Begriff der „Wesensbestimmung" stellt die Grundlage des konfuzianischen Humanismus dar, den Thomas Wilson wie folgt charakterisiert: „Confucian ‚humanism' thus lies not in an opposition between gods and living men and women, but in the capacity of the ancient sages to apprehend the Dao without divine revelation and to translate its truth to all under Heaven in canonical rites that bring about the moral transformation of the people." (Ders., „Spirits and the Soul in Confucian Ritual Discourse", 195)

[4] Vgl. Kai-wing Chow, „Ritual, Cosmology, and Ontology: Chang Tsai's Moral Philosophy and Neo-Confucian Ethics", *Philosophy East and West* 43:2 (1993), 201-228; hier: 203 f.

wühlt" habe, sei ihm die Bedeutung von dessen dunklen Sätzen wirklich aufgegangen.[5] Es ist in der Tat kein Leichtes, den Prozess, also das Wandelbare, Flüchtige, zu denken und sich dabei nicht in der Differenz zu verlieren, sondern die grenzenlose Dynamik seines Eins-Seins zu erfassen; um hier wirkliche Klarheit zu gewinnen, reicht die diskursive Durchdringung offenkundig nicht aus, sondern es bedarf einer unmittelbaren, intuitiven Vergegenwärtigung, die allein die Wirklichkeit als undifferenzierte Totalität aufzufassen vermag. Interessanterweise gibt es in der westlichen Forschung den Deutungsvorschlag, Zhang Zais Denkbewegung stelle nicht weniger dar als den „Entwurf einer Rückführung der sinnlich wahrnehmbaren Wirklichkeit auf ein dieser zugrunde liegendes Substrat mit seinen wesentlichen Bestimmungen."[6] Ich denke letztlich nicht, dass der Begriff des *Substrats* im Falle Zhang Zais angeraten ist (und ich werde dies auch noch ausführlich begründen); dennoch verhält es sich zweifellos so, dass Zhang Zais prozessuales Denken von dem Ehrgeiz kündet, die Welt, wie sie sich uns im Alltag darstellt und wie sie der Common Sense verteidigt, als Manifestation des Wandlungsgeschehens zu desavouieren.

Dies klingt nun erst einmal widersprüchlich, schließlich ist in der Forschung doch immer wieder die Rede davon, dass Zhang Zai die alltägliche, öffentliche und von sinnlich wahrnehmbaren Einzeldingen erfüllte Welt wieder in ihr Recht zu setzen suche, ja, dass er eine bewusste Zuwendung zur Welt und den in ihr vorliegenden Einzeldingen anstrebe, was sich insbesondere an einem zentralen Theorieelement seiner Naturphilosophie zeige, der Qi-Lehre.[7] Ein Widerspruch liegt m.E. nicht vor, jedoch eine tiefe Ambiguität; und der Grund für diese Zhang Zais Denken überhaupt auszeichnende Ambiguität dürfte in seiner Haltung zum Verhältnis von Geist und Welt zu suchen sein: Er versteht die All-Einheit wesentlich von jener Art von *Sublimierung* her, die im Aufstieg des Denkens in den reinen Geist erfahrbar wird; daher fordert er uns auf, unser Denken aus den Fesseln der gegenständlich orientierten Wahrnehmung zu befreien, damit eine höhere Bewegung

---

[5] ZZQS 17:3303: 舊理會此段不得，終夜椅上坐思量，以身去裏面體，方見得平穩。Vgl. Qian, *Zhuzi xin xue'an*, Bd. 3, 107. Es handelt sich um Li Tong 李侗 (1093-1163).
[6] *Rechtes Auflichten*, „Analytischer Kommentar", 145.
[7] „Instead of merely looking into one's own self to attain self-knowledge, as taught by the Buddhists, including the Ch'an masters, he took as his first step that of looking into the nature of the objective cosmos which is the origin of the self." (Siu-Chi Huang, „Chang Tsai's Concept of Ch'i", *Philosophy East and West*, 18:4 (Oktober 1968), 247-260; hier: 257) Vgl. auch Yang Rubins Vorwort zu Wang Xueqing, *Dangdai Zhang Zai xue*, Taipeh 2021, 15.

der Vereinigung, ja die Schau der All-Einheit selbst möglich wird.[8] Etwas pointierter ausgedrückt: Der buddhistischen Leerheit wird von Zhang Zai eine reine, einheitsstiftende Aktivität des Geistes entgegengestellt; dieser Geist muss sich jedoch quasi seiner selbst entäußern und auf die Welt als reale Größe – eine in sich gegliederte, sich fortwährend ausdifferenzierende Ganzheit – Bezug nehmen, um eine Erkenntnis seiner selbst zu erlangen (in *dieser einen* Welt, aber nicht in den unendlichen Welten, von denen im *Girlanden-Sutra* die Rede ist).[9] Und obzwar die Welt realiter dem Geist nicht extern sein dürfte, kann sie nur im Denken des einheitsstiftenden Prozesses adäquat thematisiert werden.

II. Das Buch *Rechtes Auflichten*

Die reife Fassung seiner Lehre hat Zhang Zai in seinem Hauptwerk *Rechtes Auflichten* (*Zhengmeng* 正蒙) zusammengefasst. Zwischen den Jahren 1070 und 1076 hat er daran gearbeitet; nachdem das Manuskript über einen längeren Zeitraum im Kreise seiner Schüler zirkulierte, ist es wohl erst im Jahr 1089 regulär veröffentlicht worden.[10] Auf den ers-

---

[8] Es ist wiederum kein Zufall, dass diese Denkfigur an das mahāyāna-buddhistische Heilsversprechen erinnert, dem zufolge wir uns aus den Fesseln eines reifizierenden Denkens gelöst haben müssen, um „die Leere und den freien Weisheitsstrom" zu erfahren (Conze, *Buddhistisches Denken*, 347).
[9] Vgl. Chen Lisheng, *Cong xiushen dao gongfu*, 254, Fn.
[10] Eine deutsche Übersetzung: Chang Tsai, *Rechtes Auflichten*, hgg. und übers. von Michael Friedrich, Michael Lackner und Friedrich Reimann, Hamburg 1996. Für genauere Informationen zu Entstehungsgeschichte, Überlieferung und Rezeption dieses Textes siehe *ibid.*, „Analytischer Kommentar", lx-civ. – Maßgebliche Studien: Ira Kasoff, *The Thought of Chang Tsai*, Cambridge 1984; Wolfgang Ommerborn, *Die Einheit der Welt. Die Qi-Theorie des Neokonfuzianers Zhang Zai (1020-1077)*, Amsterdam und Philadelphia 1996; Jung-Yeup Kim, *Zhang Zai's Philosophy of Qi: A Practical Understanding*, New York 2015; Chün-i T'ang (auch: Tang Junyi), „Chang Tsai's Theory of Mind and Its Metaphysical Basis", *Philosophy East and West* 6:2 (Juli 1956), 113-36; Kai-wing Chow, „Ritual, Cosmology, and Ontology: Chang Tsai's Moral Philosophy", *Philosophy East and West* 43:2 (April 1993), 201-228; Stéphane Feuillas, „L'accès à l'âme du monde. Définitions et approches. À partir de l'œuvre de Zhang Zai (1020-1078)", *Extrême-Orient Extrême-Occident*, Nr. 29 (2007), 121-150; Fabian Heubel, „Culture de soi et créativité. Réflexions sur la relation entre Mou Zongsan et le Confucianisme énergétique", *Extrême-Orient, Extrême-Occident*, Vol. 29 (2007), 151-177; Robin Wang, Ding-wei Xiang, „Zhang Zai's Theory of Vital Energy", in: *Dao Companion to Neo-Confucian Philosophy*, hg. von John Makeham, Heidelberg, London und New York 2010, 39-58; sowie Ya Zuo, „Zhang Zai's (1010-1077) Critique of the Senses", *Journal of Chinese History* (2018), 1-29. – Der

ten Blick scheint es sich bei diesem Buch um eine exegetisch-philosophische Collage, beziehungsweise um ein „Mosaik" (Michael Lackner) zu handeln, das der Autor aus den unterschiedlichsten Bausteinen der Überlieferung zusammengesetzt hat.[11] In den insgesamt 17 Kapiteln wird primär aus den *Lehrgesprächen* des Konfuzius, dem kurzen Text *Gleichgewicht und Gewöhnlichkeit*, dem *Menzius* sowie dem *Buch der Wandlungen* zitiert (im Grunde also derselbe Textkorpus, auf den sich ein Jahrhundert später auch Zhu Xi berufen würde). Streng genommen kann nur wer ausreichend vertraut ist mit dem konfuzianischen Kanon die sehr gedrängten Gedankengänge nachvollziehen, die sich selten gänzlich aus den exegetischen Kontexten herauslösen. Dabei hat der Autor dieses Textes zugleich nicht geringe begriffliche Anstrengungen unternommen; mit kritischem Sinne und enormer Präzision hat er unterschiedlichste Konzepte verknüpft, um in Übereinstimmung mit einer neu gedeuteten Überlieferung einen stimmigen Gesamteindruck zu erzeugen, der auch neues Licht auf die wohlbestimmte Einheit der Welt zu werfen vermag.

Zhang Zai stand unter dem Einfluss einer neuen, systematisch ausgerichteten Wissenskultur, die den Gesamtzusammenhang der Welt in einem einzigen, allumfassenden Modell zu erfassen suchte.[12] Jedoch war es sein Anspruch, dass sich der sprachliche Ausdruck nie allzu sehr von der Prozesshaftigkeit der Wirklichkeit entfernen darf: Nur wem eine unmittelbare „Anschauung des Wandels" (*jian yi* 見易, wörtlich: „das Einfache sehen") gelungen ist, erläutert er einmal, kann auf die

---

deutsche Titel *Rechtes Auflichten* hat sich eingebürgert, daher übernehme ich ihn hier; eine präzisere Übersetzung wäre „Berichtigung jugendlicher Torheit" (wahrscheinlich eine Anspielung auf das vierte Hexagramm im *Buch der Wandlungen*, die „Jugendtorheit"; vgl. Feuillas, „L'accès à l'âme du monde", 142, Fn.). Alle Zitate stammen aus der deutschen Übersetzung von Friedrich, Lackner und Reimann, wobei ich ihre Fassung aber hier und da leicht revidiert habe.

[11] Siehe ders., „Reconciling the Classics. Two Case Studies in Song-Yuan Exegetical Approaches", in: *World Philology*, hgg. von Sheldon Pollock, Benjamin A. Elman und Ku-ming Kevin Chang, Cambridge, MA, 2015, 145. Joachim Gentz hat jüngst in einer „physiognomischen Lektüre" sehr schön die eigentümliche, collage-artige Struktur des Textes *Zhuangzi* herausgearbeitet, bei dem die Beiträge verschiedener Autoren nachträglich zu einem harmonischen Ganzen zusammengefügt worden sind (ders., „Zhuangzi's Twinkle and Methods without Truth", in: *China and the World – the World and China. Essays in Honour of Rudolf G. Wagner*, hg. von Joachim Gentz, Bd. 1, Gossenberg 2019, 1-24; hier: 19). Es darf davon ausgegangen werden, dass Zhang Zai und die anderen Neukonfuzianer von dieser Textkultur tief beeinflusst gewesen sind.

[12] In den Worten einer Historikerin: „A Song system was a philosophical system in which the propositional content specifically designated a total view and intended to unify the particulars within that view." (Ya Zuo, *Shen Gua's Empiricism*, 133)

richtige Weise über die Erscheinungen sprechen.[13] Konsequenterweise wirbt er bei seinen Leserinnen und Lesern für eine Änderung der Haltung und Lebensweise, die eben jene All-Einheit ansichtig machen soll; zur Erreichung dieses Ziels sind ihm zufolge antike Verhaltensmuster (Rituale) und andere Organisationsformen gemeinschaftlicher Solidarität hilfreich, die er denn auch mit großer Begeisterung erforscht hat (er gründete sogar nach dem Vorbild der buddhistischen Sanghas eine eigene Ordensgemeinschaft).[14]

All dies sind hochfliegende Ziele. Zhang Zais großes Selbstbewusstsein zeigt sich aber auch schon in einem bewusst antikisierenden Stil, der Elemente der gesprochenen Sprache seiner Heimat aufnimmt (vgl. ZZQS 17:3295). Bemerkenswert ist darüber hinaus, dass dieser Denker, der wohl sein ganzes Leben lang meditiert hat, dies während der Abfassung dieses Buchs besonders gewissenhaft tat.[15] Selbst wenn er also eine Bewusstwerdung des Denkens anstrebte und zu diesem Zweck auf diskursiv-begriffliche Elemente zurückgriff, dürfte so manche Passage unter dem Einfluss tranceartiger, ekstatischer Zustände geschrieben worden sein. Genau daher rührt wohl auch die große Intensität des Textes, der Generationen von Leserinnen und Lesern in seinen Bann geschlagen hat.

III. Zhang Zais Monismus

In der einschlägigen Forschungsliteratur wird der chinesische Denker gern als Monist vorgestellt, d.h. ihm wird eine philosophische Position zugeschrieben, der zufolge es nur ein Prinzip gibt, auf das die Phänomene trotz ihrer Mannigfaltigkeit zurückgeführt werden können.[16]

---

[13] ZZJ 65; *Rechtes Auflichten* 17:11, 139.
[14] Vgl. *Rechtes Auflichten*, „Anhang", 286.
[15] Siehe Lü Dalin, „Hengqu xiansheng xingzhuang", ZZS 383: 終日危坐一室 („er saß den ganzen Tag über aufgerichtet und im Fersensitz in seinem Zimmer"). Zur Formulierung *wei zuo* vgl. die Erläuterung bei Graf, *Djin-si lu*, Bd. 3, 331, Fn. Vgl. auch Zhu Xis zwei diesbezügliche Bemerkungen (ZZQS 17:3329). – In einem bereits klassisch zu nennenden Aufsatz analysiert der taiwanische Philosoph Yang Rubin die Meditationsmethode der „Vergrößerung des Geistes" (*da xin* 大心; ders., „Song ru de jingzuo shuo", in: *Rujia zhexue*, Taipeh 2004, 39-86; hier: 53). Vgl. ebenfalls Wu Zhen, „Shilun Zhuzi de jingzuo tiyan", in: *Xin shiye, xin quanshi. Zhu Xi sixiang yu xiandai shehui*, hgg. von Cai Fanglu, et al., Chengdu 2007, 364-381.
[16] Alfred Forke prägt in Anlehnung an einen japanischen Forscher die Formulierung „*pneumatischer Monismus*" (ders., *Geschichte der neueren chinesischen Philosophie*, Hamburg 1964², 68). Brook Ziporyn spricht von „rather weird kinds of mo-

Grundsätzlich ist diese Charakterisierung hilfreich, jedoch ist es notwendig, die Begrifflichkeiten etwas zu schärfen. Der von Zhang Zai vertretene Monismus unterscheidet sich von den meisten monistischen Denksystemen der abendländischen Philosophie offenbar in dem Punkte, dass hier keineswegs der Begriff eines vollkommenen, veränderungsfreien Seins (Gott, eine Substanz) oder Prinzips in Anspruch genommen wird. Doch was genau heißt das? Bekanntlich suchte auch der griechische Philosoph Heraklit, anders als Platon und seine Anhänger, die „das Immerseiende" zum höchsten Gegenstand der Philosophie erheben wollten, den kosmischen Flux (den „Fluß der Dinge") in sein Recht zu setzen; jedoch richtete auch er seinen Blick nicht nur auf „dieses bloße Faktum des Fließens und Verfließens", sondern „auf die ewigen *Maße*, die er in ihm erfaßt."[17] Offenbar bejaht Zhang Zai genau wie Heraklit den kosmischen Flux; nur ist keineswegs klar, ob auch er ein den Wandel durchwaltendes Prinzip oder zumindest Regelmäßigkeiten, d.h. stabile, dem kosmischen Flux entzogene Muster angenommen hat, die auch zu einem Erkenntnisobjekt werden können. Oder ist tatsächlich *alles* im Wandel begriffen und *nichts* diesem entzogen?! Halten wir vorläufig erst einmal fest, dass sein Monismus *prozessual* ist, d.h. die Welt wird als ein weder zeitlich noch räumlich begrenzter Prozess gedacht, der sich fortwährend intern ausdifferenziert, eine „reine, ständig Neues hervorbringende Prozeßhaftigkeit".[18]

Eine solche Position dürfte im 11. Jahrhundert in China keineswegs auf der Hand gelegen haben. In der sinnlichen Wahrnehmungswelt waren ja auch die Menschen damals zuerst mit zahlreichen, offenkundig dem Veränderungsprozess entzogenen Einzeldingen konfrontiert: der Stuhl, auf dem jemand sitzt, der Berg, den jemand erklettert, der Hund, auf dessen Schwanz jemand tritt – bei jeder dieser Alltagserfahrungen stoßen Menschen auf ein Objekt, das raum-zeitlich ausgedehnt ist und wenigstens partiell dem Wandel entzogen scheint (obzwar natürlich

---

nism" bei Zhang Zai und anderen chinesischen Denkern (ders., „Harmony as substance. Zhang Zai's metaphysics of polar relations", in: *Chinese Metaphysics and its Problems*, hgg. von Chenyang Li und Franklin Perkins, Cambridge 2015, 171). Tatsächlich gibt es eine lange Tradition des Monismus in der chinesischen Philosophie, vgl. diesbezüglich Franklin Perkins, „Metaphysics in Chinese Philosophy", *Stanford Encyclopedia of Philosophy* (zuletzt benutzt: 12.11.2023); sowie Zheng Zongyi, „Lun Ming Qing zhi ji ruxue de yiyuanhua qingxiang", *Journal of Chinese Studies*, Nr. 65 (Juli 2017), 181-201. Zur Rezeption in der Volksrepublik China siehe Ommerborn, *Die Einheit der Welt*, 141 ff. – Der japanische Historiker Tsuchida Kenjirō argumentiert, dass der Term „Monismus" (*yitiguan*) gleichermaßen auf Cheng Hao, Cheng Yi, Zhang Zai und Shao Yong zutreffe (ders., *Daoxue zhi xingcheng*, 192-202).

[17] Cassirer, *Philosophie der symbolischen Formen*, Bd. 2, 158.
[18] *Rechtes Auflichten*, „Analytischer Kommentar", 146.

auch die Menschen damals wussten, dass der Stuhl irgendwann auseinanderfallen, der Berg irgendwann erodieren, der Hund irgendwann sterben wird). Wie plausibilisiert Zhang Zai also seine philosophische Position?

Wie wir im zweiten Kapitel gesehen haben, stand den Buddhisten mit dem Tetralemma ein mächtiges, argumentatives Werkzeug bereit, mit dessen Hilfe sie den Gedanken der *universalen Leerheit* ihren Lesern zumindest anempfehlen konnten. Ein solches Werkzeug besaßen die Konfuzianer nicht; jedoch war ihnen mit dem *Buch der Wandlungen* ein imaginatives, hochreflektiertes Medium zur Hand, welches das „Wandlungsgeschehen", d.h. den kosmischen Flux (*yi* 易) selbst thematisiert. Bemerkenswerterweise stellt nun auch in diesem Buch die Negation ein wichtiges Erkenntnismittel dar. So schreibt Zhang Zai im vierten Kapitel seines *Rechtem Auflichtens* einmal:

> „[a] Das Geisthafte hat keinen Ort, [b] der Wandel keine Struktur" –
> [diese beiden Sätze aus dem *Buch der Wandlungen*] bedeuten:
> [Geisthaftes und Wandel] sind nur groß und dazu eins.[19]

---

[19] *Zhengmeng* 4:2:「神无方」,「易无體」,大且一而已爾。*Rechtes Auflichten*, 22, YJ 147b; vgl. Yang, *Qiben yu shenhua*, 59. In seinem Kommentar zum *Buch der Wandlungen* nimmt Zhang Zai die beiden Textbausteine [a] und [b] noch einmal auf: „Obwohl es sich bei dem Geisthaften und dem Wandel um dieselbe Sache handelt und der Ort und die Struktur nur eine Bedeutung besitzen, wird [im *Buch der Wandlungen*] der Aspekt des Nichterforschbaren [eigens hervorgehoben], indem es heißt: [a] ,[Das Geisthafte] hat keinen Ort'; und ebenso wird der Aspekt der nicht innehaltenden Entwicklung [thematisiert], indem dort steht: [b] ,[Der Wandel] hat keine Struktur.' Tatsächlich ist die Wandlung der Veränderung ähnlich." (*Hengqu yishuo*, ZZJ 187: 神與易雖是一事,方與體雖是一義,以其不測,故言无方;以其生生,故言无體。然則易近於化。) Dennis Schilling übersetzt die Zhang Zais Überlegungen zugrundeliegende Passage im *Buch der Wandlungen* wie folgt: „Da [die zehntausend Wesen] die Wege von Tag und Nacht durchdrungen haben und zu Wissen gelangt sind, hat der Geist keinen [festen] Ort und die Wandlung keinen [festen] Körper." (*Yijing. Das Buch der Wandlungen*, übers. von Dennis Schilling, Frankfurt a.M./Leipzig 2009, 212) Den Satz *Sheng sheng zhi wei yi* 生生之謂易 übersetzt Schilling als: „Was Leben hervorbringt, nennt man das Einfache." (*ibid.*); den Satz *Yin yang bu ce zhi wei shen* 陰陽不測之謂神 aber wie folgt: „Was das Schattige und das Lichte nicht ausloten, nennt man den Geist." (*ibid.*) Zur Bedeutung des zentralen, aber höchst mehrdeutigen Terms *yi* 易 („Wandel", „Wandlung") vgl. Schillings Erläuterungen, siehe *Yijing*, 340 ff. Anderswo betont Zhang Zai, dass es durchaus möglich sei, den Prozess in einzelne, langsamer oder schneller ablaufende Phasen zu unterteilen (siehe Yang, *Qiben yu shenhua*, 51 f.). Das Wort „Wandlung" (*yi*) benennt den kosmischen Transformationsprozess in seiner Gesamtheit, während „Veränderung" (*hua* 化) graduelle und nicht leicht wahrnehmbare Veränderungen bezeichnet (siehe Yang Lihua, *Qiben yu shenhua. Zhang Zai zhexue shulun*, Beijing 2008, 51 f.). Der chinesische Philosoph ringt offenkundig zugleich um

Wir haben es hier mit einem sehr schönen Beispiel der intrikaten Collagekunst des Philosophen zu tun, bei der kanonischer Text und kommentierende Erläuterung ineinandergeschoben werden. Zhang Zais Denkbewegung löst sich anders gesagt nicht von der Exegese, sondern folgt der Logik des uralten Textes so genau wie möglich, um auf diese Weise doch etwas Neues zu sagen. Mithilfe der zwei paradoxerweise durch Negationen bestimmten Substantive „Geisthaftes" und „Wandel" sowie der Adjektive „groß" (*da* 大) und „eins" (*yi* 一), behauptet der Autor, lässt sich eine unmittelbare Beziehung zur dynamischen Totalität etablieren. Die Totalität des kosmischen Prozesses *qua* „Geisthaftes" ist nicht an einem bestimmten Ort lokalisierbar ([a]), außerdem ist sie ohne „Struktur" (*ti* 體), d.h. flüchtig, unbestimmbar und völlig formlos ([b]). Die Totalität in ihrer Dynamik ist „groß", d.h. sie transzendiert die Welt der Einzeldinge und ist wohl weder räumlich noch zeitlich einzugrenzen; zugleich ist sie aber auch „eins".

Es liegt hier wohl nicht einmal der Versuch einer konsistenten Argumentation vor, sondern der philosophische Gedanke verdankt seine Überzeugungskraft wesentlich der Autorität des konfuzianischen Kanons. Indem Zhang Zai darüber hinaus gerade diese beiden Negationen aus dem *Buchs der Wandlungen* auf die Bühne seiner philosophischen Gegenwart holt, legt er den Gedanken nahe, dass es sich bei der Totalität des Prozesses schlichtweg nicht um einen Gegenstand handelt, über den etwas Positives ausgesagt werden kann. Nicht mittels der Affirmation, sondern nur mittels der Negation lässt sich das Eine sagen, und das Sprechen gewinnt an Intensität, insofern es sich nicht auf ein jeweils bejahend Ausgesagtes festlegt, sondern in einer Art negativer Dialektik in fortwährender Bewegung bleibt und die Notwendigkeit der sprachlichen Ausdifferenzierung suspendiert. Die als Totalität aufgefasste Wirklichkeit mag schlichtweg auch nicht als Denkobjekt konzipierbar sein; doch stellt sich damit natürlich sofort die Frage, wie wir dann überhaupt auf diese Bezug nehmen, wie wir die schöpferische Aktivität des Einen denken können.

Zweifellos kam dem chinesischen Denker zugute, dass es seit der Antike eine lange Tradition des Nachdenkens über die kosmische Einheit gab. Er konnte etwa einen uralten Topos bedienen, wenn er einmal deklarierte: „[D]eshalb schließen sich Himmel und Mensch zu Einem

---

sprachliche Präzision und exegetische Treue. Vgl. Richard J. Smith, *Fathoming the Cosmos and Ordering the World. The Yijing (I-Ching, or Classic of Changes) and Its Evolution in China*, Charlottesville/London 2008, 107 ff.

zusammen."²⁰ Der Prozess wurde von ihm auch gern als Wechselspiel von Einheit und Vielheit gefasst; so ist es ihm zufolge die Differenz selbst, die neue Formen der Einheit ermöglicht: „Wenn es keine Differenz gäbe, dann gäbe es auch keine Vereinigung."²¹ Das Eine, das Differenzlose ergibt sich also aus der Vielheit selbst; und weiter bringen Einheit und Differenz die „Dreiheit" (can 參) hervor, d.h. die Himmel und Erde verbindende Einheit, die auch wiederum als „Himmel", bzw. „Kosmos" (tian 天) bezeichnet wird (die gestufte Dynamik des kosmischen Transformationsprozesses, des „Wandlungschaffens").²² Die Quelle dieser dialektisch anmutenden Maxime mag das *Buch der Wandlungen* gewesen sein; ähnliche Überlegungen finden sich aber auch im daoistischen Klassiker *Daodejing*.

Etwas genauer aufgeschlüsselt wird der dahinterstehende Gedanke in der folgenden Passage:

Sobald es Einheit gibt, gibt es auch Zweiheit; und wenn Zweiheit ist, dann auch Einheit. [Auch] ohne Zweiheit gibt es Einheit; doch wie sollte die Einheit [ihre] Wirkung entfalten, wenn es die Zweiheit nicht gäbe?!²³

Und noch expliziter sind die folgenden Sätze:

Wenn die zwei entgegengesetzten Aspekte nicht gesetzt sind, wäre die Einheit selbst gar nicht erkennbar; und wenn die Einheit nicht erkennbar wäre, dann könnte die Zweiheit nicht [ihre] Wirkung entfalten. Die beiden Aspekte sind Leere und Fülle, Bewegung und Ruhe, Ansammlung und Zerstreuung, Durchsichtiges und Trübes – letztlich sind sie aber nur eins.²⁴

Mit den Verben „setzen" (li 立) und „erkennen" (jian 見) thematisiert der Autor offenbar aktive Erkenntnisleistungen; nur fehlt bei beiden ein Agens, d.h. ein Subjekt. Die eigentliche Pointe dieser Passage dürfte

---

²⁰ *Zhengmeng* 17:11, ZZJ 65; *Rechtes Auflichten*, 139: 故天人合一 […] 。Vgl. Tomonobu Imamichi, „Die freie Wanderung des Denkens nach dem Einen. Das Eins-Alles-Problem in der chinesischen Klassik", in: *All-Einheit. Wege eines Gedankens in Ost und West*, 73-86.
²¹ *Zhengmeng* 17:6, ZZJ 63: 若非有異則無合 。Für eine alternative Übersetzung vgl. *Rechtes Auflichten*, 135.
²² Vgl. *Zhengmeng* 2:1, ZZJ 10; sowie *Rechtes Auflichten*, 11. – Ernst Cassirer zufolge ist die Dreiheit „Ausdruck der Vollendung, der absoluten Totalität schlechthin." Ders., *Philosophie der symbolischen Formen*, Bd. 2, 179.
²³ ZZJ 233 (Kommentar zum „Shuo gua"-Kommentar des *Buchs der Wandlungen*): 若一則有兩，有兩亦一在，無兩亦一在。然無兩則安用一？Vgl. Yang, *Qiben yu shenhua*, 142.
²⁴ *Zhengmeng* 1:14, ZZJ 142; vgl. *Rechtes Auflichten*, 8 f.: 兩不立則一不可見，一不可見則兩之用息。兩體者，虛實也，動靜也，聚散也，清濁也，其究一而已 。Vgl. Yang, *Shenhua yu Qiben*, 35.

darin liegen, dass der hier implizierte Beobachter in keiner Weise dem Prozess des Werdens extern gegenübersteht, sondern als ein Teil der sich organisch entwickelnden Ganzheit gedacht werden muss. Einerseits muss das Subjekt sich als Gesamtheit der Wirklichkeit auffassen, sich in ihr wiedererkennen; andererseits muss es aber auch die Bewegung der Unterscheidung nachvollziehen, um sich auf diese Weise der in sich differenzierten Einheit anzugleichen. Insofern können theoretische Aktivitäten wie Identifizieren, Unterscheiden und Benennen nur vor dem Hintergrund der Ganzheit bedeutsam sein; ja, nur unter der Voraussetzung, dass mir eine Bezugnahme auf die Totalität gelingt, kann ich überhaupt eine Erkenntnis über einzelne Phänomene erlangen.

Interessanterweise hat Zhang Zai zwar einiges zu sagen über das Denken und Handeln des Menschen, doch kann dieser in einem konsequent gedachten Monismus natürlich keine Sonderstellung besitzen. So erläutert der Philosoph einmal, dass auch das menschliche Subjekt (der „Geist") Ergebnis eines elementaren Akts der Differenzierung im kosmischen Prozess ist:

> Aus dem unermesslich weiten, leeren Raum leitet sich die Bezeichnung „Himmel" ab, von der Qi-Wandlung die Bezeichnung „Weg". Denkt [man] die Leere mit dem Qi zusammen, erhält [man] die Bezeichnung „Wesensbestimmung"; denkt [man] Wesensbestimmung mit dem Bewusstsein [bzw. Gewahrsein] zusammen, erhält [man] die Bezeichnung „Geist".[25]

Auffällig ist, dass wir es wieder mit Erkenntnisleistungen (Differenzieren, Benennen) zu tun haben, denen jedoch wiederum kein Subjekt zugeordnet ist. Die vier Substantive „Himmel", „Weg", „Wesensbestimmung" und „Geist" sind das Ergebnis eines Akts des Identifizierens und Benennens. Doch ist schwer zu sehen, wer angesichts des „unermesslich weiten, leeren Raums" (dazu später mehr) die Bezeichnung „Himmel" kreiert haben könnte. Auch die „Qi-Wandlung" und der „Weg" dürften eine aus der menschlichen Perspektive kaum erfassbare Realität beschreiben, quasi das kosmische Schauspiel selbst. Es spricht einiges dafür, dass wir uns erst mit dem dritten Substantiv („Wesensbestimmung") in der menschlichen Welt befinden, dem Bereich von „Bewusstsein" und „Geist". Tatsächlich besteht für Zhang Zai eine markante Kluft zwischen den unendlichen Tiefen des Kosmos und der von Menschen bevölkerten Welt: Während sich das Prozessgeschehen im Kosmos weiträumig entfalten kann und ausschließlich zwischen den

---

[25] *Zhengmeng* 1:10, ZZJ 9: 由太虛，有天之名；由氣化，有道之名；合虛與氣，有性之名；合性與知覺，有心之名。Leicht revidierte Übersetzung von *Rechtes Auflichten*, 8. Zu dieser Passage vgl. Yang, *Qiben yu shenhua*, 107 f., sowie Mou, *Xinti yu xingti*, Bd. 1, 470 f.

beiden Polen Yin und Yang oszilliert, wird es in der Welt der Menschen (und Tiere) in Innen- und Außenwelt, in eine leibliche und eine psychische Sphäre kanalisiert.[26] Womöglich erläutert Zhang Zai in dieser Passage also schlicht den Ursprung des Geistes.

Im *Rechten Auflichten* wird wiederholt, und mit einer verwirrenden Vielzahl von Formulierungen, auf die Totalität des kosmischen Prozesses Bezug genommen. Termini wie „das Geisthafte (das Numinose)" (*shen* 神), „der Weg" (*dao* 道), der „Himmelsweg" (*tian dao* 天道), „die Wesensbestimmung" (*xing* 性) müssen m.E. als Variablen für die All-Einheit interpretiert werden, wobei die Multiplizierung der Terminologie offenbar dem Zweck dient, das endliche Denken für die unendliche Mannigfaltigkeit der Wirkungsweisen und Übergänge zu öffnen. Indem nämlich während der Lektüre seines Buches minimale Differenzen innerhalb der All-Einheit sprachlich nachvollzogen werden, lässt sich – so wenigstens die Hoffnung – irgendwann jene kontemplative Vergegenwärtigung motivieren, die das Unsagbare dort einholt, wo die Sprache versagt. Sehr charakteristisch für Zhang Zais Denken ist auch die folgende Passage (17:7):

> Nur insofern es so ist, dass Zusammenziehung und Ausdehnung, Bewegung und Ruhe, Ende und Anfang Eines sein können, heißt man also „Geist" das, wodurch [das Eine] die zehntausend Dinge befruchtet, heißt man „Weg" das, dass es durchgängig in den zehntausend Dingen ist, heißt man „Wesensbestimmung" das, dass es die zehntausend Dinge strukturiert.[27]

Die Formulierung „zehntausend Dinge" ist in der chinesischen Philosophie eine gebräuchliche Bezeichnung für die Gesamtmenge aller Einzeldinge und Lebewesen in der Welt. Interessanterweise legt Zhang Zai hier den Gedanken nahe, dass der Akt des Identifizierens und Benennens von Phänomenen nicht nur eine mentale Ordnung etabliert, sondern auch eine physikalische Ordnung widerspiegelt, d.h. es im Prozessgeschehen in der Außenwelt durchaus Ereignisse und Sachverhalte gibt, die eine Regelmäßigkeit aufweisen: Die Einzeldinge sind aufgrund ihrer „Wesensbestimmung" „strukturiert". Es ist aber auf Anhieb nicht klar, worin genau diese „Strukturiertheit" bestehen kann, wenn sich doch *alles* im Wandel befinden soll.

Zhang Zai sucht seinen monistischen Grundgedanken einmal sogar quasi argumentativ zu erhärten:

> Weil in dem, was das Wandlungschaffen vollendet, nicht ein Ding vorhanden ist, welches einem [anderem] ähnlich wäre, lässt sich erkennen, daß die zehntausend

---

[26] Siehe *Zhengmeng* 17:5, ZZJ 63, vgl. *Rechtes Auflichten*, 134.
[27] *Rechtes Auflichten*, 135: 惟屈伸、動靜、終始之能一也，故所以妙萬物而謂之神，通萬物而謂之道，體萬物而謂之性。Vgl. *Rechtes Auflichten*, 10.

Dinge zwar viele zu sein scheinen, es tatsächlich [aber nur] ein einziges Ding gibt. Weil nichts vorhanden ist, worin nicht Yin und Yang vorhanden wären, lässt sich erkennen, daß die Wechselwandlung von Himmel und Erde [in] nichts anderem als den zwei Polen [besteht]. (1:20)[28]

Ich nehme an, der *erste Satz* lässt in Form des folgenden Arguments rekonstruieren: (1) Wenn es eine Ähnlichkeitsbeziehung zwischen zwei Phänomenen gäbe, dann müssen beide unabhängig voneinander existieren; (2) Genau besehen gibt es aber überhaupt keine solche Ähnlichkeitsbeziehung zwischen zwei Phänomenen; aus diesem Grund (3) ist die Vielheit scheinbar, tatsächlich existiert nur ein einziger, sich intern ausdifferenzierender Prozess. – Nicht nur aufgrund des Umstands, dass Zhang Zai nicht weiter erläutert, wie genau eine solche (offenkundig kontrafaktische) Ähnlichkeitsbeziehung zwischen zwei Phänomenen beschaffen wäre, besitzt das Argument wenig Überzeugungskraft. Warum sollten wir es nicht mit einer Vielzahl einander unähnlicher Einzeldinge zu tun haben, die *nicht* in einer höheren Einheit aufgehoben sind?!

Zhang Zais Gedanke dürfte intuitiv leichter zu vermitteln sein, etwa wenn wir uns das folgende Beispiel vor Augen führen: Zwar scheinen sich die Dinge in der Alltagswelt oft genug zu ähneln, so sieht z.B. die Katze meines Nachbarn meiner eigenen Katze ähnlich (beide sind schwarz, beide sind groß gewachsen), doch muss ich bei genauerem Hinsehen erkennen, dass sie unterschiedlichen Kontexten angehören. Z.B. schläft meine Katze auf der Couch im Wohnzimmer, während die Katze des Nachbarn ihre Nächte im Gartenhaus verbringt; weiter ist meine Katze drei Jahre alt, die des Nachbarn aber zwölf Jahre, sie haben also auch ganz unterschiedliche Erfahrungen gesammelt, ein Umstand, der etwa in ihrer unterschiedlichen Reaktion auf laute Geräusche zum Ausdruck kommt; usw. Sobald ich anders gesagt die Wirklichkeit (das Fließgeschehen) genauer wahrnehme, löst sich der anfängliche Eindruck der Ähnlichkeit auf. Und wenn ich mir die absolute Differenz vergegenwärtigt habe, mag schließlich auch – in der meditativen Versenkung – die höhere Einheit von allem anschaulich werden.

---

[28] ZZJ 10: 造化所成，無一物相肖者，以是知萬物雖多，其實一物；無無陰陽者，以是知天地變化，二端而已。Vgl. *Rechtes Auflichten*, 10. – Robin R. Wangs Übersetzung ist deutlich unschärfer: „Although there are myriad things that are known, in fact, there is only one thing that must be known: there is nothing without yinyang. If one wants to know the changes of heaven and earth, one must know these two aspects." (dies., *Yinyang*, 81) Vgl. auch Yang, *Qiben yu shenhua*, 91 f.

Offensichtlich liegt diesem Gedanken die ontologisch anspruchsvolle Idee der relationalen Identität zugrunde.[29] In aller Kürze besagt diese das Folgende: Ein Einzelding ist nicht aufgrund eines ihm inhärenten, unveränderlichen Wesens wirklich, sondern einzig und allein aufgrund der Bedingungen, die es mit anderen Einzeldingen verknüpft. Anders gesagt: Relationen sind nicht sekundär gegenüber einem irgendwie beschaffenen „Inneren" der Einzeldinge, sondern primär. So erklärt Zhang Zai einmal, dass kein Einzelding „selbständig" (*guli* 孤立), d.h. nicht kausal bedingt, existieren kann.[30] Kausale Beziehungen müssen außerdem auf einer tieferen Ebene wirksam sein als die von Zhang Zai hier thematisierte Ähnlichkeitsbeziehung (dazu im nächsten Abschnitt mehr).

In seinem *zweiten Satz* behauptet Zhang Zai weiter, dass alles in diesem Prozess charakterisiert sei von den „zwei Polen" Yin und Yang. Auch außerhalb Chinas sind diese beiden Wörter längst bekannt (nur ihren *radical chic*, den sie im New-Age-Zeitalter einmal besaßen, haben sie wohl längst eingebüßt); sie stehen für Männliches und Weibliches, Aktives und Passives, Lichtes und Schattiges, Aufsteigendes und Sinkendes, Ausbreiten und Zurückweichen usw., also für jeweils ein Paar komplementärer Aspekte des Wirklichkeitskontinuums. Wohlgemerkt handelt es sich nicht um Entitäten oder statische Weltzustände, sondern um relationale, dynamische Muster, die sukzessive Stufen des Qi-Wandels bezeichnen.[31] Die Scheidung von Yin und Yang steht für einen ursprünglichen Akt der Differenzierung, eine erste Bestimmung

---

[29] Vgl. *Rechtes Auflichten*, „Analytischer Kommentar", 148. Siehe auch Zuo, *Shen Gua's Empiricism*, 83 f. – Ich denke, dass Zhang Zai die buddhistische Denkweise der relationalen Identität *mutatis mutandis* fortgeführt hat. In einer tiefschürfenden Reflexion über die Möglichkeit von Einheit rekonstruiert Graham Priest diese Denkweise und skizziert eine neuartige (dialethische) Antwort auf die Frage, wie viele Dinge vermögen, ein einziges Ding zu sein, obwohl sie viele sind (ders., *One. Being an Investigation into the Unity of Reality and of its Parts, including the Singular Object which is Nothingness*, Oxford 2014). Ich vermute, dass Zhang Zai dank seiner Beschäftigung mit dem Buddhismus ein geschärftes Bewusstsein für die Paradoxalität der Wirklichkeit besaß und es ein Ziel seines Buches *Rechtes Auflichten* gewesen ist, seinen Lesern den erfolgreichen Umgang mit Problemen wie dem „inclosure paradox" beizubringen (*ibid.*, 202 f.).

[30] *Zhengmeng* 5:7, ZZJ 19, *Rechtes Auflichten*, 30; vgl. auch Ommerborn, *Die Einheit der Welt*, 203.

[31] Bereits Richard Wilhelm spricht von den „beiden polaren Grundkräfte[n]" (ders., *I Ging. Das Buch der Wandlungen. Erstes und Zweites Buch*, 243); G.E.R. Lloyd bezeichnet sie dagegen als „dynamic, interrelational, aspectual" (ders., *The Ambitions of Curiosity. Understanding the World in Ancient Greece and China*, Cambridge 2002, 49). – Zum Yin-Yang-Modell vgl. insbesondere Robin R. Wang, *Yinyang: The Way of Heaven and Earth in Chinese Thought and Culture*, Cambridge

des Ganzen, die jedoch nicht sinnlich wahrnehmbar ist; beide operieren offenbar auf einem so basalen Niveau des kosmischen Prozesses, dass sie nur im divinatorischen Bezugssystem des *Buchs der Wandlungen*, bzw. im bildhaften Denken thematisiert werden können.[32] Alles gehört entweder Yin oder Yang an; dies ist die erste Verschiedenheit in der Einheit, eine Dualität, die einerseits auf das Eine angewiesen bleibt, andererseits aber weitere Akte der Differenzierung auslöst.

Der Prozess in seiner Gesamtheit, die All-Einheit: – – – Sprachlich ist nie zu bezeichnen, was innerweltlich nicht repräsentiert werden kann, was den Horizont des Bedingten, des Bestimmten notwendigerweise transzendiert. Die philosophische Denkbewegung läuft unter dieser Voraussetzung nur zu leicht ins Leere. Nun hatten die Buddhisten dem Neukonfuzianer Jahrhunderte von gedanklicher Akrobatik zu dieser Problematik voraus, und entsprechend hat er sie gefürchtet. Einmal (*Rechtes Auflichten* 17:11) spricht er eine unmissverständliche Warnung aus: Die Anhänger der buddhistischen Schulen würden scheinbar etwas Richtiges sagen, jedoch zeige sich bei genauerem Hinsehen die Falschheit ihrer Weltsicht, denn ihre Worte „verfehlen im Fließen und Flüchten das Einzuhaltende […].“[33] Tatsächlich wird in buddhistischen Texten mit ihren komplexen, vielfach verschlungenen Satzgefügen oft genug eine gedankliche Position nur dargelegt, um sie sogleich wieder infrage zu stellen, wird dem Denken eine Grenze gezogen, um sie im nächsten Satz sogleich zu überwinden (schließlich gibt es ja überhaupt kein denkendes Selbst, das eine solche Grenze ziehen könnte). „Das Einzuhaltende" ist für Zhang Zai quasi ein letzter Grund, etwas, das es uns erlauben würde, im fließenden Erscheinen der Bewusstseins- und Erlebnisphänomene einen festen Halt zu finden, um auf dieser Grundlage die Normen und Handlungsvorschriften für eine gelingende Alltagspraxis zu etablieren. Dabei weiß er nur zu gut, dass jeder Versuch einer Bestimmung bereits einen distanzierten Standpunkt *jenseits* des Wandels implizieren und das Prozessdenken mit falschen konzeptuellen Erwartungen belasten würde. Idealerweise bleibt das Sprechen über den Wandel im gegenwärtigen Augenblick offen für den Wandel im nächsten Augenblick – so wie im *Buch der Wandlungen* die

---

2012; sowie Dennis Schilling, *Yijing*, 834 f., *passim*. Auch Marcel Granets Überlegungen sind noch mit Gewinn zu lesen, siehe ders., *Das chinesische Denken*, 86-109. Granet betont die Konkretheit des Yin-Yang-Modells und die Einbettung seiner Kategorien in soziale Zusammenhänge im antiken China. Tatsächlich wurde die Geltung dieses Modells nur äußerst selten kritisch hinterfragt, im 11. Jahrhundert etwa von Shen Gua 沈括 (1031-1095) (vgl. Zuo, *Shen Gua's Empiricism*, 184).

[32] Vgl. *Rechtes Auflichten*, „Analytischer Kommentar", xxvi-lvi. Ya Zuo zieht einen Vergleich zu den scholastischen Begriffen „universalia ante rem" und „universalia post rem" (dies., *Shen Gua's Empiricism*, 80 f.).

[33] ZZJ 65: 流遁失守; *Rechtes Auflichten* 17:11, 139.

formalen Elemente (Hexagramme und Hexagrammlinien) jeweils einer einzelnen Zeitphase entsprechen und die angehängten Situationsbeschreibungen auf unendlich viele Weisen mit der konkreten Erfahrung der Leserinnen und Leser in Verbindung gesetzt werden können.[34]

IV. Die Qi-Lehre

> In meinem siebenten Lebensjahr war die Geburt meiner Schwester. *Die 7 ist also ein Hinweis auf die Geburt der Anima.*
>
> Wolfgang Pauli[35]

Zhang Zai kritisiert einmal, dass die buddhistische Praxis der „Auflösung von Blockierungen [zum Zwecke] des Eingangs in die Leerheit" (*xiao ai ru kong* 銷礙入空) von Außenstehenden mit dem neukonfuzianischen Prozessdenken verwechselt werde.[36] Doch zielt seine Lehre auf etwas Ähnliches ab: die Überwindung der in den Formen (Gestalten) verkörperten Endlichkeit und die Rückkehr in sich selbst, um auf diese Weise ein neues Selbstverhältnis zu etablieren, das eine Erfahrung des Absoluten ermöglicht. Obzwar nun eine Form des *substanziellen Beharrens* der Idee einer solchen Sublimierungsbewegung zuwiderzulaufen scheint, betont er gleich zu Beginn seines Hauptwerkes, dass es neben dem „Geisthaften" (als Inbegriff reiner, nicht-körperlicher, ungehinderter Bewegung und Unbestimmtheit) auch noch etwas anderes gebe, nämlich das Qi, das nicht nur bestimmt und damit endlich sei, sondern auch über Widerständigkeit verfüge (1:1, ZZJ 7; *Rechtes Auflichten*, 3). So sehr Zhang Zai uns auch ein spekulatives, dynamisches Denken nahelegen möchte, dem zufolge Einzeldinge nicht als Gegebenheiten, sondern als *Prozesse* oder *Ereignisse* verstanden werden sollen, bleibt doch der Umstand, dass Veränderungen nur dann als Veränderungen beschreibbar sind, wenn sie Veränderungen von *etwas* sind. Offenbar vor dem Hintergrund einer solchen Überlegung muss er die Notwendigkeit verspürt haben, seine Rede über den kosmischen Prozess stärker zu erden. Der in der chinesischen Philosophiegeschichte gängige Verweis auf eine produktive, harmonische Beziehung zwischen

---

[34] Der Philosoph Hans Heinz Holz hebt zu Recht hervor, dass es sich bei diesem Text nicht um ein *geschlossenes* System handelt (ders., *China im Kulturvergleich. Ein Beitrag zur philosophischen Komparatistik*, Köln 1994, 42).
[35] Brief an C.G. Jung (Princeton, 28. November 1936), in: *Wolfgang Pauli und C. G. Jung: Ein Briefwechsel 1932–1958*, hg. von C.A. Meier, Heidelberg 1992, 20.
[36] *Zhengmeng* 4:7; ZZJ 16. Die Übersetzung „Hemmnisse überwinden und ins Hohle eingehen" (*Rechtes Auflichten*, 23) scheint mir zu unspezifisch.

„Erde" und „Himmel", wobei ersterem die „Dinge" (*wu* 物) zugeordnet sind und letzterem das „Geisthafte" (*shen*), genügte dazu offenbar nicht, ebenso wenig der abstrakte Hinweis auf die „Wesensbestimmung", sondern es bedurfte einer solideren Grundlegung, um die hierarchische Ordnung und Realität des Kosmos gegen die buddhistische Leerheit abzusichern.[37] Genau dazu diente der *terminus technicus* des Qi.

Werfen wir zuerst einen Blick auf die Geschichte dieses Konzepts. Einem bekannten französischen Sinologen zufolge standen im antiken China zahlreiche basale Kategorien und Anschauungsformen, die das Wirklichkeitskontinuum strukturieren (z.B. Raum und Zeit), „unter der Herrschaft der Sammelbegriffe Yin und Yang"; die Bewegung von Yin und Yang manifestiert sich aber in den Einzelwesen als Lebenskraft, nämlich als Qi 氣.[38] Das Wort Qi – in wohl allen Kontexten als *singulare tantum* zu verstehen – kann als „Atem" (Pneuma), „Äther", „Dampf", „Fluidum" oder auch „Materie-Energie", bzw. „materielle Kraft" (*material force*) übersetzt werden. Etwas systematischer lässt sich dieser Begriff wie folgt aufschlüsseln:

(1) Qi verweist ursprünglich auf den „Atem" eines Menschen (z.B. in *Lehrgespräche* 10:4). Bereits im antiken Daoismus werden sechs verschiedene Weisen des Atmens unterschieden, die geübt werden können und eine heilsame Wirkung auf den ganzen Körper entfalten sollen. Solche Methoden wurden später auch in buddhistischen Schulen fortentwickelt.[39]

(2) Früh wird der Terminus außerdem mit dem Blut und dem Blutkreislauf in Verbindung gebracht, etwa in der bekannten Beschreibung des „edlen Menschen" (*junzi* 君子), der sich vor drei Dingen in Acht zu nehmen habe: in der Jugend, wenn sich sein Blut und Qi noch nicht stabilisiert haben, vor weiblicher Schönheit, in den mittleren Jahren, wenn Blut und Qi hart geworden sind, vor Streitereien, und im Alter, wenn Blut und Qi schwinden, vor der Habgier (*Lehrgespräche* 16:7). Auch im daoistischen Klassiker *Zhuangzi* findet sich die Idee, der menschliche Körper sei nichts als eine Anhäufung, bzw. Zusammenballung von Qi (*qi zhi ju* 氣之聚; *Zhuangzi* 22:1).

(3) Weiterhin wird Qi in antiken Texten oft zur Beschreibung und Typologisierung seelischer Phänomene, z.B. Wut oder Kampflust, herangezogen (etwa *Menzius* 2A/2). Hier liegt eine in der Forschung früh bemerkte Ähnlichkeit zum altgriechischen Wort πνεῦμα und dem lateinischen Wort *spiritus* vor).

---

[37] Siehe etwa *Zhengmeng* 2:6, ZZJ 11; *Rechtes Auflichten*, 13 f. Vgl. Yang, *Qiben yu shenhua*, 34. Zum geistesgeschichtlichen Hintergrund siehe Franklin Perkins, „What is a thing (*wu* 物)? The problem of individuation in early Chinese metaphysics", in: *Chinese Metaphysics*, hgg. von Chenyang Li und Franklin Perkins, Cambridge 2015, 54-68.

[38] Granet, *Das chinesische Denken*, 106; vgl. auch Wang, *Yinyang*, 13 f.

[39] Vgl. Catherine Despeux, „The Six Healing Breaths", in: *Daoist Body Cultivation*, hg. von Livia Kohn, Magdalena MA 2006, 37-67; sowie Raphals, *A Tripartite Self*, 49 ff.

(4) Bestimmte Menschengruppen können ein eigentümliches Qi besitzen, das ihren Charakter und ihr Verhalten prägt und das selbst von der Umwelt beeinflusst wird (so etwa in *Menzius* 7A/36). Sogar die Legitimität einer neuen Dynastie wurde gern mit dem Hinweis auf ein neues, andersartiges oder wirkmächtigeres Qi begründet; und in dem bekannten Geschichtswerk *Zuozhuan* ist die Rede von sechs Qi-Formen, die sich in der Welt manifestieren: Yin, Yang, Wind, Regen, Dunkelheit und Helligkeit.[40]

(5) Nicht zuletzt zirkuliert das Qi vielen antiken Denkern zufolge im ganzen Universum, erfüllt dieses und konstituiert auch die Einzeldinge; indem es sich zusammenballt, entstehen die Einzeldinge, und indem es sich zerstreut, vergehen sie wieder. Maßgeblich heißt es etwa im philosophisch wichtigsten Kommentar zum *Buch der Wandlungen,* der „Großen Abhandlung": „Indem [die Weisen des Altertums] die Anfänge [der Wesen] bis zu ihren Ursprüngen verfolgen und zurück bis zu [ihren] Endzuständen, erkennen sie die Lehren von Leben und Tod. Der feine Atem [d.i. das Qi] bildet die Wesen. Die streifenden Seelen bilden die Veränderungen. Daher erkennen [die weisen Menschen] die Veranlagung und Gestalt der Dämonen und Geister."[41] Die Welt ist also keineswegs nur von Dingen und Lebewesen mit einer sinnlich wahrnehmbaren Gestalt bevölkert, sondern ebenfalls von Geistern, körperlosen („streifenden") Seelen und anderen spirituell wirksamen Formen („Dämonen"). Doch bestehen sie sämtlich aus dem Qi-Stoff; und nur der weise Mensch ist fähig, sie wahrzunehmen und genauere Kenntnisse über sie zu erlangen. Ein ähnliches Szenario wird auch im Buch *Menzius* entworfen, in der Beschreibung eines „flutgleichen Qi" (*haoran zhi qi* 浩然之氣; *Menzius* 2A/2), das nicht nur den menschlichen Körper, sondern auch die Welt ausfülle. Menzius schreibt ihm darüber hinaus eine ethische Dimension zu: Nur wer tugendhaft ist und seinen Charakter hinreichend kultiviert hat, kann dieses Qi im eigenen Körper, aber auch im Kosmos frei strömen lassen. Modern gesprochen wird hier geistigen Zuständen das Vermögen zugeschrieben, eine unmittelbare Wirkung auf Zustände in der materiellen Welt auszuüben.

Schon an dieser Übersicht einiger Vorgängerpositionen Zhang Zais zeigt sich die Komplexität des Qi-Begriffes, der scheinbar mühelos sowohl geistige Phänomene wie auch Zustände in der Naturwelt erschließen helfen kann. In medizinischen, geographischen und astronomischen Fachdiskursen wurde er durch die Jahrtausende fortentwickelt;

---

[40] Siehe *Zuo Tradition / Zuozhuan: Commentary on the „Spring and Autumn Annals",* übers. von Stephen Durrant, Wai-yee Lee und David Schaberg, Washington 2017, Bd. 3, 1330 f. (Zhao Gong 1).

[41] „Xici", YJ 147a: 原始反終，故知死生之說；精氣為物，遊魂為變，是故知鬼神之情狀。Meine Übersetzung folgt weitgehend Dennis Schillings Vorarbeit, siehe *Yijing,* 211. Richard Wilhelm übersetzt dagegen wie folgt: „Indem man an die Anfänge zurückgeht und die Dinge bis zu Ende verfolgt, erkennt man die Lehren von Geburt und Tod. Die Vereinigung von Samen und Kraft wirkt die Dinge; das Entweichen der Seele bewirkt die Veränderung: daraus erkennt man die Zustände der ausgehenden und rückkehrenden Geister." (ders., *I Ging. Das Buch der Wandlungen. Erstes und zweites Buch,* 222) Yang Lihua arbeitet überzeugend heraus, wie zentral diese Passage für Zhang Zais Denken ist (ders., *Qiben yu shenhua,* 163 ff.).

mit seiner Hilfe konnten Phänomene wie Lebendigkeit, Krankheit, Alterung oder Resonanz, bzw. kausale Korrelation zwischen zwei Zuständen gedeutet werden. Ein kundiger Arzt war etwa in der Lage, anhand äußerlich sichtbarer Anzeichen am Körper des erkrankten Menschen die subtilen Veränderungen seines Qi zu registrieren.[42] Und sogar das „Bewusstsein" (*shi* 識; Sanskrit: *vijñāna*), ein Term, der erst mit der Rezeption und Anverwandlung buddhistischer Lehren in China prominent wurde, konnte von einem berühmten Kommentator im 7. Jahrhundert u. Z. als Produkt des Qi erläutert werden.[43] Auch noch im 11. Jahrhundert war der Einfluss der Qi-Lehre ungebrochen; so entwickelte etwa der Naturforscher und Polymath Shen Gua 沈括 (1031-1095) mithilfe dieser Lehre ein kompliziertes System der Wettervorhersage gemäß der Wolkenbildung (quasi in Vorwegnahme von Luke Howards bekannter Nomenklatur), und in zahlreichen medizinischen Traktaten wurden neue, oftmals empirisch gewonnene Einsichten mit dem überkommenen Deutungsrahmen vermittelt.[44]

Ebenso war im chinesischen Hochmittelalter die auch von Zhang Zai geteilte Vorstellung weithin akzeptiert, dass Yin und Yang bestimmte Phasen des kosmischen Transformationsprozesses benennen, indem sie Veränderungen des Qi, bzw. *im* Qi-Fluss beschreiben.[45] In der daoistisch geprägten Kultur Chinas war außerdem seit Jahrhunderten die Vorstellung verbreitet, das Qi manifestiere sich in flüchtigen

---

[42] Für eine weiterführende, etymologische und begriffsgeschichtliche Einordnung des Wortes Qi siehe Paul Goldin, *The Art of Chinese Philosophy. Eight Classical Texts and How To Read Them*, Princeton 2020, 229-244. Zum medizinischen Diskurs und Körperverständnis im traditionellen China vgl. Shigehisa Kuriyama, *The Expressiveness of the Body and the Divergence of Greek and Chinese Medicine*, New York 1999.

[43] Das ist der Kommentator Kong Yingda 孔穎達 (574-648); vgl. Wilson, „Spirits and the Soul in Confucian Ritual Discourse", 14.

[44] Zuo, *Shen Gua's Empiricism*, 85. Vgl. auch Asaf Goldschmidt, *The Evolution of Chinese Medicine. Song Dynasty, 960-1200*, London/New York 2009, 155 ff., 161. – Fünf Jahrhunderte später würde der neukonfuzianische Gelehrte und Naturforscher Song Yingxing 宋應星 (1587-1666) der Qi-Lehre neue Prominenz verleihen; ihm zufolge konstituiert das Qi alle Dinge zwischen Himmel und Erde, und die verschiedenen Technologien lassen sich ebenfalls mit seiner Hilfe erklären (Dagmar Schäfer, *The Crafting of the 10,000 Things: Knowledge and Technology in Seventeenth-Century China*, Chicago und London 2011). Auch im vormodernen Japan genossen Qi-Lehren große Wertschätzung und halfen z.B. bei der Klassifikation von Naturphänomenen (vgl. Kaibara Ekken, *The Philosophy of Qi: The Record of Great Doubts*, übers. von Mary E. Tucker, New York 2007).

[45] „As soon as *qi* joined yinyang, the resonance between two ‚things' could be understood as an interaction by way of *qi*. Therefore, *qi* provided a unified material base to mutual resonances and rendered them more palpable as an experience." (Zuo, *Shen Gua's Empiricism*, 82)

Zusammenhängen wie Nebel, Dampf und Wolken; Menschen versuchten an solchen Formationen numinose Qualitäten abzulesen, die ihnen über zukünftige Entwicklungen Auskunft geben würden. Genauso gab es die Vorstellung, das Qi könne sich auch in stabileren Strukturen zusammenballen; ein namenloser Zeichner hat in der Tang-Dynastie (618-907 u. Z.) einmal vier unterschiedliche Qi-Konstellationen (einen Baum, einen Turm, einen Baldachin und ein Tier) in figurativer Form dargestellt:[46]

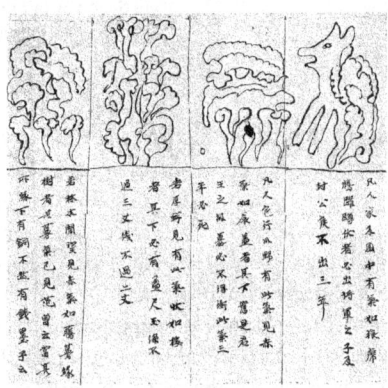

In der Gesamtschau mutet der Qi-Begriff leicht wie ein Passepartout-Term an, der in sehr unterschiedlichen Diskursen explanatorische Funktionen übernimmt, dessen Bedeutung jedoch nur schwerlich konsistent bestimmt werden kann. Vor dem 20. Jahrhundert wurde in Ostasien auch nur selten kritisch eingeworfen, dass Qi-Lehren von der empirischen Evidenz widerlegt oder zumindest nicht als richtig erwiesen werden können.[47] Im 20. Jahrhundert sind sie dann mitunter im Lichte eines philosophisch-physikalischen Begriffs der Materie (als ausgedehnte Substanz, Äther oder Masse), bzw. der Energie gedeutet worden.[48] In der kaum zu überblickenden Forschung in der Volksrepublik China werden vormoderne Qi-Lehren auch heute noch gern als Ausdruck eines „materialistischen" Denkens interpretiert; mitunter werden

---

[46] Quelle: Shih-san Susan Huang, *Picturing the True Form. Daoist Visual Culture in Traditional China*, Cambridge, MA 2015, 146.
[47] Etwa von Wang Chong 王充 (ca. 27- ca. 97 u. Z.), siehe Nicolas Zuffery, *Wang Chong. Balance des Discours*, Paris 2019, 280 ff.
[48] Die Wissenschaftshistorikerin Dagmar Schäfer betont, dass der Qi-Begriff auf etwas Basaleres verweise als Energie oder Materie (dies., *The Crafting of the 10,000 Things*, 67). Im Kontext des 11. Jahrhunderts erläutert Ya Zuo den Begriff als „the texture and dynamic of the underlying reality of the world" (dies., *Shen Gua's Empiricism*, 82).

sie geradewegs in die Theoriesprache des dialektischen Materialismus à la Marx und Engels übersetzt. Ich denke, wir tun gut daran, solchen Deutungsversuchen mit großer Vorsicht zu begegnen; nur zu leicht werden hier Bedeutungen in die Texte hineinprojiziert, die sich dort nicht finden.[49]

***

> Ich hätte mich nicht gewundert, wenn ein Stein vor mir in der Luft geschmolzen und unsichtbar geworden wäre.
>
> Wassily Kandinsky[50]

Qi ist der wichtigste Begriff im dichten Gewebe von Zhang Zais philosophischer Terminologie; er ist unverzichtbar für sein Denken des Prozesses. Der Mensch ist ihm zufolge nicht nur aus Qi-Stoff konstituiert, sondern die „Annahme des grundlegenden ethischen Charakters des Qi"[51] stellt auch die Grundlage seines Übungsdenkens dar: Mithilfe meiner Gedanken kann ich nicht nur das Qi beeinflussen, kann grobstoffliche in feinstoffliche Zustände verwandeln, sondern genau besehen bin *ich*, sind *meine* Gedanken gar nichts anderes als Manifestationen von Qi. Wenn es möglich ist, dieses Qi zu kultivieren, d.h. seine Be-

---

[49] Zu berücksichtigen ist, dass es im klassischen China, obzwar über die Möglichkeit der unendlichen Teilbarkeit nachgedacht worden ist, keinen Atomismus gegeben hat (vgl. Reding, *Comparative Essays in Early Greek and Chinese Rational Thinking*, 93-126). – Neukonfuzianische Qi-Lehren, bei denen dem Qi eine „höheren Wirklichkeit" (*li* 理) entgegengestellt wird, werden von manchen Forschern mit dem aristotelischen Hylemorphismus in Beziehung gesetzt; diese Deutungen mögen im Detail durchaus verdienstvoll sein, jedoch besteht die Gefahr eines Rückfalls auf eine Einzeldingontologie, bei der die Dynamik des kreativen Prozesses aus den Augen gerät. Vgl. Graf, *Tao und Jen*, 23 f., 254-258; sowie auch (zu Zhu Xis Lehre) jüngst James D. Rooney, *Material Objects in Confucian and Aristotelian Metaphysics. The Inevitability of Hylomorphism*, London 2022. Man beachte auch, dass der Begriff der „höheren Wirklichkeit" (als möglichem Äquivalent zur aristotelischen *morphé* μορφή) bei Zhang Zai noch unscharf bleibt.
[50] Zit. in Sixten Ringbom, *The Sounding Cosmos. A Study in the Spiritualism of Kandinsky and the Genesis of Abstract Painting*, übers. von Ruth Urbom und Anna Wohl, Prinston 2022 [urspr. 1970], 37.
[51] Wolfgang Ommerborn, *Die Einheit der Welt*, 123, 304 f. Needham schreibt: „Das Universum der Neokonfuzianer war im wesentlichen moralisch: nicht etwa weil jenseits von Zeit und Raum eine moralische, persönliche Gottheit existiert hätte, die ihre Schöpfung überwachte, sondern weil das Universum die Eigenschaft hatte, moralische Werte und ethisches Verhalten hervorzubringen, sobald eine Organisationsebene erreicht war, auf der sich diese Prinzipien manifestieren konnten." (ders., *Wissenschaftlicher Universalismus*, 209 f.)

schaffenheit so zu verändern, dass es feiner, subtiler, ja „geisthafter" wird (vgl. *Menzius* 2A/2), dann muss es das Ziel eines sittlichen Lebensentwurfs sein, durch eine Sublimierung des Qi eine grundlegende Transformation des Selbstverhältnisses zu erzielen. „Wenn das Qi klar ist, dann ist alles durchlässig; ist es aber trübe, dann herrscht Verstopfung; erreicht es die höchste Klarheit, dann wird es zu Geistigem."[52] Durch das richtige Atmen, das richtige Fühlen, Wahrnehmen und Affiziertwerden durch Gegenstände kann ich unmittelbar am unablässlichen Strömen des einen Wirklichkeitskontinuums partizipieren; auf diese Weise werde ich tugendhaft, d.h. ich verfüge über eine besondere Klarheit in Körper und Geist.

In einer oft zitierten Textpassage heißt es weiter:

Ein Ding, aber zwei Aspekte: Das ist Qi. [Es] ist eins, daher geisthaft. Weil es zwei Aspekte besitzt, kann es nicht [vom endlichen Denken] ausgelotet werden. Weil [es] zwei Aspekte besitzt, vollzieht sich die Wandlung. Und damit bewegt [es] sich zurück zum Einen. Auf diese Weise wird der Himmel zur Dreiheit.[53]

Das Qi steht hier interessanterweise für die Differenz, die an jedem Einzelding manifest wird; und indem ein Einzelding eine Ganzheit bildet, verfügt es dem Autoren zufolge bereits über eine geistige Dimension. Anders gesagt: Aufgrund des Vorliegens von Differenz entzieht sich jedes Einzelding auf einer elementaren Ebene dem Zugriff des endlichen Denkens und wird zu einem Symbol des Unendlichen (die Nähe zur Huayan-Schule liegt auf der Hand). In den Worten eines chinesischen Philosophiehistorikers thematisiert Zhang Zai hier „die einigende Funktion, die das Geistige im Prozess des Qi-Wandels erfüllt."[54] Nun sind uns die Einzeldinge im Alltag, in der sinnlichen Wahrnehmung keineswegs *auf diese Weise* gegeben, sondern als feste, massive Entitäten; wenn ich ihn richtig verstehe, beschreibt Zhang Zai hier mithin eine Zugangsweise zur Wirklichkeit, die in bestimmten, meditativ induzierten Bewusstseinszuständen möglich wird: Die Wirklichkeit wird nur noch als Strömen erlebt, die Konturen der Einzeldinge scheinen aufgehoben. So öffnet sich das Tor zu einer geistigen Schau der Welt.

---

[52] *Zhengmeng* 1:10, ZZJ 9: 凡氣清則通，昏則壅，清極則神。Vgl. *Rechtes Auflichten*, 8.
[53] *Zhengmeng* 2:1, ZZJ 10: 一物兩體，氣也；一故神，兩在故不測。兩故化，推行於一。此天之所以參也。Vgl. *Rechtes Auflichten*, 11. Auch enthalten in JSL 1:49. Vgl. Yang, *Qiben yu shenhua*, 35 f. Bei den kleingeschriebenen Sätzen handelt es sich um kommentierende Einschübe, die möglicherweise nicht von Zhang Zai selbst stammen.
[54] Yang, *Qiben yu shenhua*, 35 (meine Übersetzung, d.V.).

Weiterhin ist es für Zhang Zai unerlässlich, die Realität affektiver Bindungen zwischen den Menschen ins Zentrum seiner Lehre zu rücken, denn nur auf diese Weise kann der buddhistischen Tendenz zum Rückzug aus der Welt etwas entgegengestellt werden. Dies gelingt ihm mithilfe der bereits in der chinesischen Antike bekannten „Resonanzlehre" (d.h. *gan* 感 und *ying* 應: „Einwirken" und „Reagieren"), die er in seine Qi-Lehre integriert.[55] So schreibt er:

> […] In einem Verhältnis der Resonanz zu stehen bringt [die Fähigkeit] des Zusammenschließens, des Zusammenfügen mit sich. Weil die zehntausend Dinge im Grunde eins sind, kann das Eine auch Andersartiges zusammenschließen; weil es Andersartiges zusammenzuschließen vermag, wird es als Resonanz bezeichnet.[56]

Das in affektiven Beziehungen zwischen Menschen erfahrbare „Resonanzgeschehen" wird zu einem wichtigen Argument für die *Realität* der sozialen und politischen Welt; zwar wird diese von Menschen mit sehr unterschiedlichen Charakteren bewohnt, doch besitzen sie im resonanzfähigen Qi eine gemeinsame Grundlage.[57] Anders gesagt: Der sich fortwährend ausdifferenzierende Prozess ist zwar nicht sinnlich wahrnehmbar, jedoch kann er im „Resonanzgeschehen", das in jedem Augenblick das Wirklichkeitskontinuum kreativ durchwaltet, empfunden werden.[58]

Tatsächlich buchstabiert Zhang Zai in seinem Hauptwerk seine bislang recht vage scheinenden Überlegungen zur „Resonanz" genauer

---

[55] Die Quelle des Resonanzdenkens (*ganying* 感應) ist wiederum das *Buch der Wandlungen*. Siehe Schilling, *Yijing*, 590 f.; vgl. auch ausführlich Wang, *Yinyang*, 62-74, 93 f., *passim*. Für seine Rolle in der Alchemie siehe Needham, *Science and Civilisation in China*, Bd. V:4 („Chemistry and Chemical Technology. Part IV: Spagyrical Discovery and Invention: Apparatus, Theories and Gifts"), 273 ff. Für einen Überblick, der stärker in der chinesischsprachigen Forschung verankert ist, siehe R.R. Wang und W. Ding, „Zhang Zai's Theory of Vital Energy", 42 ff.

[56] […] 感即合也，咸也。以萬物本一，故一能合異；以其能合異，故謂之感。(*Zhengmeng* 17:6; ZZJ 63; vgl. *Rechtes Auflichten*, 135)

[57] Dies schließt auch die Fähigkeit ein, über das gemeinsame Qi mit den Ahnengeistern zu kommunizieren (siehe *Zhengmeng* 1:12; *Rechtes Auflichten*, 8; vgl. Wilson, „Spirits and the Soul in Confucian Ritual Discourse", 205 f.).

[58] *Zhengmeng* 17:6, ZZJ 63: 天地生萬物，所受雖不同，皆無須臾之不感，所謂性即天道也。Auf Deutsch: „Himmel und Erde bringen die zehntausend Dinge hervor; was diese [als ihre Wesensbestimmung] erhalten, ist zwar nicht gleich, jedoch sind sie alle in keinem Augenblick ohne Resonanz – und genau dieser Umstand wird beschrieben, wenn es heißt: ‚Die Wesensbestimmung ist eben das kosmische Dao.'" (*Rechtes Auflichten*, 135; leicht revidiert) Es fällt schwer, hier nicht an die buddhistische Lehre des Momentarismus zu denken (es gibt nichts, das länger als einen Augenblick existiert), selbst wenn Zhang Zai seine Überlegungen natürlich in der konfuzianischen Überlieferung verankert wissen möchte.

aus. So erläutert er im zweiten Kapitel mithilfe der Lehre vom resonanten Qi die Bewegungen von Sonne, Mond und den fünf Planeten (*Rechtes Auflichten* 2:4), beschreibt die Stellung der Fixsterne im Verhältnis zu der „im Qi schwimmenden Erde" (*di zai qi zhong* 地在氣中; 2:3), vermerkt auch, dass der Mond aus gefrorenem Yin bestehe (2:7) und durchmisst im fünften Kapitel schließlich die ganze menschliche Erfahrungswelt: Tiere und Pflanzen („bewegliche Dinge"), Meerwasser, die Geburten der Lebewesen, die Alterung, Träume, der Atem, nicht zuletzt Gestalt, Geschmack und Töne (5:1-13). In diesem naturphilosophischen Gesamttableau ist tatsächlich alles belebt, ja geistig resonant. „Tag und Nacht sind ein Atemzug des Himmels!", heißt es in einer poetisch anmutenden Beschreibung, die m.E. wörtlich genommen werden sollte.[59] Das Qi zirkuliert tatsächlich an jedem Punkt des Universums; es ist mehr als nur ein Füllstoff – es ist die belebte Ganzheit selbst.

Es verbietet sich an dieser Stelle, denke ich, den modernen, wissenschaftlich geprägten Begriff des Kausalgesetzes zur Deutung der „Resonanz" heranzuziehen, da er schlicht zu voraussetzungsreich ist; in Ostasien hat es nie jenen theologischen Gesetzesbegriff gegeben, mit einem allmächtigen Gott als Schöpfer, bzw. Gesetzgeber, der auch noch in vielen philosophischen und naturwissenschaftlichen Debatten im neuzeitlichen Europa einen langen Schatten geworfen hat.[60] Dessen ungeachtet gab es bereits im antiken China komplexe Diskussionszusammenhänge bezüglich der Frage, was es eigentlich heißt, dass ein Phänomen eine bestimmte Wirkung auf ein anderes Phänomen hat.[61] Mit einer gewissen Verkürzung lassen sich die folgenden drei Auffassungen kausaler Relationen im mittelalterlichen China unterscheiden: (1) als *Kontakt* zwischen zwei Phänomenen gleicher Art, in zeitlicher Sequenz; (2) als *Wirkung* zwischen zwei Phänomenen, die sich zwar ebenfalls in zeitlicher Sequenz einstellen, jedoch räumlich voneinander getrennt sind (womöglich vergleichbar mit Wilhelm von Ockhams Idee der „actio in distans"); und (3) als *harmonische Resonanz* zwischen zwei

---

[59] *Zhengmeng* 1:18, ZZJ 9: 晝夜者，天之一息乎！ Vgl. *Rechtes Auflichten*, 9.
[60] Vgl. Michael Hampe, *Eine kleine Geschichte des Naturgesetzbegriffs*, Frankfurt a.M. 2007, insbesondere Kapitel 3. Auch der Himmel, im Konfuzianismus ein Gegenstand buchstäblich religiöser Verehrung, verkörpert keine absolute Regelmäßigkeit; chinesische Astronomen wussten nämlich, dass es bei vielen Himmelsphänomenen zu Unregelmäßigkeiten kommen kann (vgl. Sato, „The Archetype of History in the Confucian Ecumene", 230 f.).
[61] Vgl. Carine Defoort, „Causation in Chinese Philosophy", in: *A Companion to World Philosophies*, hgg. von Eliot Deutsch und Ron Bentekoe, Hoboken 2017, 165-173; sowie auch Whalen Lai, „Chinese Buddhist Causation Theories: An Analysis of the Sinitic Mahayana Understanding of *Pratitya-samutpada*", *Philosophy East and West*, 27:3 (Juli 1977), 241-264.

Phänomenen gemäß der kosmischen Gesamtordnung, doch ohne dass diese zeitlich aufeinanderfolgen oder räumlich benachbart sein müssen.[62] Ich bin mir nicht sicher, ob es möglich ist, Zhang Zais Denken einer dieser drei Auffassungen zuzuordnen; bezüglich dieser Problematik scheint mir sein Hauptwerk schlicht nicht systematisch genug angelegt. Wie auch Shen Gua scheint er wenigstens an einer Stelle lokale, sinnlich wahrnehmbare Ursachen von umfassenden, nicht in der menschlichen Erfahrung einholbaren Ursachen zu unterscheiden.[63] Genauer erläutert hat er diesen Gedanken aber nicht. Es mag der Fall gewesen sein, dass ihm der vage Hinweis auf die „Resonanz" zwischen unterschiedlichen Phänomenen genügte und er nicht die Notwendigkeit sah, dieses Denkmotiv genauer auszuarbeiten. Tatsächlich dürfte es darüber hinaus einen konkreten Grund für diese diskursive Vagheit geben: Wenn ich als erkennendes Subjekt eine eindeutige kausale Relation zwischen zwei Weltzuständen präsupponiere, muss ich zugleich eine Erkenntnisrelation zwischen einem Subjekt und einem Objekt voraussetzen, bei der ersteres beansprucht, einen Sachverhalt so aufzufassen, wie er *an sich* (in Wahrheit) beschaffen ist. Doch verstricke ich mich damit bereits in konzeptuelle Erwartungen, die nicht nur meine eigene Teilnahme an dem kosmischen Prozess erschweren, sondern auch das Objekt zu verdinglichen, d.h. als intendierten Gegenstand aus der übergreifenden Einheit herauszulösen drohen.

Eine in dieser Hinsicht erhellende Passage ist die folgende aus dem zweiten Kapitel des *Rechten Auflichtens*:

Jedes Ding, das im Himmelsgewölbe rollt, muss für seine Bewegung einen Antrieb haben; wenn man hier von einem „Antrieb" spricht, dann [bedeutet das nichts anderes, als dass] der Bewegungsimpuls nicht von Außen kommt.[64]

---

[62] Ich folge hier Needham, *Science and Civilisation in China*, Bd. V:4 („Chemistry and Chemical Technology. Part IV: Spagyrical Discovery and Invention: Apparatus, Theories and Gifts"), Cambridge 1980, 308 f. Needham nimmt interessanterweise an, dass die dritte Auffassung C.G. Jungs Konzeption der Synchronizität entspreche.

[63] Der koreanische Wissenschaftshistoriker Yung Sik Kim verweist auf Zhu Xis Diskussion einer Stelle im *Rechten Auflichten*, in der Zhang Zai zwischen einer verborgenen, „dunklen" (*you zhi yin* 幽之因) und einer offenbaren, „hellen" Wirkursache unterscheidet (*ming zhi gu* 明之故; ZZQS 17:3330 f.; vgl. *Zhengmeng* 1:7, *Rechtes Auflichten*, 6 f.; ders., *The Natural Philosophy of Chu Hsi (1130-1200)*, 305). Wie genau diese Unterscheidung zu verstehen ist, bleibt unklar. Vgl. Zuo, *Shen Gua's Empiricism*, 183 f.

[64] *Zhengmeng* 2:4, ZZJ 11: 凡圜轉之物，動必有機；既謂之機，則動非自外也。Vgl. *Rechtes Auflichten*, 13 (leicht angepasst); ebenso Yang, *Qiben yu shenhua*, 65 ff. Auch das Wort „Antrieb" (*ji* 幾, bzw. *ji* 機) stammt aus dem *Buch der Wandlungen*.

Es läge nahe, diese Äußerung als eine Behauptung über einen objektiven Sachverhalt zu verstehen, etwa in dem folgenden Sinne: „Die Bewegung eines Einzeldings verdankt sich einer ihm immanenten Ursache." Jedoch widerspräche eine solche Deutung der gerade dargestellten Resonanzlehre, die ja auf der Annahme einer ständigen Wechselwirkung zwischen allen Einzeldingen, d.h. einer relationalen Identität fußt. Bemerkenswert ist an dieser Passage, dass Zhang Zai wiederum den Akt des Benennens und Erläuterns selbst thematisiert und damit das Vorliegen einer Erkenntnisrelation zwischen Subjekt und Objekt impliziert. Die sprachliche Knappheit dieser Äußerung erschwert das Verständnis nicht unerheblich; ich vermute aber, dass Zhang Zai hier der inneren Logik des *Buchs der Wandlungen* folgend den „Bewegungsimpuls" tentativ auf der Seite des Objekts lokalisieren möchte, dabei aber das erkennende Subjekt mitdenkt, das diesen Akt des begrifflichen Unterscheidens vollzieht, und genau aus diesem Grund die Unterscheidung zwischen Innen und Außen, zwischen öffentlicher und privater Dimension des Wirklichkeitskontinuums nicht endgültig stabilisieren kann. Alles ist im Qi-Prozess enthalten, und das Qi transformiert sich an jedem Raum- und Zeitpunkt spontan, d.h. ohne dass von außen eine Regelmäßigkeit oder invariable Struktur abgelesen werden könnte; jeder Versuch, eine tatsächliche Regelmäßigkeit oder invariable Struktur *an sich* zu konzeptualisieren, würde daher der Logik des Prozesses zuwiderlaufen.[65]

Anstelle also eindeutige, kausale Relationen zwischen Einzelphänomenen zu präsupponieren, die gemäß der Formel „Wenn A, dann B" beschrieben werden können, zieht sich Zhang Zai letztlich auf den Standpunkt zurück, dass der kosmische Transformationsprozess keine „Struktur" (*ti* 體), d.h. keine Regelmäßigkeit aufweise und das „Geisthafte" (*shen* 神) als „unsichtbare, i.e. nicht wahrnehmbare, Antriebskraft

---

Dennis Schilling übersetzt es im ursprünglichen Kontext als „Keim", „Antrieb" oder auch „Plan", bzw. „List" eines Handelnden (Schilling, *Yijing*, 829). Yang Lihua zeigt auch, wie Zhang Zai hier Impulse aus dem Daoismus aufgenommen hat (ders., *Guo Xiang Zhuangzi zhu yanjiu*, Beijing 2010, 155).

[65] Wolfgang Ommerborn resümiert: „Der von den Wirkprinzipien *Yin* und *Yang* determinierte Qi-Prozess ist wesentlich spontan, denn die Dinge entstehen und vergehen, ohne daß dem eine bewußt lenkende äußere oder innere Kraft zugrundeliegt." (ders., *Die Einheit der Welt*, 117 f.) Zhang Zais Denken dürfte entscheidende Impulse vom Mahāyāna-Buddhismus erhalten haben, für den gilt: „[N]othing could bear a structure that is intrinsic to it rather than something ascribed to it from the outside." (Westerhoff, *Nāgārjuna's Madhyamaka*, 219)

der sichtbaren Transformationen im Universum" wirke.[66] Mit anderen Worten: Der unendliche Geist ist zwar unbestimmbar und formlos, übt aber jederzeit eine strukturbildende und einheitsstiftende Aktivität aus, die sich nur nicht aus der Perspektive des gewöhnlichen, erkennenden Subjekts diskursiv erfassen lässt. Dem Modell der relationalen Identität folgend ist auch Zhang Zai davon überzeugt, dass zwar jedes Teil auf den Zustand des Ganzen wirken kann, das Ganze aber ein Primat vor den Teilen besitzt und daher auch auf diese eine umfassendere Wirkung ausübt. Soweit ich ihn verstehe, kann nicht weiter mit Gründen erläutert werden, *warum* der Wandel die Eigenschaften „wirklich", „vernünftig" und „harmonisch" besitzt; in der Schau des Ganzen soll sich diese Einsicht vielmehr von selbst aufdrängen.[67]

Sobald der Mensch aber die dynamische Totalität erschaut hat, erlangen die aus ihr ableitbaren Wissensansprüche auch eine unmittelbare Lebensrelevanz. So ergibt sich etwa in der sogenannten „Westinschrift", einer der berühmtesten Texte Zhang Zais, der auch ins *Rechte Auflichten* aufgenommen worden ist (Kapitel 17), aus der All-Einheit nicht weniger als die Notwendigkeit gesellschaftlicher Solidarität: „Alle unter dem Himmel, die hinfällig oder entstellt sind, ohne Bruder oder Sohn, ohne Frau und ohne Mann, sind unsere Brüder; sie sind geplagt

---

[66] Ommerborn, *Die Einheit der Welt*, 120. – Das „Geisthafte" wird gleich zu Beginn des *Rechten Auflichtens* von der Materialität und Bestimmtheit des Qi abgegrenzt (1:1, ZZJ 7; *Rechtes Auflichten*, 3). Die deutschen Herausgeber erläutern diesen Term wie folgt: „Als reine, ungehinderte Bewegung ist [das Geisthafte] ohne bestimmten Ort, sondern allgegenwärtig und in sich ruhend. Als unendliche Fülle unendlicher Bestimmungen ist [es] ohne reale Bestimmung und damit vollkommene Leere." (*Rechtes Auflichten*, „Analytischer Kommentar", 148 f.) Ira Kasoffs übersetzt den Term als „numinos", was m.E. ebenfalls eine hilfreiche Annäherung an das chinesische Original darstellt (dies., *The Thought of Chang Tsai (1020-1077)*, 61); Graf dagegen fasst *shen* etwas inspirierter als „eine unpersönliche immaterielle Kraft, ein ‚agens spirituale'" (ders., *Djin-si lu*, Bd. 3, 152). – Im vorliegenden Kontext auch zu berücksichtigen ist, dass das Wort *shen* ursprünglich das Erleben bei der Divination beschreibt: „Das Geheimnisvolle wird als gestalthaft vorgestellt, weshalb es visuell in den Hexagrammen abgebildet wird. Die Bewegungen des Wandels werden dagegen in ihrer regelhaften Dynamik nachvollzogen, die sich in Verhaltensvorschriften und den sprachlichen Urteilen abbildet." (Joachim Gentz, „Wenn, weil – dann: Besonderheiten altchinesischer Prognostik im ‚Xici'-Kapitel des *Buches der Wandlungen* und im *Zuo zhuan*", *Berliner Theologische Zeitschrift* 38:1 (Juli 2021), 29-47; hier: 36) Vgl. nicht zuletzt Joseph A. Adler, „Varieties of Spiritual Experience: *Shen* in Neo-Confucian discourse", in: *Confucian Spirituality*, hgg. von Weiming Tu und Mary Evelyn Tucker, New York 2003, Bd. 2, 120-148.

[67] „Wenn wir ihn nicht analytisch aufschlüsseln, gibt es im Universum tatsächlich nur den einen, realen und vernünftigen Qi-Prozess", schreibt auch der Philosoph Yang Lihua (ders., *Qiben yu shenhua*, 75; Übersetzung: d.V.).

und haben doch niemanden, um sich mitzuteilen."[68] Die gelebte Kosmosfrömmigkeit wird zum Ersatz eines Wahrheitskriteriums.

V. Sublimierung

Das neukonfuzianische Heilsversprechen kann für Zhang Zai nur in einer praktischen Lebensform realisiert werden, die sich in Übereinstimmung mit den „überlieferten Verhaltensmustern" (Ritualen) der Antike befindet und gemeinschaftlich organisiert ist; so unverzichtbar das Handeln in der Gemeinschaft aber auch sein mag, zugleich bedarf es der Rückwendung in die eigene Innerlichkeit, die meditative Versenkung, denn nur dort kann das Denken sich selbst transparent und schlussendlich auch mit dem Unendlichen eins werden (wie bereits gesehen weist allein die unmittelbare „Anschauung des Wandels" *jian yi* 見易 einen Ausweg aus der Endlichkeit). *In nuce:* Das Ziel des Übungsweges ist keine theoretische Erkenntnis, auch keine distanzierte Reflexion jenseits der kommunalen Praktiken, sondern eine radikale Selbsttransformation im Horizont der All-Einheit.

Für das Denken der Übung, das prozesshafte Denken ist es darüber hinaus charakteristisch, nie zum Stehen zu kommen, quasi jederzeit *flüssig* und *im Vollzug*, nämlich *in spekulativer Bewegung* zu bleiben.[69] Das diskursive, begriffliche Denken ist notwendigerweise mit der Zeit verflochten; indem der Erkennende sich aber von den Sinneseindrücken löst und eine Umkehr bewirkt durch die ständig wachsende Konzentration auf die All-Einheit, die als All-Einheit selbstredend der ermöglichende Grund des Denkens ist, vermag er endlich auch die „Resonanz" mit der Welt zu realisieren. Der weise Mensch versteht sich darauf, den Geist in seiner reinen Bewegtheit, die nicht räumlich oder zeitlich lokalisierbar ist, vollgültig in sich zu aktualisieren.[70] In einer bekannten, mystisch anmutenden Formulierung expliziert Zhang Zai, dass der Weise tatsächlich die „gegensätzlichen Strukturmuster zusammenhalten" könne, „ohne sich [in den Erscheinungen] zu verstricken" (*jian ti er bu lei* 兼體而不累; *Rechtes Auflichten* 1:3, ZZJ 7; vgl. auch 17:13). Auch diese Formulierung ist nicht leicht diskursiv aufzulösen; soweit ich sie verstehe, soll das endliche Denken sich für die reine,

---

[68] ZZJ 62; vgl. *Rechtes Auflichten*, 132 (leicht abgeändert).
[69] Carsun Chang bemerkt dementsprechend, Zhangs Denken sei „in a fluid state, lacking consistency" (ders., *The Development of Neo-Confucian Thought*, New York 1963, Bd. 1, 175).
[70] Für Zhang Zai zeichnet sich der Weise durch die Erkenntnis, bzw. Aktualisierung des Unendlichen aus (*Zhengmeng* 9:13, *Rechtes Auflichten*, 60).

spontane Tätigkeit des Geistigen öffnen, das jenseits der Gegensätzlichkeit der Sinnenwelt operiert. Jeder Akt des begrifflichen Denkens verdeckt umgekehrt nur wieder das Eine, den Urgrund, indem eine Unterscheidung, ein Gegensatz gesetzt wird.

Diese Form der Sublimierung steht und fällt mit der Möglichkeit eines nicht-egozentrischen Weltzugangs. Im Gegensatz zum gewöhnlichen Menschen hat der Weise sich von dem Glauben an ein Selbst frei gemacht, d.h. er betrachtet *diese* Gestalt nicht mehr als eigene, *diesen* Körper nicht mehr als eigenen, *diese* Wut nicht mehr als eigene, usw. Anders gesagt: Er ist „frei von Egozentrizität" (*wu wo* 無我), weil er der Welt nicht mehr gegenübersteht, d.h. sich selbst nicht mehr als weltlos und diese nicht mehr als ein gegebenes, unveränderliches Objekt auffasst; genau aus diesem Grund vermag er unmittelbar am kosmischen Transformationsprozess zu partizipieren.[71] Nur ist wiederum nicht leicht zu beantworten, ob dies auch bedeutet, dass der einzelne Mensch *tatsächlich* (an sich) kein Selbst besitzt. Ein chinesischer Forscher, der Zhang Zais Denken sehr gründlich studiert hat, beantwortet diese Frage interessanterweise positiv: Es gibt überhaupt kein Selbst![72] Doch findet sich genau besehen keine derartige Formulierung in Zhang Zais Schriften. Meine Vermutung ist, dass ihm jede behauptende Äußerung über das individuelle Selbst in einem ontologischen Sinne als problematisch erschienen sein dürfte, da er weder davon ausgegangen ist, ein diesbezügliches Wahrheitskriterium formulieren zu können, noch dass eine Beschäftigung mit dieser Frage auf dem Übungsweg nützlich sei. Ganz im Gegenteil: Je intensiver ich über die Frage nachdenke, ob ich ein mit sich selbst identisches, in der Zeit fortdauerndes Selbst besitze, desto stärker identifiziere ich mich mit meiner eigenen Egozentrizität, die es aber ja gerade abzubauen gilt.

Die Therapieform, die Zhang Zai uns anrät, hat in der modernen Forschung für viel Diskussion gesorgt. Erforderlich ist ihm zufolge eine „Vergrößerung des Geistes", die nur zu bewerkstelligen sei mittels regelmäßiger Meditation und der Übung im spekulativen Denken, so dass endlich die eigene Kontingenz und Begrenztheit überwunden werden kann. Indem ich keine Grenze mehr zwischen Geist und Welt

---

[71] Yang, *Qiben yu shenhua*, 93, 122. Anderswo spricht Zhang Zai explizit von der Realisierung der Ichlosigkeit als dem eigentlichen Ziel des Übungsweges (*Zhengmeng* 4:15, vgl. *Rechtes Auflichten*, 25; ebenfalls *Zhengmeng*, 8:15-19, *Rechtes Auflichten*, 47 f.).
[72] Yang Lihua spricht von dem personalen Selbst bei Zhang Zai als einer „Schimäre" *huanxiang* 幻相 (ders., *Qiben yu shenhua*, 50). Wohlgemerkt hebt bereits die Formulierung „Gasterregung" (*ke gan* 客感) auf die Scheinhaftigkeit des Selbst ab (*Zhengmeng* 1:2, ZZJ 7; *Rechtes Auflichten*, 3 f.; ich danke Dennis Schilling für diesen Hinweis).

ziehe, „vergrößere" ich „den Geist" (*da xin* 大心), wie bereits die Überschrift des siebten Kapitels im *Rechten Auflichten* deklariert; auf diese Weise wird der Geist irgendwann mit dem Horizont der Totalität zusammenfallen, diese im Bewusstseinsstrom womöglich sogar manifest werden lassen. In Zhang Zais Worten: „Vergrößert [man] den Geist, dann kann [man] die Einzeldinge im ganzen Kosmos in ihrer strukturierten Ordnung verstehen; solange es noch Einzeldinge gibt, die nicht auf diese Weise verstanden worden sind, gibt es noch ein dem Geiste Äußerliches, Fremdes."[73] Zu berücksichtigen ist hier, dass Zhang Zai mit dieser Formulierung die bekannte Passage im *Menzius* (7A/1) kommentiert, in der die „vollständige Entfaltung des Geistes" (*jin xin* 盡心) gefordert wird. Es liegt zweifellos nahe, diesen Gedanken im Sinne einer „Entgrenzung des Ichs" zu deuten, die oft als ein Kernelement asiatischer (und christlicher) Mystik im Gegensatz zur biblischen Lehre verstanden worden ist.[74] Indem nämlich der Geist durch einen Prozess der Entgrenzung und Entdifferenzierung seine ursprüngliche Beschaffenheit, ja seine Reinheit wiederherstellt, wird jeder Rest meiner eigenen Egozentrizität ausgelöscht.

Dieser Gedanke bringt direkte Konsequenzen für mein Selbstverständnis im Alltag mit sich; indem nämlich mein mentaler Zugriff auf die Wirklichkeit jeglicher Bestimmtheit beraubt wird, wird die Wirklichkeit zwar nicht als unerkennbar aufgefasst, doch wird sie von nun an nur noch als unter der Bedingung erkennbar vorgestellt, dass sich das Denken radikal aus all jenen Weltbezügen löst, die mich an Einzeldinge ketten und daher potentiell die Ganzheit verdecken.[75] Die Ganzheit, das „Geisthafte" impliziert also *Durchlässigkeit* und *Durchsichtigkeit*

---

[73] *Zhengmeng* 7:1, ZZJ 24: 大其心則能體天下之物，物有未體，則心為有外。Vgl. *Rechtes Auflichten*, 40 (leicht revidiert; insbesondere die Übersetzung von *ti* 體 als „gliedern" erscheint mir zu unterkomplex), sowie auch JSL 2:83 (Graf, *Djin-si lu*, Bd. 1, 198). Zur Meditationspraxis: Yang Rubin, „Song ru de jingzuo shuo", 53.
[74] Vgl. Eugen Drewermann, *Tiefenpsychologie und Exegese*, Olten 1985, Bd. 2, 345.
[75] Berühmt ist auch ein Satz aus der „Westinschrift": „Was also [den Raum zwischen] Himmel und Erde ausfüllt, betrachte ich als meinen Körper; und was den Kosmos lenkt, sehe ich als meine Wesensbestimmung an." (*Zhengmeng* 17:1; ZZJ); vgl. alternativ *Rechtes Auflichten*, 132) – Es ist kein Zufall, dass die „Wesensbestimmung" in einer Passage mit der Fähigkeit zur einenden Schau identifiziert wird: „Dass Sein und Nichts, Leere und Fülle durchgängig eins sind, [bewirkt] die Wesensbestimmung; solange [man diese] nicht vereinigen kann, hat [man] die Wesensbestimmung noch nicht vollständig entfaltet." (*Zhengmeng* 17:4, ZZJ 63: 有無虛實通為一物者，性也；不能為一，非盡性也。Vgl. alternativ wieder *Rechtes Auflichten*, 134, sowie die lapidare Äußerung, der zufolge die „Wesensbestimmung" die „eine Quelle der zehntausend Dinge" ist und „nicht etwas, das wir zu unserem privaten Nutzen erhalten haben." (*Zhengmeng* 6:7, ZZJ 21: 性者萬物之一源，非有

– und ich kann eine Sublimierung meiner eigenen Persönlichkeit nur dann vollziehen, wenn ich meine Gedanken, Wünsche und Affekte ebenfalls „geisthafter" werden lasse, d.h. *durchlässiger* und *durchsichtiger* (wiederum springt die Ähnlichkeit zum Huayan-Buddhismus ins Auge). Das Denken strebt der Unendlichkeit entgegen und schwingt endlich ganz im Einklang mit der reinen, einheitsstiftenden Aktivität des Geistes.[76]

Das Ideal der Sublimierung trägt sich nun nicht nur in dem das Denken verwandelnden Aufstieg ins Geistige aus, sondern auch in einer gegenläufigen Bewegung zurück zum Ursprung des Geistes. Im *Rechten Auflichten* heißt es dementsprechend: „Wer also danach trachtet, die Grenzen des Geistes ausfindig zu machen, muss erst einmal Erkenntnis über dessen Ursprung erwerben."[77] In der konfuzianischen Kultur hat das „Denken in Abstammungszusammenhängen" (Michael Mitterauer) seit jeher einen hohen Stellenwert;[78] mithin gilt: Wenn ich mich meiner selbst vergewissern möchte, muss ich den Umstand berücksichtigen, dass ich mein Leben meinen Eltern verdanke; sie sind die wichtigste Bedingung dafür, dass ich (mein Geist, mein Körper) im gegenwärtigen Augenblick existiere. So können von der „Wurzel" (*ben* 本) des menschlichen Daseins, also von seinem biologischen Ursprung, Pflichten abgeleitet werden, etwa diejenigen, den eigenen Eltern zu dienen, ihnen Respekt zu bekunden und ihnen ein würdiges Begräbnis zu organisieren.[79] Offenbar kann dieser Idee auch eine kosmologische Wendung gegeben werden; das analogische Argument lautet dann: Genauso wie der Mensch notwendig von den Eltern abstammt, d.h. nur

---

我之得私也。Vgl. *Rechtes Auflichten*, 33; sowie JSL 1:48, Graf, *Djin-si lu*, Bd. 1, 95) Mit anderen Worten: Die „Wesensbestimmung" ist nicht als innere Wahrnehmung gegeben, sondern erschließt sich nur in der Rückwendung auf den unendlichen Geist. Tang Junyi betont zu Recht ihre Negativität (ders., *Zhongguo zhexue yuanlun. Yuanxing pian*, 345; vgl. auch *Zhengmeng* 17:9, *Rechtes Auflichten*, 136). Jede Form des Selbstbezugs ist mithin in der nicht positiv bestimmbaren All-Einheit aufgehoben.

[76] „Im Allgemeinen steht die Resonanz in ihrer Funktion der Verbindung zwischen dem Einen und dem Anderen für die Überwindung der endlichen, aus Qi konstituierten Gestalt." (Yang, *Qiben yu shenhua*, 95; meine Übersetzung, d.V.) Vgl. ebenso Tang, „Chang Tsai's Theory of Mind", 124.

[77] *Zhengmeng* 7:4, ZZJ 25: 故思盡其心者，必知心所從來而後能。Vgl. *Rechtes Auflichten*, 41 (Übersetzung leicht angepasst): Vgl. Tang Junyi, *Zhongguo zhexue yuanlun. Yuanjiao pian*, Taipeh 1979, Bd. 1, 127 f.; ebenso: *Zhengmeng* 17:12, *Rechtes Auflichten*, 140.

[78] Ders., *Warum Europa? Mittelalterliche Grundlagen eines Sonderwegs*, 97.

[79] Siehe *Menzius* 3A/5; vgl. Shun, *Mencius and Early Chinese Thought*, 127-135. Diese Passage enthält auch die Formulierung *yi ben* 一本, mit der in mittelalterlichen Kontexten gern auf die umgreifende Einheit verwiesen wurde.

einen Ursprung hat, stammt auch das Universum als ganzes *aus einer einzigen Quelle.*[80] Doch wie lässt sich diese eine Quelle überhaupt denken?!
In einer der bekanntesten Textstellen Zhang Zais heißt es:

> Das Qi war über einen unermesslich weiten, leeren Raum (*tai xu* 太虛) in Form eines trüben Nebels [verteilt]; es war in auf- und absteigender, in hin- und herflutender Bewegung und war [seit Urzeiten?!] nie zur Ruhe gekommen. Diesen [Zustand] bezeichnet das *Buch der Wandlungen* als „Wirrwarr", und im *Zhuangzi* ist die Rede von „Lebewesen, die sich gegenseitig mit dem Atem anrühren", und von „aufgewirbeltem Staub". Die Auslösung des Wechsels von Leere zu Fülle und Bewegung zu Ruhe ist zugleich der Beginn der Scheidung von Yin und Yang, des Harten und Festen vom Nachgiebigen und Weichen. Was oben schwebte, war das durchsichtige, klare Yang; nach unten senkte sich der trübe Yin-Stoff. Dadurch, dass beide in gegenseitiger Einwirkung aneinandergerieten, sich verdichteten und schließlich auch geronnen, entstanden Wind und Regen, Reif und Schnee. Wie die Formen aller Dinge sich aneinanderreihten, hier die Massen sich zu Bergen verdichteten, dort Gewässer sich zu Flüssen vereinigten, bis herab zur Hefe des Bodensatzes [bei der Herstellung von Alkohol], zu Schlacken und Asche – es gibt nichts, was nicht in dieser Lehre enthalten wäre und zur Anleitung auf dem Übungsweg dienen könnte.[81]

Ein eindrucksvolles kosmisches Panorama, das viele Leserinnen und Leser auf den ersten Anhieb als ein Narrativ über die Weltentstehung verstehen dürften – denn wie sonst sollte man die Beschreibung eines ursprünglichen, nicht ausdifferenzierten Weltzustandes deuten, in dem

---

[80] Etwas anders formuliert: „It is because he does not think that the mind can kept separate from the body that Chang seeks to find an origin of the mind in the objective universe. Since the body cannot have existed from very beginning, neither can the mind. Our body is given us by our parents and nourished by the things in the universe. Just as the body owe existence to an external universe, so should the nature of the mind." (Tang, „Chang Tsai's Theory of Mind", 119)

[81] *Zhengmeng* 1:6, ZZJ 8: 氣坱然太虛，升降飛揚，未嘗止息，易所謂「絪縕」，莊生所謂「生物以息相吹」、「野馬」者與！此虛實、動靜之機，陰陽、剛柔之始。浮而上者陽之清，降而下者陰之濁，其感通聚結，為風雨，為雪霜，萬品之流形，山川之融結，糟粕煨燼，無非教也。Meine Übersetzung folgt weitgehend der sehr gelungenen Fassung von Olaf Graf, siehe ders., *Djin-si lu*, Bd. 1, 90 (vgl. aber auch *Rechtes Auflichten*, 6). Diese Passage erscheint an prominenter Stelle, doch leicht gekürzt in den *Aufzeichnungen des Nachdenkens über Naheliegendes* (JSL 1:43). Zu der frappierenden Formulierung *wu fei jiao ye* vgl. Mou Zongsans triftige Analyse (ders., *Xinti yu xingti*, Bd. 1, 465 ff.) sowie auch Yang, *Qiben yu shenhua*, 67. Das Binom *kuairan* findet sich prominent bei Guo Xiang (Yang, *Guo Xiang Zhuangzi zhu yanjiu*, 94). Das poetisch wirkende Binom *ye ma* (wörtlich: „wilde Pferde") übersetze ich in Übereinstimmung mit Mou Zongsans Glosse, siehe ders., *Xinti yu xingti*, Bd. 1, 439.

es noch keine Einzeldinge gibt, sondern nur ein nicht sinnlich wahrnehmbares, hochgradig zerstäubtes Qi?!

Dieser erste Eindruck verkompliziert sich jedoch erheblich, wenn wir unsere Aufmerksamkeit auf zwei verwandte Textpassagen im ersten Kapitel des *Rechten Auflichtens* richten, in denen die Konzepte Qi und *tai xu* 太虛 (der „unermesslich weite, leere Raum") direkt miteinander gleichgesetzt werden:

> Der unermesslich weite, leere Raum besitzt keine konkrete Gestalt, stellt aber die ursprüngliche Struktur (*ben ti* 本體) des Qi dar, dessen Zusammenballung und Zerstreuung die kurzzeitig persistierenden Zustände im Wandlungsprozess ergeben.[82]

Und in einer weiteren Passage erläutert Zhang Zai das Verhältnis der beiden Konzepte wie folgt:

> Mit dem Zusammenballen und Auseinanderstreben des Qi in dem unermesslich weiten, leeren Raum verhält es sich wie mit dem Gefrieren und Schmelzen von Eis im Wasser. Wer verstanden hat, dass dieser unermesslich weite, leere Raum identisch ist (*ji* 即) mit dem Qi, der vermag die Negativität [der Buddhisten und Daoisten] zurückzuweisen.[83]

Vor dem Hintergrund dieser zwei letzten Passagen ist nicht mehr so leicht zu sagen, wovon eigentlich die Rede ist. Was genau bezeichnen die beiden Konzepte Qi und *tai xu* hier? Und ist der Ausdruck *tai xu* tatsächlich als „unermesslich weiter, leerer Raum" zu übersetzen? In welchem Verhältnis stehen beide Konzepte zueinander? – In der modernen Forschung finden sich im Wesentlichen zwei Deutungsvorschläge. Dem ersten Vorschlag zufolge zeigt die Partikel *ji* 即 (wörtlich: „genau dasselbe sein wie") in der dritten Textstelle eine einfache (logische, numerische) Identitätsbeziehung an. Die beiden Konzepte Qi und *tai xu* würden dementsprechend ontologisch gleichrangig sein, ja auf dieselbe Entität verweisen, als zwei unterschiedliche Zustände oder Existenzweisen eines Urstoffes (Zhang Zais Metapher vom „Gefrieren

---

[82] *Zhengmeng* 1:2, ZZJ 7: 太虛無形，氣之本體，其聚其散，變化之客形爾；[...]。Vgl. die Parallelstelle 17:15, ZZJ 66. Lackner und Friedrich übersetzen *ke xing* poetischer als „Gastgestalten der Wechselwandlung" (*ibid*, 3). Ich verstehe die Passage in dem Sinne, dass das Wort „Gast" hier auf die temporäre Existenz der Einzeldinge verweist; in dieselbe Richtung zielt Fabian Heubels Übersetzung ins Französische: „la forme temporaire" (ders., „Culture de soi et créativité", 258; vgl. auch Mou, *Xinti yu xingti*, Bd. 1, 444).
[83] *Zhengmeng* 1:8, ZZJ 8: 氣之聚散於太虛，猶冰凝釋於水，知太虛即氣，則無無。Vgl. alternativ *Rechtes Auflichten*, 7, sowie auch die Parallelstelle *Zhengmeng* 1:5.

und Schmelzen von Eis im Wasser" scheint für diesen Deutungsvorschlag zu sprechen). Folgerichtig wäre der Term *tai xu* am besten als „ein zerstreuter Zustand des Qi" zu übersetzen, nicht aber als „unermesslich weiter, leerer Raum".[84] Dem zweiten Deutungsvorschlag zufolge muss die Partikel *ji* jedoch als „ist nicht gleich, aber auch nicht verschieden" übersetzt werden. In diesem Sinne würden Qi und *tai xu* eine Einheit *und* eine Vielheit bilden; genauer gesagt: Beide sind verschieden, weil sie zwei unterschiedlichen ontologischen Ebenen zugehören (ersteres ist „geistig", letzteres ist „materiell"); und beide sind zugleich identisch, weil gemäß der monistischen Grundorientierung von Zhang Zais Denken letztlich *alles* in der Einheit aufgehoben ist.[85]

Bis heute streiten sich die Leserinnen und Leser Zhang Zais um die richtige Deutung dieser drei Passagen. In meinen Augen ist der zweite Deutungsvorschlag deutlich überzeugender als der erste; ihn ernst zu nehmen heißt aber auch, den buddhistischen Einfluss an einer ganz entscheidenden Stelle seiner Lehre anzuerkennen. Dem chinesischen Denker zufolge sind Endliches und Unendliches unauflösbar miteinander verflochten; anders gesagt: Das Eine steht zu Allem in einem Verhältnis absoluter Transzendenz *und* absoluter Immanenz, d.h. das Absolute tritt in zwei Positionen auf, einmal als das absolute, unerkennbare Eine und einmal als das im unendlich Vielen zersplitterte Eine. Differenz und Identität können also nur paradox gedacht werden, mittels einer spekulativen Satzform. Das *tai xu* benennt nicht nur den „unermesslich weiten, leeren Raum", sondern auch das dem endlichen Denken nicht zugängliche Geistige, die einheitsstiftende, geistige Tätigkeit, die an jedem Punkt des Universums schöpferisch wirkt.[86] Jede Aussage über die All-Einheit (die Totalität) ist im strengen Sinne nicht zulässig, da sie diese begrenzt und damit auch depotenziert, um sie dem

---

[84] Siehe etwa Zhang Dainian, *Zhongguo zhexue dagang*, Taipeh 1992, 106 f. sowie Jeeloo Liu, *Neo-Confucianism: Metaphysics, Mind, and Morality*, Hoboken, NJ 2017, 71. Wolfgang Ommerborn behauptet, dass „kein ontologisch relevanter Unterschied" zwischen beiden vorliege (ders., *Die Einheit der Welt*, 84).

[85] Vgl. insbesondere Mou, *Xinti yu xingti*, Bd. 1, 469-477. Für eine genaue Diskussion der unterschiedlichen Interpretationen dieser Stelle siehe Chen Zhengyang, *Zhang Zai sixiang de zhexue quanshi*, Beijing 2020, 84 ff. Die Metapher vom Eis im Wasser ist im Buddhismus prominent; Zhang Zai kannte sie wahrscheinlich aus dem *Śūraṅgama-Sūtra* (vgl. *Rechtes Auflichten*, 272).

[86] Das Wort *tai xu* ist also offensichtlich polysem und darf nicht nur als unendlicher Raum interpretiert werden. In mittelalterlichen Texten steht es für den „Himmel" (das Firmament), für den leeren Raum und nicht zuletzt auch für die buddhistische „Leerheit" (*śūnyatā*). Vgl. Yang, *Qiben yu shenhua*, 173 ff. – Conze schreibt: „Ohne einen Widerspruch darin zu sehen, behandeln die Buddhisten *ākāśa* gleichzeitig als etwas, das materielle, positive Natur besitzt, als ein feinstoffliches, ätherisches Fluidum, welches ewig und allgegenwärtig ist." (ders., *Buddhistisches Denken*, 234; vgl. auch Westerhoff, *The Golden Age of Indian Buddhist Philosophy*, 171 ff.)

endlichen Geist zu erschließen; die Frage nach dem Unendlichen kann also nur *indirekt* beantwortet werden, in Form einer Reflexion über die Differenz zwischen jeder möglichen Erfahrung und dem Horizont, von dem sie ihre Bestimmung erhält.[87]

Ein weiteres Argument für den zweiten Deutungsvorschlag wird deutlich, wenn wir uns vergegenwärtigen, dass es (wie am Ende der dritten Textpassage erläutert wird) ein wesentliches Ziel Zhang Zais gewesen ist, die „Negativität" der Buddhisten und Daoisten „zurückweisen" und auf diese Weise die konfuzianische Lehre als die Mitte zwischen zwei, von seinen Opponenten markierten Extremen zu etablieren. Ich paraphrasiere zuerst sein Argument gegen die Daoisten (in *Rechtes Auflichten* 1:5): Wenn deren Behauptung zuträfe, dass das „Nichts" (*wu* 無) das Qi hervorbringen könnte (vgl. das erste und vierzigste Kapitel des *Daodejing*), dann würden das Unbedingte – *qua* Nichts – und das Bedingte – *qua* Qi –, die Unendlichkeit und die Endlichkeit auseinandertreten. Das Vorliegen einer solchen Kluft widerspräche aber der alles zusammenhaltenden All-Einheit.[88] Gegen die buddhistische Position führt er umgekehrt folgende Überlegung ins Feld:

Wenn man aber annimmt, die im *tai xu* manifest werdenden Einzeldinge seien nicht mehr als mannigfaltige Blickperspektiven, dann würden die einzelnen Dinge und der unermesslich weite, leere Raum nicht in einem Verhältnis wechselseitiger Komplementarität stehen, sondern Gestalt wäre von selbst Gestalt, die Wesensbestimmung wäre von selbst Wesensbestimmung, Gestalt und Wesensbestimmung, Mensch und Himmel könnten unabhängig voneinander existieren – damit verfiele

---

[87] Wie insbesondere Mou Zongsans Rekonstruktion demonstriert, führt jeder Versuch einer Versprachlichung zur Entstehung von Paradoxien (Mou, *Xinti yu xingti*, Bd. 1, 470 ff.). Obzwar Mou wiederholt die Eigenständigkeit neukonfuzianischer Gedankenfiguren hervorhebt, zeigt m.E. eine genaue Lektüre, dass er sich ihrer Abhängigkeit vom Buddhismus durchaus bewusst ist (*ibid.*, 457-465).

[88] ZZJ 8. Meine Rekonstruktion folgt Yang Lihuas Analyse, siehe ders., *Qiben yu shenhua*, 39 f. Siehe aber auch *Rechtes Auflichten*, 5, sowie die Rekonstruktion in Mou, *Xinti yu xingti*, Bd. 1, 457 ff. – Zhang Zais Sprachgebrauch ist nicht ganz konsistent, denn anderswo vertritt er die Position, das *tai xu* bringe die Einzeldinge hervor: „Obwohl die Dinge wirklich sind, haben sie ihren Ursprung doch im leeren Raum (*xu*); deshalb heißt der Prozess ihres Entstehens numinos. Der Wandel besteht in einem Tätigwerden der Leere, doch ist er ursprünglich wirklich; deshalb heißt er geisterhaft." („Hengqu Yi shuo", ZZJ 183 f.: 物雖是實，本自虛來，故謂之神；變是用虛，本緣實得，故謂之鬼。) Yang Lihua argumentiert zu Recht, dass diese Passage eine frühe Position widerspiegelt, die Zhang Zai später revidiert hat (ders., *Qiben yu shenhua*, 57).

man der buddhistischen Position, der zufolge die Erscheinungswelt nicht mehr als eine krankhafte Illusion ist.[89]

Die Crux dieser Passage ist die Formulierung *wan xiang* 萬象 („mannigfaltige Blickperspektiven"). So manche Leser dürften hier an das Gespräch zwischen Buddha und seinem Lieblingsschüler Ananda im *Śūraṅgama Sūtra* gedacht haben, in dem es um das Verhältnis von Erscheinungen und „Sehbewusstsein" (*jian* 見) geht; Buddha erläutert dort, dass es ein unbedingt existierendes „Sehbewusstsein" nicht gibt, sondern dass dieses vielmehr identisch sei mit den Sehobjekten, womit die Sehobjekte als bewusstseinsimmanent betrachtet werden müssen.[90] Auch Nāgārjunas Argument gegen die Realität der Sinneswahrnehmung, das ich im zweiten Kapitel dargelegt habe, dürfte leicht abrufbar gewesen sein. Offenkundig ringt Zhang Zai hier also mit der Lehre der zweifachen Wahrheit, wie sie ihm aus Texten der Tiantai- oder Huayan-Schule bekannt gewesen ist.[91] Es ist nur nicht ganz klar, warum für ihn die skeptische Infragestellung der unbedingten Realität der Einzeldinge notwendigerweise zu einer Zersplitterung der All-Einheit führt; wir dürfen jedoch annehmen, dass er in der buddhistischen Doktrin ein Gewahrsein des kosmischen Prozesses vermisst hat, jene unbestimmbare und formlose, doch strukturbildende und vereinheitlichende Aktivität, die er gern unter der Bezeichnung „Himmelsweg" (*tian dao* 天道) gefasst hat (*Rechtes Auflichten* 1:5, 1:13, 3:1, *passim*).

Vor dem Hintergrund solcher Überlegungen scheint es keinesfalls mehr selbstverständlich, das von Zhang Zai entworfene kosmische Panorama als ein Narrativ über die Weltentstehung zu interpretieren. Zhang Zai betont im *Rechten Auflichten* wiederholt, dass die Welt über-

---

[89] Siehe *Zhengmeng* 1:5; ZZJ 8; 若謂萬象為太虛中所見之物，則物與虛不相資，形自形，性自性，形性、天人不相待而有，陷放浮屠以山河大地為見病之說。Vgl. *Rechtes Auflichten*, 5. – Mou Zongsan zufolge kann Zhang Zais Argument gegen die unterschiedlichen, buddhistischen Schulen eingesetzt werden, es sei in jedem Fall „triftig" (*zhongken* 中肯; ders., *Xinti yu xingti*, Bd. 1, 646). Mir ist nicht klar, wieso er dies behaupten kann.

[90] Der Ausdruck „mannigfaltige Blickperspektiven" tritt an prominenter Stelle des Gesprächs auf, vgl. *Śūraṅgama Sūtra*, T19, Nr. 945, 112b2.

[91] Zhang Zai wirft den Buddhisten vor, dass sie den „Übergang in die Fülle" (*zhenji* 真際), also die höchste Wirklichkeit, nicht angemessen konzeptualisieren können (*Zhengmeng* 17:11; ZZJ 65). Lackner, Friedrich und Reimann übersetzen das Binom *zhenji* als „Wahrhaften Übergang" (*Rechtes Auflichten*, 140), *shiji* 實際 aber als „Übergang in die Fülle" oder auch „absolute Wirklichkeit" (*ibid.*, 138, 275). Die chinesischen Wörter sind wohl als Äquivalente zum Sanskrit-Term *bhūtakoṭi* zu verstehen, wörtlich: „Grenze des Wirklichen", also die wahre Beschaffenheit der Dharmas. Zhang Zai eignet sich diese Idee an und deutet sie im Sinne einer „sich selbst erzeugende[n] Produktivität der Natur" um (*Rechtes Auflichten*, 258 f.).

haupt keinen absoluten Anfang oder ein absolutes Ende aufweise, vielmehr gehe der kosmische Prozess schon immer seinen Gang und werde ihn auch immer weitergehen (etwa *Rechtes Auflichten* 1:1, 1:19; vgl. auch 2:12, 14:52). Sein Ziel dürfte es also weniger gewesen sein, eine Erzählung über die Weltentstehung zu weben, als die Beschaffenheit, die Funktion des Geistes selbst zu erläutern. Einmal mehr erinnert die neukonfuzianische Weltsicht an den Buddhismus. Der bereits erwähnte Denker Zongmi hing etwa in Übereinstimmung mit der Abhandlung *Über das Erwachen des Mahāyāna-Glaubens* der Vorstellung an, das menschliche Bewusstsein sei aus einem Qi-Prozess entstanden; die komplexe Schichtung des Kosmos verdanke sich karmischen Zusammenhängen, die etwa zu der Bildung eines einzigen Gedankens führen – pointiert gesagt verdankt sich der gesamte Kosmos der Selbstkonstitution des Geistes.[92]

Der unendliche, reine Geist ist selbstredend nicht durch die Anschauungsformen von Raum und Zeit beschränkt, außerdem muss er *ohne* jeden Akt der Differenzierung (etwa zwischen Ursache und Wirkung) gedacht werden, denn es gibt in ihm überhaupt nichts, das als Prinzip der Differenzierung fungieren könnte.[93] Durch seine Tätigkeit der Strukturierung und Einheitsstiftung erzeugt er erst jene Intelligibilität, dank derer der erste Grund nachträglich thematisiert werden kann. Wenn wir die Figur eines „kreisenden Denkens" (Tomonobu Imamichi) ernst nehmen, das bereits in der chinesischen Antike geläufig gewesen ist, kann sich das Ich sowohl geradlinig auf das Nicht-Ich beziehen, wie auch jederzeit „inversiv durch das Ich als das Reflektierende" auf das Zugrundeliegende richten, das der Spaltung in Subjekt und Objekt vorangeht. Das Denken selbst bildet so einen Kreis. Und damit gilt auch: „In dieser endlosen Kreisbewegung kann *jeder* Punkt auf der Kreislinie der Anfang sein. *Jede* Sache kann sich als Anfang rechtfertigen."[94]

Damit verhärtet sich aber auch der Eindruck, dass Zhang Zai zufolge alle Wirklichkeit geistig verfasst ist. In diesem Sinne hat bereits der Sinologe und Philosophiehistoriker Alfred Forke (1867-1944) zu

---

[92] Siehe Berger, *Encounters of Mind*, 133; Wang, *Dangdai Zhang Zai xue*, 208-211. – Der Huayan-Schule zufolge entstehen alle Dharmas im Kosmos zugleich; der Kosmos bringt sich also selbst hervor (Kenneth K.S. Ch'en, *Buddhism in China. A Historical Survey*, Princeton 1964, 316).
[93] Ich danke Michael Hampe für ein Gespräch über diese Problematik (16. Juni 2023). – Es mag an dieser Stelle hilfreich sein, den Vergleich mit Kants und Spinozas Konzeption eines *intuitiven Verstandes* zu suchen (siehe Eckart Förster, *Die 25 Jahre der Philosophie*, Frankfurt a.M. 2018³, 253-276).
[94] Tomonobu Imamichi, „Die freie Wanderung des Denkens nach dem Einen. Das Eins-Alles-Problem in der chinesischen Klassik", in: *All-Einheit. Wege eines Gedankens in Ost und West*, 73-86; hier: 79.

Recht gegen die moderne Rezeption Zhang Zais als eines „materialistischen Realisten" Widerspruch eingelegt.[95] Und auch dem französischen Sinologen Stéphane Feuillas, einem der kundigsten Leser des chinesischen Denkers, ist zuzustimmen, wenn er von einer „Weltseele" (*l'âme du monde*) spricht, bei der sich je nach dem Grad der Rezeptivität unterschiedliche Daseinsformen unterscheiden lassen: von einem formlos umherströmenden Geist als reiner Aktivität bis zu der menschlichen Daseinsform, die unterschiedliche Grade von „Trübung" (*zhuo* 濁) kennt, ebenso wie auch „Hemmnisse" (*ai* 礙), die das freie Zirkulieren des Geistes verhindern.[96] Der Geist ist direkt oder „gleichwesentlich" (Feuillas: *consubstantiel*) mit dem Wandel verbunden – als lebendige Wirklichkeit.[97] Nur ist der Geist sich selbst entfremdet, denn es steht ihm in Form einer Welt eine Gesamtmenge von Qi gegenüber, die nie vollständig sublimiert werden kann; anders gesagt verweist das Qi auf den Umstand, dass die Welt (als entfremdeter Geist) eine Schwere besitzt, die sich nie vollständig im Geistigen auflösen lässt.

VI. Der Status der sinnlich wahrnehmbaren Welt

Wenn Zhang Zais Philosophie aber ein Denken der Sublimierung, der Vergeistigung ist, warum sollte es dann überhaupt noch einer Zuwendung zu der sinnlich wahrnehmbaren Welt bedürfen? Wenn wir auf dem Übungsweg das umfassende Eine durch Entdifferenzierung und Entgrenzung verwirklichen sollen, muss uns dann nicht die Vielheit der Einzeldinge notwendigerweise verwirren? Wie ist vor dem Hintergrund solcher Fragen das Ziel einer Wiedergewinnung der Welt überhaupt zu verstehen?

Ich hatte bereits mehrere Passagen zusammengestellt, in denen Zhang Zai einzelne Phänomene der Naturwelt unter Rekurs auf seine

---

[95] „Ein Materialist betrachtet die Materie als Urprinzip und den Geist nur als eine Funktion der Materie, *Tschang Tsai* dagegen macht den Geist zum Urprinzip und die Materie zur Funktion. [...] Wie dem *Albertus Magnus* erscheint ihm das Urfluidum als *spiritus incorporeus* und die Welt als *spiritus corporeus*. Sie entsteht aus Verdichtungen des Fluidums und ist nichts anderes als komprimierter Geist, der nach einiger Zeit wieder zerfließt und in den ursprünglichen Zustand vollkommener Reinheit und Leere zurückkehrt." (ders., *Geschichte der neueren chinesischen Philosophie*, 68) Mou Zongsan zufolge ist das Geistige, die reine Aktivität, nicht weniger als der „transzendentale Grund" (*chaoyue genju* 超越根據) für die Existenz der Welt (ders., *Xinti yu xingti*, Bd. 1, 440-446).
[96] Feuillas, „L'accès à l'âme du monde", 125 f. Feuillas übersetzt das chinesische Wort *shen* durchgängig als „l'âme".
[97] Feuillas, „L'accès à l'âme du monde", 131.

Qi-Lehre erläutert. Hier noch eine weitere, besonders eindrückliche Passage zum Phänomen des Hörens:

> Ein Ton ist das Ergebnis eines Zusammenstoßes von konkreten Gestalten und, bzw. oder [Ansammlungen von] Qi. [Es lassen sich die folgenden vier Fälle unterscheiden:] (1) gibt es den Fall, dass zwei verschiedene Ansammlungen von Qi [aufeinanderprallen], z.b. beim Echo in einem Tal und bei einem Donnerschlag; und (2) gibt es den Fall, dass zwei Gestalten [aufeinanderprallen], z.B. wenn ein Trommelschlegel an eine Trommelwand rührt; außerdem gibt es (3) den Fall, dass eine Gestalt mit [einer Ansammlung] von Qi zusammenprallt, z.B. bei einem [in Bewegung befindlichen] Federfächer oder bei einem vorbeifliegenden Pfeil; und schließlich (4) gibt es den Fall, dass [eine Ansammlung von] Qi auf eine Gestalt prallt, z.B. beim Sprechen oder [beim Spielen] einer Schalmei.[98]

Angesichts dieser Passage scheint kaum bezweifelbar, dass Zhang Zai von der Existenz einer Außenwelt mit Einzeldingen, die uns sinnlich affizieren können, überzeugt ist. Zhang Zai war nun keineswegs der erste konfuzianische Denker, der individuelle Alltagsbeobachtungen mittels des Qi-Konzepts gedeutet hat; jedoch wurden seine Überlegungen als überaus innovativ wahrgenommen und haben viele Gelehrte in späteren Jahrhunderten inspiriert. In der vorliegenden Passage wird das Qi von ihm offensichtlich als ein Medium konzeptualisiert, das den Raum zwischen dem Wahrnehmungsobjekt und dem Ohr ausfüllt; die „konkreten Gestalten" (d.h. die Dinge) erzeugen durch die Interaktion mit anderen „Gestalten", bzw. mit dem qi-haften Medium Töne (Fälle 2-4); und nicht zuletzt kann auch das Medium selbst Töne erzeugen (Fall 1).[99] Im Falle des Hörsinns kann es also keinen Zweifel geben, dass es etwas vom Denken Unabhängiges gibt, etwas, das sich zwar nicht unserem geistigen Zugriff entziehen mag, von dem wir jedoch sinnlich affiziert werden und das wir kaum wirklich beeinflussen können. Obgleich wir nicht vergessen dürfen, dass Zhang Zai zufolge letzt-

---

[98] 聲者，形氣相軋而成。兩氣者，谷響雷聲之類；兩形者，桴鼓叩聲之類；形軋氣，羽扇敵矢之類；氣軋形，人聲笙簧之類。(*Zhengmeng* 5:12; ZZJ 20; *Rechtes Auflichten*, 31) Vgl. Ommerborn, *Die Einheit der Welt*, 247 ff. Zu Zhang Zais medizinischen Kenntnissen siehe Zuo, „Zhang Zai's (1020–1077) Critique of the Senses", 18 ff.

[99] Diese Überlegungen sind von einem anderen konfuzianischen Polymathen, Song Yingxing (1587-1666), weiter empirisch plausibilisiert worden (siehe Schäfer, *The Crafting of the 10,000 Things*, 206-222). Im Gegensatz zu Zhang Zai nahm Song Yingxing aber an, dass Töne ausschließlich von dem Qi-Medium und nicht durch die Einzeldinge erzeugt würden; anders gesagt besitze das Qi eine inhärente Tendenz zur Resonanz und damit zur Schallerzeugung.

lich auch alle Einzeldinge aus Qi bestehen und wir mit unseren Gedanken auf das Qi Einfluss nehmen können, sehe ich keinen Grund, ihm die Überzeugung zu unterstellen, wir könnten allein durch einen Gedanken ein Geräusch erzeugen. Die Vorstellung dürfte vielmehr gewesen sein, dass das in meinem Körper befindliche Qi sich im Raum ausdehnt, so dass es von den Außendingen affiziert werden kann. In diesem Sinne müsste etwa die Tatsache, dass ich am Himmel einen Stern wahrnehme und sodann einen Gedanken über diesen bilde, derart erklärt werden, dass das in meinem Körper befindliche Qi diesen Stern berührt und sich daher eine Resonanz ergibt, die sich in meinem Gedanken über ihn manifestiert.[100]

Die Frage, welchen Beitrag das Denken und die Wahrnehmung zum Erkenntnisgewinn leisten, muss Zhang Zai lange beschäftigt haben. Im *Rechten Auflichten* unterscheidet er explizit zwei Formen der Erkenntnis, das sogenannten „Hör- und Sehwissen" (*wenjian zhi zhi* 聞見之知), also Kenntnisse, die dem Menschen aufgrund der Sinneswahrnehmung zur Verfügung stehen, sowie das „tugendhafte Wissen" (*dexing suo zhi* 德性所知), das im reinen Denken, d.h. in einer Form des Selbstbezugs besteht, die den Horizont der Totalität manifest werden lassen kann.[101] Die Sinne instantiieren nur partikulare Zugangsweisen zur Wirklichkeit; der weise Mensch lässt sich deshalb auch nicht von „Seh- und Hörwissen" (*jian wen zhi zhi* 見聞之知), das notwendigerweise beschränkt und bedingt bleibt, in die Irre führen, sondern sucht die Sinneswahrnehmung zu transzendieren.[102] Wie ich schon gezeigt habe, ist das eigentliche Ziel von Zhang Zais therapeutischem Projekt die Selbsttransformation des Geistes; der Beitrag, den die Sinnesorgane zu diesem leisten können, ist offensichtlich nicht allzu groß. Zwar sind die einzelnen Sinnesorgane von einiger Bedeutung für die Alltagsbewältigung und eine gelingende sittliche Praxis, jedoch drohen uns die Sinneseindrücke jederzeit zu überwältigen und Verblendung zu erzeugen. Insbesondere entwickelt der Mensch, wenn er Sinnesorganen wie Augen und Ohren zu viel Aufmerksamkeit entgegenbringt, gegenständlich orientierte Wünsche („Begierden"; *yu* 欲). In einer maßgeblichen Passage erklärt Zhang Zai, dass wer immer seinen gegenständlich orientierten „Wünschen" freien Lauf lasse, eine „Rückwendung zum Schattenraum" (*zhuan gu ying jian* 專顧影間) vollziehe (*Rechtes Auflichten*

---

[100] Für dieses Beispiel siehe Tang, „Chang Tsai's Theory of Mind", 129. Vgl. *Zhengmeng* 7:4, ZZJ 25; *Rechtes Auflichten*, 41.
[101] *Zhengmeng* 7:1, ZZJ 24, *Rechtes Auflichten*, 40. Vgl. Yang, *Qiben yu shenhua*, 120, sowie Zheng Zemian, „Two Kinds of Oneness: Cheng Hao's Letter on Calming Nature in Contrast with Zhang Zai's Monism", *Philosophy East and West*, 65:4 (Oktober 2015), 1253-1272; hier: 1257.
[102] Zuo, *Shen Gua's Empiricism*, 217, 219, 179 ff.

7:14).¹⁰³ Mit dieser platonisch anmutenden Metapher ist m.E. Folgendes gemeint: Sobald ich mich etwa mit meinem Gesichtssinn einem Objekt zuwende und meine Aufmerksamkeit primär an dieses hefte, bilde ich auch leicht auf dieses Objekt ausgerichtete Gefühle, Absichten und Wünsche aus; damit laufe ich aber Gefahr, meine Perspektive auf die Welt von ihm bestimmen zu lassen und das größere Wirklichkeitskontinuum aus den Augen zu verlieren.¹⁰⁴

Zhang Zai gibt sich einige Mühe, die Möglichkeit von Sinnestäuschungen zu explizieren, stellt außerdem Kriterien für einen gelungenen Wahrnehmungsakt auf und erörtert etwa sogar die Beeinträchtigung des Gesichtssinnes durch einen grauen Star; all dies deutet darauf hin, dass diesem Denker zufolge die von den Sinnesorganen ermöglichte Zuwendung zur Welt eine notwendige Bedingung für den Erfolg des neukonfuzianischen Bildungs- und Übungsprogramms darstellt.¹⁰⁵ Dennoch sollten wir Wolfgang Ommerborns Beobachtung, dass es nur „relativ wenige Stellen" in Zhang Zais Schriften gibt, an denen beobachtbare Naturphänomene beschrieben werden, ernst nehmen.¹⁰⁶ Dass wir den Sinnesorganen größte Vorsicht entgegenzubringen hätten, da sie kognitive Barrieren auf dem Weg zu echter Weisheit darstellten, war eine in China weit verbreitete Überzeugung;¹⁰⁷ ihr Einfluss

---

¹⁰³ ZZJ 26; vgl. *Rechtes Auflichten*, 42 f. Ähnlich bereits *Mengzi* 6A/15 (ZZQS 6:407).
¹⁰⁴ Der Philosophiehistoriker Chen Lai spricht sogar explizit von einem „Platonismus" im Denken Zhang Zais, siehe die ausführliche Analyse in ders. (Hg.), *Zaoqi Daoxue huayu de xingcheng yu yanbian*, Hefei 2007, 51 f.
¹⁰⁵ Vgl. Ya Zuo, „Zhang Zai's (1020–1077) Critique of the Senses", 22. Ya Zuo schreibt den Sinnen daher eine „bridging capacity" zu (*ibid.*, 4; vgl. *Shen Gua's Empiricism*, 40 ff.). Wie ich Zhang Zai verstehe, erläutert er die Funktion der einzelnen Sinnesorgane letztlich aus der Perspektive der inneren Wahrnehmung und des Sichzusichverhaltens; eine Sinnestäuschung impliziert mithin eine sittliche Defizienz. Zu berücksichtigen ist auch, dass im 11. Jahrhundert, anders als in der Antike, das „Herz", bzw. der „Geist" (*xin*) nicht mehr als gleichrangig mit den anderen Sinnesorganen, sondern als eigentliches Zentrum des Menschen angesehen wurde (Berger, *Encounters of Mind*, 142 f.).
¹⁰⁶ Ommerborn, *Die Einheit der Welt*, 209. Für eine andere Einschätzung siehe Yang, *Qiben yu shenhua*, 82-87, sowie Huang, „Chang Tsai's Concept of Ch'i", 256.
¹⁰⁷ Für einen hilfreichen Überblick siehe Jana Rošker, „Chinese Theories of Perception", in: *The Senses and the History of Philosophy*, hgg. von Brian Glenney und José Filipe Silva, London und New York 2019, 21-32. Vgl. außerdem Jane Geaney, *On the Epistemology of the Senses in Early Chinese Thought*, Honolulu 2002. – Obzwar sie das Problem der Sinnestäuschung durchaus thematisiert haben, zeichnen sich die Philosophen der chinesischen Antike durch ihre optimistische Sicht aus: „Die natürliche Konstitution des Menschen (*qing*), zu der neben den fünf Sinnen auch der ‚Herz-Geist' (*xin*) gehört, erlaubt es grundsätzlich jedem Menschen, die Wirklichkeit in ihrer tatsächlichen Gegebenheit adäquat zu erfassen […]." (Philippe

zeigt sich zweifellos auch in Zhang Zais Denken. Letztlich verschaffen uns nicht die Sinnesorgane Zugang zur Wirklichkeit und damit zu echter Erkenntnis, sondern kanonische Texte. Denn dem Prozessdenken zufolge stellen all jene Aspekte eines Einzeldings, die sich dem Menschen in der visuellen, haptischen oder olfaktorischen Wahrnehmung erschließen, nur einen winzigen Ausschnitt seiner Wirklichkeit dar; anders gesagt: Ein Einzelding lässt sich in Gänze nur dann erschließen, wenn seine Stellung im kosmischen Prozess berücksichtigt wird. Am besten lässt sich die Stellung der Einzeldinge im Kosmos aber in Texten wie dem *Buch der Wandlungen* oder dem *Girlanden-Sutra* studieren.[108]

Shen Gua 沈括 (1031-1095), der in der Moderne oft als ein wichtiger Innovator der chinesischen Wissenschaftsgeschichte gefeiert worden ist, stand ganz im Hauptstrom der damaligen Gelehrsamkeit, als er einmal – konfrontiert mit dem Bericht über einen Feuerblitz, der das Silberbesteck in einer Holzkiste geschmolzen, das Holz selbst jedoch nicht verbrannt hatte – die Vermutung äußerte, die Ursache könnte ein sublimes Feuer gewesen sein, das zwar nicht sinnlich wahrnehmbar, aber in buddhistischen Schriften anschaulich beschrieben worden sei.[109] Und Zhang Zai erklärte einmal: „Gestalten und Farben der zehntausend Dinge sind der Trester des Geistes […]."[110] „Trester", also der Pressrückstand, der bei der Alkoholerzeugung anfällt: Eine schlagendere Metapher für die Unzulänglichkeit der Sinneswelt ist kaum denkbar! Selbst wenn er also eine Zuwendung zur Welt eingefordert hat, konsequent durchgeführt hat Zhang Zai sie nicht.

Schließlich ist auch zu berücksichtigen, dass der Mensch in der mittelalterlichen Vorstellungswelt nie einfach nur sinnlich wahrnehmbaren Einzeldingen gegenüberstand, sondern zahlreichen, unterschiedlichen Daseinsformen: flüchtigen Zusammenhängen (Nebel, Wolken), Geistern, außerdem – im Bereich des Himmels – „Erscheinungsgestalten" (*xiang* 象) sowie – im terrestrischen, sublunaren Bereich – „konkreten Gestalten" (*xing* 形).[111] Während die „konkrete Gestalt" eines

---

Brunozzi und Kai Marchal, „Wissensbegriff in der chinesischen Philosophie", in: *Lexikon der Erkenntnistheorie*, hg. von Thomas Bonk, Darmstadt 2013, 300-313; hier: 307)
[108] Folglich sind nicht Sinneseindrücke basal, sondern numerologische Zusammenhänge (vgl. Zuo, „Zhang Zai's (1020–1077) Critique of the Senses", 10). Siehe eindrücklich die Stelle *Zhengmeng* 5:13; ZZJ 20.
[109] Siehe Zuo, *Shen Gua's Empiricism*, 185.
[110] *Zhengmeng* 1:21, ZZJ 10: 萬物形色，神之糟粕；[…]。Vgl. *Rechtes Auflichten*, 10.
[111] Ommerborn spricht pejorativ von „Rudimente[n] des alten Geisterglaubens" bei Zhang Zai (ders., *Die Einheit der Welt*, 127). – „Seele und Geist sind das ausgezeichnete Können der zwei Arten von Qi", lautet eine berühmte Äußerung (*Zhengmeng* 1:12, ZZJ 9): 鬼神者，二氣之良能也。Vgl. *Rechtes Auflichten*, 8, sowie JSL 1:46.

Einzeldinges unmittelbar mit den Sinnen wahrgenommen werden kann, ist dies nicht möglich bei den „Erscheinungsgestalten", quasi eidetische, der sinnlichen Wahrnehmung nicht direkt zugängliche Strukturen, die nur im Geist vergegenwärtigt, bzw. angeschaut werden können.[112] Selbstverständlich darf die Rede von „Erscheinungsgestalten" nicht im Sinne eine repräsentationalistischen Theorie der Wahrnehmung verstanden werden; denn wenn wir nur mittels der Repräsentation eines Dings Wissen über dieses erlangen könnten, wären wir ja von der Prozesshaftigkeit getrennt und in uns selbst gefangen. Für Zhang Zai ist der Geist aber offenkundig *in der Welt*, nicht außerhalb von ihr. „Ich" befinde mich jederzeit *mitten im Prozess*.

VII. Schlussbetrachtungen

Trotz aller kunstvollen Komposition eignet Zhang Zais Hauptwerk etwas Kryptisches, dem Verstehen Widerständiges. Ein Grund dafür dürfte auch in seiner Einstellung zum Medium des Diskursiven selbst zu suchen sein: Das neukonfuzianische Übungsdenken widmet sich nicht der Entfaltung einer theoretischen Repräsentation der Welt, sondern ist von Anfang an subjektiv indiziert, d.h. es muss sich erst einmal im Dasein des Einzelnen konstituieren, um Geltung beanspruchen zu können. Die sittliche Praxis ist für Zhang Zai nun wesentlich *asketisch* bestimmt, d.h. es geht um Selbstbeherrschung, stete Wachsamkeit und Vorsicht, strikte Befolgung der Rituale, Befreiung von verunreinigenden Sinneseindrücken und schließlich um den Überstieg ins reine Denken. Insofern mag eine Spur jener „akosmischen Haltung" vorliegen,

---

[112] Siehe Yang Lihua, *Qiben yu shenhua*, 139 f.; ebenso *Rechtes Auflichten*, „Analytischer Kommentar", 145 f. — Der Term *xiang* wird in der Forschung unterschiedlich gedeutet, was sich auch in einigen recht eigenwilligen Übersetzungsvorschlägen widerspiegelt: „Emblem" (Marcel Granet), „Bild" (Richard Wilhelm), „geistige Verhältnisse" (Friedrich, Lackner, Reimann), „sinnhafte Erscheinungsgestalt" (Obert), usw. Der Schweizer Sinologe Rafael Suter übersetzt ihn sehr präzise als „a mere trace, a substantially reduced image abstracted from (or anticipatory of) a concrete object" (ders., „'Pre-Buddhist' Conceptions of Vision and Visuality", *Asiatische Studien - Études Asiatiques*, 74:4 (2020), 1013-1079; hier: 1031). Wichtig ist zudem, dass die Bedeutung dieses Terms fast ausschließlich im exegetischen Kontext des *Buchs der Wandlungen* erörtert wurde und damit eine enge Beziehung zwischen den *xiang* und den 64 Hexagrammen besteht (vgl. Schilling, *Yijing*, 816 f.). Die *xiang* werden von Zhang Zai bemerkenswerterweise mit der Tätigkeit des Atmens in Beziehung gesetzt (*Zhengmeng* 5:10, ZZJ 20); aber auch die Gedanken eines Menschen können mit ihrer Hilfe zum Ausdruck gebracht werden (Alain Arrault, „Numbers, Models and Sounds: Numerical Speculations of Shao Yong (1012-1077)", *Monumenta Serica*, Vol. 61 (2013), 183-201; hier: 190).

die für die Gnostik typisch ist.[113] Zugleich soll sich der neukonfuzianische Akteur aber für die höhere Wirklichkeit des Kosmos öffnen, soll sich geradezu in den energetischen Strömen des „Wandlungsschaffens" verlieren, um auf diese Weise mit allen Lebewesen eine affektive Einheit zu bilden.[114]

Ich habe bereits wiederholt die Spannung zwischen psychischer und leiblicher Wirklichkeit, Geist und Materie angesprochen, die neben Zhang Zai auch viele andere Gelehrte des 11. und 12. Jahrhunderts umgetrieben hat. Es mag tatsächlich die Überzeugung gewesen sein, dass der Geist nicht unabhängig vom Körper existieren kann, die Zhang Zai dazu motiviert hat, den Ursprung des Geistes *in der Welt* zu suchen.[115] Bemerkenswerterweise wird der neukonfuzianische Denker in der Forschung immer wieder als „Realist" bezeichnet.[116] Während einem gängigen Verständnis zufolge der Idealist von einer Identität von Sein und Denken überzeugt ist (d.h. alles, was überhaupt ist, ist von der Art des Denkens und kann deshalb auch im Denken erkannt werden), behauptet der Realist, dass es etwas gibt, was sich dem Denken entzieht und unabhängig von unserem Zugriff auf die Wirklichkeit existiert. Obgleich die Unterscheidung von Sein und Denken in der Welt des chinesischen Mittelalters kaum einmal explizit thematisiert worden ist, spricht m.E. einiges dafür, dass Zhang Zai in der Tat mit den unterschiedlichen Seinsweisen des Bewusstseins und der dinglichen Welt vertraut war. Wie ich schon erläutert habe, sollte sein Rückgriff auf die Qi-Lehre als ein Versuch verstanden werden, dem „Geisthaften" ein Beharrendes gegenüberzustellen, etwas dem Bewusstseinsvollzug Äußeres, bzw. ein dem Werden entzogenes Seiendes.[117] Konkret zeigt sich diese Absicht auch an seiner Überzeugung, dass der Tod

---

[113] Jonas, *Gnosis. Die Botschaft des fremden Gottes*, 327 f.
[114] Siehe Wang, *Dangdai Zhang Zai xue*, 179; sowie Heubel, „Culture de soi et créativité", 157 f.
[115] Tang, „Chang Tsai's Theory of Mind", 119.
[116] Etwa von Siu-Chi Huang: „[...] realist in the sense that the physical world in which we live and the objects which we perceive are independent of the perceiving mind and have objective existence; [...]." (ders., „Chang Tsai's Concept of Ch'i", 259)
[117] Einen Begriff der Substanz, also eines unveränderlichen, selbständigen und beharrenden Seienden mit essentiellen Eigenschaften, gibt es bei Zhang Zai natürlich nicht. Wie wir schon gesehen haben, wird die Identität der Einzeldinge von ihm *relational* bestimmt; und doch finden sich einzelne Hinweis auf so etwas wie eine den Einzeldingen möglicherweise inhärente, dem Wandel partiell entzogene Struktur. In einer Textpassage definiert Zhang Zai etwa die „ursprüngliche Struktur", bzw. die „Wesensbestimmung" als „dasjenige, was nie abwesend ist" (*Zhengmeng* 6:10, ZZJ 21: 未嘗無之謂體，體之謂性。Vgl. *Rechtes Auflichten*, 33; sowie Ziporyn,

des einzelnen Individuums nicht als absolutes Ende zu verstehen sei, sondern als „der Übergang von einem sinnlich wahrnehmbaren Sein zu einem anderen, nicht mehr wahrnehmbaren Sein".[118]

Bedauerlicherweise bleiben seine diesbezüglichen Bemerkungen jedoch äußerst dunkel.[119] So sehr er sich auch von dem buddhistischen Phänomenalismus zu lösen und ein substanzielleres Wirklichkeitsverständnis (Chinesisch: *shi* 實, wörtlich: „Fülle") zu entwickeln suchte, es fiel ihm offensichtlich nicht leicht, etwas dem Geist Äußeres, Fremdes auf den Begriff zu bringen.

Meine Vermutung ist, dass die schöpferische Tätigkeit, das freie Zirkulieren für Zhang Zai stets ontologisch prioritär gewesen ist und ein statisches Sein daher nur zu leicht als mangelhaft erscheinen musste. Der Geist ist nicht weniger als eine schöpferische, aber gestaltlose Negativität (vgl. seine „void and intuitive nature"),[120] die sich etwa in seiner schier unendlichen Fähigkeit manifestiert, neue Vorstellungen und Ideen zu erzeugen. Echte Erkenntnis ist zwar auf das Affiziertwerden des Geistes durch die „konkreten Formen" und „Erscheinungsgestalten" angewiesen, jedoch besteht stets die Gefahr, dass diese das spontane Tätigsein des Geistes verunmöglichen oder zumindest beeinträchtigen. Um dies zu vermeiden, muss der Geist die phänomenale Welt jederzeit transzendieren können.[121]

„Harmony as substance", 173). Andere Forscher betonen, dass der Term *ti* (oder auch *benti* 本體) nicht auf eine substanzielle Wirklichkeit, sondern nur auf eine sublimere Stufe des Bewusstseins verweise (z.B. Yang, *Qiben yu shenhua*, 43 f.). Ungeachtet dieses Dissenses ist m.E. davon auszugehen, dass wir es mit einem „Grundakte des Wiederfindens" (Cassirer) zu tun haben, d.h. mit dem Versuch einer geistigen Gliederung des Erlebnisstroms, bei der über die zeitliche Distanz hinweg etwas als identisch wiedererkannt wird (ders., *Philosophie der symbolischen Formen*, Bd. 3, 127 f.). Denn das Prozessdenken erlaubt gemäß der Struktur des *Buchs der Wandlungen* durchaus eine *Schematisierung* der Erfahrung (vgl. Faure, *Double Exposure*, 56).

[118] Chen Zhengyang, *Zhang Zai sixiang de zhexue quanshi*, 195 (meine Übersetzung, d.V.).

[119] Vgl. insbesondere die folgende Äußerung: „Angesammelt ist [das Qi] meine Struktur, zerstreut ist [sie] es ebenfalls; wer erkennt, dass Gestorbenes nicht wirklich vergeht, mag an Gesprächen über die Wesensbestimmung teilnehmen." *Zhengmeng* 1:4, ZZJ 7: 聚亦吾體，散亦吾體，知死之不亡者，可與言性矣。Vgl. *Rechtes Auflichten*, 4; Übersetzung leicht revidiert.

[120] Tang, „Chang Tsai's Theory of Mind", 118; ganz ähnlich auch Mou, *Xinti yu xingti*, Bd. 1, 546-548.

[121] Tang, „Chang Tsai's Theory of Mind", 116. Zhang Zai schreibt: „Anhand der Erscheinungsgestalten ist es möglich, den Geist zu erkennen; [wer sich jedoch zu sehr] den Erscheinungsgestalten zuwendet, wird den Geist verlieren. Der Geist ist es, der Erscheinungsgestalten erkennt; doch ein Geist, der [nichts tut als] Erscheinungsgestalten zu speichern, ist selbst nur noch Erscheinungsgestalt. Wie könnte

Die harsche Kritik, die etwa die Cheng-Brüder, aber auch Zhu Xi an Zhang Zais Lehre geübt haben, lässt Zweifel aufkommen, ob sein Projekt erfolgreich gewesen ist. Ein zentrales Problem dürfte sein, dass seine kosmosfromme Vision zwar die starre Egozentrizität des Subjekts abschwächen mag, damit aber auch Gefahr läuft, dass überhaupt kein realer Akteur jenseits des ewigen Prozesses mehr zu identifizieren ist. Ein solcher ist aber unerlässlich für das neukonfuzianische Bildungs- und Übungsprogramm mit seinen Tugenden, gemeinschaftlichen Praktiken und wechselseitigen Verantwortungszuschreibungen, die erst eine Lebensform in maßvoller Mittigkeit begründen können.

Doch was genau verbirgt sich hinter der „Wesensbestimmung und Verfügung" (*xing ming* 性命), Zhang Zai zufolge der Kern der bewussten Innerlichkeit des Menschen? Es scheint so, als hätte er hier keine wirklich zufriedenstellende Antwort geben können, da er das Selbst letztlich als scheinhaft betrachtet hat. Seinem monistischen Grundgedanken gibt der neukonfuzianische Gelehrte nun einmal den folgenden Ausdruck: „Der Weg, auf dem der Himmel unaufhörlich lange währt, ist nichts anderes als die wahrhafte Vollendung."[122] Die „wahrhafte Vollendung" (*cheng* 誠) steht wiederum für die All-Einheit, d.h. die lebendige, geisthafte Selbstentfaltung des Kosmos. Wer also die Fähigkeit zur „wahrhaften Vollendung" besitzt, soll auch imstande sein, eine umfassende Integration menschlicher Erfahrung, des Natürlichen und Übernatürlichen, zu bewirken. Doch wie genau ist das möglich, wenn es überhaupt kein Selbst gibt? Und muss das Verhältnis von Geist und Welt nicht präziser bestimmt werden? Wie wichtig ist nicht zuletzt der Bezug auf die Welt – und die Einzeldinge *in ihr* – für eine Einlösung des neukonfuzianischen Heilsversprechens? Dies sind entscheidende Fragen; wer sie trennschärfer formuliert, dürfte in Zhang Zais monistischer Lehre jedoch kaum zufriedenstellende Antworten finden.[123]

---

er da noch Geist genannt werden?!" 由象識心，徇象喪心。知象者心，存象之心，亦象而已，謂之心可乎？(*Zhengmeng* 7:2, ZZJ 24) Friedrich, Lackner und Reimann übersetzen das verbale *cun* 存 irrtümlich als „beruhen auf" (*Rechtes Auflichten*, 40).

[122] *Zhengmeng* 6:4; ZZJ 21: 天所以長久不已之道，乃所謂誠。Vgl. *Rechtes Auflichten*, 32.

[123] Man kann darüber streiten, ob der Monismusbegriff Zhang Zais Denken tatsächlich angemessen ist. Zum Kontrast sei hier Michael Hampes Begriffsbestimmung angeführt: „Monistische Kosmologien gehen von einem Primat der All-Form aus: Alles ist mit allem zentralistisch durch Bande der Notwendigkeit verknüpft und von einem ‚Überprinzip' durchwaltet. In der pluralistischen Sicht des Universums ist die Wirklichkeit dagegen dynamisch und evolutionär, sie besteht

aus Einzelexistenzen, die durch verschieden stark bindende Relationen miteinander verknüpft sind und reagieren, wodurch echte Neuheit (*real novelty*) entsteht. Die Einzel-Formen bestimmen damit die Gestalt der prozessoffenen Gesamtrealität." (ders., *Erkenntnis und Praxis. Zur Philosophie des Pragmatismus*, Berlin 2006, 287) Zhang Zai kennt *sensu stricto* kein solches „Überprinzip"; jedoch sehe ich angesichts des Primats des Ganzen vor den Teilen nicht, wie die „Einzel-Formen" tatsächlich die Beschaffenheit des Prozesses selbst bestimmen könnten. Die Offenheit des Werdens wird bei ihm nicht unter Rekurs auf eine genetische Vielheit, sondern auf eine dynamische Totalität gedacht; diese fungiert als der eigentliche „Regulator des Wechsels" (vgl. Granet, *Das chinesische Denken*, 246). Mou Zongsan möchte dagegen beide Begriffe, Monismus *und* Pluralismus, für den Neukonfuzianismus reklamieren (ders., *Xinti yu xingti*, Bd. 2, 18 f.); mir ist jedoch nicht klar, was auf diese Weise gewonnen wäre.

Viertes Kapitel:
Zhu Xis neukonfuzianische Synthese

> An acute realization or impression that after all
> there is not only nothing else but consciousness, but
> nothing else but present consciousness, is the road to
> Cartesianism, solipsism, idealism, mysticism, and insanity.
>
> Iris Murdoch[1]

I. Einige Vorüberlegungen

Im folgenden Kapitel geht es um die Frage, wie Zhu Xi seine philosophische Synthese des Neukonfuzianismus bewerkstelligt hat. Ich werde mein Hauptargument zuerst kurz darstellen und dieses sodann durch eine genaue Interpretation der Originaltexte sowie in der Auseinandersetzung mit den vorhandenen Forschungsmeinungen plausibilisieren. In der diesbezüglichen, chinesisch- und japanischsprachigen Forschung konkurrieren sehr unterschiedliche Deutungsrahmen miteinander, in ungleichartig verfassten Diskurszusammenhängen; ohne dass ich mich zum einzigen Schiedsrichter auf dem Platz aufschwingen möchte, enthalten die folgenden Überlegungen doch auch Vorschläge, wie hier und da der Dissens aufzulösen wäre.

Es ist in der Forschung oft betont worden, dass sich Zhu Xis Ansatz durch seine besondere Akzentuierung des Konzepts *xin* 心 (grob übersetzt: „Geist", „Bewusstsein") auszeichnet; obwohl auch Zhang Zai und die Cheng-Brüder im 11. Jahrhundert diesem eine große Bedeutung zugeschrieben haben, spielt es in Zhu Xis Schriften offensichtlich eine noch entscheidendere Rolle.[2] Anders gesagt legt dieser Denker die Grundlage für eine *Subjektivierung* der neukonfuzianischen Lehre, die jedoch erst drei Jahrhunderte später, im Denken Wang Yangmings (1472-1529), wirklich zum Austrag kommen sollte.[3] Denn Zhu Xi legt ein besonderes Gespür für die Struktur menschlichen Erlebens an den Tag: Indem er nämlich eine Bewegung aus der Welt und damit eine

---

[1] Dies., *Metaphysics as a Guide to Morals*, London 2003 [urspr. 1992], 173.
[2] Etwa: Qian Mu, „Zhuzi xue tigang", in: *Zhuzi xin xue'an*, Bd. 1, 47. Kai-chiu Ng bezeichnet *xin* in diesem Sinne als „the genuine key of human's moral quality" (ders., „Introduction", in: *Dao Companion to Zhu Xi's Philosophy*, 1-12; hier: 6).
[3] Vgl. Chen Lai, *You wu zhi jing: Wang Yangming zhexue de jingshen*, Beijing 2006, 173, sowie *Wáng Yángmíng, Kleine Schriften zum Großen Lernen. Wáng Yángmíngs „reife" Lehre*, übers. und hg. von Rafael Suter, Hamburg 2024. – Die Subjektivierung zeigt sich insbesondere daran, dass die neukonfuzianische Innerlichkeit aus dem sie normierenden Rahmen der kanonischen Textkultur herausgebrochen und als eigenständige Erfahrung affirmiert wird, die *jedem* Menschen *jederzeit* möglich sei.

Rückwendung auf sich selbst einfordert, vermag er auch die subjektive, erstpersonale Dimension der menschlichen Erfahrung zu thematisieren. Obzwar der chinesische Denker die menschliche Subjektivität auch im Dialog und durch das begrifflich strukturierte Nachdenken erkundet, ist diese für ihn insbesondere in der meditativen Versenkung (*jingzuo* 靜坐; wörtlich: „stilles Sitzen") erlebbar; folglich meditierte er nicht nur selbst regelmäßig, sondern empfahl seinen Schülern nachdrücklich, das Gleiche zu tun. Offensichtlich stand für ihn außer Frage, dass die mit dem Konzept *xin* verbundenen Bedeutungen nur auf diese Weise wirklich verstanden werden konnten (natürlich handelt es sich bei diesem Wort streng genommen nicht um einen *Begriff*…).

Lässt sich dieser Gedanke noch etwas genauer ausführen? Ein Versuch meinerseits: Wie bereits die Cheng-Brüder, wie auch Zhang Zai stand Zhu Xi vor der Herausforderung, dem Buddhismus eine überzeugende Neufassung der konfuzianischen Lehre entgegenzustellen. Zweifellos unter dem Einfluss buddhistischer oder buddhistisch bewegter Lehrer hatte ihn die konkrete Beschaffenheit des „Geistes" früh umgetrieben.[4] Die meditative Versenkung war ein besonders geeignetes Mittel zu dessen Erkundung: Während mein Bewusstsein im gewöhnlichen Leben stets auf Gegenstände bezogen, d.h. Alltagsbewusstsein wesentlich Objektbewusstsein ist, verhält es sich in der Meditation anders. Insbesondere bin ich in einem meditativen Zustand nicht mehr auf etwas Bestimmtes bezogen; im Alltag, wenn ich z.B. ein Ding oder eine Situation wahrnehme, wenn ich einen Gedanken bilde oder ein Gefühl habe, ist meine Aufmerksamkeit stets auf etwas gerichtet, das nicht ich selbst bin (ich bin auf ein Objekt bezogen). Eben solche Bezüge werden im Zustand der meditativen Versenkung jedoch inhibiert; denn ich nehme dann nichts wahr, ich denke und fühle nichts, sondern je länger ich einfach nur dasitze, desto radikaler löst sich jegliche Form der Gegenstandsbezogenheit auf. Ich bin quasi „aus der Welt getreten" und nicht mehr durch Wünsche oder Interessen mit ihr verbunden; und auf diese Weise identifiziere ich mich auch weniger als

---

[4] In einem Brief schreibt er: „Bevor man die vollständige Entfaltung des Geistes thematisiert, muss man zuerst verstehen, um was für eine Entität es sich bei diesem eigentlich handelt. Wenn man dies klar erfasst hat, kann man auch die Frage der vollständigen Entfaltung ansprechen." 未言盡心，先須理會心是何物。若體得了然後分明，然後可以言盡。(ZZQS 22:2084) Zhu Xi schreibt diese Erläuterung wohlgemerkt dem Gelehrten Yang Shi zu, doch wird aus dem Kontext klar, dass sie auch für ihn einmal von größter Bedeutung gewesen ist (Brief an Liao Deming 廖德明 (fl. 1169), zu datieren wohl auf den Sommer 1174; vgl. *Zhu Xi shiyou menren wanghuan shuzha huibian*, hg. von Gu Hongyi, Shanghai 2017, 1411). Die Formulierung *jin xin* verweist auf *Menzius* 7A/1; in meiner Übersetzung folge ich wieder Graf, *Djin-si lu*, Bd. 2, 199. Mou Zongsan meint, dass Zhu Xi die *Menzius*-Stelle nicht verstanden habe (*Xinti yu xingti*, Bd. 1, 536 f.).

gewöhnlich *mit mir selbst*.⁵ Zhu Xi hat das Fallenlassen des eigenen Egos lange Jahre zusammen mit Chan-Meistern geübt. Im Chan-Buddhismus wird ja nicht nur das physische, objektive Sein der Einzeldinge in Frage gestellt, da ihr Sein und ihr Erscheinen zusammenfallen (phänomenologisch gesprochen wird die Realität der das Bewusstsein transzendierenden Gegenstände eingeklammert), sondern darüber hinaus auch die Vorstellung, dass ich überhaupt ein Selbst besitze. Anstelle eines mit sich selbst identischen Selbst, das noch von etwas Bewusstsein haben oder als Ego-Pol fungieren könnte, gibt es ausschließlich die reine Präsenz des Bewusstseins, das keinen „Träger" mehr benötigt.⁶

Mittels der über Jahre hinweg praktizierten meditativen Versenkung lässt sich im Idealfall schließlich jene „*Transformation des Selbstverständnisses*" (Ernst Tugendhat) realisieren, bei der das Gewicht meiner gegenstandsorientierten Wünsche (*yu* 欲) relativiert wird; derart werde ich zu einem sittlich vollkommenen Menschen.⁷ Jedoch überzeugte Zhu Xi die mit den buddhistischen Praktiken einhergehende Weltsicht des Phänomenalismus keineswegs; weil er der chan-buddhistischen Übungskultur innerlich tief verbunden war und sich darüber hinaus in seiner eigenen Gegenwart beständig mit Sichtweisen konfrontiert sah, die nur in einem äußerlichen Sinne als neukonfuzianisch gelten konnten, tatsächlich aber oft genug chan-buddhistische Denk- und Praxisformen fortführten, benötigte er viele Jahre, bis er sich endlich aus den Fängen des Buddhismus befreien konnte.

Ein zentraler Aspekt von Zhu Xis neuer, realistischer Haltung ist es, konsequent eine Dichotomisierung von alltäglichem und reinem Bewusstsein zu vermeiden; das Bewusstsein muss zwar von gegenstandsbezogenen Wünschen und Interessen gereinigt werden, mithin ist auch die Übung im Nicht-Streben essentiell, jedoch darf dieses Ziel nicht mit einer radikalen Abkehr von dem alltäglichen, räumlich ausgedehnten Bewusstsein erreicht werden. Vielmehr ist eine Zuwendung zur Welt, wie sie bereits Zhang Zai gefordert hatte, und damit die Bezugnahme auf die Einzeldinge auch für Zhu Xi eine notwendige Voraussetzung der sittlichen Vollkommenheit. Im Zustand des reinen Bewusstseins (quasi nach der „Weltvernichtung", von der Husserl im berühmten §49 der *Ideen I* spricht) wäre mein Denken zwar vollkommen leer und spontan (da nicht mehr rezeptiv, bzw. objektbezogen), doch

---

⁵ Vgl. Fasching, „Consciousness, self-consciousness, and meditation", 464 f.
⁶ Siehe Gernot Böhme, *Bewusstseinsformen*, Stuttgart 2016², 149-155.
⁷ Ders., *Egozentrizität und Mystik. Eine anthropologische Studie*, München 2004², 122.

wäre es auf diese Weise auch jeglicher Struktur beraubt.[8] Scharfsinnig mag Zhu Xi hier eine Schwachstelle des buddhistischen Heilsversprechens aufgedeckt haben, das ja gerade auf die Freilegung eines solchermaßen reinen Bewusstseins abzielt: Wenn der Übende sich nicht in der gelingenden Interaktion mit den Außendingen geübt hat, wird seine konkrete Praxis, selbst wenn sie von tiefem Mitleid motiviert ist, notgedrungen Schiffbruch erleiden. Dem Neukonfuzianer zufolge muss die Interaktion mit den Einzeldingen daher so lange geübt werden, bis sie virtuos und ganz natürlich vollzogen wird. Anders gesagt kann mein Bewusstsein und damit auch mein Handeln nur dann *vernünftig strukturiert* sein, wenn ich eine enge Verbindung zur Außenwelt bewahre und unter beständigem Rekurs auf die Einzeldinge mein Selbstverhältnis stabilisiere. In den Worten eines chinesischen Philosophiehistorikers: „[...] anhand der objektiven Vorgaben der Außendinge kann die Fähigkeit zur Selbstbestimmung des Geistes trainiert werden."[9]

Zhu Xis Position ist manchmal als eine Form des Empirismus missverstanden worden; dabei wird übersehen, dass die Bezugnahme auf die Außenwelt ihm zufolge keineswegs primär über die sinnliche Wahrnehmung realisiert werden soll, sondern mittels der geistigen Schau. Der Gegenstand des „Kontemplierens" ist nämlich nicht etwa die sinnlich wahrnehmbare Gestalt der Dinge, sondern ihre intelligible Struktur (markiert durch das Konzept *li* 理; wörtlich: „Ordnung", „Form", usw.).[10] Mittels einer nachdrücklichen Profilierung der wohlgemerkt geistig zu erfassenden Realität der Außenwelt,[11] so wenigstens Zhu Xis Hoffnung, kann der buddhistischen Weltsicht etwas entgegengestellt werden, ebenso mit dem Entwurf eines reflektierten Sichzusichverhaltens in der Welt, das die menschliche Tendenz zur Egozentrizität nicht verstärkt, sondern abschwächt. Entsprechend Zhu Xis *triadischer Konzeption des Geistes*, wie ich sie nennen möchte, manifestiert sich dieser in der Funktion des „unterscheidenden, bewertenden Gewahrseins und

---

[8] Für eine präzisere Bestimmung der Epoché zwischen antiker Skepsis und moderner Phänomenologie vgl. Sonja Rinofner-Kreidl, „Die Entdeckung des Erscheinens. Was phänomenologische und skeptische Epoché unterscheidet", *Allgemeine Zeitschrift für Philosophie*, 27:1 (2002), 19-40.
[9] Wen Weiyao, *Cheng sheng zhi dao. Bei song Er Cheng xiuyang gongfu lun zhi yanjiu*, Kaifeng 2004, 104 (meine Übersetzung, d.V.).
[10] Graf schreibt sehr treffend: „Es geht ja allein darum, den sittlichen Anruf der Naturdinge und der Lebensverhältnisse aus jeder Situation herauszuhören." (ders., *Tao und Jen*, 118)
[11] Kim, *The Natural Philosophy of Chu Hsi (1130-1200)*, 308.

praktischen, leiblichen Tätigseins" (*zhijue yundong* 知覺運動).[12] Zwar besteht er aus Qi, ist also Teil der prozesshaften Wirklichkeit, doch kann er durch die geistige Schau an der eidetischen Strukturiertheit des Ganzen partizipieren. Nur auf diese Weise vermag der Mensch seine egozentrische Tendenz zu überwinden lernen. Auch wenn einiges dafür spricht, dass Zhu Xi zufolge der Mensch kein mit sich selbst identisches Selbst, eine Ichheit oder ein Ego besitzt, vermag er es doch, eine bewusste Selbstbeziehung zu etablieren und auf diese Weise auch für andere Menschen moralisch ansprechbar zu werden, eine Beziehung, die sich in einer realistischen, im Alltag gegründeten *Haltung* manifestiert.[13] Tatsächlich denke ich, dass Zhu Xi letztlich nicht der Meinung gewesen ist, neukonfuzianische Überzeugungen bezüglich der Realität von Selbst und Welt sollten theoretisch behauptet werden; stattdessen hat er ganz auf ihre Verkörperung in konkreten Haltungen gesetzt.[14] Daher kann der Erfolg oder Misserfolg des neukonfuzianischen Bildungs- und Übungsprojekts auch nur in der gelebten Alltäglichkeit verifiziert werden. In diesem Sinne erklärte er gegen Ende seines Lebens einmal, dass daoistische und buddhistische Lehre durchaus ihre Vorzüge besäßen, sie in jedem Fall aber am Maßstab der „Festigkeit von Gleichgewicht und Gewöhnlichkeit" (*zhongyong zhi shi* 中庸之實), d.h. ihrem Gelingen im Alltag gemessen werden müssten.[15]

***

In meiner Interpretation von Zhu Xis Schriften greife ich auf eine philosophische Terminologie zurück, die er selbst nicht verwendet hat. Der Einwand liegt daher nahe, dass die Bedeutungen der verwendeten Termini auf diese Weise anachronistisch verzerrt werden. Der Wunsch, begriffliche Klarheit zu erzielen und analytisch die zentralen Argumente herauszuarbeiten, führt in der Tat leicht in die Irre, denn die

---

[12] ZZQS 6:396, 397; vgl. Ding Weixiang, *Xueshu xingge yu sixiang puxi. Zhuzi de zhexue shiye jiqi lishi yingxiang de fashengxue kaocha*, Beijing 2012, 149. Der „Geist" besitzt in Zhu Xis Verständnis eine einheitliche Struktur (Meng Peiyuan, *Zhu Xi zhexue shi lun*, Beijing 2010, 82). Im Englischen: Eiho Baba, „*Zhijue* as Appreciation and Realization in Zhu Xi: An Examination through *Hun* and *Po*", *Philosophy East and West*, 67:2 (April 2017), 301-317; hier: 302, 306.
[13] Erhellend ist in diesem Kontext eine Bemerkung Andreas Graesers über Sextus Empiricus: „Vielmehr meidet Sextus begriffliche Festsetzungen aller Art; was ihm vorschwebt, ist eine Haltung ohne Theorie." (ders., *Hauptwerke der Philosophie. Antike*, Stuttgart 1992, 197)
[14] Zhu Xi hat es folglich versäumt, seine finale Sichtweise auf den Geist in einem selbständigen Traktat zusammenzufassen, was für nicht wenig Verwirrung unter seinen Lesern gesorgt hat (Wu Zhen, *Zhuzi sixiang zaidu*, 162).
[15] „Ba Lü Qiusheng Yinfu jing shuo", ZZQS 24:3886; vgl. Shu, *Zhuzi da zhuan*, 1069 f.

neukonfuzianische Terminologie erfüllt nur bedingt unsere Erwartungen an einen konsistenten, begrifflich strukturierten Diskurs. Ein Gespür für die zahlreichen, kulturellen und konzeptuellen Differenzen, für die besondere Grammatik des Selbstseins in der chinesischsprachigen Welt ist m.E. unerlässlich für eine gelungene Deutung; die analytische Perspektive sollte also immer mit einer hermeneutischen Perspektive ergänzt werden, die es zum Ziel hat, narrative, geschichtliche Kohärenz herzustellen. Eine rein werkimmanente oder philologisch-historische Deutung dürfte dagegen kaum Licht auf die tieferen Zusammenhänge in Zhu Xis Denken werfen können.[16] Nicht zuletzt werden die philosophischen Fragen, die ich im Folgenden thematisiere, keineswegs „von außen" (d.h. aus einem der chinesischen Kultur fremden Kontext) an die mittelalterlichen Texte in China herangetragen, sondern sind seit langem in den chinesisch- und japanischsprachigen Fachdebatten präsent.

Beispielhaft lässt sich dies am Konzept *xin* 心 zeigen. In der klassischen Schriftsprache ist seine Bedeutung nicht leicht zu fassen; in einem einschlägigen Wörterbuch werden Äquivalenztermini wie „heart", „intentions", „desires", „feelings", „will", thoughts", „mood", usw. vorgeschlagen.[17] Deutlich spezifischer ist seine Verwendung im Kontext des Neukonfuzianismus. Chen Lai, der Doyen der chinesischen Neukonfuzianismusforschung, glossiert das Wort regelmäßig als „empirisches Bewusstsein" (*jingyan yishi* 經驗意識);[18] der deutsche Jesuit und Philosoph Olaf Graf empfahl in den 70ern des 20. Jahrhunderts dagegen eine ganze Batterie von Übersetzungstermini: „Herz", „Gemüt", „Inneres" oder „Geistesaktivität", ja sogar „Ichbewusstheit".[19] Wer sich die Zeit nimmt, die relevanten neukonfuzianischen Texte aus dem 11. und 12. Jahrhundert genauer zu studieren, muss in der Tat stutzig werden. Je nach Situation kann dieses Konzept äußerst unterschiedliche Bedeutungen annehmen. Gerade weil es oft dazu dient, Formen des Selbstverhältnisses zu thematisieren (d.h. Gedanke und Gedachtes

---

[16] Der Philosoph Jonardon Ganeri bemerkt zu Recht, dass Deutungsfragen bei außereuropäischen, philosophischen Texten nicht „by the sleight of a translator's hand" entschieden werden können; notwendig sei vielmehr „a combination of care with the texts and philosophical interrogation" (ders., *Attention, not Self*, Oxford 2017, 49).

[17] Siehe Kroll, *A Student's Dictionary of Classical and Medieval Chinese*, 507.

[18] Vgl. ders., *Zhuzi zhexue yanjiu*, 14, 237, 247-250, *passim*. Es gibt noch andere Übersetzungsvorschläge ins moderne Chinesisch, etwa „Bewusstseinsvollzug" (*yishi cunzai* 意識存在) oder auch „geistige Welt" (*jingshen shijie* 精神世界) (siehe Wu Zhen, *Zhuzi sixiang zaidu*, 118; Wang Jian, *Zai xianshi zhenshi yu jiazhi zhenshi zhi jian*, Shanghai 2007, 148).

[19] Ders., *Djin-si lu*, Bd. 3, 70; *ibid.*, 329.

sind annähernd identisch), ist es nicht leicht, eine stimmige Interpretation vorzulegen.

Im Folgenden schlüssele ich einmal die wichtigsten neukonfuzianischen Verwendungsweisen dieses Terms auf, die den Hintergrund von Zhu Xis weiterführenden Überlegungen darstellen. Ich stützte mich dabei primär auf die bereits mehrfach erwähnte Anthologie *Aufzeichnungen des Nachdenkens über Naheliegendes*, in der das entscheidende Textmaterial zusammengetragen ist. Ich sehe acht unterschiedliche Verwendungsweisen:

(1) Das chinesische Wort *xin* kann schlicht das „Herz" bezeichnen, d.h. das Organ im anatomischen und medizinischen Sinne. In dieser Verwendungsweise dürfte das Wort der mittelalterlichen Alltagssprache am nächsten kommen.[20]

(2) Wenn Neukonfuzianer das Wort *xin* verwenden, meinen sie gewöhnlich jedoch eine geistige, d.h. nicht sinnlich wahrnehmbare Dimension, die sich in den Tätigkeiten des Denkens, Wahrnehmens und Fühlens ausdrückt.[21] So muss ein fähiger Beamter einen „weiten Geist" (*xin xiong baoluo* 心胸包羅) besitzen, weil er nur so viel umfassen, d.h. erinnern kann; außerdem soll er seine „geistigen Kräfte" beherzt einsetzen (*yong xin li* 用心力).[22] Obzwar die geistige Dimension von der körperlichen, bzw. materiellen Dimension der menschlichen Existenz unterschieden werden kann, ist nicht zu sehen, dass die Neukonfuzianer eine kategoriale Differenz zwischen beiden angenommen hätten.[23] Der „Geist" kann insbesondere durch die Innenwahrnehmung erschlossen werden, mittels einer Form des leiblichen Spürens;

---

[20] Soweit ich sehe, tritt das Wort in dieser Bedeutung nicht in den *Aufzeichnungen des Nachdenkens über Naheliegendes* auf. Bekannt ist die folgende Antwort Zhu Xis auf die Frage eines Schülers, ob *xin* zur sichtbaren oder unsichtbaren Welt gehöre: „Was das *xin* in seiner Rolle als eins der fünf Organe angeht, so ist es selbstredend ein [sinnlich wahrnehmbares] Einzelding. Wenn heutige Gelehrte aber das *xin* erörtern, das man ergreifen oder lassen, das bleiben oder verloren gehen kann, dann meinen sie damit etwas, das geisthaft, hell und nicht im Raum lokalisierbar ist. Wenn das Organ des Herzens erkrankt ist, kann man es mit Arznei heilen; dem Geist kann so nicht geholfen werden." 問：「人心形而上下如何？」曰：「如肺肝五臟之心，卻是實有一物。若今學者所論操舍存亡之心，則自是神明不測。故五臟之心受病，則可用藥補之；這個心，則非菖蒲、茯苓所可補也。」(ZZQS 14:221)

[21] Paradigmatisch ist Cheng Yis Erläuterung, dass *xin* „keine sinnlich wahrnehmbare Gestalt besitzt" (*xin wu xingti* 心無形體, ECJ 207; vgl. *Menzius* 6A/8). Ganz ähnlich wird in der Abhandlung *Über das Erwachen des Mahāyāna-Glaubens* dekretiert, dass *xin* „keine Gestalt besitzt" (*wu xing xiang* 無形相; T32, Nr. 1666, 579c22; vgl. *Treatise on Awakening Mahāyāna Faith*, 108).

[22] JSL 3:71; vgl. Graf, *Djin-si lu*, Bd. 2, 322.

[23] Einmal bemängelt Zhu Xi, dass viele seiner Zeitgenossen nur den „Geist" üben und darüber ihren „Körper" (*shen* 身) vernachlässigen (ZZQS 18:3794; Chen Lisheng, *Shenti yu quanshi. Song Ming ruxue lunji*, Taipeh 2011, 82). Es geht offenbar darum, beide *gleichzeitig* zu üben (vgl. auch JSL 3:4).

exemplarisch ist die folgende Aussage des Cheng Haos: „Im ganzen Körper herrscht der Geist eines tiefen Mitgefühls."[24]

(3) In anderen Kontexten wird *xin* am besten als „Wille" übersetzt, etwa in der folgenden Passage: „Der Studierende muss zuerst seinem Willen eine sichere, gefestigte Stellung erringen; erst wenn diese unerschütterliche Grundlage gelegt ist, lassen sich darüber die verschiedenen Pläne und Ziele türmen."[25]

(4) Ähnlich kann *xin* auch für das einen Menschen prägende Motiv, bzw. eine Gemengelage von Motiven stehen, die sich meist auch in seinem Handeln manifestieren. So wird es z.B. scharf kritisiert, wenn sich in einer Person „eine kalkulierende Geistesart" herausgebildet hat (*jidu zhi xin* 計度之心).[26]

(5) Anderswo muss das Wort aber eindeutig als „geistige Aktivität", bzw. „Aufmerksamkeit" übersetzt werden. Exemplarisch ist m.E. die folgende Textstelle: „Das Studieren von Büchern gewährleistet die dauernde, wache Aktivität des Geistes; wer keine Bücher studiert, wird schließlich die Fähigkeit einbüßen, die Bedeutung und Tragweite [einzelner Textstellen] zu verstehen."[27] Das Geistige (das Bewusstsein) ist nicht sinnlich wahrnehmbar, existiert aber auch nicht in Form einer distinkten, immateriellen Substanz, sondern entsteht – so eine weithin geteilte Überzeugung – erst durch den Kontakt mit Dingen; zudem muss es beständig geübt, d.h. aktiviert werden, da es andernfalls verdämmert und schließlich ganz abhanden zu kommen

---

[24] JSL 1:24: 滿腔子是惻隱之心。 Vgl. Graf, *Djin-si lu*, Bd. 2, 72; sowie ausführlich Chen, *Shenti yu quanshi*, 73 ff., 88 ff. – Das „Geistige" besitzt für die Neukonfuzianer eine affektive Dimension, so wie ja auch bereits Menzius dem „Herz" die Fähigkeit zum „Mitfühlen" zuschrieb (*Menzius* 2A/6; vgl. JSL 1:24, 1:35). Im antiken China galt das Herz als der Ort, an dem Denken und Empfinden stattfinden. Die semantische Verschiebung des Wortes *xin* (von „Herz" zu „Geist") ist oft bemerkt worden; genau besehen verwendet auch schon Menzius das Wort *xin* manchmal metonymisch, etwa zur Bezeichnung von Gefühlsregungen (ich danke Rafael Suter für diesen Hinweis; für eine genauere Einordnung vgl. Shun, *Mencius and Early Chinese Thought*, Kapitel 4). Im traditionellen China wurden Gefühle einzelnen Organen zugeordnet, z.B. die Freude dem Herzen und die Trauer der Lunge. Ihre Entstehung wurde konsequenterweise durch die Ansammlung und Verdichtung von Qi in den ihnen entsprechenden Organen erklärt. Weiterhin wurden die Sinnesorgane als Öffnungen betrachtet, durch die das Qi zirkulieren kann (siehe Angelika C. Messner, *Zirkulierende Leidenschaft. Eine Geschichte der Gefühle im China des 17. Jahrhunderts*, Köln/Weimar/Wien 2016, 190-195). Unter dem Einfluss des Daoismus (Zhuangzi) und insbesondere dann des Buddhismus kam es zu einer Vergeistigung des Köpers und einer Aufwertung des Terms *xin*, der nicht mehr ein Organ („Herz") neben anderen benennt, sondern das eigentliche Zentrum der menschlichen Existenz („Geist"). Vgl. Berger, *Encounters of Mind*, 151 f.

[25] JSL 4:43: 學者只要立箇心，此上頭盡有商量。 Vgl. Graf, *Djin-si lu*, Bd. 2, 361.

[26] JSL 4:24; vgl. Graf, *Djin-si lu*, Bd. 2, 349; vgl. auch JSL 7:24.

[27] JSL 3:74: 讀書則此心常在，不讀書則終看義理不見。 Vgl. Graf, *Djin-si lu*, Bd. 2, 324 f.

droht.[28] Die Neukonfuzianer fordern daher ihre Schüler immer wieder zur inneren Sammlung, zu Konzentration und Nachdenken auf (JSL 3:6, 3:10, 4:27, *passim*). Ähnlich heißt es auch, dass „Geist und Herz immer in der Brust verborgen gehalten werden müssen", d.h. die Gedanken dürfen nicht „in der Außenwelt umherschweifen".[29]

(6) Mit dem Wort *xin* kann aber auch explizit die Art und Weise thematisiert werden, wie der Bereich des Geistigen *von mir* erfahren wird (im Sinne des phänomenalen Bewusstseins). Also: Ich habe nicht einfach einen Schmerz, sondern es fühlt sich auf eine bestimmte Weise an, einen Schmerz zu haben. In diesem Sinne erläutert der Phänomenologe Iso Kern diesen Term in den Schriften des Neukonfuzianers Wang Yangming (1472-1529) als „das eigene Bewusstsein unseres Erlebens".[30] Es spricht viel dafür, dass diese Bedeutung bereits in neukonfuzianischen Texten des 11. und 12. Jahrhunderts vorliegt. In diesem Sinne verstehe ich etwa den Ausdruck *ci xin* 此心.[31]

(7) Obzwar in jedem Menschen offenkundig nur *ein* „Geist" vorliegt, lassen sich doch mehrere Bewusstseinsformen unterscheiden.[32] Insbesondere steht dem gegenstandsgerichteten Wachbewusstsein ein ursprüngliches, reines Bewusstsein gegenüber, das sich nur in der Versenkung erschließt – nicht als einzelner, isolierbarer Zustand, sondern wohl als ein kontinuierliches Strömen, bzw. ein Bewusstseinsfluss (maßgeblich ist JSL 4:41; vgl. aber auch 4:35). Oft wird dieses reine Bewusstsein – in Übereinstimmung mit dem kanonischen Text *Menzius* – auch als der „ursprüngliche Geist" (*ben xin* 本心) beschrieben; dieser gehe nur zu leicht verloren und

---

[28] Diese Übung wird oft als „den Geist bewahren" (*cun xin* 存心) bezeichnet (JSL 2:89; Graf, *Djin-si lu*, Bd. 2, 211). Andere Bedeutungen von *cun*: „präsent sein", „sichtbar machen", „aktualisieren" und „visualisieren" (vgl. Nicolas Standaert, „Ignatian Visual Meditation in Seventeenth-Century China", in: *Meditation and Culture. The Interplay of Practice and Context*, hg. von Halvor Eifring, London 2015, 24-35; hier: 34). – Das Geistige werde erst durch den Kontakt mit Dingen manifest, erläutert Zhu Xi gegen Ende seines Lebens in einer eindrücklichen Kommentarglosse zu dem daoistischen Meditationshandbuch *Klassiker des geheimen Talismans* (*Huangdi Yinfu jing* 皇帝陰符經), erlösche aber wieder durch die allzu intensive Verbindung mit dem Dinglichen (ZZQS 13:516; vgl. Sellmann, „Zhu Xi and Daoism", 674 f.).

[29] JSL 4:34; vgl. Graf, *Djin-si lu*, Bd. 2, 357.

[30] Siehe Iso Kern, *Das Wichtigste im Leben*, Basel 2010, 113. In den Worten Olaf Grafs: „ein – uns vielleicht sonderbares – Mixtum Compositum von Bewusstheit und erfolgreicher Aktivität" (ders., *Djinsi-lu*, Bd. 3, 329).

[31] JSL 3:71, 4:12, 4:14, *passim*. – In neukonfuzianischen Texten werden mitunter auch die Personalpronomina der ersten Person (insbesondere *wo* 我 oder *wu* 吾) verwendet; aus rhetorischen, bzw. ästhetischen Überlegungen wurden sie aber gewöhnlich vermieden (etwa JSL 4:6). Vgl. ebenso die Formulierung „unter meiner Kontrolle" (*zai wo* 在我; JSL 4:64).

[32] Siehe paradigmatisch JSL 1:4: „Der Geist ist nur einer, sei es, dass man [seine] innere Struktur im Auge hat, sei es, dass man [seine] Tätigkeit und Wirkung meint; in jedem Fall ist aber darauf zu achten, welcher [der beiden Aspekte] jeweils in Erscheinung tritt." 心一也，有指體而言者，有指用而言者，惟觀其所見何如耳。Vgl. Graf, *Djin-si lu*, Bd. 2, 45.

müsse wieder aufgespürt werden (vgl. *Menzius* 6A/11).[33] Das reine Bewusstsein ist still, leer und von absoluter Helligkeit erfüllt (etwa JSL 4:1, 4:68).[34] In einer solchen Bewusstseinsform gibt es offenkundig keinen Ego-Pol mehr.

(8) Nicht zuletzt ist in neukonfuzianischen Texten wiederholt die Rede von „dem Geist von Himmel und Erde" (*tian di zhi xin* 天地之心; JSL 1:10, 4:53).[35] In diesem Sinne ist die geistige Dimension nicht mehr an die Grenzen des individuellen Körpers gebunden, wie sie auch überhaupt keinerlei numerische Differenz zwischen Subjekten mehr zu kennen scheint; damit ergibt sich eine große Nähe zur Idee eines universalen Beseeltseins. Der „kosmische" Geist ist nicht sinnlich wahrnehmbar, offenbar auch nicht vergänglich, sondern ewig und von einer unerschöpflichen Produktivität. Mit seiner Forderung, dass wir unseren menschlichen Geist sublimieren und steigern sollen, zielt Zhang Zai offenbar auf eine Verschmelzung des menschlichen mit dem „kosmischen" Geist (JSL 2:24, 2:103; vgl. die explizite Formulierung „kosmischer Geist" 天心 in JSL 2:83).[36]

Nota bene: Die Kenntnis dieser unterschiedlichen Bedeutungen allein führt auf dem Übungsweg nicht viel weiter, vielmehr bedarf es (wie bereits gesagt) der direkten, intuitiven Erkenntnis des Geistes in der meditativen Versenkung sowie der wiederholten Vergegenwärtigung im Alltag. Davon abgesehen bleibt auch nach dieser Aufschlüsselung einiges im Dunkeln. Etwa: Wie ist denn die *Rückwendung auf sich selbst* zu verstehen, wenn der Bereich des Geistigen primär unpersönlich gedacht wird? Und wie genau ist der „kosmische" Geist über meinen individuellen Körper mit „mir" verbunden? Nicht zuletzt: Wie können meine Gedanken von den Gedanken eines anderen Menschen unterschieden werden?

---

[33] Explizit: JSL 3:72, 6:22. Weitere Umschreibungen im Chinesischen: „noetische Struktur des Geistes" (*xin ti* 心體) und „noetische Struktur des strömenden Geistes" (*xin liuxing zhi ti* 心流行之體). – Grundsätzlich ist *xin* in dieser Verwendungsweise nicht leicht abzugrenzen von der „Wesensbestimmung" (*xing* 性). Olaf Graf betont, dass *xin* als „Behälter" für die „Wesensbestimmung" fungiere (ders., *Djin-si lu*, Bd. 3, 141 f., 153 ff., 330; vgl. analog Chen Lai, *Zhuzi zhexue yanjiu*, 409).

[34] In einer weiteren Formulierung heißt es, dass das Bewusstsein „beruhigt" oder „gefestigt" werden muss, damit Klarheit in ihm herrsche (siehe insbesondere JSL 2:4, vgl. 4:6, 4:55, 4:61, *passim*).

[35] Graf übersetzt *xin* hier als „Absicht", bzw. „Sinn" (ders., *Djin-si lu*, Bd. 1, 51, 374).

[36] Die Formulierung *shengren zhi xin* 聖人之心 beschreibt dagegen die den antiken Weisen und Heiligen zugängliche geistige Wirklichkeit; wer die von ihnen hinterlassenen Schriften gründlich studiert, kann mit ihrem Geist verschmelzen (JSL 2:2, 3:36, 3:39).

II. Selbsterforschung und Selbstbildung

Treten wir einmal einen Schritt zurück! Einem bekannten philosophiehistorischen Narrativ zufolge setzte das europäische Mittelalter eine Kultur der Innerlichkeit fort, die sich bereits in der griechischen Antike entwickelt hatte. Der sokratische Imperativ γνῶθι σεαυτόν („Kenne dich selbst!") sowie die platonischen und aristotelischen Seelenkonzeptionen wurden in Übereinstimmung mit der theologischen Botschaft der Bibel gebracht; dies führte insbesondere dazu, dass Individualität des Einzelnen deutlich akzentuiert wurden und jeder Mensch angehalten war, seine eigene Seele zu erkunden, bei dieser Selbsterforschung aber die Personalität Gottes, die in der Zwiesprache des Gebets oder in der vertrauensvollen Liebe zu einem anderen Menschen (als *imago dei*) geschaut werden kann, als Leitfaden zu dienen hatte.[37]

Erst Descartes würde in kritischer Auseinandersetzung mit dem scholastischen Aristotelismus seiner Zeit das Paradigma der Subjektivität und damit ein radikal neues Verständnis von Bewusstsein formulieren; in der Absicht, eine metaphysische Grundlage für die Einzelwissenschaften zu legen und die Möglichkeit echter Erkenntnis zu begründen, identifizierte der französische Philosoph einen vom Leib verschiedenen Ort, an dem wir tatsächlich über gewisse Erkenntnis verfügen, bevor wir dann mittels der wissenschaftlichen Methode die Ordnung der äußeren Dinge etablieren können: jene „Idee eines einzelnen inneren Raumes", in dem alle mentalen Zustände lokalisiert werden können, „ein innerer Schauplatz mit einem inneren Beobachter" (Richard Rorty).[38] Die uralte Forderung der Selbsterkundung, nun verbunden mit der konkreten Frage, worauf das „ich" im Cogito-Argument sich denn eigentlich beziehe, ließ fortan viele kluge Köpfe die Höhenkämme des abendländischen Subjektdenkens erklimmen und motivierte komplizierte Gedankengänge zur Beschaffenheit des Selbstbewusstseins, bei denen oft genug nicht leicht zu sagen ist, wo etwas nur noch nicht Geklärtes und wo echtes Unerklärbares vorliegt.[39]

---

[37] Vgl. die relevanten Beiträge in dem Sammelband *Self-Knowledge. A history*.
[38] Siehe ders., *Der Spiegel der Natur*, übers. von Michael Gebauer, Frankfurt a.M. 1987, 63 f. – Bekanntlich kommt Aristoteles nur während seiner Erörterung der Frage, wie wir wahrnehmen, *dass* wir wahrnehmen (in *De Anima* III.2), einer erstpersonal geführten Untersuchung nahe; der entscheidende Wechsel von einer drittpersonalen zu einer erstpersonalen Perspektive, behauptet Hugh Lawson-Tancred, werde erst von Descartes vollzogen (ders., „Introduction", in: *Aristotle. De Anima* (On the Soul), London 1986, 13, 82 f.).
[39] Ein systematisch und historisch überzeugender Überblick: Klaus Düsing, *Selbstbewußtseinsmodelle. Moderne Kritiken und systematische Entwürfe zur konkreten Subjektivität*, München 1997.

Weniger bekannt ist, dass es auch im Gedankenraum des vormodernen Ostasiens einen Imperativ zur Selbsterkundung gab. Die Geschichte des Selbstseins und der Subjektivität in Ostasien ist noch nicht mit jener einnehmenden, theoretischen Verve erzählt worden, die die Bücher von G.W.F. Hegel, Charles Taylor, Alain De Libera oder Jan Assmann auszeichnet; dennoch gibt es längst zahllose begriffsgeschichtliche Einzelstudien, die nur der systematischen Erschließung harren.[40] In der zeitgenössischen Forschung wird der konfuzianischen Kultur gern pauschal ein „relationales" Verständnis des Selbst zugeschrieben: Das Selbst sei nie als autonom oder autark betrachtet worden, sondern stets in ein Geflecht aus natürlichen, sozialen, politischen und kosmologischen Beziehungen eingebettet gewesen.[41] Es spricht in der Tat einiges für die Richtigkeit dieser Sichtweise, doch sollte sie auch nicht verabsolutiert werden; auch wenn das Selbst von den konfuzianischen Gelehrten – in Abwesenheit eines metaphysischen Seelenbegriffes – nie als ontologisch autark und stattdessen als Träger einer überzeitlichen Tradition bestimmt worden ist, waren einzelne durchaus in der Lage, in Übereinstimmung mit den Vorgaben des Konfuzius (etwa *Gespräche* 1:4, 6:7) ihr inneres Leben zu thematisieren und dieses auch in Praktiken wie der Gewissensprüfung, dem Gebet an die Ahnengeister, der Meditation oder dem Schreiben so weit zu vertiefen, dass sie die ihnen von ihrer Umwelt auferlegten Schranken durchbrechen konnten.[42] Denn was sollte eigentlich dagegen sprechen, dass sich auch im vormodernen China im Widerschein der Welt etwas Eigenes, nicht Vertretbares erschloss, das sodann sprachlich artikuliert, wenn

---

[40] Vgl. etwa Wolfgang Kubin, „Der unstete Affe. Zum Problem des Selbst im Konfuzianismus", in: Silke Krieger, Rolf Trauzettel (Hg.), *Konfuzianismus und die Modernisierung Chinas*, Mainz 1990, 80-113.
[41] Siehe insbesondere Roger T. Ames, *Confucian Role Ethics. A Vocabulary*, Hongkong 2020. – Anders gesagt: Selbstbewusstsein ist in einer konfuzianisch geprägten Kultur sozial gedeutet worden, d.h. als Ansprechbarkeit durch andere Personen im sozialen Raum, nicht aber als die einsame Orientierung auf einen transzendenten, allmächtigen und allwissenden Gott; daher manifestiert sich die bewusste Selbstbeziehung auch insbesondere im Gefühl der Scham (vgl. Maria-Sibylla Lotter, *Scham, Schuld und Verantwortung. Über die kulturellen Grundlagen der Moral*, Berlin 2012, 41-44, 150-156). Heiner Roetz' höchst originelle, an Karl Jaspers' Achsenzeitthese anknüpfende Deutung der chinesischen Antike identifiziert bemerkenswerterweise ein *Zuviel* an Subjektivität sowie die Abwesenheit eines Paradigmas der dialogischen Kommunikation als Ursachen für zahlreiche gesellschaftliche Pathologien im chinesischen Modernisierungsprozess (ders., „On Subjectivity and Secularity in Axial Age China", *Working Paper Series of the HCAS* „Multiple Secularities – Beyond the West, beyond Modernities" (Online-Publikation), Nr. 17 (2020), 23).
[42] Siehe Raphals, *A Tripartite Self*; sowie Armin Selbitschka, „,I Write Therefore I Am': Scribes, Literacy, and Identity in Early China", *Harvard Journal of Asiatic Studies*, 78:2 (Dezember 2018), 413-476.

nicht sogar im Gespräch mit anderen genauer eingekreist werden konnte? Auch vor der Geburt des Subjekts in der Neuzeit waren Selbstbezug, Selbstgewahrsein und Selbstreflexion möglich.

Im 11. und 12. Jahrhundert erlangte der Imperativ zur Selbsterkundung in China aber eine ganz neue Durchschlagkraft. Die damaligen Gelehrten schauten von den Höhen einer kulturell und technologisch hochentwickelten Zivilisation respektvoll zurück auf Konfuzius, der vor Urzeiten im winzigen Staat Lu von der Notwendigkeit gesprochen hatte, sich selbst zu prüfen, um die Motive hinter den eigenen Handlungen besser zu verstehen und ihren sittlichen Wert zu erfassen (*Gespräche* 4:7, 5:27, *passim*). Der Gedanke, dass grundsätzlich *jeder* Mensch durch das Lernen zu einem weisen, ja vollkommenen Menschen werden könne, wie der neukonfuzianische Denker Zhou Dunyi kühn dekretiert hatte (JSL 2:1),[43] besaß *eo ipso* eine befreiende Dimension, weil er in die Lebenswelt jedes Einzelnen eine unendliche Möglichkeit einschrieb; auf diese Weise setzte er eine Dynamik der Selbstermächtigung frei, die sich in erheblicher Distanz zu den gegebenen, politischen und sozialen Hierarchien austrug. Wer auch immer sich mit Konfuzius identifizierte, verpflichtete sich damit zur Ausbildung einer von der Umwelt unabhängigen Identität, die zur Grundlage einer neukonfuzianischen Lebensform werden konnte. Und diese neue Sichtweise, die im Deutungshorizont der antiken, chinesischen Kultur kaum auf größere Zustimmung gestoßen wäre, stellt zweifellos eine Reaktion auf das buddhistische Heilsversprechen dar, das ebenfalls an *alle* Menschen gerichtet ist.[44]

Nun besitzt der Mahāyāna-Buddhismus eine paradox anmutende Struktur: Ich soll die Aufmerksamkeit auf meine Innenwelt richten, doch darf ich keineswegs von der Annahme ausgehen, dass es dort ein substanzielles, mit sich selbst identisches Selbst gibt. Die Selbsterkundung hat nicht zum Ziel, ein Selbst zu finden, sondern vielmehr, das gewöhnliche, egozentrisch strukturierte Bewusstsein, das Selbstbewusstsein als „inauthentisch", d.h. als „leer" zu enthüllen.[45] Viele buddhistische Praktiken zielen deshalb darauf ab, eine ursprünglichere Bewusstseinsform freizulegen, in der Subjekt und Objekt nicht mehr als fertige Entitäten einander gegenüberstehen, sondern stattdessen das sie Verbindende, das ihnen Zugrundeliegende zum Erscheinen kommt. Um eine gängige Formulierung aufzunehmen: In der „Versen-

---

[43] Ähnlich heißt es aber bereits in *Menzius* 6A/7: „Der weise Mensch ist mir gleich." Vgl. ZZQS 6:400: 聖人與我同類者。
[44] Kern, *Das Wichtigste im Leben*, 53.
[45] Vgl. Yuasa, *The Body: Toward an Eastern Mind-Body Theory*, 56. Westerhoff, *Nāgārjuna's Madhyamaka*, 163: „mistaken *self-awareness*".

kung" (*channa* 禪那; Sanskrit: *dhyāna*) ist es möglich, „den Geist zu kontemplieren" (*guan xin* 觀心). Im Chan-Buddhismus ist weiter die Rede davon, dass „ich" nach der „wahren Gestalt" (*benlai mianmu* 本來面目) suchen, „die Wesensbestimmung sehen und zum Buddha werden" (*jian xing cheng fo* 見性成佛) oder auch „den Geist mit Helligkeit erfüllen" soll, um auf diese Weise „die Buddha-Natur zu erkennen" (*ming xin jian xing* 明心見性).[46] Diese recht abstrakten Formulierungen sind auf unterschiedliche Weise mit Leben ausgefüllt worden. Grundsätzlich ist es wohl richtig zu sagen, dass es das Ziel vieler Übungen ist, Gedanken oder Gefühle, die im Unbewussten verborgen liegen, in Form von inneren Vorstellungen, bzw. hypnagogischen Bildern lebhaft zur Erscheinung zu bringen.[47] Auch die „Buddha-Natur" liegt, so wenigstens die Überzeugung der Chan-Buddhisten, in „mir" verborgen und kann daher mit ausreichender, richtiger Übung zur Erscheinung gebracht werden.

Doch was genau heißt das? Dem Verstehen stellt sich die Schwierigkeit entgegen, dass bei der Rede von der „Buddha-Natur" selbstredend keine substanzielle Selbstidentität (ein Ego-Pol, eine Ichheit) vorausgesetzt wird, auf die ich mich zurückwenden könnte; phänomenologisch gesprochen gibt es „nichts als mannigfaltige andere Weisen des Bewussthabens von etwas, d.h. von Vollzugsidentitäten".[48] Rückwendung heißt hier auch nicht, dass sich ein Akt auf einen anderen Akt zurückwendet, sondern vielmehr ist ein konsequentes Verharren in der Präreflexivität, in einer holistischen Gestimmtheit gemeint. Es geht darum, etwas freizulegen, ohne dass dieses durch nachträgliche Objektivierungen wieder verdeckt würde, also eine völlige Unmittelbarkeit und Un-

---

[46] Etwa im *Chanzong Wumenguan* 禪宗無門關, T48, Nr. 2005, 295c27; vgl. *Wu-men kuan. Zutritt nur durch die Wand*, übers. von Walter Liebenthal, 86 (Nr. 23); und weiter: *Zongjinglu* 宗鏡錄, T48, Nr. 2016, 431c16; *Linji huizhao xuangong dazong yulu* 臨濟慧照玄公大宗師語錄: T47, Nr. 1985, 495b1; *Dahui bujue chanshi yulu* 大慧普覺禪師語錄: T47, Nr. 1998A, 813c5-6, 829c17, *passim*. Vgl. Bernard Faure, „One-Practice Samādhi in Early Ch'an", in: *Traditions of Meditation in Chinese Buddhism*, hg. von Peter N. Gregory, Honolulu 1986, 99-128; hier: 114 ff. David Loy hebt die nonduale Qualität des geistigen Schauens im Chan-Buddhismus hervor (ders., *Nonduality. A Study in Comparative Philosophy*, New Haven/London 1988, 57-60).
[47] Ich folge hier Eric M. Greene, *The Secrets of Buddhist Meditation. Visionary Meditation Texts from Early Medieval China*, Honolulu 2021, 38 f. Der Meditierende wurde mitunter auch aufgefordert, einem im Geiste vorgestellten Objekt eine andere Gestalt zu verleihen, z.B. bei der Meditation über den eigenen Zehenknochen, bei der es darauf ankommt, das Fleisch in Gedanken zu entfernen und den bloßen Knochen zu visualisieren. – Siehe auch Jean-Paul Sartre, *Das Imaginäre, Phänomenologische Psychologie der Einbildungskraft*, übers. von Hans Schöneberg, in: *Gesammelte Werke*, Bd. 2, Hamburg 1994 [urspr. 1971], 67-87.
[48] Fasching, *Phänomenologische Reduktion und Mushin*, 101.

unterschiedenheit wiederherzustellen. Auf diese Weise soll sich der allumfassende Horizont der Leerheit eröffnen, eine Leerheit, die zugleich die Seinsweise der All-Einheit ist. In Ermangelung einer besseren Formulierung meinerseits zitiere ich einen japanischen Philosophen: „Das Nichts löst das Viele zum Einen auf und zerlegt zugleich das Eine in das Viele, wobei das Nichts aus dem Vielen die Gegensätzlichkeit – nicht aber die Unterschiedenheit – und aus dem Einen die geschlossene und verschlossene Festigkeit – nicht aber die Einheit – eliminiert."[49] In aller Kürze wird dieser zweifellos paradoxe Gedanke im chinesischen Kontext auf die Formel „Nicht-Geist" (wu xin 無心) gebracht.[50]

Diese provisorischen Bestimmungen werfen zahlreiche Fragen auf; im chinesischen Mittelalter dürfte das nicht anders gewesen sein, und die einzelnen Chan-Meister haben sie gewiss unterschiedlich beantwortet. Feststeht aber, dass die buddhistische Praxis in der konfuzianischen Kultur des 11. Jahrhunderts eine Bewegung der *Verinnerlichung* ausgelöst hat.[51] Wer sich die neukonfuzianische Sprache aneignen wollte, musste sich nicht nur in Texten versenken, sondern auch in der Zurückgezogenheit eine neue Zugangsweise zum eigenen Bewusstseinsgeschehen erlernen. Nicht umsonst sind Verben wie „eine intuitive Einsicht erlangen" (tihui 體會, auch tiren 體認), „etwas im Geist erschauen" (guan 觀 oder jian 見) omnipräsent; und Cheng Yi gab einmal sogar mit entwaffnender Offenheit zu, dass Menzius' Formulierung „die geistige Veranlagung vollständig entfalten" (jin xin 盡心) dasselbe bedeute wie die chan-buddhistische Formulierung „den Geist mit Helligkeit erfüllen" (ming xin 明心).[52]

---

[49] Shizuteru Ueda, „Vorüberlegungen zum Problem der All-Einheit im Zen-Buddhismus", in: *All-Einheit. Wege eines Gedankens in Ost und West*, 136-150; hier: 138. – Fasching behauptet, dass es dem Chan-Buddhisten gelinge, aus der reinen Bewusstseinsimmanenz auszubrechen, indem „jenes allumfassende Bewusstsein selbst als *Nichts* (Nicht-Etwas) aufgefasst wird." (ders., *Phänomenologische Reduktion und Muhsin*, 114)

[50] Fasching übersetzt den Term als „Nicht-Denken" und identifiziert dieses mit der „nicht-dichotomisierende[n] Selbstgelichtetheit des reinen Bewusstseins selbst" (ders., *Phänomenologische Reduktion und Muhsin*, 106).

[51] Vgl. Bol, *Neo-Confucianism in History*, 154. – Diese Verinnerlichung zeigt sich etwa an der Aufwertung von Yan Hui, dem Lieblingsschüler Konfuzius', der sich ganz auf die Innenwelt konzentrierte (siehe insbesondere *Gespräche* 2:9, 6:3 und 6:11). Der Vergleich mit den beiden Schwestern Maria und Martha und ihrer unterschiedlichen Bewertung im Neuen Testament liegt nahe (Lukas 10:38-42; vgl. Flasch, „Wert der Innerlichkeit", 224).

[52] ECJ 139; vgl. Jin Chunfeng, *Zhu Xi zhexue sixiang*, Taipeh 1998, 258. Bemerkenswerterweise ist diese Äußerung auch in die *Aufzeichnungen des Nachdenkens über Naheliegendes* aufgenommen worden (JSL 13:4).

Diese Verinnerlichung, die zugleich eine Form der *Selbstbezüglichkeit* darstellt (denn welches Wort wäre passender?!), mag in mancher Hinsicht den in der abendländischen Philosophie verhandelten Problemen von Selbstbewusstsein, Selbstwissen und innerer Wahrnehmung ähneln; jedoch ist angesichts der komplexen Diskussionslage im Neukonfuzianismus und der sprachlichen Ambiguität der chinesischen Schriftsprache Vorsicht geboten. Während im mittelalterlichen Europa der Selbstbezug *qua* Selbstwissen mithilfe des Modells einer Substanz und ihrer Zustände, bzw. Akte thematisiert wurde,[53] stand ein solches Modell den neukonfuzianischen Gelehrten nicht zur Verfügung; ebenso wenig gab es die Idee eines persönlichen Gottes, dem sich das Selbst angleichen könnte. Dem Buch *Menzius* zufolge ist es für die sittliche Vollkommenheit notwendig, „sich auf sich selbst zurückwendend [nach Erkenntnis?] zu streben" (2A/7: *fan qiu zhu ji*; 反求諸己), ja sogar „den verloren gegangenen Geist wieder aufzufinden" (6A/11: 求其放心).[54] Diese Passagen nahmen in mittelalterlichen Fragezusammenhängen eine enorme Bedeutung an, ohne dass in ihnen tatsächlich spezifiziert worden wäre, *worauf* ich mich eigentlich zurückwenden soll. Außerdem: Die Selbsterforschung ging in der konfuzianischen Kultur stets Hand in Hand mit der Selbstbemeisterung, denn nur wenn es mir gelingt, egozentrische Wünsche in Schach zu halten, wenn nicht gar vollständig auszuradieren, kann ich mich in einen verantwortungsbewussten, mit anderen Individuen harmonisch koexistierenden Akteur verwandeln, der sich selbst und anderen Individuen auch Grenzen zu ziehen vermag – eine notwendige Voraussetzung für ritenkonformes Verhalten (vgl. insbesondere *Gespräche* 12:1). Es wird auf dem Übungsweg also eigentlich ein ganz neues Selbst modelliert, eine neukonfuzianische Identität etabliert, die das im Alltag ursprünglich gegebene Selbst weitgehend überdecken soll.[55]

An dieser Stelle können wir vorläufig festhalten, dass die neukonfuzianische „Lehre für das Selbst" (*wei ji zhi xue* 為己之學) eine direkte

---

[53] Vgl. etwa Dominik Perler, „Self-Knowledge in Scholasticism", in: *Self-Knowledge. A History*, 114-130.
[54] ZZQS 6:291, 6:405. Vgl. Shun, *Mencius and Early Chinese Thought*, 173. Kuan-min Huang diagnostiziert im Buch *Menzius* einen „retour à soi impliqué par la pratique morale" (ders., *Un autre souci de soi*, 39). Bol erläutert, dass für Zhu Xi „social morality was grounded in the individual" (ders., *Neo-Confucianism in History*, 277).
[55] Im Neukonfuzianismus wird die Dialektik von Selbsterforschung und Selbstbemeisterung gern mit den beiden Formulierungen „das Selbst etablieren" (*wei ji* 為己) und „das Selbst bändigen" (*ke ji* 克己) verhandelt (vgl. Chen Lai, *You wu zhi jing*, 256-258).

Thematisierung der *erstpersonalen Perspektive* mit sich bringt.[56] Nur ich selbst kann in der Meditation meine Bewusstseinszustände erleben, ganz unabhängig davon, wie diese Bewusstseinszustände im weiteren Verlauf gedeutet werden; und nur ich bin mit mir selbst vertraut und kann im Denken, Fühlen und Wahrnehmen einen Bezug zu Einzeldingen in der Welt etablieren. – Zhu Xi würde einmal vor Schülern erklären:

> Die Menschen von heute sorgen sich einfach nicht um das Eigene; und deshalb werden sie sich auch nicht gewahr, dass der Geist einen Ort hat; alle wollen sich nur auf andere Dinge [da draußen] stürzen, auf Familienangelegenheiten, auf die große Politik.[57]

In meinen Worten: Der neukonfuzianische Gelehrte weist seine Zuhörer auf den Umstand hin, dass der „Geist", so unpersönlich er grundsätzlich auch vorgestellt wird, doch an einem spezifischen Ort manifest wird, nämlich in dem individuellen Körper, als dessen verborgene Innenseite. Nur dass die meisten Menschen sich dieser Tatsache nicht gewahr werden und sich dementsprechend nicht um die Anforderungen der geistigen, unsichtbaren Welt kümmern. Es ist erstaunlich, wie direkt hier die erstpersonale Perspektive thematisiert wird, in einer Kultur, in der die Tugend der Bescheidenheit großgeschrieben wurde und es den Einzelnen keineswegs leichtgefallen sein dürfte, Persönliches zu artikulieren und eigene Gedanken und Wünsche zu bejahen (ähnlich wie Bernard von Clairvaux seine Erlebnisse in die Sprache von Salomos Hohelied kleiden musste, konnten auch die Neukonfuzianer grundsätzlich nur *durch* die Überlieferung sprechen).

III. Zhu Xis Biographie

Bevor ich die Entwicklung von Zhu Xis Denken rekonstruiere, soll sein Leben zumindest kurz umrissen werden. Ich begnüge mich hier

---

[56] Bereits Cheng Yi dekretierte, dass sich die Bedeutung geschichtlicher und politischer Zusammenhänge nur aus einer erstpersonalen Perspektive erschließen lasse (siehe ECJ 320, sowie die überzeugende Analyse in Wen Weiyao, *Cheng sheng zhi dao*, 84 f.) Zum geistesgeschichtlichen Hintergrund vgl. ebenfalls Curie Virág, „Bridging the Divide: Literature, *Dao* and the Case for Subjective Access in the Thought of Su Shi", *Humanities* 3:4 (2014), 567-584.

[57] ZZQS 18:3731: 今人都不理會我底，自不知心所在，都要理會他事，又要齊家、治國、平天下。

wohlgemerkt mit einigen breiten Strichen, denn alles andere würde den Rahmen sprengen.[58]

Zhu Xi kam im Jahr 1130 in einem Dorf im Kreis Youxi 尤溪縣 in Südwestchina (der modernen Provinz Fujian) zur Welt; er starb im Jahr 1200 im Dorf Kaoting 考亭, etwa 150 Kilometer nördlich von seinem Geburtsort. Das klingt nach einer sesshaften, recht biederen Biographie; und tatsächlich, viele Ortswechsel waren nicht nötig, damit Zhu Xi zu dem wohl berühmtesten Konfuzianer Ostasiens aufsteigen konnte. Die Ländlichkeit seiner Geburt war genau besehen kein Zufall: In der dramatischen Krise des Song-Reichs (in den Jahren 1126/27), als tungusische Stämme aus der Mandschurei, die Jurchen, plündernd und mordend durch Nordchina gezogen waren, hatte Zhu Xis Vater entschieden, seine Familie in der abgelegenen Bergwelt Südchinas in Sicherheit zu bringen. Seinen Sohn würde die existenzielle Erschütterung kurz vor der eigenen Geburt noch lange verfolgen; womöglich erklärt dies auch, warum er sein ganzes Leben lang damit beschäftigt war, die Ordnung wiederherzustellen, das Chaos einzuhegen und Schutzräume für das Leben des Geistes zu finden.

Wie die Biographie seines kontinentaleuropäischen Beinahe-Zeitgenossen Abelard (1079-1142) kann auch die von Zhu Xi mindestens auf zwei Weisen erzählt werden: „staubtrocken und in Farbe" (*dry as dust and technicolor*).[59] Die *staubtrockene Version* müsste ihn als Gelehrten von bescheidener Herkunft zeigen, mit einem energischen, aber doch eher introvertierten Naturell, Halbwaise (sein Vater starb bereits 1143) und von kränklicher Konstitution; außer Büchern, dem Nachdenken, Sprechen und Schreiben über sie, gab es in seinem Leben nicht viel. Zhu Xis Lebensstil war einfach, geradezu spartanisch; und wie es sich für einen Konfuzianer geziemte, war er zurückhaltend, bedachtsam und von großer Bescheidenheit.[60] Er meditierte regelmäßig, versenkte sich in den erhabenen Geist antiker Heiliger und verbrachte sein Leben ganz wie sein Vorbild Konfuzius im Kreise einer Gruppe andächtig an

---

[58] Zhu Xis gesammelte Schriften füllen in der neusten Gesamtausgabe 27 großformatige Bände (siehe ZZQS; dazu kommen noch einige Ergänzungsbände). Überblicksartig: J.P. Bruce, *Chu Hsi and his Masters*, London 1923; Jifen Li und Shiling Xiang, „Zhu Xi: His Life, His Works, and the Evolving Formation of His Philosophy", in: *Dao Companion to Zhu Xi's Philosophy*, 15-46. Im Chinesischen sind zu Zhu Xis Biographie insbesondere die Arbeiten von Shu Jingnan zu empfehlen.
[59] Alasdair MacIntyre, *Three Rival Versions of Moral Inquiry*, 89. MacIntyre schreibt weiter: „The dry as dust congratulate Abelard on having in some way anticipated Frege; the technicolor celebrate his passion-driven lack of respect for limits in sexuality and in disposition." (*ibid.*)
[60] Bescheidenheit wird schon in seinen vielen literarischen Namen und Pseudonymen markiert, etwa Huiweng 晦翁 („der verborgene Greis"). Vgl. Chen Rongjie, „Zhuzi zi cheng", in: *Wang Yangming yu Chan*, Taipeh 1984, 133-141.

seinen Lippen hängender Schüler, in der quasi klösterlichen Einsamkeit regenverhangener Berge, in subtropischer Flora und Fauna. Zwar übte er sich nicht in christlicher Frömmigkeit und hatte natürlich auch keine Vorstellung von Sündenfall und *peccatum originale*; jedoch ähnelt seine Existenzform in mancher Hinsicht der eines „Hieronymus im Gehäus". (Wir wissen sogar, dass in seinem Zimmer das Bild eines Wasserfalls hing, der ideale Gegenstand für das konzentrierte Betrachten.)[61] Nur drei größere Reisen soll er unternommen haben, weniger um die Welt da draußen kennenzulernen, als um den Disput mit anderen Gelehrten zu suchen.[62] Seine ganze Lebenskraft steckte er in das neukonfuzianische Bildungsprojekt; mit ungeheurem Fleiß eignete er sich in seiner Jugend die Klassiker an, gab sie später neu heraus und ließ im Jahr 1190 schließlich seine ausführlich kommentierte Fassung der „Vier Bücher" drucken, die in Ostasien lange Zeit ein ähnliches Prestige besitzen sollte wie die Heilige Schrift im mittelalterlichen und frühneuzeitlichen Europa.

In seinem persönlichen Auftreten war er formvollendet, wenn nicht sogar ein wenig pingelig; angeblich soll er in Gegenwart seiner Schüler insgesamt nur drei Wutanfälle erlitten haben.[63] Er war gewiss ein strenger, pedantischer Lehrer; mit seinen Zuhörern diskutierte er tage-, ja nächtelang über eine diffizile Stelle im Kanon, da konnte er endlich ganz er selbst sein, und verlor sich in der weltvergessenen Erforschung uralter Dokumente.[64] Geduldig las er sich die unterschiedlichsten Wissensgebiete an; am Ende seines Lebens besaß er enzyklopädische Kenntnisse in Literatur, Geschichtsschreibung, Medizin, Ritualistik, Geographie, Astronomie, Naturkunde, Alchemie, Geomantie und Kalenderwesen. Nicht zuletzt studierte er eifrig die Kunst des Feng Shui und besaß eine Armillarsphäre („Weltmaschine"), mit deren Funktionsweise er sich über Jahre hinweg beschäftigte; einmal gab er dem Hof sogar Ratschläge, wie die Kaisergräber korrekt angeordnet werden müssten.[65] Kaum jemand konnte im vormodernen Ostasien in punkto Bildungseifer mit diesem Mann gleichziehen. Umgekehrt hatte dieser

---

[61] Jiang Yibin, *Song ru yu fojiao*, Taipeh 1997, 82.
[62] Siehe Gao Lingyin, Gao Xiuhua, *Zhuzi shiji kao*, Beijing 2016, 82-91.
[63] Chen Rongjie, *Zhuzi xin tansuo*, 118 f.
[64] In einem Brief erörterte er einmal akribisch das seltene Binom *shumu* 庶母, mit dem Söhne die Konkubine ihres Vaters bezeichnen sollen, wenn diese ihm noch weitere Söhne geschenkt hat; in wenigen Zeilen fächert Zhu Xi historische, ritualistische und semantische Aspekte auf (ZZQS 23:2605, vgl. *Zhu Xi. Selected Writings*, 110 f.).
[65] Vgl. den lebhaften Dialog über die Armillarsphäre in ZZQS 14:789 f. sowie Gao Lingyin, Gao Xiuhua, *Zhuzi shiji kao*, 328-332. Zhu Xis Eingabe an den Hof („Shanling yizhuang") findet sich in ZZQS 20:729-733 (ich habe von einem Vortrag Minakuchi Takujus am 5. März 2024 in Taipeh viel gelernt).

besondere Eifer zur Folge, dass Zhu Xi nur wenig Eigenes schrieb und hauptsächlich Kommentarliteratur produzierte, Schülerwerk eben, und wahrscheinlich war dieser ewig Lernbereite bereits mit vierzig ein Greis. Immerhin schrieb er Gedichte, die sogar heute manchmal noch Erwähnung finden, Gedankenlyrik und schöne Verse über Tempel, Pagoden und Bambushaine; manche zeugen von einer geradezu romantisch anmutenden Naturbegeisterung. Nur ein echtes Liebesgedicht findet sich nicht in seinen gesammelten Werken.[66]

***

Anders die *Farbversion* dieser Biographie: Zhu Xi war ein Mann mit einem ungeheuren Sendungsbewusstsein, der Verkünder einer überhistorischen Wahrheit, und sein einfaches Lehrerdasein zehrte genau besehen von einem tiefen Sehertum. Denn er *sah* etwas, das den meisten seiner Zeitgenossen verborgen blieb oder von ihnen als Wunschbild abgetan wurde: eine konfuzianische Idealantike. Seine Vision suchte er gegen alle Widerstände in die Wirklichkeit zu überführen; und so war er eigentümlich maßlos in seiner Besessenheit für die Neugestaltung im Zeichen des Alten.[67] Vielleicht war also auch dieser Chinese ein „Auffänger der mnemischen Wellen", die im Abendland einzelnen, empfänglichen Menschen aus der Antike entgegengeschlagen sind.[68]

Ganz am Anfang wird berichtet von einem verheißungsvollen Vorzeichen: Im Gesicht des Säuglings, unmittelbar neben dem rechten

---

[66] Vgl. Zhiyi Yang, „Zhu Xi as Poet", *Journal of the American Oriental Society*, 132:4 (2012), 587-611. Exemplarisch ist das folgende Gedicht aus dem Jahr 1177: „Um Mitternacht: jäh – ein Donnerschlag./ Und dann öffnen sich, zu Tausenden, Tore und Türen,/ Weißt du nur, dass der Nicht-Geist die Erscheinungsgestalten umfasst,/ so wird Dir Fu Xi selbst vor Augen treten." („Da Yuan Jizhong lun qimeng", ZZQS 20:528: 忽然半夜一聲雷，萬戶千門次第開。若識無心含有象，許君親見伏羲來。Vgl. Shu, *Zhuzi da zhuan*, 647). Aus dem Nebel der Anfänge der chinesischen Geschichte taucht Fu Xi als „mythischer Urherrscher" (Marcel Granet) auf; er soll die Orakelkunst erfunden haben. Sehr einflussreich war auch Zhu Xis Kommentierung der *Lieder von Chu* des Dichters Qu Yuan (ca. 340-278 v. u. Z.) (ZZQS 19; vgl. Michael Schimmelpfennig, „Two Ages, One Agenda? Zhu Xi's Rules of Interpretation Versus Wang Yi's Exegesis of the *Songs of Chu*", in: *Interpretation and Intellectual Change. Chinese Hermeneutics in Historical Perspective*, 149-159).

[67] Insbesondere arbeitete er jahrelang daran, die antiken Rituale eins zu eins in die Gegenwart zu transponieren. Vgl. Ching, *The Religious Thought of Chu Hsi*, 79-87; Patricia B. Ebrey, *Chu Hsi's Family Rituals: A Twelfth-Century Chinese Manual for the Performance of Cappings, Weddings, Funerals, and Ancestral Rites*, Princeton 1991.

[68] Aby Warburg, „Schlußsitzung der Burckhardt Uebung", in: *Werke in einem Band*, hgg. von Martin Treml, Sigrid Weigel und Perdita Ladwig, Berlin 2010, 695.

Auge, sollen sich sieben schwarze Flecken befunden haben, angeordnet wie die sieben Sterne des Großen Bären (Ursa major).[69] Damit begann das Seelendrama. Dieser Mann war sterngläubig; zum Beispiel war er fest davon überzeugt, dass sich der von seiner Gemeinschaft beschworene „rechte Weg" zu Beginn der Song-Dynastie (im Jahr 960) in der Stellung der Sterne gezeigt hätte.[70] Von daher wird auch seine rastlose Tätigkeit verständlich; er konnte gar nicht anders als die Idee des „rechten Weges", der vor Jahrhunderten verloren gegangen war, unter seinen Zeitgenossen zu propagieren; und selbstverständlich musste er die Korruption der Eliten anprangern, musste seinen unbändigen Gestaltungswillen auf dem Feld der Erziehungs- und Kulturpolitik ausleben, musste für den Krieg gegen die Jurchen werben. Bei alldem besaß er eine asketische Härte gegen sich selbst und gegen andere, eine klassisch-veredelte Unbeirrbarkeit und Überlieferungstreue, die anderswo wahrscheinlich als Rechtgläubigkeit verstanden worden wären.[71]

Neunzehnjährig (im Jahr 1148) bestand er die wichtigste Staatsprüfung des Song-Reichs, die ihm eine glänzende Beamtenlaufbahn eröffnet haben könnte; tatsächlich wirkte er auch einige Jahre als Verwaltungsbeamter auf Kreisebene, kümmerte sich um die Erhöhung der Einschulungszahlen, gründete Bibliotheken und Akademien, verbesserte das lokale Brauchtum, ließ die Verteidigungsanlagen verstärken. Doch sein Bewusstsein einer höheren Mission hielt ihn zurück; er sah sich wohl schlicht nicht als Verwaltungsmensch. Letztlich stand er nur sieben Jahre seines Lebens im Staatsdienst, schaffte es zum „provisorischen Verwalter der Tee- und Salzzölle", zum Präfekten eines Distrikts.[72] Seine wahre Leidenschaft galt dem Reich des Geistes; besser als andere verstand Zhu Xi, dass echte Reform in den Köpfen der Menschen zu geschehen hätte: Die absolute Wahrheit musste an die Stelle der landläufigen Irrtümer treten! Im Lichte moralischer Überlegungen imaginierte er die gesamte Geschichte Chinas neu; oder, etwas weniger

---

[69] Shu, *Zhuzi da zhuan*, 2.

[70] Siehe David W. Pankenier, *Astrology and Cosmology in Early China: Conforming Earth to Heaven*, Cambridge 2015, 425.

[71] Als Lokalbeamter sprach Zhu Xi auch Recht; häufig verschärfte er bereits verkündete Urteile. In einer bekannten Episode ließ er achtzehn Gefangene hinrichten, obwohl der Kaiser bereits eine generelle Amnestie erlassen hatte (Shu, *Zhuzi da zhuan*, 937 f.).

[72] Vgl. Gao Lingyin, Gao Xiuhua, *Zhuzi shiji kao*, 75; Forke, *Geschichte der neueren chinesischen Philosophie*, 168.

wohlwollend formuliert: Er usurpierte im Namen des „rechten Weges" auch noch die Vergangenheit.[73] Zielstrebig baute er sich eine eigene Machtbasis in Form einer ergebenen Schülerschaft auf, die seine Vision weitergeben würde – durch die Jahrhunderte.

Selbstverständlich konnte Zhu Xi den Weltlauf auch nicht einfach seinem Gang überlassen; hartnäckig suchte er den Kontakt zum Hof, ging zu Audienzen, maßregelte die Beamtenschaft und tadelte selbst den Kaiser so rundheraus, dass es diesen kalt erwischt haben dürfte.[74] Die Hitze des Konflikts fürchtete dieser Denker sicher nicht. Sein prüfender Blick als Hermeneut und Reichspräzeptor war weithin gefürchtet, und nur zu gern attackierte er seine Gegner im Namen der neuen Moral. Letztlich zog er in den Ränkespielen der Politik aber den Kürzeren. Ein Zensor beschuldigte ihn im Jahr 1192 unter anderem, seiner Mutter nicht „kindlich ergeben" zu sein und zwei buddhistische Nonnen als Nebenfrauen zu sich genommen zu haben; auch wenn die meisten Historiker dies als Verleumdung zurückweisen, blieb im kulturellen Gedächtnis Chinas doch etwas hängen.[75] Der Philosoph flüchtete sich in die daoistische Alchemie, in den Okkultismus.[76] Kurz vor seinem Tod wurden seine Ideen noch als Irrlehre gebrandmarkt; ein Prozess ist ihm zwar nicht mehr gemacht worden, aber seine Schule, seine Lehren wurden geächtet – bis sie einige Jahrzehnte später wie ein Phönix aus der Asche auferstanden sind und zur Staatsdoktrin gemacht wurden.[77] Hat Zhu Xi vielleicht mehr mit Abelard gemeinsam, als es auf den ersten Blick scheint?!

Beide Versionen, denke ich, verdienen unsere Aufmerksamkeit. Sowohl die Freunde wie auch die Verächter Zhu Xis reiben sich bis heute an seiner Hinterlassenschaft, über die ein objektives Urteil zu fällen so schwerfällt, weil sie mehr oder weniger die ganze traditionelle Kultur

---

[73] Siehe die brillante Analyse in Charles Hartman, „Sun Ti, Chu Hsi, and the Fall of Northern Sung", *T'oung Pao*, Vol. 89, Fasc. 1/3 (2003), 100-148.
[74] Zu berücksichtigen ist insbesondere seine berühmte Throneingabe aus dem Jahr 1188, die auf eine grundlegende Veränderung der Reichspolitik abzielt (vgl. *Mémoire scellé sur la situation de l'empire*, übers. von Roger Darrobers, Paris 2013). Zhu Xis großes Interesse für die Reichspolitik zeigt sich auch in seiner umfangreichen Korrespondenz; in einem eleganten, klaren, geradezu durchsichtigen Stil kommunizierte er nicht nur mit Gelehrten, sondern auch mit Kanzlern, Ministern und mächtigen Hofbeamten. Insgesamt sind mehr als 2580 Briefe Zhu Xis überliefert, mit ca. 530 Briefpartnern. Vgl. *Zhu Xi shiyou menren wanghuan shuzha huibian*.
[75] Siehe Chen Rongjie, *Zhuzi xin tansuo*, 764-771; Shu, *Zhuzi da zhuan*, 1019-1023. Auch das Gerücht über eine Affäre mit einem Singmädchen gehört in diesen Kontext (*ibid.*, 723 ff.).
[76] Vgl. Fabrizio Pregadio, *The Seal of the Unity of the Three*, Mountain View 2012, Bd. 2, 137-142.
[77] Tillman, *Confucian Discourse and Chu Hsi's Ascendancy*, 143 f.

Chinas umgreift. Womöglich liegt es letztlich also im Auge des Betrachters, ob dieser Mann nur das Sprachrohr einer feudalen Herrschaftsklasse gewesen ist, wie die marxistische Historiographie lange meinte, oder doch ein höchst innovativer Denker, ein „Herbert Spencer des 12. Jahrhunderts".[78]

IV. Zhu Xis Auseinandersetzung mit dem Buddhismus

> Die Aufgaben bleiben ungelöst, und die Lösung,
> die *wir* geben können, besteht deshalb auch nur darin,
> die Rätsel der ägyptischen Kunst und ihrer
> symbolischen Werke als diese von den Ägyptern
> selbst unentzifferte Aufgabe aufzufassen.
>
> G.W.F. Hegel[79]

Seit langem ist Zhu Xis Beziehung zum Buddhismus Gegenstand der modernen Forschung, ohne dass sich in dieser Frage wirklich eine Konsensmeinung herausgebildet hätte.[80] Die Gründe dafür sind vielfältig. Ein Problem ist, dass dieser Gelehrte in seiner langen denkerischen Karriere höchst unterschiedliche Positionen bezogen hat; zudem gab er sich im fortgeschrittenen Alter große Mühe, seine frühere Begeisterung für den Buddhismus zu verschleiern oder sie mit ätzender Kritik vergessen zu machen. Eine weitere Schwierigkeit ist die enorme Deutungsoffenheit vieler seiner Äußerungen. Es ist nun nicht mein Ehrgeiz, Zhu Xis intellektuelle Entwicklung in ihrer Gesamtheit darzustellen; stattdessen möchte ich im Folgenden nur einige Schlaglichter setzen und wichtige Einsichten der modernen Forschung zusammenführen, um auf diese Weise Zhu Xis Überlegungen zur Möglichkeit von Selbst- und Weltbezug besser zu verstehen.

---

[78] Joseph Needham, *Wissenschaftlicher Universalismus*, 111. „[E]in Polyhistor wie *Aristoteles*, *Thomas von Aquino* oder *Leibniz*", formuliert der Freimaurer und Anarchist Ernst Viktor Zenker ein wenig freihändig (zit. in Forke, *Geschichte der neueren chinesischen Philosophie*, 201).

[79] Ders., *Vorlesungen über Ästhetik I*, in: *Werke*, Bd. 13, Frankfurt a.M. 1986, 457.

[80] Einschlägige Aufsätze und Buchkapitel in westlichen Sprachen: Charles Weihsun Fu, „Chu Hsi on Buddhism", in: *Chu Hsi and Neo-Confucianism*, 377-407; Wing-tsit Chan, *Chu Hsi: His Life and Thought*, London 1987; Julia Ching, *The Religious Thought of Chu Hsi*, Kapitel 9; Kam-por Yu, „Zhu Xi and Buddhism", in: *Dao Companion to Zhu Xi's Philosophy*, 633-648; sowie John Makehams Vorwort und die einzelnen Beiträge in dem Band *The Buddhist Roots of Zhu Xi's Philosophical Thought*. Aus der ostasiatischen Forschung etwa: Araki Kengo, *Fojiao yu rujiao*; Xiong Wan, *Song dai lixue yu foxue zhi tantao*, Taipeh 2005; sowie jüngst Qiu Weihua, *Zhu Xi wenxue yu fo chan guanxi yanjiu*, Beijing 2019.

In der Forschung wird von einer „Flucht" Zhu Xis vor dem Chan-Buddhismus gesprochen, ebenso von einer „Rückkehr" zum Konfuzianismus.[81] In der Tat deutet alles darauf hin, dass dieser Denker, der als Kind zuerst mit konfuzianischen Texten in Berührung gekommen ist, in seiner Jugend höchst empfänglich gewesen sein muss für das buddhistische Heilsversprechen; nur durch einen sehr langwierigen Prozess der Selbsthinterfragung und Selbstkritik ist es ihm gelungen, sich wieder von dieser Weltsicht zu lösen. Warum haben ihn die großen, ehrfurchtgebietenden Texte des Konfuzianismus damals nicht ausgefüllt? Vielleicht hat ihn die bloße Neugier dazu gebracht, seine Fühler in andere Richtungen auszustrecken; vielleicht war es auch das Bewusstsein eines tieferen Ungenügens.[82] Und obgleich er als junger Mann in seiner Rolle als Lokalbeamter vor seinen Untergebenen konfuzianische Werte vertreten und eine entsprechende Lebensform praktizieren musste, ist sein Interesse für buddhistische Ideen und Sichtweisen nur allmählich erloschen; erst im Jahr 1164, als Mittdreißiger, fand er den Mut, öffentlich mit dem Buddhismus zu brechen.[83] Vielleicht ist seine langwierige „Fluchtbewegung" auch erst 1169, in dem Jahr, als es ihm endlich gelang, seine eigene Lehre überzeugend darzustellen, an ihr Ende gekommen.[84]

Nach dem Tod seines Vaters (im Jahr 1143) war der Vierzehnjährige bei Freunden seines Vaters untergekommen, drei Gelehrten von einer gewissen, regionalen Berühmtheit; alle drei waren buddhistisch gebildet, ja hingen offen dem Buddhismus an.[85] Spätestens zu diesem Zeitpunkt ist Zhu Xi mit dem Chan-Buddhismus in Berührung gekommen. Zugleich war der Einfluss der Cheng-Brüder in diesen Kreisen deutlich spürbar; er wird ihre Schriften also auch zu dieser Zeit gelesen haben,

---

[81] Shu, *Zhuzi da zhuan*, 287, 393: *tao chan gui ru* 逃禪歸儒.
[82] Vgl. etwa die Schilderung in „Ji Kai shanqian chanshi wen", in: *Fofa jintang bian* 佛法金湯編, *juan* 15, 1, sowie Shu Jingnan, *Zhu Xi nianpu changbian*, Shanghai 2001, 103 f., 138 ff. Siehe ebenfalls ZZQS 17:3427, 17:3438. Zhu Xi begeisterte sich in seiner Jugend auch für daoistische Selbstkultivierungspraktiken (*Zhu Xi nianpu chang bian*, 153, 154 ff.).
[83] Shu, *Zhuzi da zhuan*, 235, 245.
[84] Shu, *Zhuzi da zhuan*, 287.
[85] D.h. Liu Mianzhi 劉勉之 (1091-1149), Hu Xian 胡憲 (1086-1162) und Liu Zihui 劉子翬 (ca. 1107-1147). Die beiden ersteren bekannten sich zu Dahui Zonggaos Schule, es war aber offenbar insbesondere Liu Zihui, der Zhu Xis Interesse für den Buddhismus geweckt hat. Ab dem Jahr 1143 lebte Zhu Xi in Tanxi 潭溪 (im Norden der heutigen Stadt Fuzhou) für längere Zeit in dessen Familie; dort wurde er auch in Lesen und Schreiben unterrichtet und memorierte die Klassiker. Im Jahr 1146 verheiratete man ihn mit der Tochter des Liu Mianzhi (Shu, *Zhuzi da zhuan*, Kapitel 2).

ebenso diejenigen Zhang Zais.⁸⁶ Der direkte Austausch mit Chan-Meistern wird ihn aber noch tiefer beeindruckt haben; es spricht tatsächlich einiges dafür, dass er bereits als Kind mit diesen zusammengetroffen ist, insbesondere mit dem Kaishan Daoqian 開善道謙 (ca. 1092/93-1155).⁸⁷ Zwischen den Jahren 1144 und 1155 ging er dann bei diesem über einem längeren Zeitraum in die Lehre.⁸⁸ Es muss ein asketisch durchglänztes Leben in der Einöde gewesen sein: ein Tempel, vielleicht auch nur eine Holzhütte; zwei Mahlzeiten, in der Frühe und zu Mittag (Reisbrei, etwas Gemüse); regelmäßiges Rezitieren buddhistischer Texte im Halbdunkel; gemeinschaftliches Meditieren…

Über die Lehre Daoqians ist nicht allzu viel bekannt; er steht ganz im Schatten seines eigenen Lehrers, des Chan-Meisters Dahui Zonggao 大慧宗杲 (1089-1163), dem wohl wichtigsten Repräsentanten des hochmittelalterlichen Chan-Buddhismus. Wie bereits im zweiten Kapitel gesehen erlaubt die höchste Wahrheit im Chan keine Repräsentation oder Vermittlung; seine Anhänger kultivieren vielmehr eine radikale Skepsis gegenüber Wahrheitsansprüchen jeder Art. Letztlich wird der theoretische Weltbezug selbst in Frage gestellt; allein in einer Praxis, die nicht mehr über sich selbst hinausweist, kann das Absolute aufscheinen. Genau in solcher Praxis wird Daoqian den jungen Zhu Xi geschult haben.

Von Zhang Jiucheng 張九成 (1092-1159), einem Schüler des Dahui, ist eine kurze Passage überliefert, in der er beschreibt, wie Meister Dahui seine Schüler an das entscheidende Evidenzerlebnis heranführte:

Außerhalb des Geistes ist keine Quelle, außerhalb der Quelle ist kein Geist; vielmehr ist die der Geist die Quelle, und die Quelle der Geist. Jemand bezweifelte diesen [Gedanken] und fragte [Zhang Jiucheng]: „Der Geist ist doch in Meister Dahui und die Quelle in [dem Ort] Yuwang; wie sollte dann beides eins sein?!" Worauf dieser erklärte: „Komm einmal her und hör genau hin! Wenn Dahui noch nicht gekommen ist, wo ist da die Quelle? Und sobald Dahui gekommen ist, hat die Quelle bereits Erscheinung angenommen. Ist also der Geist nicht identisch mit der Quelle? Und die Quelle nicht identisch mit dem Geist? […]."⁸⁹

---

⁸⁶ Shu, *Zhuzi da zhuan*, 284; vgl. Tillman, *Confucian Discourse and Chu Hsi's Ascendancy*, 114-119. Zhu Xis Vater war ein Schüler von Luo Congyan 羅從彥 (1072-1035), einem direkten Schüler des Yang Shi.
⁸⁷ Vgl. Shu, *Zhu Xi nianpu changbian*, 87-95, 146 ff., 150, 152.
⁸⁸ Shu, *Zhuzi dazhuan*, 113.
⁸⁹ „Miaoxi quan ming" (1157), HPJ 1304: 心外無泉，泉外無心。是心即泉，是泉即心。或者疑之，以問居士：心在妙喜，泉是育王。云何不察，合而為一？居士曰：來！汝其聽取。妙喜未來，泉在何處？妙喜來止，泉即發生。心非泉乎？泉非心乎？Vgl. Shu, *Zhuzi da zhuan*, 243 f.

In meinen Worten: Nur *prima vista* liegt die Quelle „mir" (d.h. meinem Geist) gegenüber; tatsächlich lässt sich an ihrem unaufhörlichen Dahinströmen bereits der flussontologische Grundgedanke des Buddhismus ablesen: Alles ist Erscheinung und Prozess, kein Einzelding ist numerisch distinkt oder in der Zeit verharrend. Wie die Quelle geht der Prozess durch alles hindurch, er ist auch nicht begrifflich fixierbar; er scheint zwar „im" Geist auf, nur ist es an dieser Stelle nicht wirklich sinnvoll, zwischen Innen und Außen zu unterscheiden. Die Quelle wird von „mir" (so wie auch von Meister Dahui) gehört, weil „ich" in das konkrete Erscheinungsgeschehen eingetreten bin, in das Geflecht der Bedingungen, die genau in diesem Augenblick zusammenkommen. Die Quelle unterscheidet sich nicht etwa vom Geist, indem sie sich irgendwo befände, wo der Geist nicht wäre; genauso wenig ist der Geist etwas, *in dem* etwas anderes (die Quelle) sein könnte. Beide sind überhaupt keine separaten Entitäten. Spätestens wenn ich dies realisiert habe, sollte sich mir auch die Einsicht erschließen, dass „ich selbst" nichts anderes bin als die *universale Leerheit*.

Die von Dahui gelehrte Praxisform verkörpert eine radikale, wenn nicht *die radikalste* Fassung des buddhistischen Phänomenalismus.[90] Zu beachten ist an dieser Stelle, dass für ihn, wie auch für viele andere Chan-Meister, der Erwerb einer jähen, tiefen Einsicht das eigentliche Heilsversprechen bildet. Nicht durch stundenlanges, bewegungsloses Dasitzen wird das direkte Evidenzerlebnis (das „intrinsische Erwachen" aus der Abhandlung *Über das Erwachen des Mahāyāna-Glaubens*) möglich, sondern durch eine Praxis der Konzentration, die in allen mögliche Alltagskontexten – also nicht nur in der Sitzmeditation – so lange geübt werden muss, bis sie ganz natürlich geworden ist. Dem Austausch zwischen Meister und Schüler kommt dabei eine besondere Bedeutung zu. Ersterer wählt für letzteren einen sogenannten Kōan

---

[90] Die Radikalität zeigt sich in der Konsequenz, mit der die Idee des „intrinsischen Erwachens" (*ben jue*) durchbuchstabiert wird: Die „Buddha-Natur" ist gar nichts anderes als der gewöhnliche, alltägliche Geist, der sich etwa in der Tätigkeit des Wahrnehmens – das Lauschen auf das leise Sprudeln der Quelle – manifestiert (Angle, „Buddhism and Zhu Xi's Epistemology of Discernment", 172 f.). – Dahui gehörte wohl zur Linji-Schule (*Linji* 臨濟), in Japan bis heute bekannt unter der Bezeichnung „Rinzai-Schule" (vgl. Dumoulin, *Zen Buddhism: A History*, 256-260); mit seinem Namen verbindet sich ein sehr komplexer Textkorpus. Vgl. jüngst Xu Shuya, „Dahui Zonggao de zhuzuo qingkuang yu fenlei lunxi", *Chung-Hwa Buddhist Studies*, Nr. 15 (2014), 37-78. Zu Dahui im Allgemeinen: Miriam Levering, „Ch'an Enlightenment for Laymen: Ta-hui Tsung-kao (1089-1163) and the New Religious Culture of the Sung", Ph.D. Dissertation, Harvard 1978. Ein Teil seiner Schriften liegt in englischer Sprache vor: *The Letters of Chan Master Dahui Pujue*, übers. von Jeffrey L. Broughton (mit Elise Yoko Watanabe), Oxford 2017; sowie Dahui, *Treasury of the Eye of True Teaching: Classic Stories, Discourses, and Poems of the Chan Tradition*, übers. von Thomas Cleary, Boulder, Colorado 2022.

aus, nämlich eine kurze Geschichte, eine Anekdote oder einen Bericht über eine Begegnung mit einem berühmten Chan-Meister der Vergangenheit; diesen Kōan muss der Übende sodann über längere Zeit allein und mit größter Hingabe *bearbeiten*, d.h. wie ein Mantra immer wieder aufsagen und sein Denken ganz auf ihn (oder sogar nur auf ein einzelnes Wort in ihm) ausrichten. Auf diese Weise soll sich die diskursiv darstellbare Bedeutung des Kōans irgendwann im Bewusstseinsvollzug selbst auflösen; das Bewusstsein wird nämlich einerseits ganz auf das Denkbild des Kōans *eingeschränkt*, zugleich aber auch irgendwann von diesem in einer einzigen Anschauung *durchleuchtet*, ohne dass dazu noch begriffliche Unterscheidung oder Reflexionstätigkeit nötig wären.[91] Der Kōan wird unmittelbar erlebt – so wie die Quelle, vor der „ich" stehe.

Es ist schwer zu sagen, ob ein solches Evidenzerlebnis überhaupt über einen längeren Zeitraum hinweg stabilisiert werden kann. Im besten Fall wird es zur Grundlage eines situativen Wissens über die Leerheit. Denn diese Einsicht kann nicht mithilfe doktrinärer Überzeugungen weitergegeben werden. Zwar handeln die Kōans oft von buddhistischen Lehrmeinungen, doch ist deren Status eigentümlich prekär; streng genommen haben diese Meinungen, indem sie neben der Praxis herlaufen und den Übenden beständig an die Leerheit von *allem* erinnern, nur die Funktion einer „metacritique" (Robert Sharf).[92] Folglich verwendet Dahui in seinen Briefen an Anhänger zwar oft Zitate aus dem *Śūraṅgama-Sūtra*, dem *Sūtra der vollkommenen Erleuchtung* und anderen buddhistischen Schriften, ebenso aus konfuzianisch-daoistischen

---

[91] Vgl. Robert E. Buswell, „The ‚Short-cut' Approach of K'an-hua Meditation: The Evolution of a Practical Subitism in Chinese Ch'an Buddhism," in: Peter N. Gregory, (Hg.), *Sudden and Gradual. Approaches to Enlightenment in Chinese Thought*, Honolulu 1991, 321-377; hier: 349 f. – Seit Dahui wurden Kōans in die Übungspraxis des *huatou* 話頭 („das entscheidende Wort") integriert und auf diese Weise fest im buddhistischen *mainstream* verankert. Mario Poceski zeigt, dass diese Technik eine radikale Vereinfachung früherer Tiantai- und Chan-Praktiken darstellt (ders., „Disappearing Act: Calmness and Insight in Chinese Buddhism", *Journal of Chinese Religions*, 48:1 (Mai 2020), 1-30; hier: 22 ff.). Der von Dahui am häufigsten verwendete *huatou* ist das Wort *wu* 無 („Nichts", „Negativität"), das es aber im Kontext des jeweiligen Kōans, in dem es auftritt, zu verstehen gilt (vgl. etwa *The Letters of Chan Master Dahui Pujue*, 151 f.; 20. Brief). Jeffrey L. Broughton verdanken wir eine hilfreiche Aufschlüsselung von Dahuis diesbezüglichen Anweisungen, siehe *The Letters of Chan Master Dahui Pujue*, übers. von Jeffrey L. Broughton (mit Elise Yoko Watanabe), Oxford 2017, 28-35. Kaishan Daoqian verwendete gern den Satz „Das auf keinen Fall!" (*jueding bu shi* 決定不是; Shu, *Zhuzi da zhuan*, 117).

[92] Ders., „How to Think with Chan Gong'an", in: *Thinking with Cases. Specialist Knowledge in Chinese Cultural History*, hgg. von Charlotte Furth, Judith T. Zeitlin und Ping-Chen Hsiung, Honolulu 2007, 216.

Klassikern wie dem *Buch der Wandlungen*, doch gibt er den dort beschriebenen Vorstellungen und Ideen gern einen Dreh ins Paradoxe. Schließlich gilt auch für ihn: Alles ist nur Traum und Trugbild.[93] Der Geist existiere nicht substanziell, sondern nur scheinhaft; daher sei es sinnlos, ihn in der Meditation sammeln zu wollen; die Frage, was denn eigentlich das Nirvana darstelle, sei kleinkrämerisch und letztlich sinnlos; und – *last, but not least* – verstricke mich die Vorstellung, *ich* könnte in der Versenkung *meinen* Geist beruhigen, nur tiefer in das Netz der Bedingtheiten.[94] Oft reihte er auch einfach Fragenkaskaden aneinander.

Nun hatten die Cheng-Brüder im 11. Jahrhundert ihre Schüler bereits vor diesen paradoxen Beschreibungen des „Nicht-Geists" (*wu xin* 無心) gewarnt; ein echter Konfuzianer müsse solche Redeweisen vermeiden und stattdessen nur von dem „nicht-egozentrischen Geist" (*wu si xin* 無私心) sprechen.[95] Zhu Xi muss in seiner jugendlichen Lektüre früh auf dieses Verdikt gestoßen sein; trotzdem war er offenkundig tief beeindruckt von Meister Dahui, den er nicht nur persönlich traf, sondern mit dem er auch brieflich kommunizierte.[96] In Gedichten, also in

---

[93] *The Letters of Chan Master Dahui Pujue*, 250 (43. Brief). – Dahui führte den sogenannten Huayan-Chan fort, den Zongmi im 9. Jahrhundert u. Z. entwickelt hatte (vgl. Yoshizu Yoshihide, *Kegonzen no shisoshiteki kenkyu*, Tokyo 1985). Zongmi empfahl eine Balance zwischen der Meditation und der Beschäftigung mit den kanonischen Texten und führte dergestalt indische Debatten über die drei „Erkenntnismittel" (*pramāṇa*; Chinesisch: *liang* 量) fort (vgl. Peter N. Gregory, „Bridging the Gap: Zongmi's Strategies for Reconciling Textual Study and Meditative Practice", *Journal of Chinese Buddhist Studies*, 30 (2017), 89-124; hier: 118 ff.). Heinrich Dumoulin schreibt: „Die monistische Hua-yen-Lehre wurde vom Ch'an vollständig assimiliert." (ders., „Die Entwicklung des chinesischen Ch'an nach Hui-nêng im Lichte des *Wu-mên-Kuan*", *Monumenta Serica*, 6:1/2 (1941), 40-72; hier: 67). Zu beachten ist nicht zuletzt, dass im 11. und 12. Jahrhundert in den meisten Chan-Tempeln ein Exemplar von Nāgārjunas Hauptwerk ausgelegen haben dürfte (Robert Sharf, mündliche Auskunft; 5. Juli 2022).

[94] *Ibid.*, 139 (18. Brief); 198 ff. (30. Brief).

[95] Siehe ECJ 440, vgl. JSL 2:76. Graf übersetzt *wu xin* als „Unbewusstheit" und *wu si xin* sehr anschaulich als „Zustand, in dem das ichsüchtige Bewusstsein ausgemerzt ist" (ders., *Djin-si lu*, Bd. 1, 190).

[96] Zhu Xi schrieb schon im Jahr 1147 einen Brief an Dahui; und im Frühjahr 1155, mit 25 Jahren, würde er sogar eine Gelegenheit zu einem persönlichen Gespräch mit dem Meister haben (Shu, *Zhu Xi nianpu changbian*, 107, 189 f.). Ebenso dürfte er bereits kurz nach 1143 eine Debatte zwischen Dahui und Liu Zihui, der die Methode der „schweigenden Erleuchtung" empfahl, miterlebt haben (im Chinesischen *mo zhao* 默照). Eben diese Methode kritisierte Dahui scharf als zu quietistisch und stellte ihr seine eigene *huatou*-Methode entgegen, die nicht im Sitzen, sondern im Alltag praktiziert werden kann (Shu, *Zhuzi da zhuan*, 67 f.; vgl. *The Letters of Chan Master Dahui Pujue*, „Introduction", 16-20, sowie van Ess, *Von Ch'eng I zu Chu Hsi*,

einer literarischen Sprache, die ihm wohl einen unverstellten Selbstausdruck erlaubte, griff er wiederholt auf chan-buddhistische Denkfiguren zurück. Im Jahr 1153 (24-jährig) pinselte er einmal schwärmerisch ein Gedicht an eine Tempelmauer:

> Jenseits des Geistes – nicht ein Dharma;
> die Augen voll der grünen Hänge.
> Wer in der Gipfel Dunkelheit versinkt,
> wird wissen: Hier ist keine Welt.[97]

Die Zeilen weisen eine auffällige Ähnlichkeit zu dem Gedicht eines bekannten Chan-Meisters der Tang-Dynastie auf. Und doch plagten ihn zu diesem Zeitpunkt längst Zweifel, die sich mit dem Tod seines Meisters Daoqian zwei Jahre darauf verstärkt haben dürften. Zhu Xi war jetzt nicht mehr nur Prüfungskandidat, sondern ein gestandener Beamter, hatte zudem die eigene Mutter, seine Ehefrau und die gemeinsamen Kinder zu ernähren; an einen Rückzug aus der Welt war kaum noch zu denken. So verbrannte er damals einmal Jugendgedichte; diese klangen ihm wohl bereits zu buddhistisch.[98] Jene Zeilen des Chan-Meisters aus der Tang-Dynastie würde er aber bis zu seinem Tod aufbewahren – im Geheimen.[99]

Wie sehr ihn das Übungsmodell des Chan-Buddhismus in den Bann schlug, beweist auch noch ein Text aus dem Jahr 1158: „Über ein Refugium für die Geistespflege" (*Cun zhai ji* 存齋記; ZZQS 20:3698 f.). Es handelt sich um ein kurzes Widmungsschreiben für die neue Wohnstatt eines Bekannten, der den Beamtendienst verlassen hatte, um den Rest

---

10 ff.). Liu Ziyu 劉子羽 (1097-1146), ein Bruder von Zhu Xis Lehrer Liu Zihui, war ein Anhänger von Meister Dahui; dieser kritisierte in einem Brief an ihn einmal die Übungspraxis des Liu Zihui scharf (*The Letters of Chan Master Dahui Pujue*, 19. Brief, 143-150; vgl. auch die beiden direkt an Liu Zihui geschriebenen Briefe (*ibid.*, 20. und 21. Brief, 150-157).

[97] 心外無法，滿目青山。通玄峰頂，不是人間。Im Hintergrund steht ein Gedicht von dem Mönch Tiantai Deshao 天台德韶 (891-972); vgl. Shu, *Zhuzi da zhuan*, 154. Zhu Xi Gedicht („Ti Fengshan an" 題鳳山庵) ist nicht in der Standardedition von Zhu Xis Schriften enthalten, sondern findet sich in der *Anxi xianzhi* 安溪縣志. – Tiantai Deshao war der Schüler und Nachfolger des Fayan Wenyi 法眼文益 (885-958), Begründer der sogenannten Fayan-Schule (zur Person vgl. Dumoulin, *Zen Buddhism: A History*, 235; *The Zen Canon*, 164-168). Jin Chunfeng zufolge ist Fayans Bedeutung für Zhu Xi entscheidend (ders., *Zhu Xi zhexue sixiang*, 396, 426); dieses Gedicht soll gar den Schlüssel zu Zhu Xis Denken enthalten (*ibid.*, 287). Auch Qian Mu erwähnt diesen Meister (ders., *Zhuzi xin xue'an*, Bd. 3, 534 f.). Qiu Weihua hat 44 Gedichte mit chan-buddhistischem Einschlag gezählt (dies., *Zhu Xi wenxue yu fochan guanxi yanjiu*, Beijing 2019, 202 f.).

[98] Shu, *Zhuzi da zhuan*, 113 f.

[99] Shu, *Zhuzi da zhuan*, 999.

seines Lebens in der Zurückgezogenheit zu verbringen. Demgemäß verweist Zhu Xi gleich zu Beginn auf die eindrückliche Passage im Buch *Menzius*, in der die Erforschung des Geistes als eine Vorbedingung für die Erkenntnis des Himmels (d.h. des kosmischen Gesamtzusammenhanges) bezeichnet wird (*Menzius* 7A/1). Nur der Mensch sei unter allen Lebewesen mit dem „Geist" (*xin* 心) ausgezeichnet; dieser Umstand begründe seine Sonderstellung zwischen Himmel und Erde. Doch sei die „innere Struktur" (*ti* 體) des Geistes derart beschaffen, dass dieser weder durch Sinneswahrnehmungen noch im Denken vergegenwärtigt werden könne; denn „falls [sie] als Entität betrachtet wird, dann entzieht [sie] sich der Versprachlichung; wird [sie] aber als Nicht-Entität betrachtet, dann manifestiert [sie] sich überall."[100] Mit dieser paradoxen Umschreibung sucht Zhu Xi offensichtlich jenes reine Bewusstsein schärfer einzukreisen, das in der meditativen Versenkung der Chan-Buddhisten freigelegt werden soll: der ursprüngliche, leuchtende Bewusstseinsvollzug. – Was genau dies impliziert, ist aber nicht leicht auszubuchstabieren. Das chinesische Wort *ti* 體 muss in manchen Kontexten als „Gesamtheit des Prozesses" (*bianyi de zongti* 變易的總體) übersetzt werden;[101] wenn diese Bedeutung hier vorliegen sollte, würde einer unmittelbaren Identifikation mit der dynamischen Totalität des Erscheinungsgeschehens das Wort geredet. Wir befinden uns offenbar in größter Nähe zum chan-buddhistischen Modell des „Nicht-Geists", also der Realisierung der höchsten Schau durch Nicht-Reflexion. Der Philosoph Mou Zongsan räumt diese Nähe auch ein (Zhu Xi habe dank seiner frühen Chan-Praxis einen Zugang zum Buch *Menzius* gefunden);[102] in einer durchaus paradox anmutenden Wendung behauptet er zugleich, dass Zhu Xi aufgrund seines „Lebenszusammenhanges" (*shengming benzhi* 生命本質), d.h. seiner beschränkten Einsichtsfähigkeit, wenig später diesen Zugang wieder verloren und die im Buch *Menzius* prominente Bedeutung des Terms *xin* (*qua* „ursprünglicher Geist" *ben xin* 本心; siehe die siebte Bedeutung in meiner Aufschlüsselung) nicht mehr verstanden habe.[103] In meinen Worten: Zhu Xi war

---

[100] ZZQS 20:3698 f.: 抑嘗聞之，人之所以位天地之中，而為萬物之靈者，心而已矣。然心之為體，不可以聞見得，不可以思慮求，謂之有物，則不得於言；謂之無物，則日用之間無適而非是也。Vgl. Shu, *Zhuzi da zhuan*, 176. Der Bekannte heißt Xu Sheng 許升 (1141-1185).

[101] Chen Lai, *Zhuzi zhexue yanjiu*, 163. Bei den Cheng-Brüdern findet sich auch eine verbale Verwendung: „den Geist in seiner Gänze erspüren" (*quan ti ci xin* 全體此心; ECJ 14).

[102] Mou, *Xinti yu xingti*, Bd. 3, 32 f.

[103] Chen Lai sympathisiert stärker mit Zhu Xi und betont, dass dieser den Standpunkt des „Rationalismus", nicht den der „Mystik", bezogen habe (ders., *Zhuzi zhexue yanjiu*, 71 f.).

zu diesem Zeitpunkt offenkundig noch bereit, ein reines Bewusstsein jenseits des Alltagsbewusstseins zu thematisieren, das unmittelbar – und nicht erst durch Reflexion – zum Bewusstsein kommen kann und bei der sich das konkrete Selbst als ganzes erschließt, nämlich in Form einer holistischen Gestimmtheit, die zugleich des undifferenzierten Fließkontinuums der Umwelt inne ist.[104]

Weitere Aufschlüsse erlaubt eine Debatte, die er in demselben Jahr (1158) mit einigen befreundeten Gelehrten brieflich geführt hat.[105] Es ging dabei um die bekannte, bereits mehrfach erwähnte Passage *Gespräche* 4:15; darin erklärt Konfuzius, dass seinem Weg „ein Einziges" (ein Eines) eigen sei, „mit dem die Dinge wie auf einer Schnur aufgereiht werden". Ohne ein weiteres Wort über die Beschaffenheit dieses „Einzigen" zu verlieren oder die Gesprächssituation anderweitig zu öffnen, verlässt er sodann den Raum (mehr gibt der Text nicht her, doch ahnt man die Überrumpelung seiner damaligen Zuhörer).[106] Da im Anschluss ein Schüler – quasi im Auftrag seines abwesenden Überlehrers – lakonisch hinzufügt, dieses „Einzige" sei nichts anderes als die beiden Tugenden Überzeugungstreue und Gegenseitigkeit, konnten Gelehrte im chinesischen Mittelalter anhand dieser Stelle das Verhältnis von All-Einheit und phänomenaler Welt erörtern. Im Jahr 1158 zitierte Zhu Xi in einem Brief an Fan Rugui 范如圭 (1102-1160) einmal einen seiner drei frühen Lehrer:

> Was Hu Xian [zu dieser Stelle] geschrieben hat, ist sehr überzeugend: „Wer im Prozess des Spürens noch etwas weiterkommt, für den gibt es nicht mehr [die Unterscheidungen von] Innen und Außen, Oben und Unten, fern und nah; [für ihn] gibt es keine Grenze mehr, sondern nur noch eine stille Offenheit in alle Richtungen!" Diese Beschreibung ist ganz in meinem Sinn; denn wenn es Innen und Außen nicht gibt und auch keine Grenze mehr, wäre dann nicht an jedem Punkt die höchste Einheit (das Einzige) realisiert?![107]

Hu Xian, der wie bereits gesagt offen dem Buddhismus anhing, thematisiert in dieser Beschreibung die Ungegenständlichkeit des Dao, die

---

[104] Die positive Rede von einem Selbst ist auch im Chan-Buddhismus nicht unbekannt; das Wesen des konkreten Selbst (auch *xin*) liegt natürlich in seinem Nicht-Sein, im Sich-Ereignen der Gegenwart vor jedem vergegenständlichenden Akt.
[105] Vgl. Shu, *Zhuzi da zhuan*, 76, 173 f.
[106] Van Ess, *Gespräche*, 194.
[107] ZZQS 21:1605; 胡丈書中復主前日一貫之說甚力，但云：若理會得向上一著，則無有內外、上下、遠近邊際，廓然四通八達矣。熹竊謂此語深符鄙意。蓋既無有內外邊際，則何往而非一貫哉？Vgl. Shu, *Zhuzi da zhuan*, 77, 174. Zur Person des Hu Xian: van Ess, *Von Ch'eng I zu Chu Hsi*, 10-14.

zugleich Bedingung dafür ist, dass Gegenstände überhaupt als bestimmte thematisiert werden können. Es geht Zhu Xi offenkundig weniger um das Verhältnis der phänomenalen Welt (der beiden Tugenden) zur All-Einheit, als um die Beschaffenheit des ihr entsprechenden Bewusstseinszustandes. Phänomenal dürfte dieser Zustand wohl kaum zu unterscheiden sein von der „‚Wie-eins-heit in der unendlichen Offenheit des Nichts", die der Chan-Buddhismus umkreist.[108] Die Idee einer schrankenlosen Offenheit dürfte darüber hinaus sogar direkt an heutige Beschreibungen meditativer Bewusstseinszustände anschließbar sein.[109]

Es war aber keineswegs so, dass solche spirituellen Schätze Zhu Xi nach Belieben zufielen. Immerhin half in vielen Fällen die Lektüre, die intensive Beschäftigung mit einer kurzen, aber deutungsoffenen Formulierung (wie er es bei Meister Dahui gelernt hatte). Die aphoristische Kürze des Konfuzius, mit dessen Lehre sich Zhu Xi immer stärker identifiziert haben dürfte, konnte in diesem Sinne neue Effekte zeitigen; so hatte sich ihm über der intensiven Lektüre der *Gespräche* im Frühjahr 1156, auf einer Inspektionsreise in den Bergen (in einem buddhistischen Tempel!), spätnachts einmal eine Vision der All-Einheit eingestellt, melodramatisch unterlegt von einem Kuckucksruf.[110] Aber so einfach war der Durchbruch nicht immer zu erzielen. Wiederholt beklagte Zhu Xi in jenen Jahren, dass er nicht in der Lage sei, die von

---

[108] Siehe Shizuteru Ueda, „Vorüberlegungen zum Problem der All-Einheit im Zen-Buddhismus", 144.

[109] Auf der Grundlage einer Reihe von Interviews mit Meditierenden charakterisierte der Philosoph Thomas Metzinger jüngst das reine Bewusstsein mittels der Attribute *non-sensory, non-motor, atemporal, non-cognitive, non-egoic, unbounded* sowie *aperspectival* (ders., „Minimal phenomenal experience. Meditation, tonic alertness, and the phenomenology of ‚pure' consciousness", *Philosophy and the Mind Sciences*, 1:1 (2020), 1-44; hier: 10 f.) – Diese schrankenlose Offenheit (*unboundedness*) darf wohlgemerkt nicht als eine in der Erfahrung gegebene Unendlichkeit missverstanden werden; in Metzingers Worten: „It just means that a) the phenomenal character in question includes the *potential* for expansion, and b) that in the experience of pure awareness itself there is no such thing as a ‚beyond' – *another* consciously experienced finite region or realm ‚on the other side' of a boundary." (*ibid.*, 12)

[110] Zhu Xi las die Passage *Gespräche* 19:12, in der sich zwei Schüler des Konfuzius über die richtige Erziehungsmethode in die Haare kriegen. Die Quintessenz ist, dass auch die Einübung elementarer Tätigkeiten (den Boden wischen, Gäste begrüßen, usw.) für den Erwerb echter Weisheit unverzichtbar ist. Zhu Xis Deutung zufolge impliziert diese Passage, dass die eigentlich unableitbare Erfahrung der All-Einheit gerade in den Details eines pedantisch organisierten Erziehungsprogramms greifbar werde (ZZQS 6:235 f.; 15:1665, sowie die beiden folgenden Gespräche, *ibid.*, 1666 f.; vgl. van Ess, *Konfuzius. Gespräche*, 705, sowie wieder Shu, *Zhuzi da zhuan*, 160 f.).

den Cheng-Brüdern beschriebene All-Einheit „tatsächlich anzuschauen", ja dass ihn diese „trotz allem Nachdenken weiterhin verwirrt";[111] in einem anderen Brief griff er gar auf eine bekannte buddhistische Metapher zurück: Er mühe sich ab wie jene Gruppe Blinder, die einen Elefanten betastet.[112]

Und selbst wenn er dieses Evidenzerlebnis realisieren konnte, stand er immer noch vor der Frage, wie es zu versprachlichen und damit auch intersubjektiv zu rechtfertigen wäre. Buddhistische Anlehnungen halfen da nur bedingt.[113] Eine Crux war, dass in den Textkulturen von Buddhismus und Konfuzianismus das Ziel des Übungsweges, die All-Einheit, mithilfe einer Vielzahl sehr unterschiedlicher Formeln beschrieben wurde.[114] Häufig wurde etwa auf einen Satz aus Cheng Yis Vorwort zu dem von ihm kommentierten *Buch der Wandlungen* verwiesen: „Die höchste Wirklichkeit und ihre Manifestationen entstammen einem einzigen Ursprung; nichts steht zwischen dem Sichtbaren und dem Verborgenen."[115] Oder auch auf eine Formel des Cheng Hao: „Wer die Tugend der Menschenliebe besitzt, ist mit [allen] Dingen eins."[116] Aber auch auf Zhang Zais rätselhafte Aufforderung, „Innen und Außen zu einem einzigen Ganzen zusammenzuschließen, zwischen dem Ich und den Außendingen die volle Gleichheit herzustellen."[117] Hier zeigt sich ein karger Formalismus, der doch stets einen

---

[111] ZZQS 22:1735: 未有實見處，反思茫然 [...]。Brief an Xu Sheng 許升 (1141-1185), Ende 1159.

[112] ZZQS 22:1735 f. (aus dem Jahr 1159, ebenfalls an Xu Sheng).

[113] Zhu Xi griff immer wieder auf buddhistische Terminologien zurück, da ihm diese offensichtlich von großer Hilfe bei der Versprachlichung solcher Bewusstseinszustände waren. In einem Brief an Li Tong (ZZQS 13:327) verwendet er z.B. die buddhistische Formulierung *qianhou jiduan* 前後際段 (eine Beschreibung der augenblickshaften Existenz der Dharmas), um Konfuzius' berühmten Schweigewunsch in *Gespräche* 17:16 zu erläutern (vgl. etwa *Vimalakīrtinirdeśa* 維摩詰所說經, T14, Nr. 475, 540a6). Es ist nicht klar, in welchem Maße solche und ähnliche Formulierungen tatsächlich noch buddhistisches Gedankengut transponieren (vgl. ECJ 141; Zhang, *Er Cheng xue guanjian*, 63 f.).

[114] Zur Bedeutung der Formeln im frühen Buddhismus vgl. Shulman, *Rethinking the Buddha*, 145-158.

[115] ECJ 689: 體用一源，顯微無間。Vgl. JSL 3:49.

[116] „Shi ren pian", ECJ 16: 仁者，渾然與物同體。Vgl. Chen, *Zhuzi zhexue yanjiu*, 67.

[117] ZZJ 273: 人當平物我，合內外，自見道之大端。Übersetzung nach Graf, *Djinsi lu*, Bd. 2, 237 f. Vgl. auch JSL 2:105. Aber auch in antiken, konfuzianischen Texten wimmelte es von Schilderungen der All-Einheit, so zum Beispiel im 26. Abschnitt des kanonischen Textes *Gleichgewicht und Gewöhnlichkeit*: „Der Weg von Himmel und Erde kann in einem einzigen Satz vollständig ausgedrückt werden: Wenn

„Kurzschluss des Denkens" (Gershom Scholem) herbeizuführen sucht. Wenig überraschend hat die Vielzahl der Lehrer, von denen Zhu Xi in seiner Jugend unterwiesen wurde, aber auch die disparate Natur der miteinander konkurrierenden Überlieferungsstränge für einige Verwirrung gesorgt.

Doch dann ergab sich ein Ausweg. Die äußeren Umstände waren günstig: Mit dem Tod des berüchtigten Kanzlers Qin Kuai 秦檜 (1091-1155), der das Song-Reich über viele Jahre hinweg mit nahezu diktatorischen Vollmachten beherrscht hatte, wurde es endlich wieder möglich, die bis dahin verbotenen Lehren der Cheng-Brüder öffentlich zu diskutieren.[118] In dieser Situation kam das Denken eines anderen Lehrers, mit dem Zhu Xi seit einigen Jahren Umgang pflegte, zur vollen Wirkung; und damit gelang es ihm endlich, jene Brandmauer gegen buddhistische Übergriffe zu errichten, in deren Schutz eine Konsolidierung der neukonfuzianischen Lehre bewirkt werden konnte.

Tatsächlich kannte er den Gelehrten Li Tong 李侗 (1093-1163), ein Studienfreund seines Vaters, bereits aus seiner Kindheit. Wie kaum ein zweiter suchte Li Tong die Lehrtradition der Cheng-Brüder in der Gegenwart zu aktualisieren.[119] Seine Schriften durchzieht eine vehemente, anti-buddhistische Polemik, die ihn jedoch keineswegs davon abgehalten hat, in seiner Übungspraxis an das buddhistische Programm anzuknüpfen.[120] Wahrscheinlich stellte ein solches Vorgehen für ihn keinen Widerspruch dar, da er sich, ganz ähnlich wie die Chan-Buddhisten, aus dem dogmatischen Widerstreit heraushielt, um sich völlig auf eine Praxis zu konzentrieren, die gar nicht mehr auf die Theoriebildung angewiesen ist. Selbstverständlich meditierte er regelmäßig und widmete sich der Kultivierung des „nächtlichen Qi", die eine „reine Leere und Helligkeit" (*zhanran xu ming* 湛然虛明) sichtbar werden lässt.[121] Ein

---

sie zu Einzelwesen werden, sind sie [doch] nicht zwei, und [auf diese Weise] erzeugen sie [alle] Wesen dank ihrer numinosen Schöpfungskraft." 天地之道, 可一言而盡也：其為物不貳，則其生物不測。 (ZZQS 6:52) Vgl. Plaks, *Ta Hsüeh and Chung Yung*, 46. Die Formulierung *bu er* („nicht zwei") lässt nur zu leicht an buddhistische Vorstellungen über ein nicht-dualistisches Bewusstsein denken; interessanterweise verweist Zhu Xi in seiner Glosse explizit auf die im Buddhismus prominent gewordene „dynamische Totalität" (*quan ti* 全體)!

[118] Zu den politischen Kämpfen zwischen den Lehren des Reformers Wang Anshi und denen der Cheng-Brüder vgl. Bol, *Neo-Confucianism in History*, 88.

[119] Li Tong soll bei Luo Congyan gelernt haben, der wiederum ein Schüler des Yang Shi war, ein wichtiger Anhänger Cheng Yis (vgl. Chen, *Zhuzi zhexue yanjiu*, 44-72). Da die Idee einer authentischen Lehrtradition eine zentrale Rolle im Neukonfuzianismus spielt, ist bei diesen Genealogien aber Vorsicht geboten (vgl. van Ess, *Von Ch'eng I zu Chu Hsi*, 37 f.).

[120] Li Tong lobte einmal Zhu Xi: Es sei ihm anzusehen, dass er bei dem Mönch Daoqian in die Lehre gegangen sei (Chen Lai, *Song ming ruxue lun*, Beijing 2010, 9).

[121] ZZQS 13:320, vgl. *Menzius* 6A/8; sowie 13:322.

wichtiger Gedanke ist auch, dass es in der Versenkung möglich sei, das Unbewusste direkt zu erspüren (dazu später mehr). Mitunter kam es vor, dass Li Tong ganze Nächte hindurch im Meditationssitz über einen einzigen Satz des Zhang Zai nachgrübelte;[122] und wenn er einmal keine Antwort auf die Frage eines Schülers wusste, zog er sich in die Stille zurück, um in den Tiefenschichten seines Bewusstseins den gesuchten Einblick zu finden. Es kann also nicht weiter überraschen, dass diese Art der Übung in Zhu Xis eigener Wahrnehmung der Chan-Praxis, wie er sie bei Meister Dahui kennengelernt hatte, „äußerst ähnlich" (*shifen xiangsi* 十分相似) schien.[123]

Eine vom jungen Zhu Xi favorisierte Formel bezüglich der All-Einheit lautet schlicht: „In der Welt ist alles nur eine Wirklichkeit".[124] Fast alles bleibt hier im Ungefähren; wie bei dem Satz „A=A" wird kein Seiendes mit einem anderen identifiziert, sondern nur eine Tautologie ausgesprochen. Die Identität ist sozusagen absolut. – Li Tong favorisierte dagegen eine andere Formel, die ihm zufolge dazu angetan ist, den Unterschied zwischen neukonfuzianischer und buddhistischen Lehre scharf hervortreten zu lassen: „Es gibt nur eine einzige Wirklichkeit, aber sie manifestiert sich auf unterschiedliche Weisen."[125] Diese Formel stammte ursprünglich von Cheng Yi; sein wichtiger Schüler Yang Shi 楊時 (1053-1135) hatte sie häufig benutzt und ihr zu einer gewissen Bekanntheit in neukonfuzianischen Kreisen verholfen.[126]

---

[122] Shu, *Zhuzi da zhuan*, 176; vgl. Forke, *Geschichte der neueren chinesischen Philosophie*, 163.

[123] Brief an Luo Bowen 羅博文 (1116-1168), ZZQS 25:4748. Der Brief stammt wohl aus dem Jahr 1166; für eine Einordnung siehe Chen, *Zhuzi zhexue yanjiu*, 159. Zhu Xi erklärt in diesem Brief auch noch, wie unsinnig es sei, dass buddhistische und konfuzianische Gemeinschaften nicht miteinander kommunizierten, sondern sich gegenseitig bekriegten. John Jorgensen meint dagegen, dass Li Tongs Praxis der „schweigenden Erleuchtung" ähnele, die von Meister Dahui kritisiert wurde (ders., „The radiant mind. Zhu Xi and the Chan Doctrine of *Tathāgatagarbha*", in: *The Buddhist Roots of Zhu Xi's Philosophical Thought*, 36-121; hier: 46).

[124] „Li Yanping wenda ba", ZZQS 13:354: 天下之理一而已。Offenbar suchte er mit dieser Formel, die noch den Einfluss seines Lehrers Liu Zihui verrät, sowohl zu den Buddhisten wie auch zu den Konfuzianern zu sprechen (Chen, *Song ming ruxue lun*, 25). Eine ähnliche Formulierung findet sich schon bei Cheng Yi (ECJ 196).

[125] Etwa in einem Brief an Zhu Xi aus dem Jahr 1162, siehe ZZQS 13:332: 理一分殊; vgl. ausführlich Chen, *Zhuzi zhexue yanjiu*, 66-72. Diese Formel erinnert von Ferne an Plotins Metapher der Stimme in der Wüste (für das Absolute), „die an verschiedenen Orten von verschiedenen Personen vernommen werden kann (und insofern überall ist) und die gleichzeitig nicht darin aufgeht, an einem der Orte vernommen zu werden, so daß sie auf keinen bestimmten Ort fixiert ist." (Gabriel, *Skeptizismus und Idealismus in der Antike*, 302 f.)

[126] Siehe Cheng Yis Brief Yang Shi zu Zhang Zais „Westinschrift" (ECJ 609).

Hier werden bereits semantische Unterscheidungen vorgenommen; Einheit und Vielheit werden voneinander abgegrenzt, wobei wir im Kopf behalten müssen, dass das Absolute, die All-Einheit, nicht diskursiv, in Form eines Denkobjekts, erfasst, sondern nur in einer langen Bewegung der Entgrenzung vergegenwärtigt werden kann, eine Bewegung, die die Endlichkeit von Diskurs und Denken hinter sich lässt. Praktisch gesehen hilft es, wenn diese Formel im alltäglichen Bewusstseinsleben eine zentrale Stelle einnimmt, wenn sie z.B. im Laufe eines Tages immer wieder rezitiert, in meditativ induzierten Fließzuständen, ja sogar in halbbewussten Zuständen wiederholt wird, eben wie ein chan-buddhistisches Mantra (in diesem Sinne würde Zhu Xi in späteren Jahren im Halbschlaf, also in einem hypnagogischen Zustand, gern den Text *Gleichgewicht und Gewöhnlichkeit* vor sich hinflüstern).[127]

Li Tong zufolge erlaubt diese Formel, die Vielheit, also die Mannigfaltigkeit der phänomenalen Welt, in ihr Recht zu setzen, die bei den Buddhisten, so wenigstens seine Kritik, allzu schnell im Abgrund der All-Einheit verschwinde (quasi in der Nacht, in der „alle Kühe schwarz sind"). Es kommt darauf an, die Wirkung der All-Einheit im perspektivischen, ausdifferenzierten Bewusstsein genau zu erspüren und so in der Sphäre des Unterschiedenen die Einheit der ursprünglichen Anschauung zu bewahren. Er hatte auch noch konkretere Übungsempfehlungen parat. Man solle etwa die 64 Hexagramme des *Buchs der Wandlungen* vor dem geistigen Auge vorüberziehen lassen, dazu die 384 Linien, und dies so lange wiederholen, bis schließlich die All-Einheit phänomenal gegeben wäre:[128]

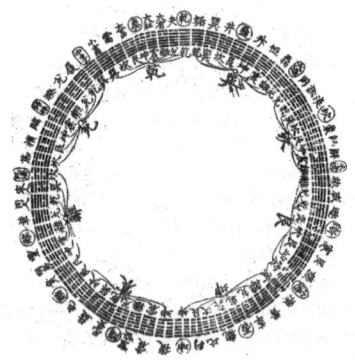

[127] Wie er in einem Brief an Pan Jingxian 潘景憲 (1134-1190) beschreibt (ZZQS 22:2138). Vgl. Chen, *Song ming ruxue lun*, 25. Der Vergleich zu der in der jüdisch-christlichen Glaubenskultur praktizierten *ruminatio* über das biblische Wort liegt auf der Hand.
[128] Quelle: Zhang Li 張理 (Ming-Dynastie), *Yi xiang tu shuo neipian* 易象圖說內篇, Edition *Wuqiu beizhai Yijing jicheng*, Bd. 143, 57.

Bei dieser Art des bildhaften Denkens stellen die Hexagramme keine raumzeitlich ausgedehnten Einzeldinge dar, sondern geistige Konfigurationen, die in der (im Idealfall präreflexiven) Vergegenwärtigung das Bewusstsein perspektivieren sollen.[129] Die All-Einheit kann mit ihrer Präsenz den Geist ausfüllen, bis sich eine transformative Bewusstseinserfahrung einstellt.[130]

Als Zhu Xi im Jahr 1153 wieder einmal dem Li Tong begegnete, ermahnte dieser ihn, die konfuzianischen Klassiker gründlich zu studieren und seine Zeit nicht länger mit den Chan-Buddhisten zu vertändeln. Vielleicht bedurfte der vaterlose Mensch eben eines solchen Ordnungsrufs durch einen deutlich älteren Mann. In den darauffolgenden Jahren trafen sich die beiden regelmäßiger und pflegten darüber hinaus einen regen Briefwechsel; obwohl Zhu Xi nur einmal, mit Anfang dreißig (im Winter 1160/61), länger an der von Li Tong gegründeten Akademie weilte, würden dessen Einfluss auf sein Denken doch beträchtlich sein.[131] Das besondere Erlebnis im Frühjahr 1156 (begleitet von dem Kuckucksruf) dürfte schon im Zeichen der neuen Formel „Es gibt nur eine einzige Wirklichkeit, aber sie manifestiert sich auf unterschiedliche Weisen" gestanden haben.[132]

Diese neue Formel verwies den jungen Mann an die phänomenale Welt. Es musste dem Umstand Rechnung getragen werden, dass die All-Einheit nur deshalb von mir (in meiner Situiertheit) angeschaut werden kann, weil ich selbst Teil der Ganzheit bin. In den Worten Hans

---

[129] ZZQS 14:349 f.; vgl. Chen, *Song ming ruxue lun*, 28. – Es ist nicht klar, ob es darum geht, die graphische Struktur zu visualisieren oder auch die den einzelnen Hexagrammen und Linien zugeschriebenen Bedeutungen zu vergegenwärtigen. Zum bildhaften Denken im *Buch der Wandlungen* siehe Richard Wilhelm, *Lectures on the I Ching. Constancy and Change*, übers. von Irene Eber, Princeton 1979, 154 ff.

[130] Leicht ergibt sich hier wieder die Verbindung zu Cassirer: „Wer in der Anschauung der Zeit nicht mehr am Inhalt des Geschehens haftet, sondern seine reine Form erfaßt – dem hebt sich zuletzt dieser Inhalt in die Form, dem hebt sich der Stoff des Seins und Geschehens in reines Spiel auf. So vielleicht läßt sich das seltsam tiefe Wort Heraklits verstehen: ‚αἰὼν παῖς ἐστὶ παίζων, πεττεύων παιδὸς ἡ βασιληίη' – ‚die Zeit ist ein Knabe, der spielt, der hin und her die Brettsteine setzt, eines Kindes ist die Herrschaft'." (ders., *Philosophie der symbolischen Formen*, Bd. 2, 162) Sinnliche Erscheinungen werden auch im chinesischen Mittelalter schematisiert, und die sinnliche Präsenz des Zeichens ermöglicht eine Kommunikation mit dem Geisterhaften, Geistigen. Vgl. nicht zuletzt Eckart Försters Hinweis auf den „älteren" Einheitsbegriff, dem zufolge die Vielheit durch Teilung des Einen entsteht (ders., *Die 25 Jahre der Philosophie*, 315).

[131] Zhu Xis intellektuelle Auseinandersetzung mit Li Tong lässt sich anhand ihres Briefwechsels rekonstruieren, siehe *Yanping dawen* 延平答問 (ZZQS 13:303-366).

[132] Dass die beiden philosophisch wichtigen Termini *ben* 本 und *mo* 末 („Tiefe" und „Nebensächlichkeit") in der ursprünglichen Textstelle (*Gespräche* 19:12) auftreten, erleichterte die exegetische Verknüpfung mit dieser Formel (ZZQS 6:235 f.).

Blumenbergs: „Es ist ganz sicher so, daß sich Totalitäten, zu denen der Betrachter selbst gehört und in denen er sich befindet, der Beschreibung entziehen oder ihr ganz bestimmte Schwierigkeiten entgegensetzen."[133] Wie ist meine Situiertheit zu verstehen, wenn kein substanzielles Selbst vorausgesetzt werden darf? Und wie genau sind die verschiedenen Wirklichkeitsmanifestationen miteinander vermittelt? Die perspektivische Natur des alltäglichen Bewusstseins war für Zhu Xi offenbar so eindrücklich, dass er sie nicht so leichthin mit der All-Einheit zu vermitteln wusste, wie Li Tong es vorgeschlagen hatte.

Einmal registrierte Li Tong feinfühlig, worum es Zhu Xi in den folgenden Jahren gehen würde:

Wenn [man alles zu erklären sucht] unter Hinweis auf die eine Wirklichkeit und die Mannigfaltigkeit der Phänomene nicht genauer in den Blick nimmt, dann gerät [man] nur zu leicht in den Strudel der falschen Lehre und ist sich dessen nicht einmal gewahr.[134]

Es ist durchaus fraglich, ob seine neue Formel viel ausrichten konnte gegen die Ängste und Selbstzweifel eines jungen Menschen, der sich schon viel zu tief in buddhistische Praxisformen verstrickt hatte. Li Tongs Formulierung *zi zhi* 自知 („gewahr sein") kann alternativ auch als „Selbstgewahrsein" übersetzt werden; auf diese Weise wird der Nexus zur Problematik des Selbstbezuges noch deutlicher. Soweit ich diese Passage verstehe, bringt Li Tong hier die alles überragende Frage jener Jahre zum Ausdruck: Wie kann ein konfuzianischer Gelehrter, wenn er nach dem Vorbild der Cheng-Brüder meditative Praktiken in seinen Alltag zu integrieren sucht, um sich so die All-Einheit unmittelbar zu vergegenwärtigen, überhaupt noch einen gelingenden Selbstbezug etablieren? Anders gesagt: Wie kann ich mich auf mich selbst beziehen oder gar ein Wissen über mich gewinnen, wenn mir in der Versenkung der Umstand überdeutlich wird, dass es überhaupt keinen Träger innerer Zustände gibt? Und würde eine Selbstbeziehung nicht umgehend die All-Einheit wieder verdecken, indem sich eine Subjekt-Objekt-Unterscheidung ergäbe? Erst viele Jahre später, nach intensiver Beschäftigung mit der Beschaffenheit des Geistes, würde es Zhu Xi gelingen, Antworten auf diese Art von Fragen zu finden.

---

[133] Ders., *Theorie der Unbegrifflichkeit*, hg. von Anselm Haverkamp, Frankfurt a.M. 2007, 99. – Gernot Böhme schreibt über die Meditation: „Diese Erfahrung hat hauptsächlich damit zu tun, dass die zentrierende und infolgedessen hervorhebende und verdrängende Funktion der Aufmerksamkeit entfällt. Das hat zur Folge, dass man auf dem Hintergrund oder gleich nach dem Erreichen reinen Bewusstseins fähig ist, Totalitäten wahrzunehmen." (ders., *Bewusstseinsformen*, 155)
[134] *Yanping dawen*, „Yanping xiansheng dawen houlu", ZZQS 13:351: 若槩以理一而不察乎分之殊,此學者所以流於疑似亂真之說而不自知也。

Im Jahr 1163 starb Li Tong – zu früh! Sein Tod würde einen tiefen Einschnitt in Zhu Xis Biographie darstellen. Zwar war er zu diesem Zeitpunkt bereits Anfang dreißig, aber viele seiner Überzeugungen waren offenkundig noch keineswegs gefestigt. Die folgenden Jahre sind denn auch von großer Unrast geprägt; er suchte die Konfrontation mit anderen Positionen, geriet aber mehrfach auf falsche Fährten und musste neu ansetzen. In seinen Briefen hielt er nicht zurück mit Selbstkritik und berichtete wiederholt von seiner Unfähigkeit, kanonische Textstellen wirklich zu verstehen, von Steckenbleiben und mangelnder Einsichtsfähigkeit.[135] Die Sorge muss ihn umgetrieben haben, dass er wie so mancher Schüler der Cheng-Brüder keinen Halt in der konfuzianischen Überlieferung finden könnte oder sogar wieder den Lockrufen des Buddhismus erliegen würde.[136]

Erst im Frühjahr 1169 würde Zhu Xi einem Briefpartner zuversichtlich erklären können, dass er in seinem Bewusstseins- und Erlebnisstrom „eine sichere Heimstätte" (yi ge an zhai 一個安宅) gefunden hätte; bei dieser handelt es sich natürlich nicht um eine Einzelseele oder ein persönliches Selbst, sondern um ein inneres Zentrum, das Tätigkeiten wie Wahrnehmen, Denken und Fühlen in eine Einheit bringen kann.[137] Auch um sich von Zhang Zai zu lösen, der ein solches Zentrum noch verneint hatte („Etwas verstehen und etwas erkennen", schrieb dieser einmal, „sind nur Gasterregungen im Verkehr der Dinge"),[138] würde Zhu Xi aus dieser Einsicht den Entwurf eines reflektierten Sichzusichverhaltens in der Welt ableiten. Das von ihm entworfene, neue Übungsmodell, das heute in Ostasien als die wichtigste philosophische Innovation Zhu Xis gilt, sollte auf verlässliche Weise einer großen Zahl von Menschen eine Erfahrung der All-Einheit ermöglichen, nicht nur einer kleinen Schar Eingeweihter. Die neugewonnene

---

[135] Einmal beschreibt er sogar freimütig seine Unruhe, ja Angst in Li Tongs Gegenwart (Brief an He Gao aus dem Jahr 1173, ZZQS 22:1802).
[136] Vgl. Shen Xulu, Ren neng hong dao. Er Cheng yulu yu Luoxue menren yanjiu, Shanghai 2021, 176.
[137] In seinem Brief an Zhang Shi spricht er von einem „Punkt der Kontrolle und des Gewahrseins" (zhuzai zhijue chu 主宰知覺處), siehe ZZQS 21:1392 f. In jenem Jahr schrieb Zhu Xi insgesamt vier Briefe an Zhang Shi; vgl. Mou Zongsan, Xinti yu xingti, Bd. 3, 95 ff. – Für Zhu Xi war dieser Punkt der Sammlung ganz wesentlich mit der Meditation verknüpft (ZZQS 14:379). Cheng Hao spricht einmal anschaulich davon, dass der nicht gesammelte Geist „wie ein Wasserrad" sei, das „sich immerfort schaukelnd drehen muss, ohne auch nur einen Augenblick stille stehen zu können." 一個翻車，流轉動搖，無須臾停 (JSL 4:21; Graf, Djin-si lu, Bd. 2, 346) Vgl. auch die sorgfältige Analyse in Wu Zhen, Zhuzi sixiang zaidu, 172 ff. Wang Jian spricht von einem „realen ‚Selbst'" (dies., Zai xianshi zhenshi yu jiazhi zhenshi zhi jian, 201; Übersetzung: d.V.); man beachte wieder die halben Anführungszeichen!
[138] Zhengmeng 1:2, Rechtes Auflichten, 3, ZZJ 7: [...] 有識有知，物交之客感爾。Wieder fehlt dem Satz eine handelnde Person als Subjekt.

Gewissheit würde ihn nicht zuletzt in die Lage versetzen, im Jahr 1175 der Öffentlichkeit die Anthologie *Aufzeichnungen des Nachdenkens über Naheliegendes* und damit seine maßgebliche Synthese der neukonfuzianischen Überlieferung zu präsentieren.

V. Die All-Einheit bei den Cheng-Brüdern und das Konzept *li* 理

> Dort? Was ist das für ein Dort?
> Wie weit? Wie nah? Das weißt du nicht.
>
> Thomas Mann[139]

Bevor ich mich weiter dem Entwicklungsgang von Zhu Xis Denken widme, ist ein kurzer Rückblick angeraten. Wie sich der Einzelne in seiner konkreten Situiertheit zum Hintergrund des Ganzen (d.i. zur All-Einheit) und damit zur lebendigen, geisthaften Selbstentfaltung des Kosmos zu verhalten hat, ist die zentrale Frage des Neukonfuzianismus. Anders als die Chan-Buddhisten, die nur eine negative, d.h. fortwährend destruktive Praxis anboten, entwarfen sie das konstruktive Projekt einer sittlichen Lebensform, in der die meditative Einklammerung der Welt nicht zu deren Vernichtung, sondern zu deren Affirmation im Geiste der positiven Erkenntnissuche führen soll. Wie ich im dritten Kapitel gezeigt habe, war Zhang Zais Konzeption eines prozessualen Monismus im 11. Jahrhundert der wohl ambitionierteste und nuancenreichste Versuch, dem neukonfuzianischen Heilsversprechen eine begriffliche Form zu verleihen. Die Welt wird als dynamische Totalität verstanden, als ein sich fortwährend intern ausdifferenzierender Prozess, und dieser Prozess kann nur in einer nie abschließbaren, therapeutischen Praxis realisiert werden; tatsächlich eingeholt werden kann er in der Welt des Endlichen wohl nie, denn die unendliche Offenheit, die Zhang Zai dem Prozess zuschreibt, eben jene absolute Spontaneität, wie sie das Phänomen des Geistigen, Numinosen auszeichnet, kann in der materiellen Welt mit ihren zahlreichen Beharrungskräften nie vollständig ihre Wirkung entfalten.

Den großen Ehrgeiz, der sich in Zhang Zais Versuch einer theoretisch-begrifflichen Durchdringung und Systembildung ausdrückt, haben die Cheng-Brüder nun keineswegs goutiert; in ihren Augen unterlief er auf diese Weise nämlich das neukonfuzianische Primat der trans-

---

[139] Ders., *Der Zauberberg*, „Strandspaziergang", Ost-Berlin/Weimar 1979, 772.

formativen Praxis, also die Vorstellung, dass allein die gelungene Transformation des Selbstverhältnisses den Erfolg auf dem Übungsweg demonstrieren könne.[140]

Zu berücksichtigen ist in diesem Zusammenhang weiter, dass beide Cheng-Brüder auch über den Gelehrten und kundigen Kommentator Shao Yong 邵雍 (1011-1077) eine negative Meinung hatten. Dessen Lehre zeichnet sich insbesondere dadurch aus, dass er hinter den Erscheinungen eine letzte Realität annahm, nicht in Form einer materiellen Substanz oder eines metaphysischen Prinzips, sondern in Form numerischer Zusammenhänge. Durch das gründliche Studium des *Buchs der Wandlungen* und seiner unzählbar vielen Permutationen, so Shao Yongs Überzeugung, könne jeder Mensch Erkenntnis über die eigentliche Wirklichkeit des Kosmos erlangen. Obwohl es sich weniger um mathematische, als um „arithmosophische" Spekulationen handelt, bei denen die symbolische Funktion der Zahlen primär ist und diese als Manifestationen rhythmisch-numinoser Muster interpretiert werden (und nicht etwa als unwandelbare Gesetzmäßigkeiten wie bei den Pythagoreern), kritisierten ihn die Cheng-Brüder scharf.[141] Shao Yong

---

[140] Aus der umfangreichen Forschungsliteratur zu den Cheng-Brüdern sei hier erwähnt: A.C. Graham, *Two Chinese Philosophers. The Metaphysics of the Brothers Ch'eng*, Chicago/LaSalle, Ill. 1992 [ursprünglich 1958]; Zhang Yongjun, *Er Cheng xue guanjian*, Taipeh 1988; Wen Weiyao, *Cheng sheng zhi dao: Bei Song er Cheng xiuyang gongfulun zhi yanjiu*, Kaifeng 2004; Guo Xiaodong, *Shi ren yu ding xing: Gongfulun shiyu xia de Cheng Mingdao zhexue yanjiu*, Shanghai 2006; sowie nicht zuletzt Mou Zongsan, *Xinti yu xingti*, zweiter Band. Ihre Gespräche mit Schülern und befreundeten Gelehrten wurden von unterschiedlichen Personen mit sehr unterschiedlichen Interessen und Bildungsniveaus aufgezeichnet; dementsprechend komplex ist die Editionsgeschichte, und es ist nicht immer leicht, die Positionen der beiden Brüder auseinanderzuhalten. Vgl. Hans van Ess, „The Compilation of the Works of the Ch'eng Brothers and its significance for the Learning of the Right Way of the Southern Sung Period", *T'oung Pao* XC (2004), 264-298; sowie jüngst Shen Xulu, *Ren neng hong dao. Er Cheng yulu yu Luoxue menren yanjiu*.

[141] Vgl. Arrault, „Numbers, Models and Sounds", 186, 189. – Granet betont, dass die Zahl im antiken China nicht als abstrakter Begriff verstanden wurde, sondern eine primär soziale Funktion besaß: „Die Zahl gibt darum über die *Gestalt* oder den *Wert* der Dinge Aufschluß, weil sie die *Zusammensetzung und die Macht* der menschlichen Gruppe nennt, zu der diese Dinge gehören." (ders., *Das chinesische Denken*, 224) Shao Yongs Denken war nicht nur vom *Buch der Wandlungen* inspiriert, sondern ebenso von intensiver Meditation, die es zum Ziel hatte, das Universum von seinem Ursprung bis zur Gegenwart im eigenen Bewusstsein zu spiegeln (Yu Dunkang, *Han Song Yixue jiedu*, Beijing 2006, 312). Ein ähnliches Beispiel für eine solche Kombinier- und Permutationslust findet sich im europäischen Mittelalter: In einem ausführlichen Bericht (geschrieben 1295, wohl in Palästina) dokumentiert ein anonymer Schüler des Kabbala-Gelehrten Abraham Abulafia, wie er den aus 72 Na-

habe ein „Wolkenkuckucksheim" (*kong zhong louge* 空中樓閣) errichtet, d.h. wohl durch exzessive Spekulation den Kontakt zur sittlichen Praxis verloren (ECJ 97). Bei Cheng Yi findet sich darüber hinaus das Argument, dass numerische Zusammenhänge nur abgeleitete Phänomene darstellten, da sie sinnlich wahrnehmbar seien – echte Erkenntnis sei nur möglich durch die direkte Erforschung des dynamischen Allzusammenhangs in der geistigen Schau.[142] Den Gegenstand einer solchen Schau suchten beide Brüder mithilfe des Konzepts *li* 理 („höchste Wirklichkeit") genauer zu erfassen.

Damit sind wir im innersten Zentrum des neukonfuzianischen Projekts angelangt. Wenn die All-Einheit nicht durch einen theoretisch-begrifflichen Weltenplan zu erfassen ist, der nur zu leicht so verstanden wird, als behaupte er etwas über die Beschaffenheit der Dinge *an sich*, bleibt zum Erkenntnisgewinn allein die konkrete Praxis innerhalb einer neukonfuzianischen Lebensform. An dieser Stelle sind natürlich unterschiedliche Praxisformen vorstellbar, die den Zugang zu dieser „höchsten Wirklichkeit" ermöglichen könnten. Cheng Hao und Cheng Yi richteten ihre Lehre ganz auf die Ausbildung der „Wachsamkeit" (*jing* 敬) aus, eine Haltung, die am besten im direkten Umgang mit einem Lehrer ausgebildet wird und für die keine theoretische Absicherung nötig ist.[143] Darüber hinaus steht außer Frage, dass für Cheng Hao jene Sphäre der radikalen, prozessualen Offenheit, die mit der „höchsten Wirklichkeit" Hand in Hand geht, vor allem in der meditativen Versenkung zugänglich wird.[144] In diesem Fall ist die Rede von einem Wissenserwerb (im Sinne eines objektiven Tatsachenwissens) offenkundig nicht mehr sinnvoll. Erkenntnis besteht in der direkten Schau des Höchsten.

In einem berühmten Brief aus dem Jahr 1059 schreibt Cheng Hao an Zhang Zai:

---

men bestehenden „Großen Namen Gottes" in vielen schlaflosen, meditierend verbrachten Nächten auf immer neue Arten kombiniert hat (Scholem, *Die jüdische Mystik*, 160-170).

[142] Siehe ECJ 271; vgl. Zuo, *Shen Gua's Empiricism*, 205 f. – Olaf Graf liegt m.E. richtig mit seiner Vermutung, dass Zhang Zai die beiden Cheng-Brüder mit seinem Versuch einer „metaphysischen Fundierung" der konfuzianischen Praxis inspiriert habe; die neukonfuzianische Menschenliebe sei dementsprechend nie nur eine einzelne Tugend, eine Haltung oder eine Gefühlsregung, sondern eine „lebendige dynamisch aktive Kraft", die ihrem Besitzer den Zugang zu einer höheren Realität erlaubt (ders., *Tao und Jen*, 72, 70; vgl. auch Ding Weixiang, *Xueshu xingge yu sixiang puxi*, 115). Jedoch lehnten beide klar seine analytisch-begriffliche *Darstellung* dieses Gedankens ab, die ihnen zufolge die Offenheit des Wandels verdeckt (Graf, *Tao und Jen*, 110 ff.).

[143] Tang Junyi, *Zhongguo zhexue yuanlun. Yuanjiao pian*, Bd. 1, 22.

[144] Vgl. Yang Rubin, „Song ru de jingzuo shuo", 54-63.

Unter einer Stillstellung (*ding* 定) der Wesensbestimmung verstehen [wir], dass sie präsent ist, ganz gleich ob sich [der Geist] nun in Tätigkeit oder in Ruhe befindet. Bei einer solchen Stillstellung gibt es weder Fortbegleiten oder Empfangen, noch die Unterscheidung zwischen dem Inneren und dem Äußeren.[145]

Ich denke, die vorliegende Aussage gibt einen Konsens der beiden Gelehrten wieder.[146] Sie sollte wie folgt verstanden werden: Durch die meditative Versenkung ist es möglich, die „Wesensbestimmung", d.h. das reine Bewusstsein, freizulegen; noch etwas präziser: die es verdeckende Schicht aus Gedanken, Vorstellungen und Wahrnehmungen wird abgetragen, und es wird vollständig zum Erscheinen gebracht (dies ist offenbar mit dem Wort „Stillstellung" gemeint). Wenn dies einmal gelungen ist, können Innen- und Außenwelt als zwei Aspekte eines einzigen, allumfassenden Wirklichkeitskontinuums (der „höchsten Wirklichkeit") erlebt werden – und diese Einsicht geht auch nicht verloren, wenn ich über die Sinnesorgane wieder mit der Welt in Kontakt trete, bzw. Gedanken und Vorstellungen bilde.[147]

Höchstwahrscheinlich entspricht genau dies auch Zhang Zais Vorstellung, nur dass er in seinem vorausgegangenen, bedauerlicherweise verloren gegangenen Brief seinen Misserfolg bei der meditativen Realisierung der All-Einheit eingestanden hatte. Cheng Hao erläutert in seinem Antwortbrief nun weiter, dass die Ursache für den Misserfolg seines Gefährten in der bewussten Zuwendung *zur Welt* zu suchen sei; in seinen Worten:

---

[145] 所謂定者，動亦定，靜亦定，無將迎，無內外。Vgl. Graf, *Djin-si lu*, Bd. 1, 114; aber auch Forke, *Geschichte der neueren chinesischen Philosophie*, 77. „Da Hengqu Zhang Zihou xiansheng shu", ECJ 460-1; der Brief wurde auch ins *Jinsi lu* aufgenommen, siehe JSL 2:4. Meine Datierung folgt Yang Lihua, *Qiben yu shenhua*, 24. Tilemann Grimm übersetzt *ding* als „Zusammenhalt" (Eintrag „Meditation", *Historisches Wörterbuch der Philosophie*, Bd. 5, 967).
[146] Vgl. Zheng Zemian, „Two Kinds of Oneness", 1259.
[147] Es ist möglich, diesen Versenkungszustand noch etwas genauer einzukreisen. „Fortbegleiten" (*jiang* 將) meint offenbar den Umstand, dass der Übende mit seiner Aufmerksamkeit einem bestimmten Eindruck oder Bewusstseinszustand, der sich zurückzieht, folgt (z.B. einem Ton, der langsam schwächer wird); „Empfangen" (*ying* 迎) steht dagegen wohl für einen Anregungszustand: Etwas dringt auf mich ein, tritt in mein Bewusstseinsfeld, so dass ich es mit meiner Aufmerksamkeit umschließen kann (z.B. einen plötzlichen Helligkeitspunkt, den ich durch meine halbgeschlossenen Augen wahrnehme). Beide setzen anders gesagt noch eine affektiv gerichtete Beteiligung oder Wahrnehmungstendenz voraus, die in der Meditation idealerweise schwinden soll. Zum daoistischen Hintergrund dieser Passage vgl. Zhang Yongjun, *Er Cheng xue guanjian*, 13-31.

Wenn wir aus den Außendingen eine unabhängige, uns fremde Außenwelt machen und infolgedessen uns [aus unserem Inneren, unserer Gleichgewichtslage] herausführen lassen müssen, um ihnen folgen zu können, so behaupten wir damit, in unserer Wesensbestimmung bestehe ein Unterschied zwischen Innen und Außen. Wenn wir überdies annehmen, unsere Wesensbestimmung folge den Einzeldingen nach auswärts, wer [oder auch: was] soll denn da in der Zeit, da sie draußen weilt, innen die Herrschaft führen?[148]

Wie genau Zhang Zais Übungsmethode aussah, lässt sich im Detail nicht mehr rekonstruieren. Der chinesische Forscher Zheng Zemian schreibt ihm eine Methode der „metaphysischen Kontemplation" (*metaphysical contemplation*) zu, bei der sich der Übende durch die Öffnung zur Unendlichkeit im reinen Denken von der Endlichkeit der Sinnlichkeit zu lösen suche; durch eine direkte Anschauung des Qi habe Zhang Zai versucht, die ursprüngliche Einheit hinter der wandelbaren Sinnenwelt wiederherzustellen. (Die Zuwendung zur Welt würde Zhang Zai später ja mit seiner Qi-Lehre motivieren; wir haben es hier womöglich mit einer frühen Position zu tun.) Umgekehrt habe sich Cheng Hao an dem weitgehend theoretischen, d.h. die konkrete Praxis transzendierenden Charakter dieser Vision gestört, die zudem auch wieder eine Dichotomie einführe (durch den angenommenen Gegensatz einer im Denken zu erfassenden Unendlichkeit und der Endlichkeit der Sinnenwelt) und daher die Realisierung der All-Einheit letztlich verunmögliche.[149] Ich finde diesen Interpretationsvorschlag sehr überzeugend; ob Cheng Haos Kritik tatsächlich einen Punkt hat, ist aber nicht leicht zu entscheiden. Glücklicherweise erläutert er seine Gedanken zur Meditation in der folgenden Passage noch etwas genauer:

---

[148] 苟以外物為外，牽己而從之，是以己性為有內外也。且以己性為隨物於外，則當其在外時，何者為在內？Meine Übersetzung folgt weitgehend Graf, *Djin-si lu*, Bd. 2, 116. – Einiges an diesem Brief bleibt umstritten. Ein Problem ist, dass Zhang Zai sein eigenes Denken erst zu einem sehr viel späteren Zeitpunkt (nach 1070) aufgezeichnet hat. Grundsätzlich stimme ich mit Zheng Zemian überein, dass es keine Anhaltspunkte für eine radikale Wende in Zhang Zais Denken gibt (ders., „Two Kinds of Oneness", 1268, Fn.); genau besehen gab es jedoch durchaus thematische Verschiebungen, z.B. hat Zhang Zai seine Deutung des *Buchs der Wandlungen* über die Jahre hinweg wiederholt revidiert, bis er seine reife Sichtweise im *Hengqu Yi shuo* 橫渠易說 niederschrieb (vgl. Yang, *Qiben yu shenhua*, 164 f.).

[149] Zheng, „Two Kinds of Oneness", 1256 f. Dem chinesischen Philosophen Mou Zongsan zufolge kann Zhang Zais Position nur unter Rekurs auf Kants transzendentalen Idealismus, insbesondere dessen Begriff der „intellektuellen Anschauung", adäquat gedeutet werden. *In nuce* lautet diese Deutung wie folgt: Es gibt – contra Kant – eine übersinnliche Wirklichkeit, die durch ein nicht-diskursives Denken erkannt werden kann. Für die Details siehe Sébastien Billioud, *Thinking through Confucian Modernity. A Study of Mou Zongsan's Moral Metaphysics*, Leiden/Boston 2011, 76-79.

Wollte man nun versuchen, mit einem Geist, der nichts mehr mit den Außendingen zu tun haben will, eine von Gegenständen gänzlich entleerte Sphäre auszuleuchten, so wäre das nicht anders, als wenn man hinter einem umgedrehten Spiegel das Spiegelbild suchen würde.[150]

Die Formulierung „eine von Gegenständen gänzlich entleerte Sphäre" bezeichnet zweifellos die „Innenwelt" des Übenden, der sich Zhang Zais Methode folgend jeder Wahrnehmung enthält und die All-Einheit nur noch in der Selbstanschauung des Geistes (*xin* 心) sucht; die Außenwelt würde derart nicht einmal mehr als eine Projektion des Geistes vorgestellt, sondern gänzlich aus seinem Horizont hinausgedrängt. Die Spiegelmetapher muss nun wohl so gedeutet werden, dass sie den Vorwurf impliziert, Zhang Zai vernachlässige die konkreten Reflexionen *im* Spiegel zugunsten eines imaginären Spiegelbilds *hinter* dem Spiegel. Anders gesagt kritisiert Cheng Hao hier, dass Zhang Zais Übungsmethode – die Öffnung zur Unendlichkeit im reinen Denken – zu sehr auf ein theoretisch präsupponiertes Ziel am Ende des Übungsweges ausgerichtet sei, darüber aber die vielfältigen Manifestationen der All-Einheit im konkreten Hier und Jetzt vernachlässige. (Zhang Zai mag seine Position nach diesem Briefwechsel, wie bereits gesagt, revidiert haben.)

Auch wenn wir nicht alle Implikationen überschauen können, ist der Dissens deutlich zu sehen; zur Frage steht, welche Bedeutung die äußeren, sinnlich wahrnehmbaren Erscheinungen für die meditative Praxis überhaupt besitzen können, wenn die Aufmerksamkeit schlussendlich auf ein reines Bewusstsein, das gar nicht mehr in der Welt zu lokalisieren ist, gerichtet werden soll. Die Frage, wie Einheit und Vielheit überhaupt voneinander abgegrenzt werden können, beschäftigte Cheng Hao nun nicht weniger als Zhang Zai; seine Position fällt aber gewissermaßen noch *radikaler* aus, da für ihn die dem Geist äußerliche, sinnlich wahrnehmbare Welt nur noch eine vernachlässigbare Größe darstellt (und ihre Widerständigkeit auch nicht mithilfe der Qi-Lehre thematisiert zu werden braucht). Einzig und allein die innere, aktive Wahrnehmung ist auf dem Übungsweg von Belang, da sie endlichen Wesen den Zugang zu der eidetischen Struktur des Allzusammenhangs ermöglicht. Was Cheng Hao damit konkret meint, zeigt sehr anschaulich die folgende Passage:

---

[150] 今以惡外物之心，而求照無物之地，是反鑒而索照也。Meine Deutung dieses Satzes folgt Zheng, „Two Kinds of Oneness", 1261. Vgl. aber alternativ Graf, *Djinsi lu*, Bd. 2, 118 f. – Die Spiegelmetapher wird sowohl im Daoismus wie auch im Buddhismus gern herangezogen, um etwas über die Beschaffenheit des Geistes, bzw. die Scheinhaftigkeit der Welt auszusagen. Vgl. dazu ausführlich Jorgensen, „The radiant mind", 48, Fn. 57.

[Cheng Hao] erklärte einmal, dass es sich mit der Erkenntnis der kosmischen Ordnung durch den Geist so verhalte wie wenn [einer] von der Hauptstadt [i.e. Kaifeng] nach Chang'an reist. [Dieser Mensch] wird sich nur gewahr, dass er [gerade erst] das Westtor [der Hauptstadt] verlassen hat, und dann ist er auch schon in Chang'an ankommen. Indem [wir] dies so sagen, unterscheiden [wir] noch zwischen zwei verschiedenen Orten; wenn [ich aber] ganz wahrhaftig bin, werde ich schon in Chang'an angelangt sein, obgleich [ich] mich noch in der Hauptstadt befinde; man darf gar nicht mehr nach Chang'an gehen wollen! Im Geist ist der Kosmos, und wer bis an seine Grenzen geht, der erkennt auch die Wesensbestimmung. Wer die Wesensbestimmung erkannt hat, besitzt aber Erkenntnis über die kosmische Ordnung. Im [Bewusstseinsstrom] hier und jetzt muss man [die All-Einheit] erspüren, nicht außerhalb![151]

Auf dem Übungsweg ist anders gesagt der steile Aufstieg *in den* Geist notwendig, der nicht durch eine Zuwendung zur Welt behindert werden darf. Der Übende muss sich direkt mit der Totalität, der absoluten, schöpferischen Tätigkeit identifizieren; diese darf auch nicht mehr als Geist oder Welt bestimmt werden, sondern nur noch als ungetrenntes Beieinander des Erscheinungsgeschehens.[152] Eng mit diesem ekstatischen Zustand verbunden ist die Tugend der „Wahrhaftigkeit" (*cheng* 誠; Olaf Graf: „Wesenstreue"); sie war für alle Neukonfuzianer von größter Bedeutung, da sie bereits im ersten Abschnitt des kanonischen Texts *Die große Lehre* thematisiert wird. Im vorliegenden Kontext muss sie als eine ganzheitliche, existenzielle Haltung verstanden werden, die erst nach einer fundamentalen Transformation des Selbstverständnisses möglich wird; wer diese Tugend besitzt, ist in der Lage, die prozesshafte Wirklichkeit holistisch wahrzunehmen und unterschiedliche Aspekte zu einem Ganzen zu verbinden, ohne dass er noch nach etwas streben würde (vgl. JSL 1:22, 1:23).[153] Außerdem vermag Cheng Hao zufolge derjenige, dem die Totalität erscheinungshaft zugänglich wird, Raum und Zeit (als Formen der Anschauung) zu transzendieren. Das reine, kontemplative Denken ist nämlich nicht-diskursiv und daher auch frei von jeglicher, räumlicher oder zeitlicher Bestimmung (an dieser Stelle liegt wieder der Vergleich mit Nāgārjuna nahe, der mich ja an

---

[151] ECJ 15: 嘗論以心知天，猶居京師往長安。但知出西門，便可到長安。此猶是言兩處。若要至誠，只在京師，便是到長安，更不可別求長安。只心便是天，盡之便知性，知性便知天，當處便認取，更不可外求。Vgl. Tang, *Zhongguo zhexue yuanlun. Yuanjiao pian*, Bd. 1, 127; Mou, *Xinti yu xingti*, Bd. 2, 95. Im Hintergrund dieser Passage steht wieder *Menzius* 7A/1.

[152] Vgl. Wen Weiyao, *Cheng sheng zhi dao*, 49.

[153] Vgl. Grafs hilfreiche Erläuterungen, ders., *Tao und Jen*, 99-104. Der Term *cheng* wird mitunter auch als „Kreativität" übersetzt; vgl. Philippe Brunozzi, „Wisdom, Deep Deference and the Problem of Autonomy. Engaging with Being *Cheng*", *Philosophy East and West*, 71:3 (Juli 2021), 582-602.

den Punkt bringen möchte, wo ich bezüglich der Zeit keinerlei gehaltvolle, metaphysische Überzeugung mehr besitze).[154] Ebenso wenig gibt es noch lineare Kausalitäten.

Diese direkte Identifikation mit der Totalität ist für Cheng Hao primär mit dem Konzept *li* 理, bzw. *tianli* 天理 („höchste Wirklichkeit", „kosmische Ordnung") verbunden. Die All-Einheit muss – und kann – im konkreten Hier und Jetzt geschaut werden, da wir ohnehin *in ihr* sind, in diesem Ganzen. Wenn es mir gelingt, mich auf die eidetische Struktur des Ganzen zu fokussieren, verliere ich das Bewusstsein meiner spezifischen Position im Gesamtzusammenhang und öffne „mich" für das Eine.

Dabei betonte Cheng Hao immer wieder die präreflexive, spontane Natur dieser ekstatischen Erfahrung; die „höchste Wirklichkeit" manifestiert sich so natürlich, wie wenn zwei Menschen im Tanz eine affektive Verbindung eingehen.[155] Die Idee einer geistigen Schau impliziert wohlgemerkt auch keine Distanz zur Welt, sondern sie lässt sich nur in der Fortführung bestimmter Handlungsmuster, d.h. *praktisch* realisieren. Und wir verstehen jetzt auch besser, warum jede Behauptung, jede sprachliche Unterscheidung die rein am Bewusstseinszustand des Übenden abgelesene *Einheitserfahrung* zu verspielen droht; denn jede fixe, referentielle Äußerung, die auf die All-Einheit zielt, wird leicht zu einer Barriere, die das freie Strömen des Bewusstseins und verhindert damit die kosmische Transformation selbst.[156]

---

[154] Cheng Hao thematisiert auch anderswo die Scheinhaftigkeit des Raums (ECJ 135; vgl. Wen Weiyao, *Cheng sheng zhi dao*, 29 f.). Toshihiko Izutsu erläutert einen ähnlichen Gedanken anhand des Beispiels einer Bergwanderung. Am Ende der Wanderung kann ich mich an die einzelne Berge, die ich überwunden habe, erinnern; ich kann mir aber auch die Wanderung als einen einzigen Erlebnisstrom vergegenwärtigen: „All the mountains in this sense are equidistant from me, i.e., the Mind in contemplation or the ‚Center' of the Mandala of a-temporality. Such in fact is the internal structure of the *totum simul*, the a-temporal dimension of existence-time." (ders., „The Field Structure of Time in Zen Buddhism", 111)

[155] Für diesen Vergleich siehe Zheng, „Two Kinds of Oneness", 1260 f.

[156] Zhang Yongjun argumentiert, dass das Ziel eine „Einsicht durch unmittelbare Anschauung" (*zhiguan tizheng* 直觀體證) sei (ders., *Er Cheng Xue guanjian*, 195). Cheng Hao zufolge bedarf es bei einer bestimmten Tiefe der Einsicht *sensu stricto* gar nicht mehr der sprachlichen Thematisierung der All-Einheit, denn es gilt: „Vom Ursprung her betrachtet sind Kosmos und Mensch nicht zwei; deshalb ist es gar nicht nötig, ihre Einheit eigens auszusprechen." ECJ 81: 天人本無二，不必言合。Vgl. Zhang Zais Bemerkung in ECJ 115 („Luoyang yilun"). Mou Zongsan betont in seiner Rekonstruktion die Nähe Cheng Haos zum Chan-Buddhismus; es handele sich bei seinen Aussagen nicht um „factual, predicative statement[s]" (ders., *Xinti yu xingti*, Bd. 2, 117). Selbst die für die Exegese des *Buchs der Wandlungen* zentrale, konzeptuelle Unterscheidung zwischen einer transzendenten

Folgerichtig bevorzugt Cheng Hao dunkle, metaphorische Darstellungsweisen, bei denen so wenig wie möglich *erklärt* wird. In seinem berühmten Essay „Über die Erkenntnis der Menschenliebe" (*Shi ren pian* 識仁篇) setzt er etwa auf eine schlichte Sprache, einige prägnante *Menzius*-Zitate und die emotionale Ansprache seiner Leser, um sie von der Macht einer allumfassenden Liebe zu überzeugen, die keine bloße Gefühlsregung ist, sondern eine tiefe, den ganzen Menschen ergreifende Resonanz mit dem Kosmos.[157] Sein Erkenntnisparadigma ist also nicht Weisheit als Wissen *über die Welt*, sondern Weisheit als *situatives Wissen*, für deren Erwerb die Existenz der Welt keineswegs eine notwendige Bedingung zu sein scheint. Nicht zuletzt: Wer noch zwischen Geist und Welt differenziert, verfehlt das Eine, den Allzusammenhang, bereits und gibt auf diese Weise zu erkennen, dass es ihm noch an echter Einsicht fehlt.[158]

***

Die von Cheng Hao favorisierte Redeweise führt nun zweifellos dazu, dass subjektive und objektive Ebenen der Betrachtung nicht mehr einfach auseinandergehalten werden können; leicht erscheint es daher so, als wären selbst Träume und Halluzinationen Bestandteile der realen Welt. Wie vor diesem Hintergrund eine bewusste Selbstbeziehung etabliert werden kann, bleibt durchaus unklar. Ein absolutes, zeitfreies

---

und einer immanenten, einer „über den sinnlich wahrnehmbaren Gestalten liegenden" (*xing shang* 形上) und „einer unter sie fallenden" (*xing xia* 形下) Wirklichkeitssphäre wird von Cheng Hao als überflüssig angesehen, denn der Schauende kann nur wortlos auf das Ganze weisen: „Im Sprechen über das Dao wird nur [in dieser Passage] so klar zwischen Oben und Unten unterschieden; tatsächlich ist *dies* das eine Dao – und muss im Schweigen erspürt werden." [...] 而曰道者，惟此語截得上下最分明，元來只此是道，要在人默而識之也。 (ECJ 118; vgl. Mou, *Xinti yu xingti*, Bd. 2, 43 f., sowie *Yijing. Das Buch der Wandlungen*, 212).

[157] ECJ 16 f. Dieser Essay wurde nicht in die Anthologie *Aufzeichnungen des Nachdenkens über Naheliegendes* aufgenommen (vgl. aber JSL 1:20). Siehe auch Graf, *Tao und Jen*, 81; Wen, *Cheng sheng zhi dao*, 110-117.

[158] In der Sekundärliteratur wird Cheng Hao bezüglich der Frage nach der Existenz der Außenwelt sowohl als „Idealist" wie als „Realist" bezeichnet (Forke, *Geschichte der neueren chinesischen Philosophie*, 77 f.; Tsuchida, *Daoxue zhi xingcheng*, 174; Graham, *Two Chinese Philosophers*, 121 ff.). Jiang Yibin erklärt in einer etwas traditionelleren Formulierung, dass für Zhang Zai der Himmel (i.e. der Kosmos) außerhalb der menschlichen Subjektivität liege, Cheng Hao dagegen das Gegenteil annehme (ders., *Songdai ru shi tiaohelun ji paifolun zhi yanjin*, Taipeh 1988, 70). Weder Zhang Zais noch Cheng Haos Äußerungen dürfen m.E. als *Behauptungen* über die Realität der Außenwelt interpretiert werden, sondern sollten als bloße *phänomenale Berichte* gelesen werden.

Ich kann sich im Alltag aber auch kaum mit anderen Menschen koordinieren. Wohl aus solchen Überlegungen heraus suchte Cheng Yi ein sachliches, vernünftig strukturiertes Sprechen *über die Welt*, auch mit direktem Bezug auf die Einzeldinge, zu rehabilitieren. Genau auf diese Weise würde er Zhu Xi den Weg bereiten. Anders als sein Bruder Cheng Hao favorisierte er zudem die kohärente, klar gegliederte Darstellung, um seiner Lehre Ausdruck zu verleihen; nur heißt das auch bei ihm nicht, dass er unmittelbar seine *eigenen* Gedanken ausgedrückt hätte, denn auch er wollte *durch die Überlieferung* sprechen.[159] Wer sich nur für die Ideen interessiert, wird das wenig ersprießlich finden; so ist die mittelalterliche Konstellation in China aber nun einmal.

Mit der notwendigen Verkürzung möchte ich Cheng Yis Denken in den folgenden vier Punkten zusammenfassen:

(1) Auch für Cheng Yi ist die „höchste Wirklichkeit", bzw. die „kosmische Ordnung" (*li* 理; auch *tianli* 天理) das wichtigste Konzept für die neukonfuzianische Erkenntnissuche. In der modernen Forschung ist dieser Term so ausführlich behandelt worden, dass ich mich mit einigen allgemeinen Beobachtungen begnügen und alle Detailprobleme beiseitelassen kann.[160] Das chinesische Wort *li* ist polysemantisch; es kann dem Kontext entsprechend als „Muster", „Prinzip", „Wahrheit", „Ordnung" oder auch „Kohärenz" übersetzt werden. In neukonfuzianischen Kreisen wurde es im 11. und 12. Jahrhundert so wichtig, dass es sogar das klassische Konzept Dao („Weg", „Urgrund", usw.) zu überschatten begann; anderswo war es jedoch keineswegs prominent, geschweige denn selbstverständlich.[161] Philosophisch hilfreich ist die Übersetzung des amerikanischen Forschers Stephen C. Angle: „dynamic structuring of the cosmos"; in der deutschsprachigen Forschung ist der Term auch als „Vernunft" oder gar „Weltgeist" übersetzt worden.[162] Noch deutlicher wird seine Bedeutung in der folgenden Paraphrase eines koreanischen Historikers:

---

[159] Cheng Yis Hauptwerk ist dementsprechend kein selbständiges Buch, sondern ein ausführlicher Kommentar zum *Buch der Wandlungen*; philosophische und exegetische Belange sind darin aufs Engste miteinander verknüpft. Zur Textgeschichte vgl. jüngst Cheung Hiu Yu, „Consolidation of the Cheng school", 126-132.
[160] Vgl. etwa van Ess, *Von Ch'eng I zu Chu Hsi*, 156-162; Liu, *Neo-Confucianism: Metaphysics, Mind, and Morality*, 88-91, sowie die detaillierte historische Darstellung in Brook Ziporyn, *Beyond Oneness and Difference: Li and Coherence in Chinese Buddhist Thought and Its Antecedents*, New York 2014.
[161] Der bereits erwähnte Naturforscher Shen Gua etwa bewahrte sich eine gewisse Skepsis bezüglich dieses Terms; er wisse nicht, *wo* sich diese „höchste Wirklichkeit" eigentlich befinde, schrieb er einmal (Zuo, *Shen Gua's Empiricism*, 213 f.).
[162] Angle, „Buddhism and Zhu Xi's Epistemology of Discernment", 188; Forke, *Geschichte der neueren chinesischen Philosophie*, 84.

The *li* of an object or a phenomenon is not a simple idea or principle that can provide an explanation or an understanding of the object or the phenomenon at a level more fundamental than the object or the phenomenon itself. [...] Indeed, *li* refers to a given object or phenomenon as a whole in its totality. [...] When *li* is mentioned, it is merely invoked to assure the existence or occurrence of the object or phenomenon. Nor is the content of *li* analyzed or studied; it is grasped as a whole.[163]

Dem neukonfuzianischen Gebrauch dieses Terms liegt also eine realistische Intuition zugrunde; er verweist auf den Umstand, dass ein Objekt *gegeben*, dass es *wirklich* ist, quasi etwas Seiendes, ein distinktes Objekt und Gegenstand der Bezugnahme, keineswegs nur ein Produkt meiner Einbildung. Daneben ist beachtenswert, dass diese „höchste Wirklichkeit" (wie der letzte Satz erläutert) nur in ihrer Ganzheit erfasst werden kann, sei es nun auf der Ebene distinkter Objekte oder aber im Horizont der Totalität, dem ich mich zumindest annähern kann, wenngleich ich ihn womöglich nie erreichen werde.[164] Darüber hinaus gilt: „[...] *li* is not conceptually simpler or more fundamental than the object or phenomenon itself."[165] Wir haben es also *sensu stricto* nicht mit einem Begriff zu tun, sondern vielmehr mit einer „absoluten Metapher" im Sinne Hans Blumenbergs – Metaphern nicht als „*Restbestände*", sondern als „*Grundbestände*" philosophischer Sprache, nämlich „‚Übertragungen', die sich nicht ins Eigentliche, in die Logizität zurückholen lassen".[166] Die „höchste Wirklichkeit" verlangt danach, zum Gegenstand der Anschauung zu werden, der unmittelbaren, geistigen Schau. Folgerichtig vergleicht Cheng Yi die Kenntnis der „Wirklichkeit" einmal mit jener Art von Intuition, dank derer wir die Absichten eines anderen Menschen beim Hören des von ihm gespielten Musikstücks erraten können.[167] „Wenn wir [zur Beobachtung] heranziehen, was uns am nächsten zur Hand ist", schreibt er außerdem, „so [ist leicht zu erkennen, dass] alle möglichen *li* (höchste Wirklichkeiten) in unserem eigenen Körper wohlgeordnet angelegt sind. Auf diese Weise lässt sich der Sinn des Einschrumpfens und Ausdehnens, des Gehens und

---

[163] Kim, *The Natural Philosophy of Chu Hsi (1130-1200)*, 25 f. Ich danke Kai-chiu Ng für den Hinweis auf diese Passage.
[164] Vgl. Graf, *Tao und Jen*, 20-27, Zuo, *Shen Gua's Empiricism*, 202 f.
[165] Yung Sik Kim, „Confucianism and the Development of Science in East Asia", in: *Xiandai Rujia yu Dongya wenming. Wenti yu fazhan*, hgg. von Liu Shu-hsien und Lin Yue-huei, Taipeh 2002, 183-213; hier: 202.
[166] Ders., *Paradigmen zu einer Metaphorologie*, Frankfurt a.M. 1998, 10.
[167] ECJ 224; vgl. Kidder Smith Jr., Peter Bol, Joseph A. Adler, Don J. Wyatt, *Sung Dynasty Uses of the I Ching*, Princeton 1990, 165.

Kommens schon während des Atemholens einsehen."[168] Die „höchste Wirklichkeit" wird in der rhythmischen Bewegung des belebten, kosmischen Prozesses manifest. Da der „höchsten Wirklichkeit" eine unbegrenzte Autorität zugeschrieben wird, gibt es nicht zuletzt eine unbedingte Forderung an jeden Einzelnen, in ihrem Sinne die eigene Egozentrizität zu überwinden und selbstlos, d.h. „unvoreingenommen" (*gong* 公) zu werden.[169] Paradoxerweise erzeugt das bloße Gegebensein der phänomenalen Welt, sobald ich diese in den Blick nehme, aber auch egozentrische Wünsche in mir.[170]

Die bisherigen Beobachtungen sollten uns skeptisch werden lassen angesichts der in der Sekundärliteratur noch immer verbreiteten Versuche, den Term *li* 理 mit dem theologisch-philosophisch geprägten Gesetzesbegriff der europäischen Geistesgeschichte in Beziehung zu setzen. Meiner Meinung nach verbietet es sich, die *li* als grundlegende, allgemeine und notwendige Sätze (Axiome oder Prinzipien) oder als regelhafte, bzw. notwendige Relationen zwischen Dingen, Prozessen und Handlungen, die in solchen Sätzen beschrieben werden, zu interpretieren; zwar identifiziert auch Cheng Yi Regelmäßigkeiten in der Natur (die Jahreszeiten, den Gang der Gestirne, usw.) unter Rekurs auf diesen Term, doch wird dann keine Erklärung einer objektiv erkannten Natur angestrebt, sondern die sittliche Praxis des Menschen genauer charakterisiert, die resonante Transformation des Geistes.[171] Richtig ist

---

[168] ECJ 167: 近取諸身，百理皆具。屈伸往來之義，只於鼻息之間見之。Vgl. JSL 1:33, sowie Graf, *Djin-si lu*, Bd. 2, 79 f. (Übersetzung revidiert).

[169] Smith, K. Bol, Adler, Wyatt, *Sung Dynasty Uses of the I Ching*, 139 f.

[170] ECJ 145: 所欲不必沈溺，只有所向便是欲。Vgl. JSL 5:24, vgl. die deutsche Übersetzung in Graf, *Djin-si lu*, Bd. 2, 416 (leicht angepasst): „Zum Begehren gehört es nicht, dass man unbedingt (in den begehrten Dingen) versinken müsse; schon wenn man sich ihnen nur zuwendet, ist der Sachverhalt des Begehrens gegeben." Vgl. ebenfalls ZZQS 6:455 (zu *Mencius* 7B/36), sowie ECJ 20, 29, 91, 296 f., 312, *passim*.

[171] Needham: „*Li* ist also nicht formuliertes Gesetz, eher die Ordnung und Muster in der Natur. Aber es ist kein Muster, das – wie ein Mosaik – als tot betrachtet wird; es ist ein dynamisches Muster, das sich in allem Lebendigen verkörpert, in sozialen Beziehungen genauso wie in den höchsten menschlichen Werten." (ders., *Wissenschaftlicher Universalismus*, 283) Kim Yung Sik schreibt sehr richtig über Zhu Xi: „A regularity was considered by him as a particular fact rather than a general law or principle covering many particular facts." (ders., *The Natural Philosophy of Chu Hsi*, 305 f.) – Der Medizinhistoriker Volker Scheid übersetzt das Gegebensein dieser „höchsten Wirklichkeit" folgendermaßen in eine zeitgenössische Sprache: „The present is ‚just so' because each thing, each element of a practice or culture as well as that practice or culture at large, is continually emergent at the intersection of its own past and future. Structurally, that with which we engage is always already at hand through the historical positioning we take up in the environment in which we

aber, dass Cheng Yi mit seiner Übungsformel „Es gibt nur eine einzige Wirklichkeit, aber sie manifestiert sich auf unterschiedliche Weisen" wie schon Zhang Zai den Bezug auf Einzeldinge als notwendige Bedingung für den Erfolg des Übungsprojekts ausgezeichnet hat.[172] Die Außenwelt ist keineswegs nur scheinhaft, sondern *wirklich*; und ihr eidetischer Gehalt muss bis in die kleinsten Verästelungen hinein erspürt werden, bevor Vollkommenheit und Weisheit möglich werden.

(2) Im Unterschied zu seinem Bruder ist Cheng Yi der Überzeugung, dass echte Erkenntnis nur kumulativ erworben werden kann, in einem Prozess der graduellen Selbsttransformation, nicht aber mittels einer sich spontan einstellenden Einsicht. Wohlgemerkt hatten beide Brüder in daoistischen Zirkeln gelernt, auch meditierten sie unter dem Einfluss chan-buddhistischer Meister und ermutigten ihre eigenen Schüler, das Gleiche zu tun.[173] Cheng Yi besaß wohl weniger Kenntnisse über den Buddhismus als sein Bruder, der sich recht gründlich mit dem Buddhismus beschäftigt zu haben scheint.[174] Während Cheng Hao aber ganz dem subitistischen Modell des „plötzlichen Erwachens" (*dun wu* 頓悟) folgte und in diesem Sinne einmal behauptete, die Einsicht in den kosmischen Gesamtzusammenhang sei ihm ganz von selbst zugefallen,[175] betonte Cheng Yi, dass echte Erkenntnis sich erst im Laufe eines lan-

---

live and work or in relation to the tools we use." (ders., *Chinese Medicine in Contemporary China: Plurality and Synthesis*, Durham, NC 2002, 52) Nicht zuletzt steht außer Frage, dass diese neue Wichtigkeit des Terms *li* sich aus einer Reaktion auf den Huayan-Buddhismus ergibt; vgl. Brook Ziporyn, „The Ti-Yong Model and Its Discontents: Models of Ambiguous Priority in Chinese Buddhism and Zhu Xi's Neo-Confucianism", in: *The Buddhist Roots of Zhu Xi's Philosophical Thought*, 193-276. In den Worten Cheng Yis: „Die zehntausend Wirklichkeiten lassen sich zusammenführen zu einer einzigen Wirklichkeit" (*wan li gui yu yi li* 萬理歸於一理; ECJ 195; vgl. Tsuchida, *Daoxue zhi xingcheng*, 198 f.).

[172] Siehe Jiang, *Songdai ru shi tiaohelun ji paifolun zhi yanjin*, 82.

[173] Vgl. ECJ 84, 98, 429, *passim*.

[174] Zhang, *Er Cheng Xue guanjian*, 52 f.; Tsuchida, *Daoxue zhi xingcheng*, 172-177, 202-210. Das *Girlanden-Sutra* wird von beiden erwähnt (ECJ 81, 195), ebenfalls das *Sutra der Perfekten Erleuchtung* (ECJ 196; dabei kritisieren sie den mahāyāna-buddhistischen Illusionismus, wie er insbesondere im damals sehr beliebten *Heldenleib-Sutra* propagiert wird (ECJ 1; 3 f.; vgl. Tsuchida, *Daoxue zhi xingcheng*, 208). Vgl. ausführlich Zhang, *Er Cheng Xue guanjian*, 37-116. Cheng Yi hatte einmal erklärt, dass man durch das Studium buddhistischer Texte leicht zum Buddhisten würde, und dass es deshalb besser wäre, sich überhaupt nicht mit ihnen auseinanderzusetzen (ECJ 155; vgl. JSL 13:9). Die meisten seiner Schüler beließen es daher bei oberflächlicher Polemik. Eine Ausnahme war You Zuo 游酢 (1053-1123), siehe den Bericht in ZZQS 12:1046 f.; vgl. Shen, *Ren neng hong dao*, 180 f.

[175] ECJ 424: 明道嘗曰:「吾學雖有所受,天理二字卻是自家體貼出來。」Vgl. Jiang Yibin, *Songdai ru shi tiaohelun ji paifolun zhi yanjin*, 70.

gen Studiums, unter Anleitung eines Lehrers und in der Auseinandersetzung mit Texten und Alltagsphänomenen, einstelle (ECJ 188). Gerade weil der Zustand des höchsten Wissens (d.h. der Weisheit) so flüchtig, so schwer sprachlich bestimmbar ist, ist es unerlässlich, sich ihm langsam und methodisch anzunähern. Für diese Zugangsweise prägte Cheng Yi die Formel des „Erforschens der [in den Dingen manifest werdenden] Wirklichkeiten" (*qiong li* 窮理), die in Zhu Xis Fassung später Epoche machen würde.[176] In nuce bedeutet sie: Die sensorisch zugänglichen Einzeldinge haben nur insofern eine Bedeutung, als sie die „höchste Wirklichkeit" konstituieren; diese ist aber nicht einfach gegeben, so dass sie sinnlich oder im Denken erfasst werden könnte, sondern sie erschließt sich nur nach einem Prozess der Selbsttransformation.[177] Damit dieser Prozess erfolgreich durchlaufen werden kann, sind Tätigkeiten wie die Lektüre kanonischer Schriften, die Meditation und die gelungene Interaktion mit der Außenwelt unerlässlich. In der Schwierigkeit, die „höchste Wirklichkeit" zu erfassen, zeigt sich nicht zuletzt ihre *Transzendenz* gegenüber dem gewöhnlichen Alltag.[178]

(3) Es sind zahlreiche Gesprächen mit Schülern dokumentiert, in denen sich Cheng Yi zur Alchemie und zu Naturphänomenen wie Kometenfall, Blitzschlägen und Wetterwechsel sowie zu allerlei Sensationsberichten und Wundererscheinungen äußert; offenkundig interessierte ihn die damals bekannte Welt.[179] Dennoch steht außer Frage, dass auch für ihn die sittliche Praxis den Vorrang vor naturkundlichen Spielereien hat, insbesondere das richtige Verhalten gegenüber den Eltern, dem Ehepartner und den eigenen Kindern, aber auch gegenüber den Beamten, Ministern und dem Kaiser. Einige seiner Äußerungen über Naturphänomene sind außerdem so explizit tautologisch, dass es kaum überzeugend scheint, ihnen überhaupt eine Referenzfunktion auf die äußere Welt zuzuschreiben; der Weltbezug ist offenbar besonders

---

[176] Angle und Tiwald übersetzen diese Formel als „exhaustively investigating Pattern" (dies., *Neo-Confucianism: A Philosophical Introduction*, 140 f.). Vgl. Wen Weiyao, *Cheng sheng zhi dao*, 64 ff., sowie Chen Lai, *Zaoqi daoxue huayu de xingcheng yu yanbian*, 229-299.
[177] Smith, Bol, Adler, Wyatt, *Sung Dynasty Uses of the I Ching*, 159.
[178] Zum Begriff der Transzendenz im mittelalterlichen China vgl. die hilfreichen Erläuterungen in Faure, *Double Exposure*, 52-56.
[179] ECJ 162, 36 f., 150, 161. Zu der Passage über Alchemie vgl. Needham, *Science and Civilisation in China*, Bd. V:4, 299. Ebenso Bol, *Neo-Confucianism in History*, 214.

deshalb notwendig, weil nur mit seiner Hilfe der Geist ethisch transformiert werden kann.[180] Also: Meine Subjektivität kann nur dann *sinnvoll strukturiert* werden, wenn ich mich über einen längeren Zeitraum hinweg in einer engen, affektiven Verbindung mit der Außenwelt – also auch mit anderen Menschen – befinde.

(4) Am Ende des Übungsweges ist der weise Mensch eins mit der „Wirklichkeit"; sein Verhalten daher in jeder Situation makellos, sein Charakter vollkommen (ECJ 307). Da auch Cheng Yi grundsätzlich der Beobachtung des antiken Denkers Menzius zustimmt, dass die „Wesensbestimmung" (*xing* 性) *aller* Menschen ethisch wertvoll sei (*Menzius* 3A/1, 6A/6), erklärt er die egozentrische, charakterlich unzulängliche Verfasstheit vieler Menschen unter Rekurs auf die Qi-Lehre: Das Qi sei eben bei manchen Menschen schlechter als bei anderen.[181] Einmal vermutet er sogar, dass der Ursprung der Menschheit in nichts anderem als einer spontanen Verwandlung des Qi zu suchen sei (ECJ 161). In solchen Passagen deutet sich bereits die dualistisch anmutende Gegenüberstellung von „Wirklichkeit" und Qi-Prozess an, die knapp ein Jahrhundert später für Zhu Xis Denken bezeichnend sein würde.

VI. Die Realität der Welt

An dieser Stelle ist es hilfreich, noch einmal mit etwas Abstand die radikale Skepsis des Buddhismus zu würdigen. Gegen einen gewöhnlichen Außenweltskeptizismus lässt sich etwa G.E. Moores Argument anbringen, dass ich *hier* zwei Hände sehe, dass es mithin mindestens zwei außenweltliche Einzeldinge gibt und daher auch die Annahme einer Existenz der Außenwelt plausibel ist.[182] Doch stellt der Buddhismus ja nicht nur die Existenz der Außenwelt in Frage, sondern auch die Existenz eines Selbst, das über diese beiden Hände sprechen könnte, sowie nicht zuletzt die Existenz der Sinnesorgane, mit deren

---

[180] Siehe insbesondere den berühmten Schlagabtausch zwischen Cheng Yi und Shao Yong über den Ursprung des Blitzschlags (ECJ 269 f.; vgl. Zhang, *Er Cheng xue guanjian*, 59). In den Worten einer chinesischen Historikerin: „True knowledge appeared spontaneously when the certain *li* concerning the origin of the thunder became illuminated in one's heart-mind, a process involving no deliberative activity concerning the content of this *li*." (Zuo, *Shen Gua's Empiricism*, 211)
[181] Siehe ECJ 207 (zu *Gespräche* 17:2). Vgl. *Menzius* 3A/1, *passim*, sowie Tsuchida, *Daoxue zhi xingcheng*, 214-227.
[182] Ders., „Proof of an External World" (1939), in: *Selected Writings*, hg. von Thomas Baldwin, London 1993, 147-170. Ob das Argument tatsächlich erfolgreich ist, bleibt umstritten.

Hilfe diese beiden Hände wahrgenommen würden. Mithin ist ein konsequentes Denken der Negativität nicht mehr leicht zu erschüttern.[183] Da viele buddhistische Praktiken die Bewusstseinsimmanenz scharf hervortreten lassen, können die Dinge *außerhalb* des Geistes auch kaum mehr thematisiert werden (die Meditation beraubt die sinnlich gegebenen Einzeldinge ihres Ansichseins). Die Neukonfuzianer hatten nun die flussontologische Sichtweise der Buddhisten längst so tief verinnerlicht, dass es ihnen schwer fiel, im Bewusstseinsstrom etwas Festes, Unwandelbares zu identifizieren (wenn alles in der Welt im Fluss ist, ist selbstredend auch der Geist im Fluss).[184] Wie jüngst ein chinesischer Forscher hervorgehoben hat, hätte Zhu Xi auch wenig gewonnen, wenn er einfach einzelne Textpassagen aus den konfuzianischen Klassikern erneut als normativ gesetzt hätte, da eine solche Strategie nur zu leicht als *dogmatisch* durchschaut worden wäre.[185] Vielmehr war es nötig, die direkte Auseinandersetzung mit den Anhängern des Buddhismus zu suchen, und zwar bezüglich der Art und Weise, wie die meditative Versenkung und damit die Möglichkeit des Selbstbezugs konzeptualisiert wird.

Nachdem er um das Jahr 1169 – also etwa sechs Jahre nach dem Tod seines Lehrers Li Tong – endlich das nötige Selbstvertrauen gefunden hatte, arbeitete Zhu Xi seine Lehre systematisch aus. Wie ich schon angedeutet habe, denke ich, dass er sehr bewusst buddhistische Ideen und Übungsformen in der konfuzianischen Kultur zu verankern

---

[183] Gerade weil die buddhistische Lehre so stark auf die Negation abhebt, erreicht sie einen Abstraktionsgrad, dem argumentativ kaum noch beizukommen ist (vgl. Blumenberg, *Theorie der Unbegrifflichkeit*, 79).

[184] In der konfuzianischen Kultur besaß der Hinweis auf das Dao, bzw. den Kosmos („Himmel"), als Inbegriff der lebensspendenden, schöpferischen Kraft zweifellos eine nicht zu vernachlässigende Überzeugungskraft; jedoch waren beide Begriffe im 12. Jahrhundert längst in ein relationales System von Bezügen integriert worden, so dass sie nicht mehr einfach außerhalb des Geistes, in der Außenwelt lokalisiert werden konnten (vgl. etwa ECJ 274; Araki, *Fojiao yu rujiao*, 277). Gemäß dem Buch *Menzius* (7A/1) ist der kosmische Gesamtzusammenhang keineswegs etwas, das mir gegenübersteht, vielmehr liegt er in meinen tiefsten Bewusstseinsschichten verborgen. Hoyt C. Tillman fasst zusammen: „nature in the self and nature in the cosmos were ultimately one and the same." (ders., „Consciousness of T'ien in Chu Hsi's Thought", *Harvard Journal of Asiatic Studies*, 47:1 (Juni 1987), 31-50; hier: 50) Ebenso ist das Dao unauflösbar mit den im Alltag zugänglichen Erscheinungen verbunden; so ist ein Ofen, den ich wahrnehme, nur eine „gegenständliche Erscheinung" (*qi* 器), „in dem Umstand aber, dass [ich] mich dem Feuer zuwenden kann, dass [der Ofen] vom Menschen in Gebrauch genommen werden kann, liegt das Dao." 此是器，然而可以向火，所以為人用，便是道。 (ZZQS 14:846) Nicht vergessen werden darf, dass gerade zu Beginn des Übungsweges die Aufmerksamkeit ganz auf die Art und Weise gerichtet werden soll, wie die Welt, meine Gedanken, Vorstellungen und Gefühle *mir* erscheinen.

[185] Jiang Qiuliu, *Zhuzi zhexue de jiegou yu yili*, Beijing 2020, 11.

suchte, um so eine uralte Tradition mit neuer Dynamik zu versehen. Doch schloss dies offenkundig nicht den zentralen Gedanken der *Scheinhaftigkeit* ein. Wie für Zhang Zai ist auch für ihn die Welt „etwas Gegebenes" (*given*);[186] der Übende muss sich ihr zuwenden und sich sehr genau mit den Einzeldingen beschäftigen, um so die sittliche Vollkommenheit in seinem Leben zu realisieren.

In der anglo-amerikanischen Forschung haben Kim Yung Sik, JeeLoo Liu, Stephen C. Angle, Justin Tiwald und andere diesen Themenkomplex bereits sehr genau erörtert, so dass ich hier nicht auf sämtliche Details eingehen muss. Zhu Xi integrierte Zhang Zais Qi-Lehre in seinen systematischen Entwurf des Neukonfuzianismus, um auf diese Weise die *Realität* – wohlgemerkt nicht die *Substanzialität*! – der Erscheinungen abzusichern. Auch er suchte derart die widerständige, materielle Seite des Wirklichkeitskontinuums zu konturieren, zugleich gab er dieser Lehre aber – inspiriert von Cheng Yi – eine unverkennbar dualistische Wendung. Bündig ausgedrückt: Während die immanente Regelmäßigkeit des Qi im Wechsel zwischen unterschiedlichen Aggregatzuständen bei Zhang Zai noch recht unscharf blieb (vgl. *Rechtes Auflichten* 1:3), rückt sie nun ins Zentrum des Neukonfuzianismus. Die „höchste Wirklichkeit" (*li* 理) benennt die den aus Qi konstituierten Einzeldingen inhärente Struktur, quasi ihren eidetischen Gehalt, der vom Menschen in der geistigen Schau erfasst werden kann. Ihre Erkenntnis ist das eigentliche Ziel des Bildungs- und Übungsprogramms.[187]

Doktrinär finden sich bei Zhu Xi streng genommen wenig neue Ideen, jedoch vertiefte er die vorhandenen Bedeutungen, argumentativen Motive und Querbezüge mit eindrucksvoller Konsequenz. Anders als das Qi besitze die „höchste Wirklichkeit" keine „sinnlich wahrnehmbare Gestalt" (*xingti* 形體), erklärte er in einer maßgeblich gewordenen Äußerung vor seinen Schülern;[188] sie sei aber auch nicht *jenseits* des Qi und könne nicht unabhängig von diesem existieren, da sie „einen Aufhängepunkt" (*guada chu* 掛搭處) benötige.[189] Wir brauchen uns

---

[186] Ng, *Zhuzi de qiongli gongfu lun*, 55 (im Original in englischer Sprache).

[187] Cheng Yis Formel „Es gibt nur eine einzige Wirklichkeit, aber sie manifestiert sich auf unterschiedliche Weisen" fungierte dabei als eine Deutungsschablone, die über unterschiedlichste Texte gelegt werden konnte. Insbesondere begann Zhu Xi in den späten 1160ern mit der Kommentierung von Zhou Dunyis Essay „Erläuterung zum *Taiji*-Diagramm" (*Taijitushuo* 太極圖說) und Zhang Zais „Westinschrift". Er schloss seine Kommentare im Jahr 1173 ab, aufgrund der kontroversen Natur seiner Überlegungen sollte er sie jedoch erst 1188 veröffentlichen (Shu, *Zhuzi da zhuan*, 302; vgl. ZZQS 13:63-86 und 139-150).

[188] ZZQS 14:114. Die Äußerung wurde von Chen Chun 陳淳 im Jahr 1190 oder etwas später aufgezeichnet.

[189] ZZQS 14:115. Aufgezeichnet von Wan Renjie 萬人傑, 1180 oder später.

gar nicht weiter in den Primärquellen zu verlieren, denn der zentrale Gedanke ist klar: Zwar räumt Zhu Xi mitunter ein, dass die beiden Begriffe auf unterschiedliche Phänomene verweisen, doch gilt grundsätzlich, dass beide in einer Einheit zu denken seien, ja dass die trennende Reflexion jene höhere, die Differenz überwiegende Einheit überhaupt nicht zu fassen vermöge.[190] Bemerkenswert ist außerdem der Hinweis der taiwanisch-amerikanischen Philosophin JeeLoo Liu, dass der Term „höchste Wirklichkeit" wie ein „metaphysical dangler" operiere, weil Zhu Xi ihm überhaupt keine tatsächliche, kausal relevante Aufgabe in der Welt zugeschrieben habe.[191] Ganz ähnlich kulminiert die Rekonstruktionsarbeit eines chinesischen Philosophiehistorikers in der pointierten Beobachtung, das dualistische Schema von Qi-Lehre und „höchster Wirklichkeit" beziehe sich nicht auf „Tatsachen" in der Welt, sondern habe vielmehr zum Ziel, „logische Prioritäten", sprich: die Struktur des Denkens selbst zu klären.[192] Ich denke, wir haben es hier wieder mit jenem „kreisenden Denken" zu tun, das Geist und Welt in einem Verhältnis der Komplementarität sieht und das lineare Verfließen in der letzteren durch eine höhere Vereinigung im ersteren – und damit in der All-Einheit selbst – aufzuheben sucht.

Wenn Zhu Xi in der Forschung gern als *Realist* geführt wird, dann offenkundig nicht in dem Sinne, dass er die Wahrheit bestimmter Aussagen über die Welt als unabhängig von menschlichen Interessen verstehen würde. Er war m.E. Realist, da er die Notwendigkeit anerkannte, dass die menschliche Erkenntnissuche von der Frage nach einer ultimativen Fundierung angespornt werden muss; Zhu Xi zufolge ist es aber möglich, sich auf die Welt zu beziehen und ihre Regelmäßigkeit zu erforschen, ohne dass das erkennende Subjekt sich zu diesem Zweck die Überzeugung zuschreiben müsste, diese Welt sei *an sich* wirklich; es genügt vielmehr völlig, dass es in der Lebenspraxis glaubwürdig eine entsprechende Haltung einnimmt und die Suche nach einem *fundamentum inconcussum* nie einstellt. Da viel dafür spricht, dass Zhu Xi ein vom Menschen unabhängiger, außerweltlicher oder gar

---

[190] Vgl. Angle/Tiwald, *Neo-Confucianism: A Philosophical Introduction*, Kapitel 2; Liu, *Neo-Confucianism: Metaphysics, Mind, and Morality*, 97 ff.; Kim, *The Natural Philosophy of Chu Hsi (1130-1200)*, 37 ff.

[191] Liu, *Neo-Confucianism: Metaphysics, Mind, and Morality*, 101.

[192] Chen Lai, *Zhuzi zhexue yanjiu*, 99 (Übersetzung: d.V.). Selbst in der elementaren Frage, ob die Welt einen Anfang hat, lavierte Zhu Xi bis ins hohe Alter, ohne sich je eindeutig festzulegen (*ibid.*, 97). Zhang Xuezhi argumentiert ähnlich, dass es den Neukonfuzianern letztlich gar nicht um die Erlangung von *Wissen* über Weltzustände gegangen sei, sondern um ihre korrekte *Deutung* (ders., *Mingdai zhexueshi*, Beijing 2000, 520). Shu Jingnan spricht von Zhu Xis „objektivem Idealismus" (ders., *Zhuzi da zhuan*, 301). Vgl. auch die „idealistische" Deutung in Jin Chunfeng, *Zhu Xi zhexue sixiang*, 114 f.

göttlicher Standpunkt unbekannt gewesen ist,[193] dürfte die Annahme einer vom Denken vollkommen unabhängigen Realität für ihn sinnlos gewesen sein. Hinter seiner Verwendung des Terms „höchste Wirklichkeit" wird zwar mitunter eine realistische Intuition ausgemacht und einige Passagen können in der Tat so gelesen werden, als würde ein statisches, unvergängliches Sein beschrieben; jedoch stehen dem zahlreiche andere Passagen gegenüber, in denen die dynamische, fließende Beschaffenheit der „höchsten Wirklichkeit" hervorgehoben wird, die auch nicht einfach – wie G.E. Moores zwei Hände – zum Gegenstand einer direkten, sinnlichen Anschauung werden kann, sondern eher wie ein „irreales Objekt", wie ein Zentaur, den ich mir vorstelle, im Bewusstseinsfluss eine schimärenhafte Präsenz besitzt.[194] In einem bemerkenswerten Brief beschreibt der chinesische Denker einmal die schwankende Natur der „höchsten Wirklichkeit", von der sich trotz allem handlungsleitende Imperative ableiten lassen sollen.[195]

Eine realistische Haltung ist unerlässlich, um die buddhistische Herausforderung zurückweisen zu können und zu verhindern, „daß [dessen] Nichtigkeit und Gehaltlosigkeit wie das Sein, so auch das Ich ergreift."[196] Wie sehr Zhu Xi dieses Problem umgetrieben hat, zeigt sich an seinem Bemühen, eine ultimative Fundierung des menschlichen Wissens mithilfe eines weiteren Terms zu erreichen: dem berühmten

---

[193] Yung Sik Kim verweist jedoch auf eine Stelle, in der Zhu Xi einmal darüber spekuliert, was ein Mensch sehen würde, der sich *außerhalb* der Welt befände (ders., *The Natural Philosophy of Chu Hsi (1130-1200)*, 308). JeeLoo Liu schreibt: „As Zhu Xi sees it, there is a deductive connection between *the way the world is* and *the way we are* […]." (dies., „Zhu Xi's Normative Realism and Internal Moral Realism", in: *Dao Companion to Zhu Xi's Philosophy*, 857-872; hier: 866)

[194] Siehe etwa ZZQS 14:113 ff. Vgl. Sartre, *Das Imaginäre*, 205. Evan Thompson verdanken wir eine sehr anschauliche Analyse jener hypnagogischen Zustände, die sich in der Meditation einstellen können (ders., *Waking, Dreaming, Being*, New York 2015, 121 ff.).

[195] „Die höchste, kosmische Wirklichkeit ist ganz von selbst so, wie sie ist; [in jeder Situation] besitzt sie eine jeweils bestimmte Gestalt. Jene, die annehmen, sie sei [dem Menschen] fern und die sie deshalb forciert näher zu bringen versuchen, haben Unrecht; genauso irren diejenigen, die sie an der Oberfläche lokalisieren und sie deshalb forciert tiefer erscheinen lassen möchten, [als sie tatsächlich ist]. Weil die heutigen Gelehrten dies nicht einsehen, verfallen sie auf den Gedanken, die Lösung im Geist allein zu suchen. Aber wie könnte der Geist beständig und substanziell sein?!" 天理自然，各有定體，以為深遠而抑之使近者，非也；以為淺近而鑿之使深者，亦非也。學者患在不明此理而取決於心。夫心何常之有？ ZZQS 22:1733; Brief an Ke Han 柯翰 (?-1177). Gu Hongyi datiert den Brief auf das Jahr 1165 (ders., *Zhu Xi shiyou menren wanghuan shuzha huibian*, 1199), Chen Lai dagegen auf das Jahr 1164; siehe ders., *Zhuzi shuxin biannian kaozheng*, Beijing 2007, 31.

[196] Cassirer, *Philosophie der symbolischen Formen*, Bd. 2, 293.

Taiji 太極. Wörtlich bedeutet dieses Wort der „höchste First", das „äußerste Extrem", bzw. der „Urpol"; im ersten Kapitel hatte ich es auch als „das Absolute" oder die Totalität übersetzt. Noch wichtiger als die Frage des richtigen Übersetzungsterms ist aber ein klares Bewusstsein von Zhu Xis Intention: Obgleich nur wenige Menschen in der Lage sind, Erkenntnis über das *Taiji* zu erlangen, sei dieses nicht nur in einem dramatischen Sinne *real*, sondern – wohlgemerkt – „ewig und unzerstörbar" (*gen gu gen jin, dianpu bu po* 亘古亘今，攧撲不破).[197] Offenkundig soll dieses Konzept eine Letztbegründung der neukonfuzianischen Lehre leisten, sozusagen als letztes Glied in einer Begründungskette, die aber natürlich nicht einfach linear gedacht werden darf, sondern als eine alles umspannende Sinnstruktur (so bildhaft wie Heinrich Seuses Beschreibung Gottes als „zirkeliger Ring": ◉).[198] Anstelle sie in einem Traktat systematisch zu erläutern, verbarg der Denker seine Überlegungen zum *Taiji* ironischerweise aber lange vor der interessierten Öffentlichkeit.[199] Der Begriff kann eigentlich nicht aus der spekulativen Satzform herausgelöst werden, der zufolge das Eine, Höchste zum Endlichen in einem Verhältnis der immanenten Transzendenz steht. Wiederum muss die trennende Reflexion die höhere, alle Differenz überwiegende Einheit verfehlen (JSL 1:1).

Kurz vor seinem Tod, als der Kaiserhof bereits seine Lehrmeinungen verboten hatte, öffnete Zhu Xi sich trotz seiner vorangegangenen, realistischen Positionsnahmen schließlich doch wieder für „die höchste Wahrheit, dass die zehntausend Dinge leer sind".[200] Es mag dies nur eine dem Alter geschuldete Episode gewesen sein; dennoch ist sie viel-

---

[197] Brief an Lu Jiuyuan (Frühjahr 1189), ZZQS 21:1574; vgl. Darrobers/Dutournier, *Une controverse lettrée*, 96.
[198] Zit. in. Cassirer, *Philosophie der symbolischen Formen*, Bd. 2, 293 (Mittelhochdeutsch: „cirkellicher ring"). Vgl. ZZQS 13:70.
[199] Julia Ching (Qin Jiayi 秦家懿) spricht daher von einer „Geheimlehre" (dies., „Taiji lun: Zhu Xi de michuan xueshuo", in: *Zhuzi xue de zhankai. Xueshu pian*, Taipei 2002, 197-217). Tatsächlich kritisierte bereits Lu Jiuyuan die „Geheimniskrämerei" seines Gefährten (LJYJ 30; Darrobers/Dutournier, *Une controverse lettrée*, 74). Es mag auch einige Ähnlichkeiten zur esoterischen Lehre des Neuplatonismus geben, wie Julia Ching hervorhebt. Das *Taiji* darf nur nicht als absoluter Anfang verstanden werden, denn einen solchen kann es in Zhu Xis zyklischem Denken selbstredend nicht geben (Kim, *The Natural Philosophy of Chu Hsi (1130-1200)*, 135-138). Ähnlich fungiert übrigens auch der Term *Daotong* 道統, etwa: „die korrekte Fortführung des Dao" (Yu Yingshi, *Zhu Xi de lishi shijie*, 32-67). Zu seiner Bedeutung für das chinesische Geschichtsdenken siehe Jörn Rüsen, „Making Sense of Time: Towards a Universal Typology of Conceptual Foundations of Historical Consciousness", in: *Notions of Time in Chinese Historical Thinking*, hgg. von Chunchieh Huang und John B. Henderson, Hongkong 2006, 3-18; hier: 14.
[200] Shu, *Zhuzi da zhuan*, 999 (meine Übersetzung, d.V.).

sagend: Die Suche nach dem ungreifbar Letzten hatte den Denker wieder zum Anfang seiner Biographie zurückgeführt. Offenbar haben alle seine positiven Bestimmungsversuche kein vom Bewusstsein getrenntes Sein zu etablieren vermocht, und die neukonfuzianische Gesamtordnung, wenn sie sich nicht nur in einer „moralischen Intentionalität" spiegeln soll,[201] muss letztlich durch gemeinschaftliche Praktiken und konfuzianische Rituale stabilisiert werden. Vielleicht fällt von hier auch neues Licht auf Zhu Xis bekannte These, dass der neukonfuzianische Übungsweg ohne die extensiv betriebene „Erforschung der Einzeldinge" (*ge wu* 格物; Ralf Moritz: „den Dingen auf den Grund gehen") nicht vom Erfolg gekrönt sein könne.[202] Der fortwährend in der sittlichen Praxis zu realisierende Bezug auf die Einzeldinge in der Welt ist notwendig, damit ein Mensch sein Selbstverhältnis vernünftig, unabhängig von egozentrischen Wünschen und mit einem Bewusstsein leiblicher Anwesenheit strukturieren kann. Der Gedanke, dass die im Alltag auftretenden Dinge aus Qi konstituiert sind, dass sie sinnlich wahrgenommen werden können und sich in ihnen zugleich die Vernünftigkeit des Ganzen spiegelt,[203] ist – in Form einer praktischen, nicht einer metaphysischen Überzeugung – *hilfreich*. Mehr aber auch nicht.

VII. Der Raum der Subjektivität und die Möglichkeit des Selbstbezugs

Fragen wir abschließend, wie es Zhu Xi gelungen ist, eine realistische Form des Selbstbezugs im Zentrum der neukonfuzianischen Lehre zu etablieren, so müssen wir für eine Antwort unseren Blick wieder auf das Jahr 1164 richten: Vielleicht auch unter dem Eindruck des vorzeitigen Todes seines Lehrers Li Tong verfasste Zhu Xi damals einen kurzen Essay, in dem er zum ersten Mal systematisch zentrale buddhistische Überzeugungen attackierte.[204] Konkret setzt er sich mit Zhang

---

[201] Wen Weiyao, *Cheng sheng zhi dao*, 95 (Übersetzung: d.V.). – Die Parallele ist in der Tat frappierend: Während die Buddhisten die universale Leerheit graduell zu realisieren suchen, vergewissern sich die Neukonfuzianer auf dem Übungs- und Bildungsweg der Realität der Welt.
[202] Siehe Graf, *Tao und Jen*, 116-125, sowie Kim, *The Natural Philosophy of Chu Hsi (1130-1200)*, 21-25.
[203] Zhu Xis Verständnis der Sinneswahrnehmung ähnelt in vieler Hinsicht demjenigen Zhang Zais: Kim, *The Natural Philosophy of Chu Hsi (1130-1200)*, 219 ff.
[204] „Zhang Wugou Zhongyong jie", in: *Kritik an Irrlehren* (*Zaxue bian*, ZZQS 24:3473-3491). Für eine Teilübersetzung ins Englische siehe *Zhu Xi. Selected Writings*, 152-160. Dieser Text besteht aus vier im Jahr 1164 separat verfassten Essays,

Jiuchengs Interpretation von *Gleichgewicht und Gewöhnlichkeit* auseinander, dem zweiten der „vier Bücher", dessen geheimen Sinn seit Jahrhunderten eine elaborierte, exegetische Tradition erkundet hatte.[205] Programmatisch heißt es zu Beginn dieses Textes:

> Dasjenige, das [dem Menschen] vom Kosmos anvertraut ist, wird „Wesensbestimmung" genannt; dasjenige, das sich in Übereinstimmung mit der Wesensbestimmung befindet, heißt „Dao"; und dessen Übung und Kultivierung schließlich heißt „sittliche Unterweisung".[206]

So fremd sich diese Sätze für unsere Ohren anhören mögen, sie enthalten den Kern der neukonfuzianischen Weltsicht, eine Vision kosmischer Ordnung und immanenter Sinnhaftigkeit. Der Grund menschlicher Subjektivität, die „Wesensbestimmung", ist das Ergebnis einer ursprünglichen Setzung, einer „Verfügung" (*ming* 命), die sich nicht einem transmundanen Gott verdankt, sondern dem Prozessgeschehen selbst. Wie genau diese „Wesensbestimmung" beschaffen ist, verrät uns der Text nicht; doch ist jeder Mensch angehalten, das eigene Leben in Übereinstimmung mit der von ihr vorgegebenen Orientierung zu führen und derart eine Verschränkung von Innen und Außen, Selbst und Kosmos zu erzielen.[207] Ebenso wird das neukonfuzianische Dao (eine mögliche Übersetzung: der „rechte Weg") sichtbar; und wer dieses Dao weiterhin „übt und kultiviert", realisiert auch die „sittliche Unterweisung" (d.h. die konfuzianische Kultur) und kommt derart dem Ziel einer allumfassenden Versöhnung, einem Zustand finaler Harmonie näher. Obzwar der Mensch nicht – wie im Bericht der Genesis – als die Krönung der Schöpfung ausgezeichnet wird, steht es ihm doch offen, sich auf diese Weise seiner kosmischen Zentralität zu vergewissern.

---

die zwei Jahre später von Zhu Xi zu einem Ganzen zusammengefügt worden sind (Shu, *Zhuzi da zhuan*, 237-247). – Buddhistische Deutungen konfuzianischer Klassiker waren damals *en vogue*; der Gelehrte Yang Shi schrieb etwa den Gedanken einer Nichtunterscheidbarkeit von *rūpa* (Form, Gestalt) und Leerheit aus dem *Herz-Sutra* direkt in die konfuzianische Konzeption des menschlichen Wesens ein (vgl. Zhang Yongjun, *Er Cheng xue guanjian*, 172 f.).

[205] Vgl. Tillman, *Confucian Discourse and Chu Hsi's Ascendancy*, 24-29.

[206] ZZQS 6:32: 天命之謂性，率性之謂道，修道之謂教。Vgl. Daniel K. Gardners partielle Übersetzung von Zhu Xis Kommentar: *Zhu Xi. Selected Writings*, 187-203; hier: 191 f. Zum Einfluss dieser Stelle auf die chinesische Mentalitätsgeschichte siehe *The Oxford Handbook of Chinese Psychology*, hg. von Michael Harris Bond, Oxford 2015, 158 f.

[207] Angle und Tiwald schreiben: „But while nature's potential is open-ended, it also has a sense of direction – that is, a sense of what general direction is proper for it." (dies., „Moral Psychology: Heartmind (*Xin*), Nature (*Xing*), and Emotions (*Qing*)", in: *Dao Companion to Zhu Xi's Philosophy*, 361-387; hier: 365)

Die Frage, wie dieses kanonische Narrativ *en détail* zu verstehen ist, würde Zhu Xi noch jahrelang beschäftigen. Zhang Jiucheng hatte es ganz im Geiste seines Lehrers Meister Dahui gedeutet. Die drei terminologischen Bestimmungen der Anfangspassage entsprechen in seinen Augen drei Phasen: In einer ersten Phase gelingt es mir aufgrund der egozentrischen Qualität des Alltagsbewusstseins noch nicht, die „Wesensbestimmung" als „etwas Eigenes" (*ji wu* 己物) zu betrachten; sobald mir dies gelungen ist, kann ich in einer zweiten Phase die Aufmerksamkeit auf eben diese „Wesensbestimmung" richten; und so werde ich mich endlich für die Seinsweise des reinen, nicht-egozentrischen Bewusstseins öffnen, das ich sodann in den Alltag und das Netzwerk der menschlichen Beziehungen einspeisen kann (ZZQS 24:3473 f.).[208] Da die geringste Unachtsamkeit den Erfolg der Übungspraxis vereiteln kann, müsse ein „fokussiertes Betrachten" (*cha* 察; Ari Borell: „to observe", „to discern") eingeübt werden, das den Rekurs auf sprachliche oder begriffliche Mittel (einschließlich moralischer Urteile) vermeidet; das Ziel müsse vielmehr sein, tiefere, unbewusste Schichten des Geistes zu erschließen.[209] Dem Kommentator zufolge fungiert die kanonische Formulierung „Vorsicht und furchtsame Ahnung" (*jie shen kong ju* 戒慎恐懼) dabei wie ein chan-buddhistisches Mantra; durch die andauernde Konzentration auf dieses – im Alltag, keineswegs nur in der meditativen Versenkung – könne das finale Evidenzerlebnis möglich werden (ZZQS 24:3475, 3476, 3478, *passim*).

In einer Reihe von Anmerkungen attackiert Zhu Xi diese Deutung sowohl aus exegetischer wie aus philosophischer Perspektive. Zhang Jiuchengs Deutung sei nicht plausibel, erklärt er, da dieser wiederholt einzelne Wörter des kanonischen Texts kontextenthoben und „forciert" (*qianhe* 牽合) auslege (ZZQS 24:3480).

Noch entscheidender sind aber drei philosophische Einwände: (1) Die Forderung, dass der Übende die „Wesensbestimmung" (d.h. das reine Bewusstsein) als „etwas Eigenes" betrachten müsse, führe in die Irre, da diese überhaupt nicht zum direkten Gegenstand des „fokussierten Betrachtens", d.h. der Introspektion werden könne.[210] (2) Zhang Jiuchengs Versuch, wie Meister Dahui die Leser durch eine Kas-

---

[208] Vgl. Ari Borrell, „*Ko-wu* or *Kung-an*? Practice, Realization, and Teaching in the Thought of Chang Chiu-ch'eng", in: *Buddhism in the Sung*, hgg. von Peter N. Gregory und Daniel A. Getz, Jr., Honolulu 2002, 62-108; hier: 70 f.
[209] Borrell, „*Ko-wu* or *Kung-an*?", 73.
[210] In Zhu Xis gewundener Formulierung: „Wie sollte denn die Wesensbestimmung eine Entität sein, die an einem bestimmten Ort lokalisiert wäre [oder] die [ich] ergreifen und in den eigenen Körper hineinzwängen könnte?" 且夫性者，又豈塊然一物，寓於一處，可搏而置之軀殼之中耶？(ZZQS 24:3474)

kade von Wer?-Fragen in ihrer alltäglichen Selbstidentifikation zu erschüttern, sei problematisch; denn wenn ich mich nicht mehr mit dem leiblichen, mir in der Wahrnehmung gegebenen Individuum identifizieren soll, sondern nur mit ephemeren, im Bewusstseinsstrom auftauchenden und wieder vergehenden Ich-Phänomenen, führe dies zu einer Zersplitterung des Selbst – dabei gebe es doch nur *eine* Antwort auf die Wer?-Frage, was Konfuzius auch klar gesehen habe (ich bin natürlich *ich*).[211] Und schließlich (3) wendet sich Zhu Xi gegen die in Zhang Jiuchengs Kommentar implizierte Vorstellung, dass die Welt nur ein Trugbild darstelle, und erinnert seine Leser daran, dass Zhang Zai diese Vorstellung bereits in seinem Buch *Rechtes Auflichten* widerlegt habe.[212]

Mit dieser Kritik besiegelte Zhu Xi seine Ablösung von Meister Dahui.[213] Er weist sich vor seinen Lesern als geschickter Interpret aus, der gegen die buddhistische Spekulation die Rückkehr zu einer im Vertrauen auf die vernünftige Struktur des Kosmos gegründeten Alltagshaltung einfordert. Nur: So überzeugend sich seine Einwände auf dem Papier anhören mochten, er hatte keine bessere Antwort auf die Frage parat, wie die in *Gleichgewicht und Gewöhnlichkeit* dargelegte Vision eines *personalen* oder zumindest *unmittelbaren* Zugangs zum kosmischen Gesamtzusammenhang mittels der „Wesensbestimmung" in der Erfahrung konkretisiert werden könne... Wie er in der Rückschau (im Jahr 1172) schreibt, hatte ihn sein Lehrer Li Tong davon zu überzeugen versucht, dass es durch die meditative Versenkung möglich sei, eine unmittelbare Einsicht in tiefere Bewusstseinsschichten und damit womöglich auch einen Zugang zur „Wesensbestimmung" zu gewinnen; jedoch wäre sein Lehrer verstorben, bevor sich ihm diese Einsicht eröffnet hätte.[214]

Erschwerend kam hinzu, dass in *Gleichgewicht und Gewöhnlichkeit* im Weiteren zwei Bewusstseinszustände unterschieden werden:

> Wenn die Gemütszustände Freude, Ärger, Trauer und Heiterkeit noch nicht manifest geworden sind, liegt der Zustand einer inneren Gleichgewichtslage vor; wenn [diese Gemütszustände]

---

[211] ZZQS 24:3484; vgl. *Zhu Xi. Selected Writings*, 158. Zhu Xi deutet zudem an, dass diese Fragenkaskade in einen infiniten Regress führt.
[212] ZZQS 24:3489 f. Zhu Xi bezieht sich auf die Passage *Zhengmeng* 7:15 (*Rechtes Auflichten*, 43).
[213] Vgl. Shu, *Zhuzi da zhuan*, 241. Araki Kengo erwähnt zudem eine ebenfalls im Jahr 1164 brieflich verkündete „Kriegserklärung an den Huayan-Chan" (Araki, *Fojiao yu rujiao*, 282).
[214] „Zhonghe jiushuo xu", ZZQS 24:3634. Bezüglich Datierung und Kontextualisierung dieses berühmten Vorworts folge ich Shu, *Zhuzi da zhuan*, 248 ff.

bereits manifest geworden sind, aber in maßvoller Weise, liegt der Zustand der Harmonie vor.[215]

Auch diese Stelle hatte den Gelehrten durch die Jahrhunderte viele Kopfschmerzen bereitet. Es läge nahe, die „innere Gleichgewichtslage" (*zhong* 中), die absolute Stille, als einen Ego-Pol zu deuten, jedoch würde dies implizieren, dass dieser in keiner Weise gedanklich erfassbar wäre, denn Gedanken – genauso wie Gefühle und Vorstellungen – sind offensichtlich dem zweiten Zustand zuzurechnen, in dem etwas „bereits manifest" (*yi fa* 已發) geworden ist. Zum damaligen Zeitpunkt scheint Zhu Xi den „Geist" (*xin*) schlicht mit dem reinen, indifferenten Versenkungsbewusstsein, in dem noch nichts „manifest" geworden ist, identifiziert zu haben. Dies würde auch erklären, warum er dem Ratschlag von Li Tong nicht nachkommen konnte, denn offensichtlich haben wir es hier mit einem Paradox zu tun: Sobald ich mein Denken auf einen unbewussten Zustand richte, um dort etwas zu erspüren, wird dieser augenblicks bewusst. Jeder Akt, der in die Nähe des Versenkungsbewusstseins gerät, annulliert es.[216]

Damit blieb die Möglichkeit des Selbstbezugs, den die kanonischen Texte ja wiederholt einfordern, weiterhin chimärenhaft. Im Herbst 1164, angeregt durch Gespräche mit einem befreundeten Gelehrten namens Zhang Shi 張栻 (1133-1181), begann Zhu Xi seine Position zu revidieren.[217] Seine neu gewonnene Einsicht hielt er später in einem Brief fest:

> Die Welt ist eine einzige, lebendige Ganzheit, in der sich die Erscheinungen in jedem Augenblick ineinanderschieben. Wenn [ich] ausgehend vom Zustand des bereits Manifesten den Zustand des noch nicht Manifesten thematisieren möchte, so ist das bereits Manifeste mit dem Geist (*xin*) und das Feld des noch nicht Manifesten mit seiner Wesensbestimmung (*xing*) gleichzusetzen; auf diese Weise ist alles [in der Immanenz des Bewusstseinsvollzuges] enthalten. Wie sollte es da noch einen separaten Zustand geben können, der nur an einem einzigen Ort

---

[215] ZZQS 6:33: 喜怒哀樂之未發，謂之中；發而皆中節，謂之和。Vgl. *Ta Hsüeh and Chung Yung*, 25.

[216] Carl Albrecht zufolge ist das „Versenkungsbewußtsein" nicht „durch punktförmig und ruckweise fortschreitende Akte des Ichs gekennzeichnet, es ist kein akzentuierendes und kein intermettierendes, den freien Strom des Lebens zerhackendes und feststellendes Bewußtsein. Alles Erleben zeigt sich in freiem und ungehindertem Dahinfließen." (ders., *Psychologie des mystischen Bewußseins*, Bremen 1951, 76) Bereits im 11. Jahrhundert gab es heftige Debatten darüber, ob der Bereich des „noch nicht Manifesten" (*weifa* 未發), d.h. die „innere Gleichgewichtslage", überhaupt erspürt werden könne (vgl. JSL 4:53).

[217] Zu Zhang Shi vgl. Tillman, *Confucian Discourse and Chu Hsi's Ascendancy*, 43-82. Vgl. die Analyse in Shu, *Zhuzi da zhuan*, 247-258.

und zu einem einzigen Zeitpunkt [im Bewusstseinsstrom] zu identifizieren wäre?! Es gibt nichts anderes als die alltägliche Wirklichkeit, eine einzige dynamische Totalität, die wie ein breiter Strom, wie die Sterne auf ihren Bahnen ununterbrochen in Bewegung ist.[218]

In meinen Worten: In der meditativen Versenkung nehme ich mich zurück und vermag mich daher auf das Erscheinende einzulassen, ohne es noch dem objektivierenden Zugriff zu unterwerfen. So wird mir das Ganze (im Chinesischen: *tian xia* 天下) in seiner phänomenalen Bewegtheit zugänglich, als ein einziges, strömend-lebendiges Geschehen. Wenn ich nun ausgehend vom Wachbewusstsein meine Aufmerksamkeit auf das „noch nicht Manifeste" lenke, um den Zustand der „inneren Gleichgewichtslage" zu erspüren, werde ich im „Feld des noch nicht Manifesten" keinen Gegenstand identifizieren können; anders gesagt kann die „innere Gleichgewichtslage" nicht zum Objekt einer einspitzigen Aufmerksamkeit werden, sondern muss latent bleiben und ist eben auf diese Weise omnipräsent, quasi als eine Urpräsenz im Hintergrund des Wachbewusstseins. Anderswo erklärt Zhu Xi noch expliziter, dass die beiden, in *Gleichgewicht und Gewöhnlichkeit* beschriebenen Bewusstseinszustände nicht als zeitlich voneinander getrennt vorgestellt werden dürften, da das ihnen zugrundeliegende Phänomen sich nur „ganzheitlich" (*hunran* 渾然) erschließen lasse.[219] Damit eröffnet sich aber auch die Möglichkeit, nicht nur in der Zurückgezogenheit, sondern im Alltag selbst – im unmittelbaren Kontakt mit Einzeldingen, die bestimmte Gefühle, Vorstellungen und Gedanken hervorrufen – das Bewusstsein übend zu transformieren.

Obgleich diese neue Sichtweise nicht leicht mit allen einschlägigen Äußerungen der Cheng-Brüder in Übereinstimmung zu bringen war, gab sich Zhu Xi erst einmal mit ihr zufrieden. Neue Unruhe nistete sich erst wieder ein, als er im Herbst des Jahres 1167 nach Changsha in Südchina reiste, um seinen Dialog mit Zhang Shi fortzuführen. Dieser Gelehrte stand unter dem Einfluss des kürzlich verstorbenen Hu Hong 胡宏 (1105-1161), und Zhu Xi zeigte großes Interesse, dessen Denken

---

[218] Brief an Zhang Shi, siehe ZZQS 21:1393 f.: 蓋通天下只是一個天機活物，流行發用，無間容息。據其已發者而指其未發者，則已發者人心，而凡未發者皆其性也，亦無一物而不備矣。夫豈別有一物拘於一時、限於一處而名之哉？即夫日用之間，渾然全體，如川流之不息，天運之不窮耳。Vgl. Mou, *Xinti yu xingti*, Bd. 3, 92 ff. Der Brief ist auf den Spätsommer, bzw. Herbst des Jahres 1166 zu datieren (Gu, *Zhu Xi shiyou menren wanghuan shuzha huibian*, 3216).
[219] Brief an Zhang Shi, auf den Herbst 1166 zu datieren. ZZQS 21:1316: 大抵此事渾然，無分段時節先後之可言，[...]。

besser kennenzulernen.²²⁰ Auch Hu Hong hatte sich auf die Cheng-Brüder berufen, dessen ungeachtet aber ein eigenständiges Kultivierungsmodell entwickelt; diesem zufolge ist es möglich, im gewöhnlichen Wachbewusstsein einen spontanen Zugang zum reinen Bewusstsein zu erlangen. Dazu ist eine *Zurückwendung* auf sich erforderlich, nur darf man sich diese wiederum nicht als eine thematisierende Reflexion vorstellen, etwa in Form eines höherstufigen Bewusstseinsaktes, der sich auf einen erststufigen, primären Akt bezieht; vielmehr manifestiert sie sich als ein unmittelbares Seiner-inne-Werden, als unthematische, holistische Selbstbeziehung (denn jeder vergegenständlichende Akt würde das reine Erscheinen der Gegenwart verdecken).

Konkret gesprochen kommt es bei dieser Form der Übung darauf an, im Wachbewusstsein eine „Betrachtung der Fokalpunkte" (*chashi duanni* 察識端倪) zu vollziehen, d.h. die „Keime" (*mengya* 萌芽) des reinen Bewusstseins freizulegen, des ursprünglichen, unvergänglichen Geistes. Auf der Grundlage dieser „Betrachtung" kann sich sodann eine jähe Einsicht in die „noetische Struktur der Menschenliebe" (*ren ti* 仁體) ergeben, die zur Grundlage der sittlichen Handlungsfähigkeit des Individuums werden soll.²²¹ In den Worten eines zeitgenössischen Philosophen: „[Es gilt] anzuerkennen, dass der existenzielle Zustand, den dieser ursprüngliche Geist erschließt, ja sogar verkörpert, der realste und normativ angemessenste, existenzielle Zustand ‚meiner selbst' ist,

---

²²⁰ Vgl. Hans van Ess, „Hu Hong's Philosophy", in: *Dao Companion to Neo-Confucian Philosophy*, 105-124; sowie Mou, *Xinti yu xingti*, Bd. 2, 429-545. – Höchstwahrscheinlich studierte Zhu Xi dessen Hauptwerk *Kenntnis der Lehren* (*Zhiyan* 知言) zum ersten Mal im Herbst 1164 genauer (Tillman, *Confucian Discourse and Chu Hsi's Ascendancy*, 61). Vgl. Hu Hong, *Worte Kennen. Zhiyan*, übers. von Hans van Ess, Frankfurt a.M. 2009.
²²¹ Hu Hong hat sein Modell in einem kurzen Dialog beschrieben (*Hu Hong zhuzuo liang zhong*, Changsha 2008, 32-33). Dort bezieht er sich auf einen berühmten Bericht im Buch *Menzius* (1A/7), dem zufolge ein Herrscher einmal mitansehen musste, wie ein Rind zur Opferstätte geführt wurde, und darüber eine spontane Regung des Mitleids zeigte und ihm den Tod ersparte. Dazu schreibt Hu Hong: „Der König von Qi sah das Rind und ertrug dann nicht mehr den Gedanken, daß es geschlachtet würde. Dies war [verursacht] von den Keimen und Sprößlingen eines ursprünglichen Gewahrseins, die zwischen Vorteilsstreben und Begierden sichtbar wurden. Ist es einmal sichtbar geworden, [muß man] es ergreifen und bewahren, bewahren und nähren, nähren und füllen, bis es groß geworden ist, so groß, daß es nicht mehr aufhört und mit Himmel und Erde gleich geworden ist. Dieses Gewahrsein ist im Menschen angelegt, doch sind die Punkte, an denen es aufscheint und sichtbar wird, verschieden. Das Entscheidende ist, es zu erkennen, nichts weiter." (van Ess, *Worte Kennen*, 86; Übersetzung leicht angepasst) Vgl. ZZQS 6:253 f.: 曰：齊王見牛而不忍殺，此良心之苗裔，因利欲之間而見者也。一有見焉，操而存之，存而養之，養而充之，以至於大，大而不已，與天地同矣。此心在人，其發見之端不同，要在識之而已。

dass er der Ankerpunkt ‚meiner' Existenz ist, das fortwährende Ziel ‚meiner' ethischen Bemühungen."²²²

Bemerkenswert ist an diesem Zitat einiges, nicht zuletzt die Verwendung der Anführungszeichen: Die Rede von einem „ich" hat zwar offenkundige Wertimplikationen, aber eben keine ontologischen! Hu Hong spricht zwar gern von der absoluten, zeitfreien Beschaffenheit des Geistes, bzw. reinen Bewusstseins, doch impliziert dies weder das Vorliegen eines empirischen, realen Selbst noch die Möglichkeit einer personalen Unsterblichkeit; stattdessen bietet es sich wieder an, das Geistige als reine Tätigkeit zu verstehen, quasi als eine Grundbewegung, die sich jenseits unserer Sinnlichkeit und Endlichkeit vollzieht, ohne dass dabei die Existenz einer konkreten Entität unterstellt würde. Wie im Chan-Buddhismus wird auch bei Hu Hong keine substanzielle Selbstidentität (ein Ego-Pol, eine Ichheit) vorausgesetzt, auf die ich mich zurückwenden könnte; auch kann kein neuer reflexiver Akt ein „wahres Selbst" enthüllen, denn ein solcher würde „mich" nur auf den Status eines erscheinenden Dings reduzieren.

Trotz aller antibuddhistischen Rhetorik haben wir es offensichtlich mit einem zutiefst buddhistischen Modell der Selbstbeziehung als präreflexiven Selbstvollzugs des Geistes zu tun, bei dem kein in einem Ich-Punkt zusammenlaufendes, d.h. egozentrisch strukturiertes Selbstbewusstsein vorausgesetzt wird (genau dieses wird im Buddhismus ja als illusorisch entlarvt).²²³

---

²²² Ng, *Zhuzi de qiongli gongfu lun*, 123 (meine Übersetzung, d.V.). Das Verb *shi* 識 („betrachten") bezeichnet offensichtlich keinen neutralen Akt der Wahrnehmung oder des reflexiven Gewahrwerdens, sondern einen Akt der evaluativen Anerkennung. Kai-chiu Ng übersetzt *chashi* 察識 konsequent als „reflecting on and examining one's previous or current reaction, intention or performance, so as to cease the immoral ones and realize the moral ones." (ders., „Zhu Xi and the Five Masters of Northern Song", 164)

²²³ In der modernen, chinesischsprachigen Forschung wird an dieser Stelle wieder gern ein Bezug zu Kants Begriff der *intellektuellen Anschauung* hergestellt. Mou Zongsan rückte diesen Begriff sogar ins Zentrum seiner Deutung Hu Hongs, vermittelte ihn zugleich aber mit Heideggers Überlegungen zum konkreten Selbst des Daseins. Konsequenterweise wird die Selbstbeziehung bei ihm sowohl aus der Subjekt-Objekt-Dichotomie wie auch aus dem Reflexionsmodell herausgelöst und im Sinne einer unmittelbaren, holistischen Befindlichkeit thematisiert. Zu Mou Zongsans zentralem Begriff der „retrospektiven Verifikation" (*nijue tizheng* 逆覺體證) vgl. Billioud, *Thinking through Confucian Modernity*, 205-222. Olf Lehmann zufolge wird das Selbst derart als „Tätigkeit, *Selbst*tätigkeit, *sich gebende* Anschauung, unendlich und unvermittelt" aufgefasst (ders., *Zur moralmetaphysischen Grundlegung einer konfuzianischen Moderne. Philosophisierung der Tradition und Konfuzianisierung der Aufklärung bei Mou Zongsan*, Leipzig 2003, 267). Vgl. nicht zuletzt Shi Wei-Min, „‚Ziwo yishi' zuowei Zhongguo zhexue zhi bijiao yanjiu de xiansuo: Deyizhi guannianlun yu ‚da wo'?", *Jiedi*, 23 (Juli 2012), 83-135.

Zhu Xis Diskussionen mit Zhang Shi und anderen Gelehrten der Hu-Hong-Schule lassen sich heute nur noch partiell rekonstruieren.[224] Es würde noch einige Zeit vergehen, bevor er sich aus dem Bann dieses Kultivierungsmodells wieder lösen würde. In einem Brief aus dem Herbst 1168 formulierte er zum ersten Mal seine Bedenken; und im Frühjahr 1169 kam ihm – wiederum im Gespräch – endlich die entscheidende Einsicht, die ihm zur Fertigstellung seines eigenen Modells verhalf.[225]

Der Angelpunkt seiner Kritik am Modell einer Selbstbeziehung als präreflexiven Selbstvollzugs des Geistes ist in seiner Skepsis gegenüber einem reinen, unvergänglichen Geist zu finden. Hu Hong, wohl unter dem Einfluss der Abhandlung *Über das Erwachen des Mahāyāna-Glaubens*, vertrat die Position, dass dieser „Geist" (*xin*) nicht nur unsterblich, sondern in seiner Unendlichkeit mit dem Kosmos und damit auch mit der „höchsten Wirklichkeit" eins sei;[226] gegenüber solcher Schwärmerei für ein radikales Transzendieren des gelebten Alltags war Zhu Xi mit fortschreitendem Alter zunehmend skeptisch und betonte mit Nachdruck die Endlichkeit und Alltäglichkeit des „Geistes" (die sechste Bedeutung in meiner Aufschlüsselung des Wortes *xin*). Für ihn stand fest: Sobald ich mich sammle, tritt der „Geist" in Erscheinung, d.h. ich bin mir meines Erlebens bewusst; der „Geist" braucht daher nicht im Unsichtbaren, Unendlichen gesucht zu werden, sondern lässt sich mühelos im Hier und Jetzt erfahren, an dem von meinem Körper markierten Ort; und derart hebt sich auch der Raum meiner Subjektivität von dem unerschöpflichen Dahinströmen der Welt ab.[227] Mithin verwirft Zhu Xi

---

[224] Vgl. Shu, *Zhuzi da zhuan*, 258-277, sowie sehr eindrücklich Lee Ming-huei, „The Debate on *Ren* Between Zhu Xi and the Huxiang Scholars".

[225] Shu, *Zhuzi da zhuan*, 279, 284 f. Der Briefempfänger war ein gewisser Cheng Xun 程洵 (1135-1196; ZZQS 22:1871 f.), der Gesprächspartner war Cai Yuanding 蔡元定 (1135-1198).

[226] Vgl. Mou, *Xinti yu xingti*, Bd. 2, 468 ff.; van Ess, *Von Ch'eng I zu Chu Hsi*, 155.

[227] Paradigmatisch ist ZZQS 16:1904 (zu *Menzius* 6A/8): […] 只是人能持此心則心在，若捨之便如去失了。Oder auch: 心不待求，只警省處便見。(ZZQS 14:302) Chen Lai betont m.E. zu Recht, dass man einen Kategorienfehler begeht, wenn die dualistische Unterscheidung „höchste Wirklichkeit" versus Qi auf das Konzept des „Geistes" angewandt wird (ders., *Zhongguo jinshi sixiangshi yanjiu*, Beijing 2003, 194), denn bei diesem handelt es sich schlichtweg nicht um eine Entität. Auch aus diesem Grund scheint mir John Makehams Behauptung, zwischen Zhu Xis Denken und dem Text *Über das Erwachen des Mahāyāna-Glaubens* bestehe eine „isometrische" Beziehung, wenig plausibel (ders., *The Buddhist Roots of Zhu Xi's Philosophical Thought*, 278). Wenn überhaupt, dürfte sie nur für den *frühen* Zhu Xi zutreffen. – Der Forscher Zheng Zemian möchte auch noch in Zhu Xis Kritik an Hu Hong den Einfluss von Meister Dahui erkennen, siehe ders., „,Yi xin qiu xin' yu ,Yi chan yi chan': Lun Dahui Zonggao sixiang dui Zhu Xi piping Huxiang xuepai de yingxiang", *Dongwu zhexue xuebao*, 23 (Februar 2022), 69-96.

die Vorstellung, es sei möglich, im gewöhnlichen Wachbewusstsein einen spontanen Zugang zu einem reinen, höheren Bewusstsein zu erlangen; aus seiner Sicht ist die von Hu Hong eingeforderte Zurückwendung des „Geistes" auf sich selbst sogar zutiefst problematisch, denn auf diese Weise gerät der „Geist" in eine Objektposition, wenn er sich nicht sogar in zwei unabhängige Sphären aufspaltet.[228] Weder Hu Hong noch Zhu Xi gründen ihr Modell des Selbstbezugs auf die Vorstellung unterschiedlicher *Akte*, die sich thematisch und ausdrücklich auf etwas Bestimmtes beziehen, so wie wenn ich zuerst ein Einzelding (etwa eine Rose) erkenne (ein erster Akt) und sodann (in einem zweiten Akt) meinen eigenen Akt zu einem inneren Objekt mache, das ich genauer betrachten kann (es scheint ihnen überhaupt kein solcher Term zur Verfügung gestanden zu sein); stattdessen scheint ist es m.E. sinnvoll, im Sinne eines *Horizont*begriffes den „Geist" (das Selbst) als ein Erleben zu bestimmen, das sich stets unausdrücklich und vorthematisch („am Rande") seiner inne ist, aber auch graduell zu klarer Selbstgegenwärtigkeit übergehen kann.[229] Während Hu Hong aber diesen „Geist" als ekstatisch, unendlich und mit der Totalität identisch denkt, favorisiert Zhu Xi eine gewöhnliche, tagtäglich aufrechterhaltene Selbstpräsenz.[230]

Wir erinnern uns: Im Frühjahr 1169 war es Zhu Xi endlich gelungen, ein inneres Zentrum im Bewusstseins- und Erlebnisstrom auszumachen (siehe S. 215). Obzwar er zu diesem Zeitpunkt kaum mehr daran gezweifelt haben dürfte, dass das Selbst mit dem leiblichen, in der Wahrnehmung gegebenen Individuum identisch ist, blieb die Frage, wie *ich* mich überhaupt *auf mich selbst* (also auch auf vergangene Ich-Zustände) beziehen kann, bis zu diesem Zeitpunkt ungelöst.[231] Durch

---

[228] Vgl. den kurzen Essay „Guan xin shuo", ZZQS 23:3278 f.
[229] Vgl. Düsing, *Selbstbewußtseinsmodelle*, 140 ff.
[230] Zhu Xi nimmt Anstoß an der spezifischen Qualität des „Betrachtens" (*shi* 識), die, wie er in einem Brief einmal geringschätzig schreibt, nur „ein Nachjagen und Einfangen" (*xunqiu buzhuo* 尋求捕捉) sei; siehe den Brief an Shi Zichong 石子重 (1128-1182) aus dem Winter 1173 (ZZQS 22:1922). Er favorisiert dagegen die Haltung eines „festhaltenden Kultivierens" (*cao cun* 操存); entscheidend ist bei dieser, dass das Objekt des „festhaltenden Kultivierens" nicht als dem gewöhnlichen Bewusstsein transzendent vorgestellt werden darf (Chen, *Zhuzi zhexue yanjiu*, 240).
[231] Offenkundig konnte der Philosoph nicht einfach darauf vertrauen, dass ein gegebenes, fortdauerndes Selbstbewusstsein die Identität durch die Zeit garantierte, denn jegliche Idee einer „Seelensubstanz" war ihm unbekannt (Graf, *Djin-si lu*, Bd. 3, 329); wie für Zhang Zai war auch für ihn der Geist wesentlich eine schöpferische, aber gestaltlose Negativität. In seinen Schriften thematisiert Zhu Xi zwar mitunter Seelenkräfte wie *hun* 魂 und *po* 魄, jedoch ist nicht zu erkennen, dass sie etwas Verharrendes bezeichnen würden, das die Prozessverläufe transzendierte (Kim, *The Natural Philosophy of Chu Hsi (1130-1200)*, 223-230). Der Term *po* bezeichnet die

die Auseinandersetzung mit Hu Hong muss ihm deutlich geworden sein, dass dessen reine „Betrachtung der Fokalpunkte" zu kontemplativ bleibt und ein stabiler Selbstbezug nur mittels einer praktischen Haltung im Alltag etabliert und durchgehalten werden kann.

Wie bereits sein Lehrer Li Tong ihm zu erklären versucht hatte, war es durchaus möglich, den Bereich „des noch nicht Manifesten" zu erspüren, jedoch bedurfte es dazu einer fortwährenden Selbstkontrolle: „Dadurch, dass die Wachsamkeit ohne Fehl ausgeübt wird, kann die innere Gleichgewichtslage manifest werden", schreibt Zhu Xi nun in einem wichtigen Brief.[232] Der Übende wird mithin angehalten, im Alltag jederzeit „wachsam" zu sein und auf diese Weise eine Form der „Kontrolle" (*zhuzai* 主宰) über sich selbst zu realisieren, die auch eine Zentralisierung und Polarisierung sämtlicher Bewusstseinszustände (Akte) mit sich bringt.[233] Denn man muss nicht erst „etwas erschauen" (*you suo jian* 有所見), um mit der eigentlichen Praxis beginnen zu können.[234] Selbstpräsenz ist also nie einfach gegeben, sondern muss in der Übung, mittels der vertieften „Kontrolle" ausgebildet und ständig erhalten werden.

Damit sind wir bei der reifen Lehre Zhu Xis angelangt, seinem triadischen Modell eines *reflektierten Sichzusichverhaltens in der Welt*. Diesem Modell zufolge manifestiert sich der „Geist" wesentlich als „unterscheidendes, bewertendes Gewahrsein und praktisches, leibliches Tätigsein"; dabei durchkreuzen sich die beiden Bereiche des „bereits Manifesten" und des „noch nicht Manifesten" im Alltag beständig, und der „Geist" umfasst beide, so wie er auch die „Wesensbestimmung" und die „Affekte" (*qing* 情) in sich enthält.[235] Die Vigilanz muss im Wach-, wie auch im Versenkungsbewusstsein durchgehalten werden und zwar gegenüber egozentrischen Wünschen, Absichten und Gedanken. Denn anders als Hu Hong hat Zhu Xi ein akutes Gespür

---

Fähigkeit zur Wahrnehmung, *hun* ist dagegen assoziiert mit der Fähigkeit des Sprechens, Denkens und Handelns. Die beiden Termini sind eng verbunden mit dem terminologischen Paar *gui shen* 鬼神 (vgl. *ibid.*, 91-103, sowie Graf, *Djin-si lu*, Bd. 3, 98 f.).

[232] „Yu Hunan zhu gong lun zhonghe diyi shu", ZZQS 23:3131: 敬而無失，即所以中。Es handelt sich um ein direktes Zitat Cheng Yis (ECJ 44), siehe die verkürzte Fassung in JSL 4:18; Graf, *Djin-si lu*, Bd. 2, 345. Vgl. Shu, *Zhuzi dazhuan*, 285 f.

[233] Siehe Chen, *Zhuzi zhexue yanjiu*, 214-217.

[234] Brief an Cheng Xun, ZZQS 22:1872.

[235] Vgl. Zhang Zais berühmte Formel 心統性情 in ZZJ 374 („Xingli shiyi") sowie JSL 1:50: „Der menschliche Geist ist für die Wesensbestimmung und ihre Affekte das verbindende und beherrschende Element." (Graf, *Djin-si lu*, Bd. 2, 97; leicht angepasst) Vgl. dazu Tang, „Chang Tsai's Theory of Mind", 119, sowie Yang, *Qiben yu shenhua*, 117 f.

dafür, dass Menschen nur zu leicht „böse Gedanken" (*e nian* 惡念) bilden; die natürliche Egozentrizität des Menschen ist eine wichtige Ursache für dieses Phänomen, ebenso – vielleicht noch entscheidender – die Neigung zum Selbstbetrug: Ich schreibe mir bestimmte, nicht zu beanstandende Wünsche, Absichten und Gedanken zu, ohne dabei zu realisieren, dass sich in meinem „Geist" noch weitere, moralisch höchst problematische Wünsche, Absichten und Gedanken verbergen.[236] Daher muss es das Ziel des Übungsprozesses sein, die Transparenz meines Selbst zu vertiefen und konsequent unbewusste Aspekte ins Bewusstsein zu heben, um als problematisch identifizierte Wünsche, Absichten und Gedanken auszumerzen (ZZQS 18:3597 f.).[237] Zwar mag die *absolute Transparenz* des Bewusstseins nie vollgültig zu realisieren sein, doch kann es immerhin vernünftig strukturiert, d.h. in einen stimmigen und harmonischen Zustand gebracht werden.[238] Wichtig ist

---

[236] Chen Zhiqiang, „,Xin wo ze meng, tou ze zi xing': Zhuzi lun ,e' de daode xinlixue", 110 f. – Die Problematik des Selbstbetrugs ist insbesondere für Zhu Xis Exegese der *Großen Lehre* von zentraler Bedeutung.

[237] Chen Zhiqiang, *ibid.*, 125.

[238] Somit ist das Ziel des Übungsweges (die Weisheit) eine Form des Wissens, nämlich „das distinkte, holistische Ergebnis einer geduldigen Arbeit des Verbindens" (Angle, „Buddhism and Zhu Xi's epistemology of discernment", 185; Übersetzung: d.V.). – In der chinesischen Philosophie ist bei der Thematisierung kognitiver Fähigkeiten nur selten auf die Vorstellung von mentalen Repräsentationen zurückgegriffen worden. Vielmehr war die Überzeugung verbreitet, dass wir durch das „Wissen" (*zhi* 知) unmittelbar mit den Einzeldingen „in Verbindung treten" (*jie* 接) können (vgl. Brunozzi und Marchal, „Wissensbegriff in der chinesischen Philosophie"). Zhu Xi spricht mitunter zwar von „Spuren von Erscheinungsgestalten" (*you xingxiang chu* 有形象處; ZZQS 22:2181) im Bewusstseinsstrom, führt diesen Gedanken m.W. aber nie weiter aus. Das Schriftzeichen *ge* 格 in der Formulierung *ge wu* („den Dingen auf den Grund gehen") erläutert er bekanntlich als „erreichen" (*zhi* 至; ZZQS 6:17); interessanterweise verwirft er aber einmal die Glosse „mit etwas in Kontakt treten" (*jie*), da der bloße Kontakt mit den Einzeldingen keineswegs genüge, sondern zudem eine fundamentale Haltungsänderung verlangt sei (ZZQS 22:2038; Brief an Jiang Mo 江默, fl. 1169; vgl. Shu, *Zhuzi da zhuan*, 397). Auch ohne ein Konzept mentaler Repräsentation besitzt Zhu Xi eine klare Vorstellung von epistemischen Zuständen. Stephen C. Angle zufolge lassen sich sogar drei Zustände unterscheiden: (1) Das Wissen von einer Regel, die universal befolgt werden muss; (2) das Wissen um einen isolierten Zustand, der mir mitteilt, wie die Dinge beschaffen sein sollen, und welches dazu führt, dass ich dementsprechend handele; und (3) eine tiefere Einsicht (*awakening*, Korrespondenzterm im Chinesischen: *jue* 覺) in die Gründe, warum Einzeldinge im Rahmen der kosmischen Ordnung beschaffen sind, wie sie eben sind, die zudem dazu führt, dass ich adäquat auf die jeweilige Situation reagiere (ders., „Buddhism and Zhu Xi's epistemology of discernment", in: *The Buddhist Roots of Zhu Xi's Philosophical Thought*, 156-192). Lee Ming-huei hebt zu Recht hervor, dass die „tiefere Einsicht" keine unmittelbar ontologischen Implikationen besitzt (siehe ders., „The Debate on *Ren* Between Zhu Xi and the Huxiang Scholars",128).

nicht zuletzt, dass die korrekte Übungspraxis für Zhu Xi eine zweifache Ausrichtung besitzt: einerseits die im gelebten Alltag gegründete Fokussierung der Aufmerksamkeit, andererseits die kontinuierlich betriebene Aneignung diskursiver Wissensbestände zum Zwecke der Selbstvervollkommnung.[239] Die Selbstpräsenz kann also nie einfach *in der Anschauung* gelingen, sondern muss *begrifflich* strukturiert sein.[240]

Wie bereits angedeutet besitzt das Bewusstsein für Zhu Xi notwendigerweise eine materielle, verkörperte Dimension; in seinen Worten ist „Geist" eben „die numinose Dimension des Qi" (*qi zhi ling* 氣之靈) und gerät daher leicht unter den Einfluss des Qi (konkret gesprochen: weil ich einen Körper besitze, der das Entstehen von egozentrischen Wünschen, Absichten und Gedanken befördert, kann ich mich dem Einfluss des Qi kaum je vollständig entziehen).[241] Obgleich Zhu Xi gern dualistisch zwischen „Geist" und „höchster Wirklichkeit" unterscheidet, sind beide Begriffe letztlich aber doch in einer höheren Einheit aufgehoben.[242] Freilich ist diese Einheit für die meisten Menschen nur sehr schwer zu realisieren. Denn eine moralisch integre Person besitzt schlichtweg keine egozentrischen Wünsche, Absichten und Gedanken mehr, die sein Bewusstsein noch verdunkeln könnten. Zum Ende des Bildungsgangs wird der „Geist" in seiner ursprünglichen Leere manifest; nur wenn er auch von Sinneseindrücken und Erinnerungsbildern frei ist, kann in seiner Leere die „höchste Wirklichkeit" (*qua* „Wesensbestimmung") erkennbar werden.[243]

---

[239] Bereits im Jahr 1167 benutzte er zum ersten Mal in einem Brief eine diesbezügliche Formel Cheng Yis: „Zur Pflege des Geistes ist es notwendig, eine innere Wachsamkeit über sich selbst zu üben, genauso wie für den Fortschritt der Bildung die Erweiterung und Steigerung des Wissens notwendig ist." (JSL 2:58: 涵養須用敬，進學則在致知。Vgl. Graf, *Djin-si lu*, Bd. 2, 177) Siehe den Brief an Cheng Xun, ZZQS 22:1872-1874. Chen Lai datiert den Brief auf das Jahr 1169 (ders., *Zhuzi shuxin biannian kaozheng*, 64), Shu Jingnan dagegen mit überzeugenderen Gründen auf Ende 1167 (ders., *Zhuzi dazhuan*, 281 f.).

[240] Zhu Xi zufolge ist das Denken vom Wahrnehmen zu unterscheiden, womit er sich gegen chan-buddhistische Positionen stellt (vgl. Angle, „Buddhism and Zhu Xi's Epistemology of Discernment").

[241] Vgl. Wang, *Dangdai Zhang Zai xue*, 455-477; Chen Zhiqiang, „'Xin wo ze meng, tou ze zi xing': Zhuzi lun ‚e' de daode xinlixue", 104. Vgl. auch die detaillierte Analyse in Eiho Baba, „*Li* as Emergent Patterns of *Qi*: A Non-Reductive Interpretation", in: *Returning to Zhu Xi. Emerging Patterns within the Supreme Polarity*, hgg. von David Jones und Jinli He, Albany 2016, 197-228.

[242] Für die Details siehe Angle/Tiwald, „Moral Psychology: Heartmind (*Xin*), Nature (*Xing*), and Emotions (*Qing*)", 381-384.

[243] Vgl. Chen Lai, *Zaoqi daoxue huayu de xingcheng yu yanbian*, 357. In mündlichen Erläuterungen greift Zhu Xi gern auf die Metapher einer leeren Schale, die Wasser aufnimmt, zurück, um das Verhältnis von „Geist" und „höchster Wirklichkeit" zu

Diese beständig geübte Selbstpräsenz, die etwas anderes als Selbst*bezug* ist, führt wohl auch zu einer Form der Selbsterkenntnis, ja des Selbstwissens, doch darf dieses Wissen nicht in einem repräsentationalistischen Sinne derart interpretiert werden, als würde ich dann eine korrekte Vorstellung „meiner selbst" besitzen. Tatsächlich liegt am Ende des Bildungsganges nur noch eine äußerst spärliche Version des je-meinigen Selbst vor, denn ich werde dann ja die es konstituierenden drei Elemente (Wünsche, Absichten, Gedanken) weitgehend abgelegt haben.[244] In diesem Zustand gibt es *die Welt*; und ebenso ein reflektiertes Sichzusichverhalten in dieser, das auch normative Orientierung, moralische Sensibilität und die Möglichkeit der Verantwortungszuschreibung inmitten der Lebenserscheinungen garantieren soll. Ich bin nicht eins mit dem Ganzen, denn eine solche fundamentale Einheit ist Zhu Xi zufolge weder möglich noch wünschenswert; ich besitze aber ein Bewusstsein absoluter Verpflichtung gegenüber der „kosmischen Ordnung", der lebendigen, geisthaften Selbstentfaltung des Kosmos.[245]

Und damit drängt sich der Vergleich zur christlichen Innenwelt geradezu auf: Könnte nicht auch im mittelalterlichen China jenes „neue, akosmische Selbstbewußtsein" Gestalt angenommen haben, das in der eleganten Augustinischen Formulierung so hohe Wellen in der europäischen Geistesgeschichte schlagen sollte?![246] Vieles deutet in genau diese Richtung, selbst wenn der Konflikt zwischen metaphysischer Selbstgewissheit und dem Gefühl unendlicher Abhängigkeit (vor Gott) sich bei Zhu Xi so nicht ausgetragen hat. Und was spräche eigentlich dagegen – ein abschließender Gedanke… –, dass wir uns heute von der Fremdheit dieser außereuropäischen Alternative dazu anregen ließen, unser eigenes Selbstverhältnis neu auszumessen?

---

beschreiben (ZZQS 14:622; vgl. Chen, *Zhuzi zhexue yanjiu*, 222). Anderswo räumt er aber ein, dass jede sprachliche (also auch metaphorische) Bestimmung dieses Verhältnisses problematisch sei (14:222).

[244] Für die meisten Menschen gilt, dass der Geist nicht unabhängig vom Körper (und damit vom Qi) existieren kann. Da das neukonfuzianische Übungsprogramm aber auf die Reduzierung der Abhängigkeit des „Geistes" vom Qi abzielt (durch die Ausmerzung egozentrischer Wünsche, Absichten und Gedanken), entspricht der Idealzustand m.E. Jonardon Ganeris Idee eines „Pure Consciousness View": Ich bin es, der die Bewusstseinsgeschehnisse *hat*, jedoch sind diese nicht mehr *abhängig* von einem Körper und konstituieren nur noch einen Raum der Subjektivität (ders., *The Self: Naturalism, Consciousness, and the First-Person Stance*, 40 ff.).

[245] Graf, *Tao und Jen*, 74 f. — Der „Geist" wird zwar auch vom späten Zhu Xi mitunter noch als „unendlich" (*wu xianliang* 無限量; ZZQS 16:1935) beschrieben, doch geht er offenkundig nicht mehr davon aus, dass dieser den Kosmos konstituiert oder gar in sich birgt (Chen, *Zhuzi zhexue yanjiu*, 219).

[246] Flasch, *Was ist Zeit? Augustinus von Hippo. Das XI. Buch der Confessiones*, 129.

Siglenverzeichnis

BXZY	*Bei xi zi yi* 北溪字義 (Ed. Zhonghua shuju, Beijing 1983)
ECJ	*Er Cheng ji* 二程集 (Ed. Zhonghua, Beijing 1981)
HPJ	Zhang Jiucheng, *Hengpu ji* 橫浦集 (Ed. *Siku quanshu zhenben* 四庫全書珍本)
JSL	*Jin si lu* 近思錄 (Ed. Wing-tsit Chan, Taipeh 1992)
LJYJ	*Lu Jiuyuan ji* 陸九淵集 (Ed. Zhonghua, Beijing 1980)
MMK	*Mūlamadhyamakakārikās* (Ed. Bernhard Weber-Brosamer und Dieter M. Back, Wiesbaden 2005)
T	*Taishō Tripiṭaka* 大正藏 (der buddhistische Kanon in chinesischer Sprache, Tokyo 1924-1934)
YJ	*Yijing* 易經 (Ed. *Shisan jing zhushu fu jiaokan ji* 十三經注疏附校勘記; *Zhong kan Song ben* 重栞宋本)
ZZJ	*Zhang Zai ji* 張載集 (Ed. Zhonghua, Beijing 1978)
ZZQS	*Zhuzi quan shu* 朱子全書 (rev. Ed., Shanghai 2010)

Chinesische Schriftzeichen verwende ich in direkten Zitaten, wenn mir dies sinnvoll scheint, sowie bei den meisten Eigennamen und Buchtiteln. Im Interesse der Lesbarkeit strebe ich in diesem Punkt aber keine Vollständigkeit an (mittels einer Internetrecherche können die Schriftzeichen in aller Regel leicht ergänzt werden). Als Umschrift wird das heute übliche, phonetische Alphabet *Pinyin* verwendet.

Indices

Personen und Sachen, die in den Anmerkungen erwähnt werden, erscheinen kursiv. Bei chinesischen, japanischen und koreanischen Namen verzichte ich um der leichteren Wiedererkennung halber auf die Abkürzung des Vornamens.

Personen

Abelard 194, 198, *194*
Abulafia, A. *217-218*
Adorno, Th.W. 8, *119*
Albrecht, C. *240*
Alexander der Große *12*
Aquin, Th. von 12, *42, 199*
Araki, Kengo *129, 199, 231, 239*
Aristoteles 7, 13, 40, 187, *32, 91, 150, 187, 199*
Assmann, A. *41*
Assmann, J. *188*
Aśvaghoṣa 114
Augustin 249, *10, 102, 249*

Bellah, R.N. *45*
Blumenberg, H. 23, 100, 213-214, 226, *231*
Böhme, G. *179, 214*
Bohrer, K.H. 130
Buddha 67-71, 72, 74, 75, 88, 89, 90, 97, 101, 106, 111, 165, 190, *90*

Cai, Yuanding *244*
Candrakīrti *99*
Cao, Jian *123*
Cassirer, E. *72, 113, 136, 139, 174, 213, 234, 235*
Chang, Carsun 24, *124, 128, 157*
Chen, Chun 50-51, *50, 53, 232*
Chen, Lai 182, *60, 170, 177, 186, 193, 206, 209, 210, 211, 229, 233, 234, 244, 245, 246, 248, 249*
Chengguan *107, 109*
Cheng, Hao 19, 34, 48, 119, 120, 129, 184, 209, 218-224, 225, 228, *136, 169, 215, 223, 224*
Cheng, Yi 19, 34, 48, 119, 120, 191, 209, 211, 218, 225-230, 232, *136, 183, 193, 210, 211, 225, 228, 230, 232, 246, 248*
Ching, J. 36, *39, 48, 64, 199, 235*
Clairvaux, B. von 193
Conrad, S. *8*
Conze, E. 86, *17, 40, 69, 77, 93, 108, 116, 128, 133, 163*
Cusanus, N. *110*

Dahui Zonggao 201-204, 208, 211, 238-239, *68, 190, 200, 202, 203, 204, 205, 211, 244*
Davidson, D. *8*
De Libera, A. 188
Descartes 7, 9, 177, 187, *187*
Descola, Ph. 10

Dickens, Ch. 7
Diogenes Laertius *87*
Drewermann, E. *159*
Du, Shun *109, 110*
Dumoulin, H. *111, 202, 204, 205*
Düsing, K. *187, 245*

Elberfeld, R. 102, *71, 81, 100, 101, 102, 103*
Fayan, Wenyi *205*
Fazang *107, 110, 117*
Faure, B. *112, 174, 190, 229*
Feuillas, St. 167, *133, 134, 167*
Flasch, K. *9, 102, 191, 249*
Forke, A. 167, *10, 24, 37, 49, 135, 197, 199, 211, 219, 224, 225*
Förster, E. *166, 213*
Foucault, M. *9*
Frauwallner, E. 128, *84*

Gadamer, H.-G. *42, 61*
Ganeri, J. *9, 182, 249*
Gang, Jeongildang 26
Graf, O. 13, 182, 222, *13, 28, 32, 34, 35, 37, 40, 44, 54, 58, 64, 65, 66, 129, 130, 135, 150, 156, passim*
Graham, A.C. *63*
Granet, M. *52, 130, 144, 146, 172, 176, 196, 217*
Gernet, J. *12*
Goodman, N. 67

Guo, Xiang 98, *155*, *161*
Habermas, J. *8*
Hampe, M. *66*, *153*, *166*, *176*
Han, Yu 128
Harbsmeier, Chr. *52*, *53*
Hegel, G.W.F. 9, 188, 199, *7*, *9*, *65*
Heidegger, M. 12, *109*, *243*
Heraklit 8, 136, *213*
Hodgson, M. *12*
Hofstadter, D.R. *67-68*
Howard, L. 148
Hösle, V. *11*
Hu, Hong 47, 241-246, *242*, *243*, *244*
Hu, Xian 207, *200*, *207*
Huineng *204*
Husserl, E. 179

Im, Yunjidang *26*
Izutsu, Toshihiko 109, *108*, *109*, *223*

Jaeggi, R. *8*
Jaspers, K. *188*
Jesus Christus *64*
Jizang 105-106, *106*
Jonas, H. *39*, *173*
Jullien, Fr. *11*
Jung, C.G. *145*, *154*

Kaibara, Ekken *148*
Kaishan, Daoqian 201, *203*, *210*
Kandinsky, W. 150, *150*
Kant, I. 8, 37, 86, 94, 125, *37*, *94*, *125*, *166*, *220*, *243*
Kermode, F. *64*
Kern, I. 185, *185*
Konfuzius 15-16, 18, 19, 29 (und die Mächte der Finsternis), 30-31 (ein Tag im Leben des K.), 35 (als vollkommener Mensch), 51, 59 (Begräbnis für seinen Hund), 60 (Kritik an Detailkrämerei; über das Sprechen), 118-121, 207 (und die All-Einheit; vgl. *63-64*, *129*), *15*, *16*, *24*, *25*, *29*, *30* (und die *Gespräche*), *33*, *34*, *57* (und der gesunde Menschenverstand), *209* (Schweigewunsch), *passim*

Kues, N. von 12
Kumārajīva 98-100, 103, *72*, *99*, *101*

Lao, Sze-kwang *64*
Lee, Ming-huei *37*, *53*, *54*, *244*, *247*
Leibniz *199*
Lévi-Strauss, C. 15
Li, Tong 210-215, 231, 236, 239, 240, 246, *132*, *209*, *210*, *211*, *213*, *215*
Li, Tongxuan *107*
Liu, Mianzhi *200*
Liu, Zihui *200*, *204-205*, *211*
Liu, Ziyu *204-205*
Lloyd, G.E.R. *143*
Lotter, M.-S. *188*
Lu, Jiuyuan *46*, *63*, *123*, *235*
Lü, Zuqian 34, 123
Luo, Congyan *201*, *210*
Luo, Qinshun *53*, *66*

Mach, E. *8*
MacIntyre, A. *42*, *123*, *194*
Magnus, A. *167*
Mann, Th. 216
Maria und Martha *191*
McDowell, J. *8*
Meillassoux, Q. *8*
Menzius (*Menzius*) 15, 19, 25, 33, 39, 40, 45, 60, 61, 62, 120, 121-122, 134, 146-147, 151, 159, 185, 186, 191, 192, 206, 224, 230, *34*, *37*, *40*, *45*, *49*, *121*, *129*, *131*, *160*, *178*, *183*, *184*, *189*, *192*, *210*, *222*, *230*, *231*, *242*, *244*
Metzinger, Th. *208*
Mitterauer, M. *20*, *119*
Moore, G.E. 230, 234
Mou, Zongsan 127, 206, *114*, *115*, *127*, *133*, *140*, *161*, *162*, *163*, *164*, *165*, *167*, *174*, *176*, *178*, *206*, *215*, *217*, *220*, *222*, *223*, *224*, *242*, *243*, *244*
Murdoch, I. *8*, *177*

Nāgārjuna 71-95, 96, 97, 99, 100, 103, 104, 108, 113, 116, 165, 222-223, *68*, *72-73*, *113*, *passim*

Needham, J. *12, 57, 98, 150, 152, 154, 199, 227, 229*
Nietzsche, F. 8, 12, *31, 66*
Novalis 130

Obeyesekere, G. *69*
Ockham, W. von 12, 153
Osterhammel, J. *10*
Ouyang, Xiu 128

Parmenides 17, 74
Pauli, W. 145
Paulsen, Fr. *12*
Paulus 125
Perler, D. *13, 192*
Piṅgala 99, *99*
Planck, H. von 41
Platon 52, 61, 72, 136, 170, 187, *32, 66, 170, 235*
Plotin 8, 109, *109, 130, 211, 235*
Priest, G. *103, 104, 110, 112, 143*
Pyrrho 20, 86-89, 91, *83, 86-87, 88, 89, 91*
Qian, Mu *33, 36, 38, 54, 61, 128, 129, 132, 177, 205*
Qin, Kuai 210
Qu, Yuan *196*

Roetz, H. *16, 24, 121, 188*
Rorty, R. 96, 187
Rosenzweig, F. 8
Rüsen, J. *235*

Sartre, J.-P. 43, *190, 234*
Scholem, G. 49, 210, *218*
Schopenhauer, A. 86
Sekida, Katsuki *43, 112*
Seng, Zhao 100-103, *100-101, 103*
Seuse, H. 235
Sextus Empiricus 17, 87, 88-89, 92, *91, 181*
Shao, Yong 217-218, *136, 172, 217, 230*
Shen, Gua 148, 154, 171, *144, 148, 170, 225*
Song, Yingxing *148, 168*
Spencer, H. 199
Spinoza, B. *65, 166*
Stcherbatsky, Th. *94*

Tang, Junyi *38, 133, 160, 161, 169, 173, 174, 175, 218, 222, 246*
Taylor, Ch. 188
Thompson, E. *68, 83, 234*
Tiantai, Deshao *205*
Tillman, H. 120, *33, 46, 49, 60, 63, 119, 123, 198, 201, 231, 237, 240, 242*
Tsuchida, Kenjirō *121, 136, 224, 228, 230*
Tsujimura, Koichi *110*
Tugendhat, E. 179, *44*

Wang, Anshi 121, *210*
Wang, Bi 98
Wang, Chong *149*
Wang, Yangming 177, 185
Warburg, A. *196*
Weber, M. *29*
Wilhelm, R. *16, 45, 143, 147, 172, 213*
Wittgenstein, L. 18, 66, 78
Wong, R. B. *29*

Yang, Shi 211, *178, 201, 210, 211, 237*
Yan, Hui *191*
Yang, Rubin *42, 45, 132, 135, 159, 218*
You, Zuo *228*
Yuasa, Yasuo *126, 189*
Yu, Yingshi *119, 125, 235*
Zenker, E.V. *199*
Zhang, Jiucheng 201-202, 236-239, *201*
Zhang, Shi 240-241, 244, *215, 240, 241*
Zhiyan *107*
Zhiyi 106
Zhou, Dunyi 19, 34, 36, 121, 189, *121, 232*
Zhuangzi (*Zhuangzi*) 16, 146, 161, *16, 98, 134, 161, 184*
Zigong 60
Zizhang 60
Zongmi 116, 166, *98, 107, 109, 116-117, 204*

Sachen

Abhidharma-Schulen 19-20, 71, 75-78, 79, 80, 84
Affekte 21, 41, 131, 160, 246, *184* (Geschichte der Gefühle in China), *246*
Ahnenverehrung 31, 48, 160, *48, 152*
s. Geister
Akt 43, 85, 140 (elementarer A. der Differenzierung), 141, 143-144, 158, 166, 192 (Substanz und A.e), 240, 242, 245 (versus Horizont), *36, 243, 207* (vergegenständlichend), *240*
Alchemie 195, 198, 229, *12, 38, 152, 229*
s. Meditation
Analogisches Denken 55-58, 160-161, *55*
s. begriffliches Denken
Angemessenheit (*yi*) 39, 45, 121, *45*
Astronomie 147, 195, *153*
Außenwelt 8, 17 (extramental), 20 (A.skepsis), 22, 43-44, 64, 115 (Trugbild), 219, *125, 225, 231, passim*

„Barbaren" 120, *87*
Begriffliches (diskursives) Denken 21, 53, 61-63, 130, 132, 135, 157, 248, *95*
s. analogisches Denken, bildhaftes Denken
Bewusstseinsimmanenz 165, 231, *191*
Bildhaftes Denken 53-54, 64-65, 144, 212-213, 235, *213*
s. begriffliches Denken
Böses 117, 247
Buddha-Natur 190-191, *116, 202*

Chan-Schulen 20, 112, 126

Dao 11, 16, 19, 21, 30 (als gelebte Alltäglichkeit), 31, 34, 36, 38, 41, 53, 60 (intuitives Erfassen des D.), 63 (als vernünftige, vollkommene, reale Ordnung des Kosmos), 64 (und All-Einheit), 98 (daoistisches D.), 100 (buddhistisches D.), 120 (als rechter Weg), 123, 141, 207-208 (Ungegenständlichkeit des D.), 225, *16* (Grundwort des D.), *63* (Erkennbarkeit der Welt), *124* (Weitergabe des D.), *131, 224* (Sprechen über das D.), *231* (D. und Alltag)
Divination 144, *58, 156*
Dualismus, dualistisch 117, 125, 230, 232, 233, 248, *90* und *125* (nicht-d.), *210* (nicht-d. Bewusstsein), *244*

Ego-Pol 179, 186, 190, 240, 243
egozentrische Wünsche 36-37, 40, 44-45, 158 (nicht-e. Weltzugang), 181, 189 (e. strukturiertes Bewusstsein), 192, 204 (nicht-e. Geist), 227, 230, 236, 238 (reines, nicht-e. Bewusstsein), 243 (e. strukturiertes Selbstbewusstsein), 246, 248
s. Unvoreingenommenheit
Eigensein (*svabhāva*) 17, 20, 79-80, 81, 82, 84, *17* (Fehlen von E. nicht identisch mit Nicht-Existenz), *84, passim*
eigenständiges Aneignen (*zi de*) 58
Entgrenzung des Ichs 159, 167, 212
Erforschung der Einzeldinge (*ge wu*) 236, *247*

Feng Shui 195
Frauen und Frauenerziehung 28 (Füßebinden), *26, 28, 59, 143, 118*

Gegenseitigkeit (*shu*) 56, 207
Geheimlehre *235*
Geist (*xin*) 183-186, *passim*
s. Wesensbestimmung (*xing*), Numinoses

Geister 15, 47-49, 147, 171-172, 188, *48*, *57*, *147*, *152*, *164*, *172*, *213*
　s. Ahnenverehrung
Geisthaftes (*shen*) 113, 117, 137-138, 141, 145 (als reine, ungehinderte Bewegung), *137*, *156*, *183*
　s. Numinoses, Geist
Gewissheit 27, 78 (Erfahrung der Ungewissheit), 87, 88 (metaphysische G.), 93, 95, 215-216, 249 (metaphysische Selbstg.)
　s. Grundlosigkeit
Gnostik 39, 117, 173
Gott (Schöpfergott) 39, 49, 118 (versus Geschichte), 119 (göttlicher Wille), 136, 153 (als Gesetzgeber), 187 und 192 (Personalität G.), 235, 237, 249 (Abhängigkeit von G.), *65*, *110*, *119*, *150*, *188* (einsame Orientierung auf G.), *217-218*
Grundlosigkeit 21, 78, 87-89, 131
　s. Gewissheit, Skepsis

Höchste Wirklichkeit (*li*) 11, 53 (sehr subtil), 109 (im Buddhismus), 110, 131, 209, 218 (als prozessuale Offenheit), 219, 223 (als direkte Identifikation mit der Totalität), 225-227, 227 (nicht identisch mit Gesetzmäßigkeit), 229, 232 (als eidetischer Gehalt der Einzeldinge), 233 (ohne kausal relevante Aufgabe), 234, 244, 248, *225* (Zweifel an), *227*, *244*
Huayan-Chan 204, 240
Huayan-Schule 20, 107-111, *166*, *228*
Hypnagogischer Zustand 190, 212, *234*

Immanente Transzendenz 154, 232, 235, 237, *39*, *223-224*
Inkommensurabilitätsthese 11-12

Innerlichkeit 9, 33, 39, 127-128, 157, 175, 187, *45*, *177*, *191*
Intellektuelle Anschauung 220, 223 (unmittelbare A.), *243*
Intrinsisches Erwachen (*ben jue*) 115-117, 202, *202*
Intuitiver Verstand *166*

Karma 88, 97, 115, 127, *127*
Kausalität 90-91, 108-109, 143, 148, 153-156, 223 (lineare K.), *82*, *91*
　s. Resonanzlehre, Karma
Kindliche Hingabe (*xiao*) 33, 40, 50-51 (Argument für)
Kōan (*Gong'an*) 112, 202-203, *203*, *112*
Kreisendes Denken 166, 233, 235

lebendig strömende Gegenwart 58, 175, 216, 240, 241, 249
Logik 49-50, 55, 57-58, *74*, *90*, *104*, *128*
　s. analogisches Denken, Mathematik

Männer 26 (gelehrte M.), 143
Mathematik 26, 51-52, 57-58, 217, *57*
　s. Divination, Logik, Numerologie
Meditation 16, 17, 19, 42-45, 68 (Buddhas M.), 76, 93, 98, 124, 158, 178, 188, 192-193 (erstpersonale Perspektive), 202, 204, 211 (nächtliche M.), 220-221, 229, 231 (beraubt die Dinge ihres Ansichseins), *42* (Zhu Xis Anweisungen zur M.), *43*, *44*, *45*, *54-55* (und das Taiji), *63* (bewirkt kein Wissen über Zukünftiges), *95* (fehlende Anweisungen Nāgārjunas zur M.), *128*, *129* (Konfuzius und Menzius erwähnen M. nicht), *135*, *159*, *185* (daoistisches Handbuch für die M.), *190* (Visualisierung), *203* (Kanhua), *204*, *208* (Th. Metzinger über M.), *214*,

215, 217, 219, 234 (führt zu hypgnagogischen Zuständen)
s. Phänomenalismus, Urteilsenthaltung
Medizin 26, 31, 147-148, 183, 195, *12, 148, 168, 227*
Menschenliebe (*ren*) 32, 39, 45, 47, 54 (Schaubild der M.), 56, 60, 121, 209, 224, 242, *40, 45, 218*
Mitleid 70, 75, 78, 105, 180, *40* (Menschenliebe und M.), *73, 78, 242*
Mittelalter als Epochenbezeichnung *10*
China und Europa (Unterschiede und Ähnlichkeiten im M.) 9-10, 13-14, 18, 29, 37-38, 47, 49, 119, 125, 129, 153-154, 173, 187-188, 192, 195, 225, 249, *52, 119,* 213, *217, 229*
Mohismus 121-122
Momentarismus *81-82, 152*

Nāgas (Gottheiten in schlangenhafter Gestalt) 72
Nicht-Anhaften (*wu zhu*) 77-78, 112-113, 127
Nirvana 70, 74, 76, 79, 93, 107, 111 (Buddhas Eintritt ins N.), 112, 204, *73, 101, 116*
Numerologie 217-218, *57, 171*
Numinos 48, 149, 217-218, 248 (n. Qualität des Qi: *ling*), *156* (Erleben bei der Divination: *shen*), *164, 210* (*shen*)
Ordensgemeinschaft 88, 135

Phänomenalismus, phänomenal 19, 20, 75, 81 (ph. Erleben der Vergänglichkeit), 108, 109-110, 174 (Kritik des Ph.), 175, 179, 185 (ph. Bewusstsein), 202 (radikalste Fassung des Ph.), 207, 208, 212-213, 227 (erzeugt egozentrische Wünsche), 241
phänomenaler Bericht 19, 93, *224*
s. Urteilsenthaltung, Meditation

Platonismus 61, 170, 187, *32, 170, 235*
Porphyrbaum 52
Pyrrhonische Skepsis 20, 86-89, 91, *83, 86-87, 88, 89, 91*
Pythagoreer 217

Qi 145-150 (Überblick), 150-157, 161-165 (und *tai xu*), *passim*

Raum und Zeit 146, 166, 222
Realismus, realistisch 20, 77 (metaphysischer R.), 91-92, 167 (materialistischer R.), 173, 179 und 181 (r. Haltung), 226, 233, 234, 235, 236 (r. Selbstbezug), *90* und *92* (anti-r.), *95, 224*
Reflexion 9, 10, 56, 61, 62 (kritische), 157, 164, 189 (Selbstr.), 203, 206 (Nichtr.), 207, 221, 233 (trennende), 235, 242 (thematisierende), *7, 94* (transzendentalphilosophische), *243*
Regengebet 49
Reines Bewusstsein 16, 179-180, 185, 207, 221, 242-243, 191, 214
Repräsentationalismus 172, 201, 249, *247* (Geschichte des R. in China)
Resonanzlehre 16, 51-52, 55, 127 (als säkularisierte Karmalehre), 148, 152-156, 157, 169, 224, *152, 160, 168*
s. Karma, Kausalität
Ruminatio 212

Sarvāstivādins 76, *79* (als Hauptgegner Nāgārjunas)
Schematisierung *174, 214*
Schweigende Erleuchtung (*mo zhao*) *204, 211*
Seele 17, 19, 39, 87, 88, 147, 167 (Welts.), 187, 188, 215, 65, 89, 102, 129, 173 (*gui*), 245
Selbstbewusstsein 43, 78, 82 (als Verblendung), 187, 188 (egozentrisch strukturiertes S.), 192, 243, *188, 245*

Selbstbezug 169, 189, 192, 214, 231, 236-249, *160*
Selbsterkenntnis 10, 249
Selbstgewahrsein 10, 189, 214
Selbstpräsenz 245, 246, 248, 249
Sinneswahrnehmung 20, 41, 43, 63 (Wahrnehmungswelt), 64, 76, 79, 83 (trügerisch), 102, 114-115, 132-133, 136, 167-168, 168-169 (Hörsinn), 170 (Gesichtssinn), 180, 221, *236*, *243* (versus geistiger Akt), *245-246*, *passim*
Innere Wahrnehmung *170*, *160*, *183-184*, *192*
Skepsis 16-17, 20, 75, 87 (antiskeptische Strategien), 121-122 (im *Menzius*), 165, 244, *16*, *49*, *96*, *passim*
s. Pyrrhonische Skepsis, Grundlosigkeit, Gewissheit
Sokratische Definition 52
Sokratischer Imperativ 187
Spiegelmetapher 221, *221*
Struktur (*ti*) 64 (Totalitätss.), 137-138, 141, 149 (im Qi-Fluss), 155 (und Prozess), 156 (s.bildende Aktivität), 157, 162 (ursprüngliche S.), 165, 172, 180 (vernünftige), 206 (Gesamtheit des Prozesses), 223, *53* (und Gebrauch; *yong*), *137*, *174* (ursprüngliche), *185-186* (noetische), *passim*
s. Wesensbestimmung, Bewusstseinsimmanenz
Subjektivierung 177, *177*

Taiji 46, 64-65, 234-235, *46*, *54-55*, *63*, *64* (Wortbedeutung), *65*, *232*, *235*
Tetralemma 84, 103-106, 137, *101*
Tiantai-Schule 20, 106-107, *110*, *203*
Totalität, dynamische (*quanti*) 21, 64, 98, 156, 216, 241, *64*, *110*, *176*, *210* (in Zhu Xis Kommentar)
Transzendentalphilosophie 20, 86, 94, 113, *73*, *94*, *115*, *167* (transzendentaler Grund), *220*
Transzendenz
s. immanente Transzendenz

überlieferte Verhaltensmuster (*li*) 15, 24, 25, 37, 59, 60, 122, 135, 157, 173, 236, *196* (Zhu Xi über)
Unsterblichkeit 174, 243, 244
Unvoreingenommenheit (*gong*) 227
s. egozentrische Wünsche
Urteilsenthaltung (*epochê*) 87-88, *89*, *180* (in antiker Skepsis und Phänomenologie)
s. Phänomenalismus, Meditation

Wachsamkeit (*jing*) 22, 44-45, 70, 173, 218, 246, *44*, *248*
Wahrhaftigkeit (*cheng*) 35, 175, 222, *48*
Wesensbestimmung (*xing*) 21, 38 (Wiedergewinnung der ursprünglichen W.), 121, 131, 140, 141, 164, *45*, *131*, *152*, *159-160*, *174*, *186*, *238*, *246*, *passim*
Wesensbestimmung und Verfügung (*xing ming*) 175, 237
s. Geist (*xin*), Struktur
Wiedergeburt 69, 70, 88, 97, 124, 127, *72-73*
s. Unsterblichkeit

Yin und Yang 143-144, *143-144*, *passim*
Yogācāra-Schule 113, *95*, *113*

Zweifache Wahrheit 89-90, 100-113
Zweifel 16, 18, 60-61, *60*

Danksagung

Dieses Buch hat viele Jahre verschlungen. Obgleich ich heute denke, es waren zu viele, bin ich mir nicht sicher, ob es weniger hätten sein können. Viele Einfälle und Gedankengänge habe ich in Form von Vorträgen und Gesprächen erprobt; oft ist mir erst im persönlichen Austausch die Bedeutung der einen oder anderen chinesischen Textstelle aufgegangen. Ich danke in diesem Zusammenhang Hoyt C. Tillman, Lee Ming-huei 李明輝, Heiner Roetz, Jean-François Billeter, Lin Chen-kuo 林鎮國, Sébastien Billioud, Stephen C. Angle, Justin Tiwald, Shen Hsiang-min 沈享民, Lin Wei-chieh 林維杰, Chu Ping-tzu 祝平次, Kai-chiu Ng 吳啓超, Christian Wenzel, Fabian Heubel, Rafael Suter, Polina Lukicheva, Huang Kuan-min 黃冠閔, Lin Yuan-tse 林遠澤, Sophia Katz, Thomas Fröhlich und Huang Ying-Nuan 黃瑩暖. Aber auch durch den Austausch mit Iso Kern, Michael Forster, Dominik Perler und Wolfgang Fasching habe ich viel gelernt. Mit Studierenden in Taipeh, Berlin und Zürich habe ich zahlreiche Ideen diskutieren können. Darüber hinaus bin ich Philippe Brunozzi, Michael Hampe, Guido Kreis, Hans-Rudolf Kantor und Mathias Obert, die größere Teile des Manuskripts gelesen und Verbesserungsvorschläge gemacht haben, zu besonderem Dank verpflichtet. Hans van Ess hat mich vor langer Zeit ermuntert, in die Welt des Neukonfuzianismus einzutauchen; ich habe erst allmählich verstanden, wie wichtig seine Anstöße und Hilfestellungen damals waren. Der National Science and Technology Council Taiwans und die National Chengchi University haben die Vorarbeiten zu diesem Buch großzügig unterstützt. Nicht zuletzt möchte ich Vittorio Klostermann, Anastasia Urban sowie ihren Mitarbeiterinnen und Mitarbeitern für die tatkräftige Unterstützung bei der Fertigstellung des Manuskripts herzlich danken.

K.M., Taipeh im Mai 2024